Dr. Manuel Vermeer

KulturSchock China

„Je stiller man ist, desto mehr kann man hören"
Konfuzius

Impressum

Dr. Manuel Vermeer
KulturSchock China

erschienen im
Reise Know-How Verlag Peter Rump GmbH
Osnabrücker Str. 79
33649 Bielefeld

© Reise Know-How Verlag Peter Rump GmbH
1. Auflage 2018

Alle Rechte vorbehalten.

Gestaltung
Umschlag: G. Pawlak
Inhalt: amundo media GmbH
Fotos: siehe Fotonachweis Seite 9

Lektorat: amundo media GmbH

Druck und Bindung:
Hinckel-Druck GmbH, Wertheim

ISBN 978-3-8317-2846-6
Printed in Germany

Dieses Buch ist erhältlich in jeder Buchhandlung Deutschlands, der Schweiz, Österreichs, Belgiens und der Niederlande.
Bitte informieren Sie Ihren Buchhändler über folgende Bezugsadressen:
Deutschland
Prolit GmbH, Postfach 1109, D-35461 Fernwald (Annerod) sowie alle Barsortimente
Schweiz
AVA Verlagsauslieferung AG
Postfach 27, CH-8910 Affoltern
Österreich
Mohr Morawa Buchvertrieb GmbH
Sulzengasse 2, A-1230 Wien
Niederlande, Belgien
Willems Adventure, www.willemsadventure.nl

Wer im Buchhandel trotzdem kein Glück hat, bekommt unsere Bücher auch über unseren
Büchershop im Internet: www.reise-know-how.de

Wir freuen uns über Kritik, Kommentare und Verbesserungsvorschläge, gern auch per E-Mail an info@reise-know-how.de.

Alle Informationen in diesem Buch sind vom Autor mit größter Sorgfalt gesammelt und vom Lektorat des Verlages gewissenhaft bearbeitet und überprüft worden.

Da inhaltliche und sachliche Fehler nicht ausgeschlossen werden können, erklärt der Verlag, dass alle Angaben im Sinne der Produkthaftung ohne Garantie erfolgen und dass Verlag wie Autor keinerlei Verantwortung und Haftung für inhaltliche und sachliche Fehler übernehmen.

Die Nennung von Firmen und ihren Produkten und ihre Reihenfolge sind als Beispiel ohne Wertung gegenüber anderen anzusehen. Qualitäts- und Quantitätsangaben sind rein subjektive Einschätzungen des Autors und dienen keinesfalls der Bewerbung von Firmen oder Produkten.

Auf der Reise zu Hause
www.reise-know-how.de

- Ergänzungen nach Redaktionsschluss
- kostenlose Zusatzinformationen und Downloads
- das komplette Verlagsprogramm
- aktuelle Erscheinungstermine
- Newsletter abonnieren

Bequem einkaufen im Verlagsshop

Oder Freund auf Facebook werden

Vorwort

Nach über dreißig Jahren chinesischer Reform- und Öffnungspolitik muss man sich die Frage gefallen lassen, wieso man im Zusammenhang mit diesem Thema überhaupt noch von einem Kulturschock spricht. Aber gerade weil der Reisende denkt, er sei gut vorbereitet und ein Schock bei all der verfügbaren Information zu China wohl kaum möglich, trifft er als Ausländer immer wieder auf Situationen, die er nicht einzuordnen weiß. Hanne Chen meint, der Kulturschock, der sich bei näherer Beschäftigung mit der chinesischen Zivilisation einstelle, beruhe genau genommen nicht auf der Begegnung mit dem Fernen Osten, sondern auf der Erkenntnis, dass technischer Fortschritt, Humanität und zivilisatorische Überlegenheit, die der moderne Westen für sich beansprucht, selbst erschreckend jungen Datums sind.

China hat sich geöffnet, ja, aber trotz alledem bleiben uns viele Verhaltensweisen der Chinesen fremd. Den Begriff „verwestlicht" sollte man vermeiden, da er zu ungenau ist: Was genau ist „der Westen"? Amerikanische Fastfood-Ketten? – Die chinesische Kultur ist so vielfältig, so alt und in vieler Hinsicht so verschieden von der unsrigen (deutschen), dass man dies nicht in einem Buch umfassend beschreiben kann. Es soll daher anhand einiger Stichpunkte zum einen Wissen vermittelt werden (Historie, Philosophie, Sprache etc.), zum anderen sollen tief in der Kultur verankerte Verhaltensweisen erklärt (Netzwerke, Höflichkeit) oder einfach Hinweise zum Verhalten als Ausländer gegeben werden (Geschenke, Taxi etc.). Der begrenzte Umfang des Buches gab dabei den Rahmen für die Auswahl vor; vieles muss unerwähnt bleiben. Als Beispiel sei die Kultur der Minderheiten erwähnt, die hier nicht beschrieben werden kann. Dennoch ist ein tiefer Einblick in das Leben der Chinesen heute gelungen, was immer man – wir sprechen wohlgemerkt von einem Fünftel der Menschheit! – auch unter „den Chinesen" verstehen mag. Die Unterschiede zwischen Alt und Jung, zwischen dem entwickelten Ostchina und dem in weiten Teilen kaum bewohnten Westen sind groß; nicht alles kann für alle Chinesen gelten.

Dr. Manuel Vermeer
Heidelberg/Shanghai, im Herbst 2017

Danksagung

Bei diesem Buch handelt es sich um eine von Verlag und Autor neu konzipierte Fassung des Werks, das Frau Hanne Chen jahrelang so ausgezeichnet bearbeitet hat. Vieles wurde aktualisiert, manche aktuellen Themen wurden neu aufgenommen, so die Kapitel über Social Media oder über die neuen Seidenstraßen und Chinas Strategien für die Zukunft. Aber vieles blieb auch erhalten, da meine Vorgängerin, Hanne Chen, hervorragende Arbeit geleistet hat und, gerade was die Kapitel Geschichte oder auch Konfuzianismus oder Daoismus betrifft, eine Neuausarbeitung nur schlechter hätte ausfallen können. Ich darf mich daher an dieser Stelle ausdrücklich und mit großem Respekt vor ihrer langjährigen Arbeit bei Frau Chen dafür bedanken, dass ich Teile ihrer Texte wörtlich oder sinngemäß übernehmen durfte.

Extrainfos im Buch
ergänzen den Text um anschauliche Zusatzmaterialien, die vom Autor aus der Fülle der Internet-Quellen ausgewählt wurden. Sie können bequem über unsere spezielle Internetseite **www.reise-know-how.de/kulturschock/china18** durch Eingabe der jeweiligen Extrainfo-Nummer (z. B. „#1") aufgerufen werden.

Vorwort	4

🟧 Verhaltenstipps von A bis Z 11

🟨 Die geschichtlichen Wurzeln 25

Chinas Geschichte bis 1949	26
VR China seit 1949	44
Die VR China: Reform- und Öffnungspolitik	57

🟩 Der kulturelle Rahmen 69

Morallehren, Religion und mehr	70
Errungenschaften und Erfindungen	86
Kalender und Feste	92
Hao hao xuexi: Bildung in China	95
Korruption und Guanxi	101
Strategien der Konfliktbegrenzung	112

🟩 China heute – Staat, Politik und Wirtschaft 119

VR China: demokratische Diktatur des Volkes	120
Taiwan: von der Militärdiktatur zur Demokratie	126
Wirtschaft: Sozialistische Marktwirtschaft	133
Verkehr und Transportmittel	142
Minderheiten und Separatismus	144
Sozialsysteme	146
Stadt und Land	149

◼ Geschlechter und Familie — 153

Die Hälfte des Himmels: zur Rolle der Frau — 154
Bedeutung der Familie — 167

◼ Der Alltag von A bis Z — 173

Alkohol, Rauchen und Drogen — 174
Behörden und Polizei — 175
Ess- und Trinkkultur — 176
Einkaufen — 189
Feng Shui — 189
Feste, Bräuche, Traditionen — 190
Freizeit, Sport und Spiel — 195
Gesprächsverhalten — 201
Gesundheitswesen — 209
Infrastruktur — 210
Internet und Onlinemedien: Zensur oder Freiheit? — 212
Liebe und Sex — 217
Menschenrechte — 220
Natur- und Umweltschutzdenken — 222
Rundfunk, TV und Presse — 236
Sicherheit — 237
Sprache und Schrift — 237

⌄ Die Skyline von Beijing beeindruckt nicht nur bei Nacht

142ch-fo©eyetronic - stock.adobe.com

■ Als Fremder in China   **257**

Zwischen Ressentiments und Gastfreundlichkeit:
    China und die Ausländer   258
Chinesisch-deutsche Partnerschaften   263
Fremdeln   266
Das Bild von Touristen   272
Deutsche in China: von Qingdao bis heute   273
China und Deutschland heute   276
Geschenke   278
Begrüßung und Verabschiedung   281
Gastfreundschaft   282

■ Anhang   **285**

Literaturtipps   286
Informatives aus dem Internet   287
Register   291
Karte: Volksrepublik China, Provinzen   298
Der Autor   300

Exkurse zwischendurch

Zeittafel der chinesischen Dynastien 30
Die Opiumkriege (1839–1842 und 1856–1860) 32
Ein Schicksal während der Kulturrevolution 55
Das chinesische Gefängnis- und Lagersystem 62
Der chinesische Tierkreis 93
Bestrafungen in der Schule des vorrevolutionären Chinas 97
Das Füßebinden 160
Chinesisches Zuprosten will gelernt sein 186

Fotonachweis

Soweit der Fotograf nicht direkt am Bild vermerkt ist, stehen die Kürzel an den Abbildungen für folgende Personen, Firmen und Einrichtungen. Wir bedanken uns für ihre freundliche Abdruckgenehmigung.

ia Indra Artelt
ld Lars Dörenmeier
mb Markus Bingel
fo Fotolia.com, stock.adobe.com

Umschlagbilder und Buchrücken: Indra Artelt

Verhaltenstipps von A bis Z

Das neue China: Digital Native, cool! (004ch-ia)

- **Ahnenkult:** Nach wie vor säubern die Chinesen die Gräber der Verstorbenen; auch werden den Toten beim Begräbnis viele aus Papier gebastelte Gaben (vom iPhone bis zum Ferrari) mitgegeben, damit sie es in ihrer zukünftigen Welt gut haben. Ahnen sind wichtig (siehe hierzu auch das Kapitel „Morallehren, Religion und mehr" ab S. 70). Das Thema Ahnenkult stellt kein Tabu dar; man darf danach fragen und Chinesen werden auch Auskunft geben, wenn sie das möchten.
- **Alkohol:** bei Banketten für Männer ein Muss und auch als Geschenk immer eine gute Idee. Chinesen lieben Hochprozentiges, was für Ausländer auch zum Problem werden kann, wenn sie nicht mithalten wollen oder können (siehe auch das Kapitel „Ess- und Trinkkultur" ab S. 176).
- **Allergien:** immer eine gute Ausrede, wenn man keinen Alkohol trinken möchte. Man sollte sich jedoch merken, was man einmal behauptet hat ... denn die Chinesen merken es sich auch. Wer allergisch auf beispielsweise Glutamat reagiert, sollte jedoch tatsächlich vorsichtig sein, da viele Speisen Glutamat enthalten.
- **Anrede und Namen:** Mao Zedong, das weiß man, hieß mit Nachnamen Mao. Daraus folgt logischerweise, dass im Chinesischen der Nachname vorn steht. Also ist Xi der Nachname des Staats- und Parteichefs (Stand: 2017) Xi Jinping und Jinping sein Vorname. Selbst renommierte deutsche Tageszeitungen machen dies noch immer falsch, dabei ist es so einfach. Chinesische Namen bestehen zumeist aus insgesamt drei Schriftzeichen, also auch drei Silben. Der Vorname besteht dabei aus zwei Silben, die in der Umschrift immer zusammengeschrieben werden. Sieht man daher den Namen Jianhua Wang, dann hat der dazugehörige Chinese den Nachnamen (eine Silbe!) bereits in Anpassung an unsere Gewohnheiten nach hinten gestellt; der Vorname (zwei Silben!) steht nämlich offensichtlich vorn. Wird ein Gespräch in englischer Sprache geführt, so spricht man seine Partner mit Mr./Mrs. o. ä. plus Nachname an, wie bei uns auch. Im Chinesischen gilt die Bezeichnung Herr/Frau als Titel und wird nachgestellt. Herr Wang hieße also Wang xiansheng (Herr). Frau Wang hieße Wang nüshi (Frau), wobei zu beachten ist, dass die Ehefrau von Herrn Wang nicht automatisch auch Wang heißt. Frauen behalten nach der Heirat ihren Nachnamen bei, sodass es ratsam ist zu fragen, wenn man nicht sicher ist. Das ist höflicher, als den Namen konsequent falsch auszusprechen, nur weil Kollegen oder Freunde dies auch tun. So wie man ohnehin immer fragen sollte, wenn man sich mit der Aussprache eines Wortes schwertut.

- **Ansehen, Gesicht wahren:** Für Touristen ist das nicht weiter relevant; verhält man sich so, wie man das in Deutschland auch tun würde, kann nichts passieren. Im Geschäftsleben gibt es allerdings einiges zu beachten (siehe das Kapitel „Gesprächsverhalten" ab S. 201).
- **Arzt:** Es gibt in China üblicherweise keine privaten, niedergelassenen Ärzte, sondern man geht ins Krankenhaus. Als Ausländer sollte man ausreichend Bargeld bei sich haben, auf jeden Fall aber eine Kreditkarte. Meist gilt „cash and carry", d. h., erst wird bezahlt und dann behandelt (siehe das Kapitel „Gesundheitswesen" ab S. 209).
- **Ausländer/Touristen:** auf Chinesisch *Lao wai*, „alter Ausländer", was durchaus positiv gemeint ist. Ausländer sind gern gesehen und werden in manchen Regionen gelegentlich noch ganz unverblümt bestaunt. Reisen als Tourist in China ist absolut sicher; Ausländer, vor allem aus Deutschland, sind beliebt (siehe auch das Kapitel „Als Fremder in China" ab S. 257).
- **Begrüßung und Verabschiedung:** „Nihao" heißt „Guten Tag" und kann zu jeder Tages- und Nachtzeit verwendet werden. Man begrüßt sich mit Handschlag wie in Deutschland auch. Dies gilt für Männer und Frauen gleichermaßen.
- **Bestechung und Schmiergelder:** In China gibt es noch immer viel Korruption. Diese findet aber zumeist abseits dessen statt, was der Tourist mitbekommt. Wer geschäftlich unterwegs ist, wird eventuell damit in Berührung kommen. Auf Korruption steht die Todesstrafe. Als Ausländer ist strikt jede Situation zu meiden, die in eine solche Richtung weist.
- **Einkaufen/Märkte:** Als Ausländer kann man sowohl in staatlichen Kaufhäusern als auch in den meist kleineren, privaten Geschäften einkaufen. Letztere akzeptieren nur Bargeld (oder Bezahlung per We-Chat, s. S. 214). Handeln kann man in Kaufhäusern nicht (siehe auch das Kapitel „Einkaufen" ab S. 189).
- **Ess- und Trinksitten:** Da dies ein wichtiger Bestandteil der chinesischen Kultur ist, gibt es hierzu ein eigenes Kapitel: „Ess- und Trinkkultur" (s. S. 176). Essen ist immer ein sehr gutes Gesprächsthema, Chinesen lieben es, über die regionalen Küchen zu philosophieren. Essen zu gehen ist unproblematisch, auch kleinere Garküchen sind immer lecker und in hygienischer Hinsicht meist akzeptabel. Im Übrigen haben auch die Chinesen viel über uns gelernt, und es kümmert sie dennoch oft herzlich wenig, was Ausländer von ihren Manieren halten. Wenn daher zu lesen ist, man solle ungewohntes Essen nie ablehnen, das sei unhöflich, und stattdessen lieber den Skorpion herunterwürgen, um sein Chinageschäft nicht zu gefährden – Unsinn! Chinesen haben in

Deutschland kein Problem damit, dem Gastgeber zu sagen, dass ihnen das deutsche Essen nicht schmecke. Also muss auch der ausländische Gast in China nicht alles essen – und nicht jeden Alkohol trinken und auch nicht jede Menge davon!

- **Fahrer** können zumeist kaum oder gar nicht Englisch sprechen und sind auch ansonsten eher hilflos, wenn es darum geht, sich zu orientieren, da der rasante Wildwuchs der meisten Städte die Vertrautheit mit den Straßen erschwert. Man verlässt sich daher besser nicht auf seinen Fahrer. Die Zieladresse sollte man immer ausgedruckt oder auf dem Handy bereit haben, natürlich in Schriftzeichen, ebenso eine Telefonnummer, die der Fahrer im Notfall anrufen kann.
- **Fotografieren** ist unproblematisch, einzig militärische Gebäude u. Ä. dürfen nicht fotografiert werden. Bei Personen gilt wie weltweit, dass man vorher höflich fragt.
- **Frau und Mann:** „Die Frau trägt die Hälfte des Himmels", sagte schon Mao, und tatsächlich werden Frauen in China weniger diskriminiert als in vielen anderen Ländern. Auch trifft man viele weibliche Führungskräfte, Politikerinnen usw., und zwar nicht nur aus Quotengründen (siehe auch das Kapitel „Die Hälfte des Himmels: zur Rolle der Frau" ab S. 154).

- **Fremdenfeindlichkeit** gibt es in China eigentlich nicht. Rassismus gibt es, gerade Farbigen gegenüber. Wer aus Deutschland kommt, ist hoch angesehen.
- **Geld:** China ist heute ein extrem materialistisch geprägter Staat. Geld spielt eine dominante Rolle, Ansehen wird über finanziellen Status erworben und somit sind auch materialistische Statussymbole von erheblicher Bedeutung. Im Gegensatz zu Deutschland zeigt man sein Geld, und zwar offen und deutlich. Gleichzeitig sind Chinesen sehr sparsam, achten auf Ausgaben und nehmen ungern Kredite auf. Im Grunde sind sie in Gelddingen sehr konservativ. Geld spielt also eine große Rolle und ist auch ein häufiges Gesprächsthema.
- **Geschenke** sind ein wichtiger Bestandteil der chinesischen Kultur und dürfen bei geschäftlichen Anlässen auf keinen Fall vergessen werden (siehe auch das Kapitel „Geschenke" ab S. 278).
- **Gesprächsthemen:** Politische Themen sind tabu, da sich der Gesprächspartner zu ihnen selten offen und ehrlich äußern kann. Vor allem die Themen Tibet, Taiwan und Tiananmen (Massaker auf dem Platz des Tores des Himmlischen Friedens am 4. Juni 1989) sollte man meiden. Lob auf Japan wird ebenfalls nicht immer gern gehört. Gute Themen hingegen sind der schnelle wirtschaftliche Fortschritt Chinas, die chinesische Kultur, daneben auch Sport und Familie.
- **Gestik und Mimik:** Chinesen sind bekannt für ihre aus europäischer Sicht eher reduzierte Gestik und Mimik. Um so wichtiger ist es, vor allem für Geschäftsleute, sich mit ihnen auseinanderzusetzen und sie korrekt zu interpretieren. Lächeln ist ein Zeichen von Höflichkeit, nicht von Freude oder Freundschaft. Also sollte man öfter lächeln als bei uns, das kommt immer gut an. Und niemand käme auf den Gedanken zu glauben, dass es sich dabei um einen Ausdruck echter Freude handelt (siehe auch das Kapitel „Gesprächsverhalten" ab S. 201).
- **Handeln/Feilschen:** Auf den Märkten ist Feilschen ein Muss, in staatlichen Kaufhäusern und den großen privaten Geschäften funktioniert es nicht. Aber Chinesen sind geborene Händler und auch im Geschäftsleben würden sie sich wundern, wenn der Geschäftspartner nicht einmal versucht, den Preis zu drücken. Also sollte man es auf jeden Fall zumindest probieren! Für das Handeln auf einem Nachtmarkt heißt das, bei maximal 20 % der geforderten Summe anzufangen und sich dann langsam nach oben handeln zu lassen. Das macht Spaß und bringt dem Kunden den Respekt des Verkäufers ein!

◁ Romantik auf Chinesisch

- **Haustiere:** Ein erst seit wenigen Jahren zu beobachtendes Phänomen ist das Halten von Haustieren, vorwiegend von Hunden. Dies hält allerdings andere Chinesen keineswegs davon ab, Hunde weiterhin auf die Speisekarte zu setzen, auch wenn der Verzehr insgesamt wohl rückläufig ist. In Taiwan hat man 2017 den Verzehr von Hunden und Katzen offiziell verboten. Auf immer mehr chinesischen Straßen trifft man derweil Hausfrauen, die „Gassi gehen", allerdings ihrem Verhalten nach zu urteilen nichts von Hunden und deren artgerechter Haltung verstehen. Bedenkt man die Enge der meisten chinesischen Wohnungen und den fehlenden Auslauf in den Millionenstädten, die oft über nur wenige Grünflächen verfügen, wird das Problem schnell offensichtlich. Katzen, Vögel und andere bei uns beliebte Haustiere sind seltener; mit zunehmendem Reichtum und somit größeren Wohnungen wird aber auch das Halten von Haustieren zu einem Statussymbol.
- **Hierarchien/Höhergestellte:** China ist eine extrem hierarchisch strukturierte Gesellschaft; sozialer Status bedeutet alles und innerhalb eines Unternehmens ist die Befehlskette deutlich hierarchischer organisiert als bei uns in Deutschland. Höhergestellte zu kritisieren, ist tabu. Auch als Ausländer sollte man mit entsprechender Kritik zurückhaltend sein und sich erst informieren, was erlaubt ist und was nicht (siehe das Kapitel Konfuzianismus ab S. 70).
- **Höflichkeit und Zurückhaltung** sind immer eine gute Haltung, wenn man eine Situation nicht einschätzen kann. Lob für China und die chinesische Kultur sind in jeder Situation ein Muss, schließlich verstehen auch umgekehrt die Chinesen es nicht, wenn der Ausländer negativ über sein eigenes Land spricht. Aber schlussendlich kann der Reisende beruhigt sein und bedenken, dass er letztlich „nur"

◁ Spielzeug oder doch Nahrung?

Ausländer ist und nichts dafür kann, man erwartet von einem Nicht-Chinesen kein gesittetes, adäquates Benehmen.
- **Homosexualität:** Historisch betrachtet, findet man in der chinesischen Literatur keinerlei Hinweise auf eine ablehnende Betrachtung homosexueller Verhaltensweisen. Es ist aber so, dass die klassische Lehre von *yin* und *yang* (s. S. 76), von der Ausgewogenheit der Natur, verlangt, dass sich männliche und weibliche Eigenschaften ergänzen. Dies kann man als eine zwangsläufige Einstufung von Homosexualität als „unnatürlich" ansehen. Ein Verbot bestand jedoch nie. Erst mit der VR China und der kommunistischen Machtübernahme wurde das Thema zwar nicht kriminalisiert, aber dennoch Homosexualität öffentlich nicht mehr lebbar. In der Kulturrevolution wurden Schwule zudem öffentlich gedemütigt und bestraft, auch wenn sie sich rechtlich betrachtet nichts hatten zuschulden kommen lassen. Heute gibt sich China erstaunlich tolerant, lässt auch Schwulen- und Lesbenbars zu (zumindest in den kosmopolitischen Großstädten) und seit 2001 wird Homosexualität auch nicht mehr als Geisteskrankheit eingestuft. Es gibt berühmte Transsexuelle wie Jin Xing, die jedermann bekannt ist. Doch wie in vielen Ländern findet Homosexualität in der Realität zumeist im Verborgenen statt; viele Schwule führen eine Doppelexistenz unter einem bürgerlichen Deckmantel.
- **Hygiene:** In den Großstädten Chinas sind die hygienischen Zustände überwiegend sehr gut, auch öffentliche Toiletten sind in Ordnung. Auf dem Land relativiert sich dies deutlich; insgesamt jedoch sind Krankheiten aufgrund der hygienischen Zustände nicht zu befürchten. Dies gilt auch für Restaurants. Das öffentliche Spucken hat seit SARS ebenfalls deutlich abgenommen.
- **Internet:** Jedes bessere Hotel und mit Sicherheit die Hotels, in denen ausländische Touristen und Geschäftsleute meist übernachten, verfügen über ein Business Center oder zumindest über eine Ecke, in der ein Bildschirm und ein internetfähiger Rechner stehen. Alle Zimmer sind mit WLAN ausgerüstet (das selbstverständlich überwacht wird). Allerdings sinkt die Übertragungsgeschwindigkeit dramatisch, sobald man ausländische Seiten aufrufen möchte. YouTube, Facebook, Twitter und die Seiten anderer sozialer Netzwerke sind ohnehin gesperrt. Mit einer chinesischen SIM-Karte können Sie (theoretisch) auch GoogleMaps etc. nutzen. Ist man in den Städten unterwegs, so findet man überall Schnellrestaurants und Coffeeshops, die kostenloses WLAN anbieten. Sogar in Zügen gibt es ein hervorragendes Netz, das dem bundesdeutschen weit voraus ist, sowohl in der Geschwindigkeit und Zuverlässigkeit als auch in der

Verbreitung. Im Base Camp des Mount Everest in 5300 Metern Höhe gibt es WLAN!

- **Karaoke:** „Leeres Orchester" lautet die wörtliche Übersetzung aus dem Japanischen. Von dort aus hat sich dieser Zeitvertreib rasch über Asien und die ganze Welt ausgebreitet, in China erfreut er sich größter Beliebtheit. Häufig wird man als ausländischer Gast nach erfolgreichem Geschäftsessen zum Besuch einer Karaokebar eingeladen. Da kann man ruhig unbesorgt mitgehen. Zumeist bleibt alles im „grünen Bereich" und dem mehr oder weniger unbeschwerten Genuss eines lustigen Abends steht nichts im Weg. Sollte Ihnen als Gast das Etablissement nicht zusagen, ist es gar kein Problem, unter Hinweis auf Jetlag und Müdigkeit oder ein wichtiges Telefonat mit dem Vorgesetzten (Stichwort: Zeitunterschied!) den Heimweg anzutreten. Einziger Nachteil der Karaokebar: Es muss gesungen werden! Dezente Hinweise auf das eigene Unvermögen gelten nichts. Dieses (tatsächliche oder vermeintliche) Unvermögen kann man durch Lautstärke ausgleichen. Auch hier fließt Alkohol, aber Chinesen pflegen nun einmal so ihre Beziehungen (*Guanxi*, s. S. 101) und wenn er sich darauf einlässt, wird man den Gast aus Deutschland in guter Erinnerung behalten. Singt er gar ein deutsches Volkslied oder – das wäre die absolute Krönung – auch nur eine Zeile eines chinesischen Liedes, steht guten Geschäften nichts mehr im Wege.
- **Kriminalität** ist in China insgesamt sehr selten; China ist eines der sichersten Länder der Welt. Ob dies den drakonischen Maßnahmen bis hin zur Todesstrafe geschuldet ist, sei dahingestellt. Geschäftsleute wie Touristen können auch nachts unbesorgt durch die Straßen der Städte laufen. Taschendiebstahl gibt es natürlich, Überfälle etc. aber sehr selten.
- **Naseschnäuzen:** Oft hört man, man solle sich auf keinen Fall am Tisch die Nase schnäuzen. Das erzählen viele, die beruflich häufig in China sind, und es ist wohl auch tatsächlich ratsam, dies wenn möglich zu vermeiden. Aber wenn gleichzeitig der chinesische Manager neben dem deutschen Gast raucht und seine Zigarette dann im Essen ausdrückt, während er den feinen südamerikanischen Rotwein mit süßer oder gar koffeinhaltiger Limonade „verfeinert", und die (weibliche) Bedienung dem Deutschen ins Ohr rülpst, dann kann ein Naseschnäuzen nicht so schlimm sein.
- **Patriotismus:** Die Chinesen sind außerordentlich stolz auf ihr Land, ihre Kultur und ihre Geschichte. Kritik an diesen Dingen gibt es auch, auf Chinesisch, untereinander, aber Ausländern wird sie nicht zugestanden. Mit Kritik an allem Chinesischen sollte der Fremde daher sehr vorsichtig sein.

- **Politik** ist immer ein heikles Thema. Da in China weder Meinungs- noch Pressefreiheit herrschen, ist sehr schwer, mit Chinesen konstruktiv über Politik zu sprechen. Für den Gesprächspartner sind Repressionen bis hin zu Gefängnis zu befürchten; unter Präsident Xi ist die Meinungsfreiheit eingeschränkt wie nie zuvor. Sollte sich dennoch eine Gelegenheit ergeben, ist es durchaus legitim, seine eigene Meinung zu z. B. Menschenrechten zu äußern, dies aber mit der gebotenen Zurückhaltung und keinesfalls mit erhobenem Zeigefinger. Unter vier Augen kann man mit Chinesen auch über Politik sprechen, selten aber in größeren Gruppen. Man sollte sich allerdings zuvor detailliert über die Situation in China informieren, sonst steht Kritik einem ohnehin nicht zu.
- **Prostitution:** Trotz aller Bemühungen der Regierungsbeamten (die sich als scheinheilig entpuppen, wenn man weiß, dass eben diese Beamten genauso gründlich von dieser Dienstleistung Gebrauch machen wie viele andere Männer auch), die Prostitution einzudämmen, blüht

Maos Bild ist ein Symbol. Seine Entfernung wäre auch eines.

die Prostitution und in jeder Stadt in China wird alles angeboten, was man in anderen Ländern auch bekommen kann. Viele Friseur- und Massagesalons sind in Wirklichkeit Anbieter anderer Spezialitäten. Wie überall funktioniert auch in diesem Bereich die chinesische Überwachung sehr gut, sei es in einem Salon oder in einem Hotelzimmer. So mancher ausländische Geschäftsmann hat sich schon unfreiwillig und bei unpassender Gelegenheit in einem Video wiedergefunden, das seine Geschäftspartner sinnvoll einzusetzen wussten.

- **Pünktlichkeit:** Chinesen sind ebenso pünktlich wie Deutsche. Kleine Verspätungen werden aber nicht übel genommen. Kalkuliert man die allgegenwärtigen Staus ein, kann man es aber auch gut schaffen, pünktlich zu sein.
- **Rauchen** scheint bei männlichen Chinesen noch immer ein Muss zu sein, es gibt nur wenige, die nicht rauchen; geraucht wird auch gern beim Essen oder bei Geschäftsverhandlungen. Keinesfalls muss man da mithalten, als Nichtraucher lehnt man einfach höflich dankend ab. Raucht man jedoch selbst, sollte man den Chinesen unbedingt eine der eigenen, teuren Zigaretten anbieten. Zigarren kommen in bestimmten Zirkeln mehr und mehr in Mode (siehe auch das Kapitel „Alkohol, Rauchen und Drogen" ab S. 174).
- **Sicherheit:** China ist eines der sichersten Länder der Welt. Als Ausländer kann man unbesorgt nachts durch die Städte laufen, kann reisen, auch alleine als Frau oder als Familie mit Kindern. Natürlich gibt es Diebe und andere Verbrecher, aber die Sicherheit ist (auch aufgrund der massiven und hochtechnisierten Überwachung) im Allgemeinen als sehr hoch zu bezeichnen. Gewaltverbrechen gegen Ausländer sind extrem selten. Dennoch sollte man im allgegenwärtigen Gedränge auf seine Wertsachen achten.
- **Souvenirs:** Tee, Kunsthandwerk, Kalligrafie, Bildrollen, Jade, Buddhas – dies sind einige der üblichen Souvenirs. Auf die diversen Mao-Devotionalien sollte man verzichten; Mao war einer der schlimmsten Diktatoren der Geschichte. Antiquitäten sind entweder gefälscht oder zu alt, um sie exportieren zu dürfen. Oder beides.
- **Sprache:** In den Großstädten trifft man viele junge Menschen, die Englisch sprechen, aber auf dem Land sicher nicht. Mandarin ist die Landessprache, die aber von zahlreichen lokalen Sprachen und Dialekten überlagert wird. Einige Sätze Mandarin zu lernen, ist daher sehr zu empfehlen, das kommt hervorragend an. Es gibt auch zahlreiche Apps, die bei der sprachlichen Verständigung helfen.
- **Spucken:** Das weit verbreitete Spucken hat seit SARS deutlich nachgelassen; auch in China hat sich herumgesprochen, dass das unhygie-

nisch ist und so Krankheiten übertragen werden könnten. Spucken ist kein relevantes Thema mehr.
- **Statussymbole:** Noch vor wenigen Jahrzehnten war China ein sehr armes Land; erst in den letzten zwei Jahrzehnten hat sich das für viele (nicht für alle) Chinesen deutlich geändert. Statussymbole sind daher sehr wichtig, um zu zeigen, dass man es „geschafft hat". Zu ihnen zählen deutsche Luxusautos, Schweizer Uhren, teurer Rotwein, das neueste Mobiltelefon usw.
- **Tabus:** Oft wird der vermeintlich Chinaerfahrene gefragt, was in China denn absolute Tabus seien, Verhaltensweisen oder Gesten, die man auf jeden Fall vermeiden müsse. Ist jemand wirklich chinaerfahren, so wird er lange überlegen, denn eigentlich gibt es hier nichts aufzuzählen. Natürlich gibt es Höflichkeitsregeln, aber echte Beleidigungen, die man eventuell versehentlich und aus Unwissenheit aussprechen könnte – nein. Da die Religion eine mehr als untergeordnete Rolle spielt, können schlimme Fauxpas wie in anderen Kulturkreisen (Islam, Hinduismus etc.) nicht passieren. Darüber hinaus sind in diesem riesigen Land so viele unterschiedliche Verhaltensweisen anzutreffen, dass auch ein unbedarfter Deutscher da nichts Unverzeihliches anrichten kann.
- **Taxis** gibt es überall und man kann sie einfach auf der Straße heranwinken oder im eigenen Hotel an der Rezeption bestellen lassen. Achtet man auf das Aktivieren des Taxameters, gibt es keinen Ärger. Der Unerfahrene sollte im Hotel fragen, was die ausgewählte Strecke etwa kosten darf. Man wird nicht öfter betrogen als in Köln oder New York auch, eher sogar seltener. Da die Fahrer fast nie Englisch sprechen, empfiehlt es sich jedoch, das Ziel in chinesischen Schriftzeichen ausgedruckt dabeizuhaben, und auf jeden Fall auch die Telefonnummer eines Ansprechpartners an der Zieladresse mit sich zu führen! Oft ist die Zieladresse schwer zu finden, dann kann der Fahrer sich telefonisch zum Ziel leiten lassen. Wer über keinen WeChat-Account verfügt (s. S. 214), muss bar zahlen. Kreditkarten werden nicht akzeptiert.
- **Tee** heißt *cha* auf Chinesisch, seine Herkunft offenbart sich auch in Sprachen wie dem Türkischen („çay"). Marco Polo hat ihn in seinem berühmten Reisebericht nicht erwähnt, was Wissenschaftler zu der These verleitet, er sei eventuell gar nicht in China gewesen. Es gibt unzählige Sorten, manche sehr teuer. Man sollte das angebotene Getränk daher schätzen, trinken und wenn es als Geschenk daherkommt, ebenfalls würdigen. Es könnte ein sehr teurer, berühmter Tee sein. Tee wird ungesüßt getrunken, ohne Milch. Wenn die Teeblätter in der Tasse beginnen sich abzusenken, ist die ideale Trinktemperatur erreicht.

Mehrere Aufgüsse pro Kanne sind möglich und bei gutem Tee auch empfehlenswert.
- **Telefonieren:** Es ist ratsam, für die Zeit des Aufenthaltes eine SIM-Karte für das Smartphone zu kaufen (bzw. von einem Chinesen kaufen zu lassen) und dann entsprechend günstiger zu telefonieren. Dies ist an jedem internationalen Flughafen problemlos möglich. Prinzipiell kann man natürlich auch von jedem Hotelzimmer aus anrufen oder sich anrufen lassen. WLAN ist weiter verbreitet als bei uns und wird in vielen Cafés, auf Bahnhöfen und Flughäfen angeboten.
- **Toilette/Notdurft:** *Cesuo* heißt Toilette auf Chinesisch – eine wichtige Vokabel. Auf dem Land findet man eher die asiatische Variante, also ein Loch im Boden, in den Städten und natürlich in den Hotels, in denen Ausländer meist absteigen, die westliche Variante. Es empfiehlt sich, Toilettenpapier mitzunehmen, das die Chinesen zwar einst erfanden, aber nicht immer vorrätig haben.
- **Trinkgeld:** Man gibt in China kein Trinkgeld, das ist die Grundregel, nicht dem Taxifahrer, nicht dem Portier, auch nicht dem Kellner im Restaurant; er wird das entsprechende Rückgeld vollständig zurückgeben und niemand erwartet ein Trinkgeld. Man kann Ausnahmen machen, wenn man das möchte; für den netten Pagen, der den schweren Koffer auf das Zimmer trägt, den Fahrer, der ausnahmsweise auf Sie

gewartet oder eine Besorgung erledigt hat. Natürlich erhält der Touristenführer ein Trinkgeld, das gilt überall. Aber im Alltag gibt man kein Trinkgeld.
- **Verkehrsmittel:** China verfügt über das beste Eisenbahnnetz der Welt, es gibt zahlreiche Flughäfen, auch in entlegenen Regionen; in den Städten sind U-Bahn-Netze und Busverbindungen sehr gut ausgebaut. Transport ist daher kein Problem und auch Taxis findet man in jeder Stadt in ausreichender Menge. Verkehrsmittel sind sicher, effizient und voll. Zur Rushhour in der U-Bahn in Shanghai unterwegs zu sein, ist ein besonderes Erlebnis. Züge und Flüge kann man online buchen, auch auf Englisch. Wenn auch die Bahnhöfe eher unseren Flughäfen ähneln, was die Dimensionen betrifft, so kann man sich doch gut zurechtfinden und es wagen, sich dorthin zu begeben, auch wenn man der chinesischen Sprache nicht mächtig ist.
- **Vorurteile:** Vorurteile über China gibt es zuhauf; das Bild von der „Gelben Gefahr" scheint unausrottbar. Nicht alle Chinesen sind gelb – genau genommen kein einziger – und es gibt durchaus eine große Vielfalt an Meinungen, Aussagen, Aussehen, Küchengewohnheiten usw. Genau deshalb sollte man dorthin fahren: Reisen ist schädlich für Vorurteile. Und natürlich haben auch Chinesen Vorurteile über Deutschland, interessanterweise fast nur positive: die besten Ingenieure, die besten Autos, die besten Fußballspieler – Deutschland wird allgemein bewundert. Als Deutscher repräsentiert man immer auch sein Land, das sollte einem bewusst sein. Also sollte man sich entsprechend benehmen. Die Deutschen haben ein gutes Image, das sollten sie sich bewahren.
- **Zeitverständnis:** Das chinesische Zeitverständnis entspricht weitestgehend dem deutschen. Chinesen sind pünktlich, sei es im Privat- oder im Geschäftsleben, also sollte man es als Deutscher in China ebenso sein! Unpünktlichkeit wird als Unhöflichkeit interpretiert. Bei Privateinladungen gilt es wie in Deutschland als zulässig, maximal fünf Minuten zu spät zu kommen. Zeitvorgaben, Deadlines etc. sind einzuhalten.

In der U-Bahn: schlafen oder surfen?

Die geschichtlichen Wurzeln

Chinas Geschichte bis 1949 | 26

VR China seit 1949 | 44

Die VR China: Reform- und Öffnungspolitik | 57

◁ Die Terrakotta-Armee des Ersten Kaisers Qin Shi Huang Di, ca. 220 v. Chr.
(140ch-fo©tonyv3112 – stock.adobe.com)

Chinas Geschichte bis 1949

Von den Anfängen bis ins 19. Jahrhundert

In **China** ist man sich in deutlich **höherem Maße seiner Geschichte bewusst** als dies in Deutschland der Fall ist, Chinesen beziehen sich stets aufs Neue auf historische Ereignisse. Als Außenstehender hat man dabei jedoch immer im Kopf, dass der **Unterricht** an chinesischen Schulen und Hochschulen **nicht immer sachlich-objektiv** präsentiert wird, sondern, gerade seit der Machtübernahme Xi Jinpings, des Staats- und Parteichefs (Stand: 2017), auch **politischen Zwecken** dienen soll. Die **Kontinuität der chinesischen Kultur** steht im Vordergrund. Dynastien wechselten, Kaiser kamen und gingen – und doch wurden und werden die zwei Jahrtausende seit Gründung des Kaiserreiches (221 v. Chr.) als historische Einheit betrachtet. Eine Fremdherrschaft wie die der Mongolen im 13. Jahrhundert wurde als chinesische Dynastie (Yuan) kurzerhand in die Reihe der Herrscherabfolgen eingeordnet und erscheint somit nicht mehr als Herrschaft der Fremden, die es de facto war, sondern als Herrschaft über die Fremden. Das heutige China entspricht dabei in seinen Dimensionen keineswegs dem historischen, da durch ständige Kämpfe, Neuaufteilungen und Eroberungen das jeweilige **Staatsgebiet** ebenso variierte wie in Europa. Riesige Provinzen wie Xinjiang („Neues Gebiet") im Nordwesten und auch Tibet (chin.: Xizang) sind erst seit relativ kurzer Zeit Teil des chinesischen Herrschaftsgebiets. Auf die **spezielle Situation Tibets** kann in diesem Rahmen nur begrenzt eingegangen werden, aber die Provinz Xizang, wie sie auf den Karten heute verzeichnet ist, entspricht in ihrer Ausdehnung nur einem Teil dessen, was ursprünglich das alte Tibet ausmachte.

Qin Shi Huang Di, der **„Gelbe Kaiser",** begründete im Jahr 221. v. Chr. die **Qin-Dynastie.** Sie gilt als der Beginn der chinesischen Dynastiegeschichte. Eventuell stammt sogar der im Westen gebräuchliche Name für das Land, China, aus der Zeit der Qin-Dynastie. Die Herrscher vor dieser Zeit bleiben mehr oder weniger im mythischen Dunkel; was sich zu Zeiten eines „Meisters Kong" (von den Missionaren später latinisiert und entsprechend Konfuzius genannt) im 5. vorchristlichen Jahrhundert wirklich in China zutrug, wissen wir nicht. Der „Gelbe Kaiser", der sich mit der berühmten **Terrakottaarmee** nahe der damaligen Hauptstadt Chang'an, heute Xi'an, begraben ließ, ist bis heute der Inbegriff des chinesischen Herrschers. Er vereinheitlichte die Schriftzeichen für das ganze Reich, standardisierte die Wagenspuren, ließ unliebsame Bücher verbrennen, kurz: Er einte das Reich nach seinen Vorstellungen und gab einen Vorgeschmack auf das, was die nächsten zwei Jahrtausende geschehen sollte.

Extrainfo 1 (s. S. 5): Das 2000 Jahre alte Manual „Sunzi" zur Kriegskunst kann auch heute auf allgemeine Konfliktsituationen angewandt werden; vielleicht auch interessant für Manager …

Von 221 v. Chr. bis 1911, also im Verlauf der nächsten über 2000 Jahre, folgten sich gegenseitig **ablösende Dynastien** aufeinander, Diadochenkämpfe, Intrigen, das Übliche eben. Namen einzelner Dynastien wie **Tang** (7.-10. Jahrhundert) oder **Ming** (14.-17. Jahrhundert) sind auch uns geläufig; man spricht aber **insgesamt von 24 Dynastien.** In der chinesischen Historiografie erscheint diese Zeit als eine mehr oder weniger gleichmäßige Abfolge, in Wirklichkeit jedoch kann man eigentlich nicht von einem Land sprechen, das von wechselnden Herrschern regiert wurde, sondern von **vielen Reichen wechselnder Größe und Relevanz,** die keineswegs homogen waren. Nicht nur die Herrschaft der Mongolen über China im 13. Jahrhundert war eindeutig eine Fremdherrschaft; ab dem 17. Jahrhundert standen Teile Nordchinas unter dem Einfluss und der Herrschaft der Mandschus. Dieser Volksstamm aus der Mandschurei im Nordosten Chinas hatte 1644 Nordchina erobert.

Auch diese Zeit wurde als **Qing-Dynastie** in die Abfolge chinesischer Dynastien eingegliedert, obwohl der Kaiser selbst zeitweise kein Chinese war. Die Mandschus wurden, wie die Mongolen vor ihnen, sinisiert, d. h. sie gingen im Laufe der Zeit in der Masse der Han-Chinesen (die mit etwa 95% dominante Ethnie Chinas) unter und verschwanden einfach.

⌃ Buddhistische Grotten sind ein touristischer Anziehungpunkt. Nicht viele haben die Kulturrevolution unbeschadet überstanden.

Aus Platzgründen kann die chinesische Dynastienabfolge hier nicht ausführlich besprochen werden, aber es bleibt festzuhalten, dass sie keineswegs so durchgehend „chinesisch" war, wie es uns die Geschichtsschreibung glauben machen möchte.

Chinas **Beziehungen zum Ausland** beschränkten sich zunächst primär auf wenige Handelskontakte mit japanischen Kaufleuten und gelegentlichem, historisch eher diffusem Austausch mit Indien und den westlich von China gelegenen Herrschaftsgebieten. Über Handelswege, die später als Seidenstraßen bezeichnet wurden, kamen im Westen begehrte Produkte wie eben Seide, aber auch Gewürze und später Tee bis nach Europa (wenn die Türken heute einen çay trinken, so leitet sich dies Wort von dem chinesischen cha für Tee her). Kriegerische Handlungen blieben nicht aus, sogar eine Schlacht zwischen chinesischen Soldaten und römischen Legionären im 2. nachchristlichen Jahrhundert gilt als historisch belegt. Diese fand jedoch vermutlich im heutigen Xinjiang im Nordwesten des Reiches statt, also auf (zu jener Zeit) nicht wirklich chinesischem Staatsgebiet.

Kontakt zu Europäern, von **Marco Polo** abgesehen, entstand erst im 16. Jahrhundert. Ob der Venezianer Marco Polo tatsächlich je China erreichte, wird bis heute in der sinologischen Wissenschaft diskutiert; dass er in seinem weltberühmten Buch „Die Wunder der Welt" weder den Tee noch die Schriftzeichen erwähnt, erscheint zumindest seltsam. Auch finden wir in den chinesischen Quellen jener Zeit keinerlei Hinweis auf einen Ausländer, der beispielsweise Gouverneur von Hangzhou gewesen wäre, wie Marco Polo es von sich behauptete.

1494 teilten die europäischen **Seemächte Portugal** und **Spanien** die Welt unter sich auf; im Vertrag von Tordesillas bestimmte der (leicht zu motivierende) Papst den Verlauf einer Linie, die von Pol zu Pol die Erde in eine westliche (spanisch dominierte) und eine östliche (portugiesisch dominierte) Hälfte teilen sollte. Diese zunächst etwa bei den Kapverdischen Inseln verlaufende Linie wurde von den Portugiesen weiter nach Westen verhandelt, sodass sie nun durch das heutige Brasilien verlief und somit für die folgenden Jahrhunderte auch die südamerikanische Sprachgrenze zwischen spanisch und portugiesisch bildete (und bildet). Die **Portugiesen,** angetrieben von König Manuel, suchten einen östlichen Seeweg nach Indien, um den Gewürzhandel und damit einhergehenden Reichtum Venedigs einzuschränken. Sie umrundeten die Südspitze Afrikas und **Vasco da Gama** ließ sich von arabischen Lotsen die Route und die Winde erklären, um das Arabische Meer nach Indien hin überqueren zu können. Seine Landsleute fuhren weiter bis Südchina, wo sie schließlich 1516 nahe Guangzhou (Kanton) ankerten. Die in westlicher **Arroganz** gefangenen

Portugiesen mussten allerdings rasch erkennen, dass ihnen die Chinesen in mancher Hinsicht überlegen waren, technisch sowieso: Die **chinesische Schiffbautechnik** war der europäischen weit voraus. Aber auch sonst hatten die Ausländer aus chinesischer Sicht wenig zu bieten, der christliche Glaube war sicher kein attraktives Angebot. Man erlaubte den Portugiesen, sich vor der Küste auf der Halbinsel **Aomen** niederzulassen, später **Macao** genannt.

Die umgekehrt ebenso in **Arroganz** befangenen Chinesen blickten ihrerseits auf die Ausländer hinab und hatten dazu allen Grund: Die **Fahrten des Zheng He,** eines südchinesischen Eunuchen, der es bis zum Admiral gebracht hatte, führten schon in den 30er-Jahren des 15. Jahrhunderts, also vor der Geburt des Kolumbus, bis Afrika, nach Indien, vielleicht sogar bis nach Südamerika. Und dies mit einer Flotte, die die Karavellen des Kolumbus geradezu wie Spielzeuge aussehen ließ, bestehend aus bis zu 120 Meter langen Schiffen (die „Santa Maria" des Kolumbus war etwa 20 Meter lang!) mit je bis zu neun Masten, mehreren Decks, zwölf Segeln und bis zu 2000 Mann Besatzung. An einer solchen Reise nahmen über 300 dieser Schiffe teil! In der Blütezeit dieser Flotte umfasste sie über 3000 Schiffe.

China war den Ausländern **technisch in jeglicher Hinsicht überlegen,** hatte es doch auch den **Kompass** erfunden, mit dessen Hilfe seine Seeleute sicher bis an die ostafrikanische Küste und zurück fanden, während der vorgeblich größte Entdecker aller Zeiten, Kolumbus eben, mehr oder weniger zufällig auf den Bahamas strandete und zeitlebens den Irrtum leugnete, in dem er sich befand, indem er glaubte, den Seeweg nach Indien entdeckt zu haben.

Die Arroganz der Chinesen, mit der sie glaubten, *Zhong guo* zu sein, das **„Reich der Mitte",** umgeben von Mongolen im Norden, Wüstenvölkern im Westen, dem Himalaya im Südwesten, dem Dschungel im Süden und schließlich dem Meer im Osten, führte zu einer verheerenden Entscheidung: Da alle Auslandsreisen nur bewiesen hatten, dass es kein überlegenes Volk auf der Welt gab, wurden diese teuren Reisen bald für obsolet befunden; man **verbot Auslandsreisen,** man zerstörte die Werften und die Schiffe und **China kapselte sich** schon Ende des 15. Jahrhunderts **von der Außenwelt ab.** Die Logbücher des Zheng He wurden vernichtet, sodass niemand diese Reisen würde wiederholen können.

Oder war die durch den Handel mit fremden Völkern **erstarkte Kaufmannsschicht** der Grund für das Verbot, weitere Reisen zu unternehmen? Hatte die Regierung Angst vor einer zunehmend mächtigen, möglicherweise die Stabilität des Reiches gefährdenden Klasse wohlhabender Geschäftsleute? Wir wissen es nicht, aber die These ist im Hinblick darauf,

Zeittafel der chinesischen Dynastien

Dynastie	Zeitraum	Hauptstadt, Provinz
Xia	ca. 2100–1600 v. Chr.	Yuncheng, Shanxi
Shang	ca. 1600–1100 v. Chr.	Shangqiu, Henan
		Xiaotun, Henan
		Anyang, Henan
Zhou	ca. 1100–221 v. Chr.	
Westlich	ca. 1100–770 v. Chr.	Xi'an, Shaanxi
Östlich	770–249 v. Chr.	Luoyang, Henan

Zeit der kämpfenden Staaten (475–221 v. Chr.)

Qin	221–206 v. Chr.	Xi'an, Shaanxi
Han		
Westl. Han	206–8 n. Chr.	Xi'an
Wang Mang	8–23 n. Chr.	Xi'an
Östlich Han	25–220 n. Chr.	Xi'an
Drei Reiche	220–280	
Wei	220–265	Luoyang, Henan
Shu Han	220–263	Chengdu, Sichuan
Wu	220–280	Nanjing, Jiangsu
Jin	265–420	
Westlich	265–316	Luoyang, Henan
Östlich	317–420	Nanjing, Jiangsu

Südliche und Nördliche Dynastien (420–589)

Südliche Dynastien

Song	420–479	Nanjing
Qi	479–502	Nanjing
Liang	502–557	Nanjing
Chen	557–589	Nanjing

Nördliche Dynastien

Wei nördlich	386–534	Datong, Shanxi
Wei östlich	534–550	Linzhang, Hebei
Wei westlich	535–557	Xi'an, Shaanxi
Qi nördlich	550–577	Linzhang, Hebei
Zhou nördlich	557–581	Xi'an, Shaanxi
Sui	589–618	Xi'an, Shaanxi
Tang	618–907	Xi'an, Shaanxi

Fünf Dynastien	**907–960**	
Hou Liang	*907–923*	*Kaifeng, Henan*
Hou Tang	*923–936*	*Luoyang, Henan*
Hou Jin	*936–946*	*Kaifeng*
Hou Han	*947–950*	*Kaifeng*
Hou Zhou	*951–960*	*Kaifeng*
Song	*960–1279*	*Kaifeng*
nördlich	*960–1126*	*Kaifeng*
südlich	*1127–1279*	*Hangzhou, Zhejiang*
Liao	*907–1125*	*Shenyang, Liaoning*
Jin	*1115–1234*	*Beijing*
Yuan	*1279–1368*	*Beijing*
Ming	*1368–1644*	*Nanjing, Jiangsu (bis 1405); Beijing*
Qing	*1644–1911*	*Beijing*
VR China	*1.10.1949*	*Beijing*

Ein Tempel – aber welchen Glaubens? Oder nur profanes Gebäude?
Kaum ein Chinese kann dies noch unterscheiden.

dass Xi Jinping heute wieder versucht, die Macht des Staates vor zu viel Einflussnahme reicher Einzelunternehmer zu schützen, hochinteressant.

Wie auch immer: **Mitte des 16. Jahrhunderts** war die gesamte **Flotte vernichtet.** China zog sich aus dem Welthandel zurück. Die Strafe hierfür ließ nicht lange auf sich warten.

Die nächsten Jahrhunderte sahen eine **zunehmende ausländische Präsenz in China;** nach den portugiesischen Missionaren kamen die **Briten,** die in Indien herrschten; es folgten die **Franzosen,** die **Japaner,** die **Russen,** schließlich sogar die **Deutschen.** Im 19. Jahrhundert erfuhr China seine größte Demütigung durch die militärische Überlegenheit der Ausländer und die zwangsweise Öffnung von Häfen für den Handel. Das im Niedergang befindliche Kaiserreich, das jahrhundertelang weltweit führend auf dem Gebiet technischer Innovationen gewesen war, stand nun ausländischer Waffentechnologie hilflos gegenüber. Die Briten nutz-

Die Opiumkriege (1839–1842 und 1856–1860)

In den Opiumkriegen versuchten Vertreter der chinesischen Regierung, den englischen Opiumhandel in Kanton zu unterbinden. Einerseits war die Sucht zu einem schichtenübergreifenden Problem innerhalb der chinesischen Gesellschaft geworden, andererseits flossen durch den von den Briten erzwungenen Handel so große Mengen Silbergeldes aus China ab, dass sich die Außenhandelsbilanz zunehmend verschlechterte. Allein die Opiumeinfuhr durch die Briten steigerte sich zwischen 1825 und 1835 von 730 auf 1800 Tonnen jährlich, nicht mit eingerechnet das Opium, das China aus anderen Quellen erreichte.

Der beauftragte Sonderkommissar Lin Zexu hätte vermutlich die Engländer erfolgreich aus Kanton vertreiben können, wenn das Kaiserhaus nicht von Interessengruppen infiltriert gewesen wäre, die am Opiumhandel mitverdienten. Weitgehend auf sich selbst gestellt, scheiterte Lin. Daraufhin musste China mit dem ersten der „ungleichen Verträge" (gemeint sind unfaire Verträge) Hongkong an Großbritannien abtreten und außer Kanton vier große Küstenstädte, nämlich Xiamen, Fuzhou, Shanghai und Ningbo dem Außenhandel öffnen.

Bei aller gerechtfertigten Empörung über die Vorgehensweise der Briten wird oft übersehen, dass Chinas Inlandproduktion von Opium (mindere Qualität) ebenfalls beträchtlich war. Im Jahr 1906 betrug sie 35.000 Tonnen und noch für 1945 verzeichnet die Statistik etwa 40 Millionen Opiumraucher.

ten dies schließlich, um Mitte des 19. Jahrhunderts einen ganz besonders lukrativen Handel zu erzwingen. Unter der Ägide Königin Victorias, die Kaiserin von Indien war, zwang man China den **Import von Drogen** auf.

Das Ende der Monarchie

Der **Boxeraufstand** begann als eine Bewegung des chinesischen Geheimbundes *yihe quan* („die in Gerechtigkeit vereinten Fäuste") und richtete sich zunächst gegen zum Christentum konvertierte Chinesen. Sehr schnell wurde daraus ein **Volksprotest gegen die Anwesenheit der imperialistischen Fremden** im Land, der darauf zielte, diese zu vertreiben. Seinen Höhepunkt erreichte der unerklärte Krieg gegen die alliierten Truppen der Westmächte in der Zeit von Mai bis August 1900. Unbewaffnet oder allenfalls mit Stöcken ausgerüstet, hatten die Boxer, die sich unverwundbar glaubten, gegen die Gewehre der Fremden keine Chance. Sie starben zu Tausenden im offenen Kanonenfeuer der „fremden Teufel". Die Niederschlagung der Revolte war mit der Einnahme Beijings (Pekings) durch westliche Truppen am 14. August 1900 besiegelt. Wie viele Boxer starben, blieb unbekannt, auf der Gegenseite gab es ca. 23.000 Tote, hauptsächlich Chinesen, die zum Christentum konvertiert waren.

Geschwächt durch interne **Intrigen** und **externen Druck**, durch **militärische Unfähigkeit** und das **Verharren in** überkommenen, den modernen Anforderungen nicht gewachsenen **Ritualen,** verloren der Kaiser bzw. gegen Ende des 19. Jahrhunderts die Kaiserinwitwe Zi Xi zunehmend an Macht und Einfluss; Umsturzgedanken kamen auf. Schließlich musste das **Kaiserhaus 1911 abdanken;** die **Gründung einer modernen Republik** nach westlichem Vorbild kam einem Weltuntergang gleich. Die Erschütterungen, die folgen sollten, führten China in eines der blutigsten Jahrhunderte seiner Geschichte.

Die Republik von 1911

„Ich habe noch das Alte China gesehen, das für Jahrtausende zu dauern schien. Ich habe seinen Zusammenbruch miterlebt und habe erlebt, wie aus den Trümmern neues Leben blühte. Im Alten wie im Neuen war doch etwas Verwandtes: eben die Seele Chinas, die sich entwickelte, aber die ihre Milde und Ruhe nicht verloren hat und hoffentlich nie verlieren wird."
Richard Wilhelm, Die Seele Chinas, 1925

„Wenn China nicht untergeht, ist Gott blind."
Hu Shi, um 1919

Extrainfo 2 (s. S. 5): Spannende Darstellung des verzweifelten Boxeraufstands

Seit den Opiumkriegen gärte es im Land. Die Regierung, die unfähig war, mit den „fremden Teufeln" fertig zu werden, hatte die Unterstützung weiter Kreise des Volkes längst verloren. Putschversuche und Aufstände waren in den letzten Jahren der Dynastie häufiger geworden.

1911 gelang es einer Gruppe von Putschisten, mithilfe des Militärs das Kaiserhaus zur Abdankung zu zwingen. Der junge Arzt **Sun Yatsen,** der an die Spitze der revolutionären Bewegung gespült worden war, rief im Januar 1911 offiziell **die chinesische Republik** aus. Wenig später trat er zurück und überließ in realistischer Einschätzung der Machtverhältnisse die Regierung einem General.

Dr. Sun gilt vielen Chinesen auf beiden Seiten der Straße von Taiwan noch heute als der **„Vater des Neuen China".** Größere Bedeutung erlangte die von ihm mitbegründete **Guomindang (GMD)** oder **Nationale Volkspartei,** die sich vor allem in den späteren Jahren der Republik als stärkste politische Kraft erweisen sollte. Sun hat ihren Aufstieg nicht mehr erlebt. Er starb 1925 als Chef einer kleinen lokalen Regierung in Kanton, wohin er und seine Anhänger geflüchtet waren. Die **„drei Grundprinzipien",** deren Verwirklichung Sun sein politisches Leben gewidmet hatte, nämlich **Nationalismus, Demokratisierung** und **soziale Gerechtigkeit,** waren jedoch so unscharf und großzügig gefasst, dass auch die mit der GMD konkurrierende **KPCh,** die **Kommunistische Partei Chinas,** ihre Ziele darin wiedererkennen konnte. Beiden Parteien gilt Sun als Visionär eines neuen Zeitalters.

Die Warlords (1916–1927)

Fünf Jahre nach ihrer Gründung war die junge **Republik bereits vom Verfall bedroht.** Die Armee war gespalten; die Truppen bekämpften sich unter der Führung ehrgeiziger Generäle und Abenteurer gegenseitig – auf Kosten der Bevölkerung: „Jeder dieser Kriegsherren verfügte über eine eigene Armee, oft dazu über einen ausländischen Schutzherrn, und regierte stets seine eigene Provinz, die seine Soldaten durch im Voraus zu bezahlende Steuern niederdrückten."

Man erfand **Steuern** auf Straßennummern, auf Neujahrsschweine, Zähne, Weinkrüge, Straßen, Bankette, Dorfreinigungen, eine Steuer auf die Länge der Tür und die Breite der Fenster, eine Haar- und Blutsteuer, eine Steuer auf Gewichte und Waagen, ja sogar eine Steuer auf die Faulheit. Letztere war für die bestimmt, die keinen Mohn anbauten, denn Opium gehörte zu den begehrtesten Gütern der **Warlords,** der Kriegsherren. Die Mohnbauern selbst, die oft unter der Aufsicht von Soldaten arbeiten mussten, wurden mit wenig mehr als Almosen entlohnt.

Auch sonst verbreiteten Warlords **Angst und Schrecken.** Allein in Sichuan wurden angeblich 1400 Kriege geführt. Die Zustände in Chengdu schilderte Han Suyin: „In Tschengtu waren selbst die Straßen durch gegnerische Parteien zerrissen; (...) von einer Straßenseite auf die andere überzuwechseln, war mit der Entrichtung von ‚Zollgebühren' verbunden, bedeutete es doch, neues Territorium zu betreten. (...) zu bestimmten Zeiten fanden auf den Hauptstraßen regelmäßig Schlachten statt. Da einer von den Warlords einmal etwas von Panzern gehört hatte, beschlagnahmte er alle Karren, auf denen sonst die menschlichen Fäkalien auf die Felder gefahren wurden, umkleidete sie mit Blechkarosserien und schickte in diesen Fahrzeugen seine Soldaten zum Angriff auf den ‚Feind'. Die bedauernswerten Düngerkulis mussten die Soldaten in die Schlacht karren wie früher den Dünger auf das Feld und waren von allen Beteiligten am schlimmsten betroffen. (...) Bereits 1917 war Szetschuan eine bankrotte Provinz."

Die Vierte-Mai-Bewegung von 1919

Das Jahrzehnt der Warlords markierte nicht nur den Beginn einer nahezu ununterbrochenen Folge von Heimsuchungen, unter denen vor allem die Bauern zu leiden hatten. Es war zugleich eine **Epoche folgenschwerer geistiger Umwälzungen.** Sie begann mit dem Entschluss der Alliierten, nach dem Ersten Weltkrieg im Vertrag von Versailles die deutschen Hoheitsgebiete in China an Japan zu übertragen, statt sie den Chinesen zurückzugeben. Tief in ihrem Nationalstolz getroffen, organisierten Studenten am **4. Mai 1919** eine **Protestdemonstration,** der sich weite Teile der Bevölkerung spontan anschlossen. Um China vor dem Untergang zu retten, glaubte man, radikal mit allen überlieferten Vorstellungen brechen zu müssen. Es war die Geburtsstunde der **Generalabrechnung mit dem Konfuzianismus,** dem man die Schuld an aller Schmach gab, die das Land zu erdulden hatte. Sein unflexibles Herrschaftssystem, in dem soziale Ungerechtigkeit und Ungleichheit der Menschen geradezu zum Programm gehörten, seine schwerfälligen elitären Rituale und seine Rückwärtsgewandtheit wurden für Chinas Elend verantwortlich gemacht.

Anarchisten, Utopisten und **Marxisten** drängten auf radikale Lösungen: „Unsere Zeit ist eine Zeit der Befreiung, und unsere Kultur ist eine Kultur der Befreiung. Das Volk fordert vom Staat Befreiung, die Provinz von der Zentrale, die Kolonien von den Kolonialmächten, die Schwachen von den Starken, die Bauern von den Großgrundbesitzern, die Arbeiter von den Kapitalisten, die Frauen von den Männern und die Kinder von den Altvorderen. Jede gesellschaftliche oder politische Bewegung ist heutzutage eine Befreiungsbewegung!"

„Wir sollten nicht ständig in den Städten umherstreifen und uns zu außerhalb der arbeitenden Gemeinschaft stehenden Kulturstreunern machen, sondern uns persönlich in die Dörfer begeben und auf den grünen Feldern in Nebel und Regen arbeiten, Hacke und Pflug ergreifen und den hart arbeitenden Bauern beistehen. (…) Jene nicht arbeitende, doch essende Intellektuellen-Klasse sollte genauso wie die Kapitalisten hinausgeworfen werden. Die heutige Lage in China ist so, dass Dörfer und Städte zu Gegensätzen, ja zu zwei fast ganz verschiedenen Welten geworden sind. Die Probleme in den Städten, ihre sich ändernde Kultur, berühren die Dörfler nicht im geringsten. Und was das Dorfleben angeht, so hat wahrscheinlich auch kein Städter dafür Interesse oder weiß überhaupt etwas davon. (…) Wir sollten in unserer freien Zeit in die Städte kommen, um uns weiterzubilden und in der Arbeitszeit auf dem Felde den Bauern bei der Arbeit zu helfen. So erst wird sich die Luft der Kultur mit der Luft der schattigen Bäume und dörflichen Kamine vermischen und aus den stummen alten Dörfern werden neue lebendige Dörfer werden. Die große Gemeinschaft dieser neuen Dörfer wird unser Junges China sein.", so Li Dazhao, einer der Hauptvertreter der 4.-Mai-Bewegung.

Doch das jahrtausendealte Reich „der Lumperei" (Lin Yutang) änderte sich nicht von heute auf morgen. Auf die Tagespolitik vermochten die aufgebrachten Revolutionäre kaum Einfluss zu nehmen. Ihre Forderungen wirkten zunächst fast nur auf ideellem Gebiet: „Leider ist es fast unmöglich, China zu verändern. Schon um einen Stuhl zu verrücken oder einen Ofen zu reparieren, ist Blutvergießen nötig. Aber dass Blut vergossen wird, heißt noch nicht, dass der Stuhl auch verrückt, der Ofen auch repariert ist. Wenn es nicht mit einer großen Peitsche den Rücken ausgepeitscht bekommt, wird China keinen Zentimeter nachgeben. Ich hoffe, dass die Peitsche eines Tages kommen wird – ob im Guten oder im Bösen ist eine andere Frage –, aber die Peitsche wird ihren Zweck erfüllen. Aber woher und wie sie kommen wird, kann ich nicht sagen."

Noch rund dreißig Jahre sollte es dauern, bis diese Vision Wirklichkeit wurde und die KPCh mit der Ausmerzung der alten Ideale Ernst machte. **Die Vierte-Mai-Bewegung** gilt als **Wegbereiter der chinesischen kommunistischen Revolution.** Ohne sie wäre **die Gründung der KPCh im Jahre 1921** vielleicht folgenlos geblieben. Die KPCh, die zu Beginn genau 57 Mitglieder zählte (unter ihnen Mao Zedong, Deng Xiaoping und Zhou Enlai), brauchte danach noch fünf Jahre, um sich als zündende politische Kraft zu erweisen. Heute zählt sie fast 90 Mio. Mitglieder, beruft sich noch immer auf Marx und Mao, verfolgt jedoch de facto eine politische Linie, die wenig mit diesen Vorbildern zu tun hat. Aber das Charisma der ersten Jahre gilt es zu bewahren!

Chinas Wiedervereinigung (1926–1928) und die Dekade Chiangs (1928–1937)

Nach dem Tod Sun Yatsens im Jahre 1926 gelang es seinem Schwager, **General Chiang Kaishek,** die Führung der GMD an sich zu ziehen. Nur wenig später startete er einen groß angelegten Feldzug nach Norden mit dem Ziel, die Herrschaft der Warlords zu beenden und ganz China unter seine Kontrolle zu bringen. Dass er dies innerhalb von weniger als zwei Jahren vollbrachte, hatte verschiedene Ursachen. Unterstützung bekam er von finanzkräftigen einheimischen Kreisen, aber auch von ausländischen Mächten, insbesondere den USA – und nicht zuletzt von der chinesischen Mafia, die dafür im Gegenzug ungestört ihren Heroin- und Opiumhandel ausbauen durfte.

Auch die linken Kräfte des Landes halfen dem General zunächst, weil sie seine antikommunistische Haltung völlig unterschätzten. Auf Weisung Moskaus organisierten sie in Shanghai im April 1927 einen Arbeiteraufstand, um den anrückenden Truppen Chiangs bei der Eroberung der von den Briten kontrollierten Stadt zu helfen. Der **12. April 1927, der Tag des Sturms auf Shanghai,** ist als der Tag des großen Verrats in die chinesische Geschichte eingegangen. Statt der Ausländer massakrierte Chiangs Armee die aufständische Arbeiterschaft. Eine erbarmungslose **Hatz auf die Kommunisten** begann. „Der weiße Terror", also die Vertreibung der Kommunisten durch Chiang, zwang die Linken dazu, ihre Operationsbasis in die Dörfer zu verlegen.

Die Einschätzung der Leistungen von **Chiangs Regierung zwischen 1928 und 1937** variiert je nach Geschichtsbuch. Unbestritten sind enorme **Fortschritte beim Ausbau der Infrastruktur.** Ebenso unübersehbar müssen die **sozialen Gegensätze** gewesen sein, und zwar sowohl innerhalb der großen Metropolen wie Nanjing, Shanghai und Beijing als auch auf dem Land. Kinderarbeit und Prostitution waren gang und gäbe. Der „Rasende Reporter" Egon Erwin Kisch notierte 1932: „Vierzig Prozent der Textilarbeiter von Shanghai und Wuhan sind kleine Mädchen, vierzig Prozent Frauen und nur zwanzig Prozent Männer. (...) Offener Kinderkauf zu Prostitutionszwecken ist überall im Schwange. Auf den Strichstraßen der großen Städte tauchen mit dem abendlichen Lampenlicht seltsame Gruppen auf: eine Matrone mit blauen Hosen und neben ihr, der Größe nach aufgestellt, in hellblauen Atlaskitteln ihre Sklavinnen, große und kleine. Dieweil die Besitzerin jeden Passanten anspricht und lobpreisend auf ihre Ware hinweist, steht diese teilnahmslos da."

„Fünfjährige müssen Papierdrachen kleben oder die kegelförmigen Staniolpäckchen, das Totengeld. Sechsjährige, Achtjährige schnitzen und bemalen Mahjongsteine, drehen die Handmühlen mit Sojabohnen, kehren Werkstätten aus und tragen Waren aus … Bettler hocken dicht aneinander. Auf der vor ihnen liegenden, karierten Leinwand sind ihre Schicksale geschildert; manche, pauperisierte Intellektuelle schreiben ihre Selbstbiographie mit Kreide auf den Bürgersteig, und der Passant legt sein Almosen auf jenes Quadrat, dessen Inhalt ihn besonders ergreift. Von der Tatsache, dass die Gilde der Bettler keine Frauen aufnimmt, merkt man auf der Straße nichts, die Zahl der Bettlerinnen könnte nicht größer sein."

Elend auf der einen und lebenssprühender Charme auf der anderen Seite verlieh den damaligen Weltstädten Beijing und Shanghai ihre typische Atmosphäre. **Arm und Reich** flanierte gleichermaßen durch die Straßen, die von Essensbuden und Straßenhändlern in bunte und chaotische Märkte verwandelt wurden: „Überall konnte man sich amüsieren, überall war etwas los, gab es etwas für Augen und Ohren. Die frühsommerliche Hitze verlieh der Stadt einen eigenen Zauber, brachte überall in die alten Mauern einen magischen Zauber. Es kümmerte sie weder Tod, noch Unglück oder Leid. Wenn ihre Zeit gekommen war, entfaltete sie ihre ureigene Kraft, versetzte die Herzen von Millionen Menschen in Trance und sang traumgleich ihre Hymne. Sie war schmutzig, sie war schön, war hinfällig, lebendig, chaotisch, gelassen, liebenswert, sie war das große frühsommerliche Beijing." (Lao She, Schriftsteller). Extrem auffällig war das soziale Gefälle auf dem Land, wo sich eine relativ kleine Anzahl von unermesslich reichen **Großgrundbesitzern** und die Masse landloser **Bauernbevölkerung** gegenüberstanden. Letztere befanden sich in einem sklavenähnlichen Abhängigkeitsverhältnis zu ihren Dienstherren, die aus den Arbeitern jeden nur denkbaren Profit schlugen. In vielen ländlichen Gebieten waren die Bauern während der Feldarbeit z. B. in Baracken auf den Feldern untergebracht, damit sie sich in dortigen Dunggruben entleerten „und so gewissermaßen einen Teil der Ausgaben für ihre Ernährung zurückerstatteten. Das führte unter den Tagelöhnern zu folgender Redensart: „Sie nehmen deinen Atem, deine Spucke, deinen Schweiß, sie nehmen deine Arbeit, deine Frau und deinen Scheiß.'" Tatsächlich waren die Bauern in Sichuan oft so arm, dass sie **ihre Frau verkauften oder vermieteten,** um zu überleben. Hier auf dem Land, besonders in Südchina, „wo es um die Pachtverhältnisse besonders krass bestellt war", fassten die 1927 so vernichtend geschlagenen Kommunisten erneut Fuß. Die Weltwirtschaftskrise und gewaltige Überschwemmungen, die Millionen von Bauern obdachlos machten, verschärften die sozialen Spannungen zusätzlich.

1932 verstärkte Japan seinen militärischen Druck auf China und besetzte die **Mandschurei.** Zahlreiche Zwischenfälle signalisierten, dass damit

Japans Besitzansprüche in China noch lange nicht befriedigt waren. So verliefen die frühen 1930er-Jahre für das gebeutelte Land unter unguten Vorzeichen. Nach außen hin galt es, China gegen die japanische Aggression zu verteidigen, im Innern spitzte sich die Auseinandersetzung zwischen den regierungstreuen Truppen Chiang Kaisheks und Partisaneneinheiten der erstarkten KPCh zu. Die Bekämpfung der Letzteren hatte für Chiang Kaishek dabei absoluten Vorrang: „Die Japaner sind eine Hautkrankheit, die Kommunisten sind eine Herzkrankheit", lautete seine Einschätzung der nationalen Lage. 1933 schien die „Herzkrankheit" endgültig besiegt zu sein. **Die große kommunistische Basis im südchinesischen Jiangxi** war von den nationalistischen Truppen Chiangs fast vollständig **eingekesselt worden.** Die „Rote Armee" entschloss sich zu einer dramatischen Flucht.

Der Lange Marsch und Yan'an

Diese Flucht dauerte zwei Jahre (von 1933 bis 1935) und führte quer durch fast ganz China bis in den Norden in die Gegend von Yan'an. Von den 100.000 bis 300.000 Männern (einige wenige Frauen waren auch dabei) hatten etwa 30.000 überlebt.

Der Lange Marsch ist der **chinesische Heldenmythos des 20. Jahrhunderts.** Im Zentrum dieses Mythos steht der für chinesische Verhältnisse ungewöhnliche Anstand, den die roten Partisanen der Landbevölkerung gegenüber an den Tag legten: Sie vergewaltigten, plünderten und stahlen nicht. Rührende Geschichten von der Ehrlichkeit der Genossen Soldaten machten die Runde.

Ein Teilnehmer des Langen Marsches erinnert sich: „,Genosse Armuhsia, wir Rotarmisten sind mit ganzem Herzen dem Volke verpflichtet. Wir nehmen der Bevölkerung nichts weg. Du hast heute gegen unsere Disziplin verstoßen. Obwohl du den Becher auf einem Haufen gefunden hast, war er doch Eigentum der Bevölkerung und hätte nicht den Weg in deine Tasche finden dürfen. Sieh zu, dass so etwas nicht wieder vorkommt! Es ist eine Unsitte der Kuomintang-Banditen (Truppen Chiangs, Anm. d. Verf.), auf dem Volk herumzutrampeln. Wir dürfen nicht so handeln wie sie. Nun bring den Becher zurück.' Sein Ton war mild und seine Augen sahen mich sanft an." Das bis in jüngste Zeit erkennbar große **Vertrauen der chinesischen Bevölkerung in „ihre" Volksarmee** rührte noch aus diesen Zeiten her bzw. aus der entsprechenden einschlägigen Propaganda. So waren es sicherlich keine gespielten Szenen, als 1989 demonstrierende Studenten den Soldaten der Beijinger Division vor laufenden Kameras die Hände reichten: Der Glaube, die Armee des Volkes schieße nicht auf das Volk, wurzelte tief.

Ein weiteres zur Legende gewordenes Merkmal des Langen Marsches waren die unmenschlichen Strapazen, denen seine Teilnehmer trotzten. Einer der mörderischen Höhepunkte war die Überquerung der Brücke von Luding mitten ins gegnerische Feuer hinein. Die Brücke bestand lediglich aus Eisenketten, die über einem Abgrund hingen: „Mit englischen Maschinenpistolen und großen Messern bewaffnet, die sie über den Rücken hängten, jeder zwölf Handgranaten am Koppel, kletterten 22 Helden unter Führung von Kompanieführer Liao über die schaukelnden Brückenketten und waren intensivem feindlichem Feuer ausgesetzt. Jeder von ihnen trug außer seiner vollen Kampfausrüstung noch eine Planke. Sie kämpften und legten gleichzeitig Planken über die Ketten …" Das wahnwitzige Unternehmen endete mit einem Sieg der Roten Armee: „Bei Einbruch der Dämmerung hatten wir die ganze Stadt Luding besetzt, und die Brücke war fest in unserer Hand."

Ende Oktober 1935 erreichten schließlich die halb verhungerten Überlebenden des Marsches ihr Ziel. Im Norden von Shaanxi, in Yan'an, errichteten sie eine neue Basis. Bis 1947 sollte **Yan'an** die **Hauptstadt der Kommunisten** bleiben. Die Idealisten der ersten Stunde, unter ihnen der junge Mao Zedong und viele andere, die später Chinas Geschick bestimmen sollten, lebten unter primitivsten Bedingungen in Lösshöhlen. Dennoch gelang es ihnen, in der verarmten Gegend die Bauern zu organisieren, ihnen neben der Feldarbeit Lesen und Schreiben beizubringen, Fabriken

Heldendenkmal für siegreiche Kommunisten

zu gründen und Kampftruppen auszubilden. Die Berichte von den Heldentaten und Leistungen der Kommunisten in den rückständigen bäuerlichen Gebieten um Yan'an heizten die **revolutionäre Begeisterung** an. Die Stimmung des Aufbruchs und der Glaube an eine neue, gerechtere Gesellschaft, der den Aufbau von Yan'an beflügelte, übertrug sich später auf weite Kreise der Bevölkerung.

Eine **aufsehenerregende Publikation von Jung Chang und John Halliday**, „Mao: Das Leben eines Mannes, das Schicksal eines Volkes", die 2005 erschien, zeichnet ein anderes Bild von den frühen Kommunisten. Mao und die höheren Kader hätten sich auf dem Langen Marsch in Sänften tragen lassen, Mao mit einer stattlichen Büchersammlung zusätzlich beschwert. Die Flucht sei dank Maos Inkompetenz völlig konfus verlaufen, Menschenleben seien großzügig vergeudet worden und außerdem sei der später propagierte „Anstand" der Soldaten reine Erfindung. Die „Roten" seien bei Weitem übler gewesen als Chiang Kaisheks Truppen. Auch die Heldenmythen seien eben nur Mythen. Die Brücke von Luding beispielsweise habe immer schon Bretter gehabt und ein Angriff sei gar nicht erfolgt. Die Fachwelt reagierte bislang sehr gemischt auf das Buch. Deutliches Unbehagen bereitet vor allem die Quellenlage. Für die Anekdote von Luding berufen sich Chang und Halliday z. B. nur auf die Erinnerungen einer einzigen über neunzigjährigen Bäuerin. Bei vielen anderen Quellen handelt es sich um Dokumente, die niemand außer den Autoren je hat sichten können. Es wird noch jahrelanger akribischer Nachforschungen bedürfen, bis man Fiktion und Wirklichkeit voneinander trennen kann – wenn es denn überhaupt je gelingt.

Was immer sich als historische Wahrheit erweisen mag, es bleibt die Tatsache, dass Mao Zedong und der Lange Marsch im kollektiven Gedächtnis der Chinesen bis heute eine wichtige – und stolze – Rolle spielen.

Japanischer Angriff und Besatzung (1937–1945)

1937 starteten die Japaner ihren **Großangriff auf China.** Bis zum Oktober 1938 gelang es ihnen, einen großen Teil des Landes unter ihre Kontrolle zu bringen. Die Regierung Chiang Kaisheks floh nach Chongqing in den relativ bedeutungslosen Westen Chinas, während die Hauptstadt **Nanjing** den Japanern in die Hände fiel. Dem **Massaker,** das sie dort am 12. Dezember 1937 unter entwaffneten Soldaten und wehrlosen Zivilisten veranstalteten, fielen mehr als dreihunderttausend Menschen, ein Drittel der Bevölkerung, zum Opfer. Es war der traurige **Höhepunkt des japanischen Wütens** in China. Bis heute sind sie dort die meistgehassten Asiaten überhaupt. Da half es wenig, dass im Mai 1988 ein japanischer Minister die japanische Invasion in China zu einer Verteidigungsoperation umdeutete, die den asiatischen Ländern zur Unabhängigkeit von den Westmächten verhelfen sollte. Er musste auf massiven Protest Chinas und seiner Nachbarn zurücktreten.

Es waren bittere **Hungerjahre,** die China bis zum Rückzug der Japaner durchzustehen hatte. Mit der Milde und der Ruhe, die Richard Wilhelm und anderen ausländischen Beobachtern noch zu Beginn des 20. Jahrhunderts aufgefallen waren, war es nun vorbei. Die Not war allgegenwärtig geworden. Lebensnotwendige Dinge waren nur zu Wucherpreisen auf dem Schwarzmarkt erhältlich und oft reichte nicht einmal ein Monatslohn aus, um das Essen für eine Woche zu bezahlen. Sogar die japanischen Truppen begannen, unter der allgemeinen Lebensmittelknappheit zu leiden. In Shanghai, so heißt es, beschlagnahmten sie die Champions der Hunderennbahn, die dann in die Kochtöpfe der Militärkantinen wanderten.

Wieder waren es die **Kommunisten,** die im Sinne der chinesischen Bevölkerung handelten und frühzeitig und konsequent den **Widerstand gegen die japanische Besatzung** organisierten. Auch dieser Auffassung begegnen die Autoren der oben erwähnten Mao-Biografie mit tiefer Skepsis. Ganze Waffenlieferungen, die von den USA zur Bekämpfung Japans gesendet worden waren, seien ausgerechnet an die Japaner verschachert worden, es sei Mao selbst gewesen, der sich geweigert hätte, gegen die Japaner anzutreten, weil er einen Sieg über die Truppen Chiangs für vorrangig hielt. Die bisher gängige Geschichtsdarstellung folgt jedenfalls der offiziellen chinesischen Version, nach der sich Chiang Kaishek viel zu

spät dazu herabließ, gemeinsam mit den roten Todfeinden die Japaner halbherzig zu bekämpfen. Seiner Regierung, die maßgeblich mit Unterstützung der Mafia an die Macht gekommen war, warf man ebenfalls vor, ganze Waffenlieferungen aus den USA für den Kampf gegen Japan an die Japaner selbst verkauft zu haben, damit diese im Gegenzug in den von ihnen besetzten Gebieten den Opiummarkt der Mafia duldeten. So verloren die Truppen Chiang Kaisheks zweifach an Boden. Zum einen mussten sie verheerende Niederlagen im Kampf gegen die Japaner einstecken, z. B. 1944, als sie sich aus sechs Provinzen zurückziehen mussten, zum anderen büßten sie ihre Glaubwürdigkeit bei der Bevölkerung ein, deren Nöte (wie die große Hungerkatastrophe in Henan 1942/1943) sie durch Korruption und Schiebung im Wesentlichen mitverursachten. Unterdessen gelang es den Kommunisten, Anhänger selbst in weltvergessenen Dörfern zu mobilisieren. Ein zeitgenössischer Roman wirft ein Streiflicht auf die damalige kommunistische Überzeugungsarbeit: „Zhao San sprach mit der Witwe aus dem Ostdorf. Jedes Mal, wenn er sie traf, hielt er ihr Vorträge (…) ‚Es ist soweit', sagte er. ‚Wir müssen unser Land retten. Wer mutig ist, lässt sich nicht zum Sklaven der Unterdrücker machen, sondern ist bereit, durch japanische Bajonette zu sterben.' Zhao San wußte, dass er Chinese war, doch wie oft man es ihm auch erklärte, er begriff doch nie, zu welcher Klasse der Chinesen er gehörte. Dennoch stand er für den Fortschritt des ganzen Dorfes: Früher hatte er nicht einmal gewusst, was ein Staat ist und welchen Landes Bürger er war."

Japans Rückzug aus China wurde schließlich weder von den Kommunisten noch von den Truppen der GMD bewirkt. Die Atombomben auf Hiroshima und Nagasaki im August 1945 sowie die sowjetische Kriegserklärung an Japan waren wohl ausschlaggebend.

Die entscheidende Schlacht um China fand jetzt erst statt. Zwischen den „beiden Skorpionen in der Flasche", wie KPCh und GMD genannt wurden, brach 1946 der offene Bürgerkrieg aus. In drei großen Schlachten zwischen 1947 und Ende 1948 wurden die von den USA favorisierten regierungstreuen Truppen von den kommunistischen Einheiten aufgerieben. Chiang Kaishek und seine Restverbände flohen über das Meer nach Taiwan. 1949 hatte die KPCh das Festland fast vollkommen unter Kontrolle. Am 1. Oktober 1949 rief Mao Zedong in Beijing auf dem Platz von Tian'anmen mit den Worten „Das chinesische Volk ist aufgestanden. Niemand wird es mehr unterdrücken" die Gründung der Volksrepublik China aus.

◁ Das Massaker von Nanjing ist unvergessen und trägt bis heute zum negativen Japanbild vieler Chinesen bei

VR China seit 1949

Die Anfangsjahre der Volksrepublik

Bei allen Vorbehalten gegenüber der Propaganda, die die Selbstdarstellung von Diktaturen mit sich bringt: Die **Begeisterung für die kommunistische Partei** muss in den Anfangszeiten der Republik gewaltig und die Dankbarkeit groß gewesen sein. Eine Beijingerin erzählte: „Meine Eltern sind Ende der 1960er-Jahre für zehn Jahre zur Zwangsarbeit nach Heilongjiang geschickt worden. In den 1980er-Jahren sind sie dann endlich wieder zurückgekommen. Ich verstehe zwar nicht warum, aber sie glauben immer noch an die Partei. Das ist typisch für die ältere Generation."

In der Tat findet man selbst heute noch bei sehr alten Leuten in China einen **großen Idealismus.** Sie, die noch mit eigenen Augen gesehen haben, wie Bettelei und Prostitution aus den Städten verschwanden, wie das Chaos von Jahrzehnten einer neuen, offenkundig gerechteren Ordnung wich, sie urteilen ganz anders über die Zeiten des „Großen Steuermanns" als ihre Kinder und Enkel. Allenthalben schwingt bei den Alten Hochachtung mit, wenn von den Revolutionären der ersten Stunde die Rede ist. Vor allem das Gesetz über die Gleichberechtigung von Mann und Frau und die freie Wahl des Ehepartners wurde von der städtischen Intelligenz mit Enthusiasmus aufgenommen. Ferner ahndete die neue Regierung endlich das Aussetzen oder Ertränken von Neugeborenen mit sichtbarem Erfolg. Es lagen keine toten Babys mehr auf den Straßen wie in früheren Jahren, als es noch einen speziellen Dienst zum allmorgendlichen Einsammeln der kleinen Leichen gegeben hatte.

Mit den Übeltätern des alten feudalen Systems rechnete man auf eine Weise ab, die geradezu zum Markenzeichen der Ära Mao werden sollte: Auf großen **Anklage-**

◁ Glorifizierung Maos, der ein einiges Vaterland ganz in Rot schuf

versammlungen wurden die Beschuldigten ihren vermeintlichen Opfern gegenübergestellt und so lange verbal attackiert, bis die anwesende Zuschauermenge in Lynchstimmung geriet. Die Angeklagten, die kommentarlos zuhören mussten, machten naturgemäß „eine jämmerliche Figur. Wenn der Politkommissar mit dem Finger auf sie zeigte und fragte, was sie verdienten, heulte die empörte Menge mehr als einmal: ‚Den Tod!' Man tötete sie aber nicht an Ort und Stelle, sondern führte sie unter starkem Begleitschutz weg und versprach, sie zu bestrafen. Solche Anklageversammlungen fanden zu Tausenden auf dem Lande statt, wo die Grundbesitzer und die örtlichen Despoten zuhören mussten, wie die Bauern vor der Öffentlichkeit ihrem Herzen Luft machten. (…) Wenn die öffentlichen Anklagen den Ausländern auch grausam erscheinen mochten – und ihre Presse hat es sich nicht nehmen lassen, ihre Brutalität zu beschreiben –, so trugen sie doch zunächst dazu bei, den Zorn der Bauern zu zügeln oder wenigstens in überschaubare Bahnen zu lenken, statt ihn aufzustacheln. Dennoch gab es Lynchjustiz gegen Grundbesitzer, die als besonders schlimm galten."

Nach offiziellen Angaben, denen zu misstrauen ist, sollen etwa hunderttausend Menschen (nach westlichen Schätzungen waren es mehrere Millionen) diesen ersten **„Säuberungen"** zum Opfer gefallen sein. Man schätzt allein die Zahl der in Shanghai in einer einzigen Nacht (27./28. April 1950) Hingerichteten auf zehntausend. Viele Unschuldige waren darunter. Insgesamt fanden zwischen 1949 und 1952 sechs große Kampagnen statt:

- die Bewegung zur **Bodenreform** (nach westl. Schätzungen mehrere Millionen Opfer)
- die Bewegung zur **Ehereform**
- die Bewegung zum **Widerstand gegen die USA und zur Unterstützung (Nord-)Koreas** (im Koreakrieg)
- die Bewegung **gegen die Konterrevolutionäre** (nach westlichen Schätzungen zwei Millionen Opfer)
- die Bewegung **gegen die drei Übel** (Korruption, Verschwendung, Bürokratie) und die **Fünf-Anti-Bewegung** (u. a. gegen Steuerhinterziehung und Verrat von Staatsgeheimnissen)
- die Bewegung zur **Gedankenreform** (hauptsächlich auf Intellektuelle zielend)

Das war erst der Anfang. Immer **neue Kampagnen** sollten folgen: 1954 die Bewegung zum Treuebeweis der hohen Kader, 1955 die Hu-Feng-Bewegung gegen kritische Intellektuelle, 1957 die Bewegung zur Ausrichtung des Arbeitsstiles usw.

Trotz aller Säuberungen war die Bevölkerung in diesen Jahren offensichtlich von großem Optimismus getragen. Selbst bei den Betroffenen regte sich **kaum Widerspruch**: „Eines Tages im Juli 1955 hieß es, meine Mutter und die anderen 800 Angestellten des östlichen Verwaltungsbezirks dürften ihre Büroräume bis auf Weiteres nicht verlassen. Man hatte eine neue Kampagne zur Aufdeckung versteckter Konterrevolutionäre gestartet. Jeder einzelne musste gründlich überprüft werden. Meine Mutter akzeptierte diese Maßnahme ohne Murren, ebenso wie ihre Kollegen. Es schien ihr nur zu verständlich, dass die Partei ihre Mitglieder überprüfte, um sicherzustellen, dass die neue Gesellschaft auf einer soliden Grundlage errichtet wurde. Wie bei den meisten ihrer Genossen überwog auch bei ihr der Wunsch, sich voll und ganz der Sache zu widmen, den Ärger über die strenge Maßnahme. (...) Zum Abschied gab mein Vater meiner Mutter noch eine Mahnung mit auf den Weg: ‚Sei immer offen und ehrlich zur Partei, verschweige nichts und vertraue voll und ganz auf sie. Sie wird das richtige Urteil über dich fällen.'" (Zitiert nach Jung Chang, „Wilde Schwäne")

Die offensichtlichen **Erfolge der Partei** bei der Wiederherstellung der öffentlichen Sicherheit und Ordnung, die gerechtere Aufteilung des Bodens, die Beseitigung der gröbsten Missstände – all das erfüllte viele Menschen mit Dankbarkeit und Bewunderung: „Alle Menschen waren 1956 von einer Welle freudiger Erregung erfasst. Wir dachten, der Kampf sei zu Ende und wir könnten uns endlich auf den Aufbau unseres Landes konzentrieren." (zitiert nach Yue Daiyun, „Als hundert Blumen blühen sollten")

Die Hundert-Blumen-Bewegung

Sehr bald schien sich dann sogar politisch ein großes Tauwetter anzubahnen. Im Frühjahr 1957 wurden die Bürger zur Kritik an der Partei und ihren Kadern aufgefordert. Diese erneute Kampagne trug den Titel „Hundert Blumen", denn die **Ermunterung zur neuen Meinungsvielfalt** erging unter dem Slogan: „Lasst hundert Blumen blühen und hundert Gedankenrichtungen miteinander wetteifern." Vor allem Intellektuelle, die ernsthaft glaubten, die Regierenden seien zur Demokratisierung des Systems willens und fähig, äußerten ihre Ansichten.

„In öffentlichen Debatten, in Artikeln, Postern und sogar Liedern zeigte sich eine geradezu überwältigende kritische Reaktion. Gewöhnliche Bürger fassten den Mut, niedrigere Preise und das Ende der Rationierung zu fordern. Gelehrte und Lehrer häuften Vorwürfe auf die Häupter der Parteibonzen, die die Ausbildung kontrollierten. (...) Viele forderten sogar offen eine Änderung der Regierungsstruktur." (zitiert nach Bao Ruo-wang „Gefangener bei Mao")

Nie wieder sind die Intellektuellen des Landes so hereingelegt worden. Vier Monate später gingen die ersten **Verhaftungswellen** durchs Land. Diejenigen, die so unvorsichtig gewesen waren, den Mund aufzumachen, wurden ihrer Posten enthoben, gesellschaftlich kaltgestellt, verschwanden als „Feinde des Regimes" in Gefängnissen und Lagern oder wurden hingerichtet. Insgesamt sollen zwei Millionen Menschen betroffen gewesen sein. Schicksale wie das des Schriftstellers Zhang Xianliang, der für ein einziges Gedicht, im Alter von zwanzig Jahren geschrieben, mehr als zwei Jahrzehnte in diversen Arbeitslagern verbrachte, sind durchaus kein Einzelfall: Seine in dieser Zeit beschlossene (und wieder ausgesetzte) Hinrichtung kommentierte er sarkastisch mit den Worten: „Ich fühlte, dass ich vor Dankbarkeit zu Tränen gerührt sein sollte: Hier war ich eines Verbrechens schuldig, das ich 1957 begangen hatte, und doch hatten sie meine Exekution um fünfzehn Jahre hinausgeschoben."

Viele der sogenannten „Rechtsabweichler", wie man die kritischen Intellektuellen nannte, überlebten die Zwangsarbeit übrigens nicht lange genug, um noch von den erst im Jahr 1978 in großem Stil eingeleiteten Rehabilitierungen zu profitieren. Die systematische **Lahmlegung des chinesischen Geistes- und Kulturlebens** unter dem „großen Steuermann" Mao, die mit den „Hundert Blumen" begann, wirkt sich auf Chinas Literatur und Kunst bis heute aus. Immer noch bevorzugen viele der besten Schriftsteller Chinas das Exil, sofern sie nicht in Arbeitslagern verschwunden sind. Maos Intellektuellenfeindlichkeit wurde hin und wieder mit der des ersten Kaisers von China verglichen: Qin Shi Huangdi (259 v. Chr.–210 v. Chr.) ließ im Zuge einer großangelegten Bücherverbrennung gleich auch 460 Gelehrte mit entsorgen. Darauf angesprochen entgegnete der „Große Steuermann": „Qin Shi Huangdi ließ 460 Gelehrte lebendig begraben. Ich habe 46.000 Gelehrte lebendig begraben lassen. Ich habe ihn weit übertroffen."

„Der große Sprung nach vorn"

Maos nächste größere Kampagne wurde dagegen vor allem wirtschaftlich ein Desaster. Sie wurde unter dem Namen „Der Große Sprung nach vorn" bekannt und zog eine der **schlimmsten Hungerkatastrophen der Weltgeschichte** nach sich. In einer kurzen, aber gewaltigen Anstrengung sollte die chinesische Industrie westliches Niveau erreichen. Vor allem die Stahlproduktion wurde dabei ins Visier genommen: Englands Stahlindustrie sollte in fünfzehn Jahren überflügelt werden. Die Bevölkerung wurde dazu aufgerufen, zum Zwecke der Stahlherstellung sämtliche metallenen Hausgeräte samt den Kochtöpfen zu spenden. Gleichzeitig zog man viele

junge Leute zum Aufbau von Fabriken aus der Landwirtschaft ab. Schließlich wurden in ländlichen Gebieten riesige Volkskommunen eingerichtet und den Bauern nicht nur das letzte privat bewirtschaftete Stückchen Land genommen, sondern auch die Möglichkeit, irgendetwas nach eigenem Gusto zu entscheiden. Gegessen wurde nur noch in staatlichen Kantinen, denn wie hätten die Bauern ohne Kochtöpfe auch kochen sollen? Die Kindererziehung wurde von staatlichen Kindergärten übernommen, für die Wäsche wurden staatliche Wäschereien eingerichtet, der Alltag wurde bis hin zur Einrichtung von gemeinsamen Schlafsälen kollektiviert ...

Das ganze Projekt des „großen Sprunges" verleugnete seine utopische Zielsetzung in keiner Weise. Das Motto „Eine tüchtige Frau bringt auch ohne Lebensmittel eine Mahlzeit auf den Tisch" charakterisiert den damaligen Glauben an das Unmögliche sehr treffend. Indes, die alten Kochtöpfe und Hausgeräte, die in den „Hinterhofhochöfen" zu Stahl werden sollten, ergaben nichts als Klumpen von wertlosem Metall, die Ernte verrottete auf den Feldern, weil zu viele Arbeitskräfte zum Aufbau der Industrie abgezogen worden waren, und das Ergebnis waren nach westlichen Schätzungen **mehr als 18 Millionen Hungertote** bis Ende 1961. Eine aufs Land verschickte „Rechtsabweichlerin" berichtet: „Die Kader beauftragten mehrere Leute, andere Möglichkeiten der Nahrungsmittelbeschaffung

◿ Noch immer hängt das berühmte Porträt Maos am Eingang zur „Verbotenen Stadt", dem Kaiserpalast in Beijing. Sein Entfernung wäre ein zu bedeutungsvolles Symbol und wird daher von der Regierung nicht gewagt.

zu finden. So zerstieß man beispielsweise Maiskolben zu Pulver, mischte es mit etwas Maismehl und buk heiße Brötchen daraus. (...) Unsere Nahrung war damals derart grob, dass wir alle an schwerer Verstopfung litten. Die Mütter mussten ihren Kindern den Stuhlgang sogar mit Stöckchen aus dem Darm holen. Und für uns Erwachsene war es ein ziemliches Problem, in den frostklirrenden Wintermonaten auf die Latrine zu gehen ... (...) Ich nahm stets einen langen, dicken Stock mit, um die verzweifelt hungrigen Schweine abzuwehren, die mir nachliefen und ungestüm versuchten, mir die frischen Exkremente direkt vom Körper wegzufressen. Die Tiere waren groß und wegen ihres großen Hungers gefährlich, darum hatte ich regelrechte Angst vor der täglichen Qual, mühsam zu drücken und dabei die gierigen Schweine abzuwehren." (Jung Chang)

Die Lage war verzweifelt, aber **offiziell wurden gigantische Erfolge verkündet.** Nicht zufällig entstand in dieser Zeit jene besondere Art von Rhetorik, die den offiziellen Politjargon bis heute prägt und von vielen Ausländern als purer Zynismus empfunden wird: „Es war eine Zeit, in der die Leute in unvorstellbarer Weise sich selbst und andere belogen und diese Lügen auch noch glaubten. Bauern verfrachteten die Ernteerträge mehrerer Felder auf ein einziges Feld und brüsteten sich mit ihrer „Rekordernte" vor Parteifunktionären. (...) Vielerorts wurden Leute, die sich weigerten, von unerhörten Rekordernten zu berichten, so lange geschlagen, bis sie nachgaben. (...) Manchmal starben die derart Gepeinigten, weil sie sich weigerten, immer höhere Fantasiezahlen anzugeben, oder weil sie nicht genug Zeit hatten, die Zahl weit genug hinaufzutreiben." (Jung Chang)

„Dass es 1958 nicht gelang, die Ernte einzubringen, hätte ein alarmierender Hinweis auf eine bevorstehende Lebensmittelknappheit sein müssen. Stattdessen wiesen die offiziellen Statistiken für dieses Jahr eine zweistellige Erhöhung der landwirtschaftlichen Erträge aus. In der Volkszeitung, dem Parteiorgan, wurde eine Debatte über die Frage ausgetragen: ‚Wie werden wir mit dem Lebensmittelüberschuss fertig?'" (Jung Chang)

In der schönen Literatur entwickelte sich ein charakteristischer Stil, der mit einem Minimum an Spannung und Lebensnähe auskam. Die „Parteidichter" entwarfen trockene Bilderbuchidyllen, die von edlen Menschen bevölkert wurden. „Seit Frühlingsbeginn haben die Bauern fleißig gearbeitet und sich gegenseitig an Geschicklichkeit und Tüchtigkeit übertroffen. Sobald der Gruppenführer den Befehl gibt, beginnen die Dörfler wie ein Heer Soldaten mit der Arbeit."

Uneigennützigkeit und pausenloser Einsatz zum Wohle der Gemeinschaft zeichnete vor allem die (literarische) Person des Kaders aus: „Mit großer Gewissenhaftigkeit setzte er das Leistungssoll fest, teilte die Leute zur Arbeit ein, schrieb die Sollerfüllung am schwarzen Brett an und führte seine Pflichten genau aus. Dabei war er freundlich und las den Dorfbewohnern die Zeitung vor, sobald er sich selbst über alles informiert hatte." Und auch ein Hinweis auf den allgegenwärtigen Vorsitzenden Mao durfte nun nicht mehr fehlen. Der Personenkult um den „großen Steuermann" hatte bereits begonnen: „Im Büro der Arbeitsbrigade hängte er ein Bild des Vorsitzenden Mao auf, um den Raum zu beleben." Bunte Bildchen voller Vögel und Blumen wurden daneben gehängt: „So wirkte das Gebäude bedeutsam und fröhlich zugleich." (Wang Xingyuan, „Der Eiserne Inspektor", aus: Jenner, „Chinesische Erzählungen der letzten Jahrzehnte")

Ein paar Jahre später wurden allerdings auch die Vögel und Blumen an den Wänden nicht mehr geduldet. Sie sprachen für eine reaktionäre Gesinnung.

Kurskorrektur und kurzer Aufschwung

Zwischen 1962 und 1965 besserte sich die Lage im Lande wieder. Mao, der innerhalb der Partei durch den „Großen Sprung" sehr an Ansehen eingebüßt hatte, musste zunächst zurückstecken. Sein Gegenspieler **Liu Shaoqi** konnte mit eher „rechten" Ansätzen die Wirtschaft innerhalb erstaunlich kurzer Zeit neu beleben: Lohn nach Leistung, Wirtschaftlichkeit und Effizienz waren wieder gefragt – und die Erfolge sprachen für sich. Natürlich brachte das auch wieder Klassenunterschiede zwischen Arm und Reich mit sich, dies stand somit im krassen Gegensatz zu der von Mao propagierten „klassenlosen Gesellschaft".

Die Kulturrevolution (1966–1976)

Die Gegenreaktion des linken Flügels um Mao ließ nicht sehr lange auf sich warten. Die „Kulturrevolution" *(wenhua da geming)* sollte an die zehn Jahre dauern und China weit zurückwerfen. Sie begann relativ harmlos mit Maos Bad im Yangzi, eine große Geste für ein traditionell so schwimmunlustiges Volk. Das Volk ist wie das Wasser. Es kann ein Schiff tragen, aber es kann es auch umwerfen …

▷ Mao-Devotionalien sind beliebt; mit 70 % zu 30 % werden seine Erfolge und Misserfolge offiziell bewertet. Die Bilder auf diesen Uhren erinnern an schlimme Zeiten, was die Jugend aber nicht mehr weiß.

Die „Roten Garden"

Mao ertrank nicht und sein fester Wille, die Zügel der Macht wieder ganz in seine Hände zu bekommen, wurde nicht missverstanden. Seine Helfer waren **Jugendliche und Kinder** samt ihrer ganzen angestauten Frustration und Wut gegen die restriktive Erwachsenenwelt. Sie fühlten sich als Maos kleine Soldaten und nannten sich dementsprechend **„die Roten Garden"**. Als Mao sich Anfang August persönlich an die ersten Roten Garden wandte und sie zum Sturm auf die alte Funktionärsklasse aufrief, war der Startschuss zur Kulturrevolution gefallen. „Danach schossen erst in Beijing und bald in ganz China Rote Garden wie Pilze aus dem Boden." (Jung Chang)

Ihr Ziel war **die Zerschlagung der „Vier Alten"**: alte Ideen, alte Sitten, alte Kultur und alte Gebräuche. Verdächtig waren ferner Leute, die Kontakt mit Ausländern oder deren Kultur hatten. Schon der Besitz einer Beethoven-Schallplatte konnte lebensgefährlich werden. Zu den ersten Opfern gehörten Schul- und Universitätslehrer, später wurde der Kreis der verdächtigen reaktionären Personen so sehr erweitert, dass praktisch jeder unter Verwandten und Freunden Betroffene kannte. Die Bewegung eskalierte. Rote Garden stürmten Häuser und schlugen deren Bewohner krankenhausreif, sie verbrannten private Kunst- und Büchersammlungen, zertrümmerten Mobiliar und schoren ihren Opfern eine Hälfte des Kopfes kahl, was man **Yin-Yang-Frisur** nannte nach dem klassischen Symbol mit der hellen *(yang)* und der dunklen *(yin)* Seite (siehe hierzu auch S. 76).

„Die Ungewissheit, wo die Rotgardisten als nächstes auftauchen, wen sie verurteilen oder welche harmlosen Besitztümer sie verdächtig finden würden, machte die Menschen zunehmend nervös und auf Selbstschutz bedacht. (...) Viele Leute lieferten den Rotgardisten freiwillig Informationen über Nachbarn und Bekannte, in dem verzweifelten Versuch, sich durch solche Treuebeweise vor Schaden zu bewahren." (Yue Daiyun)

Der Fanatismus trieb exotische Blüten. In vielen Städten brach tagelang der Verkehr völlig zusammen, weil die jugendlichen Roten Garden die Verkehrspolizisten außer Dienst gesetzt hatten. Sie hoben den Rechtsverkehr auf, denn rechts war reaktionär, und entschieden, dass Rot die Farbe des Fortschritts, also eine Aufforderung zum Weitergehen sei. „An den wenigen großen Straßenkreuzungen brach Chaos aus." Einfache Alltagsangelegenheiten wurden zum Politikum: „Wollte man telefonieren, konnte es geschehen, dass die Vermittlerin nicht ‚Guten Tag' sagte, sondern: ‚Diene dem Volk.' Darauf musste man erwidern: ‚Gründlich und vollkommen.' Erst dann fragte sie, welche Nummer man anrufen wolle. (...) Beim Einkaufen traf man unweigerlich auf Verkäufer, die Rotgardisten waren und Fragen über die drei Artikel oder das Rote Buch stellten. Bevor man etwas kaufen konnte, musste man erst mit dem richtigen Zitat antworten." (Yue Daiyun)

Manchmal war **der Terror, den die Kinder und Jugendlichen verbreiteten,** mehr absurd als gefährlich. Die in dem Chaos dieser Monate sich oft selbst überlassenen Heranwachsenden erfüllten ihre politischen „Aufgaben" zum Teil nur aus purem Zeitvertreib, zumal ja auch die Schulen geschlossen worden waren. Die Dozentin Yue Daiyun berichtete über Nachbarskinder: „Meist spielten oder rauften sie miteinander. Langweilten sie sich, kamen sie zu uns und fragten, welche Verbrechen wir begangen hätten; sie genossen es, uns zwingen zu können, die Köpfe zu neigen und zu gestehen, dass wir etwas Unrechtes getan hatten. Am Ende des Arbeitstages (...) spuckten sie uns oft an und ließen uns das ‚Lied des heulenden Wolfes' singen, das eigens für Mitglieder der schwarzen Bande (Reaktionäre, Anm. d. Verf.) und für Klassenfeinde ersonnen worden war." Aber es gab noch weitaus grausamere Rituale.

Das Phänomen, dass sogar Kinder im Handumdrehen zu Mördern werden konnten, bewegte die Erwachsenen vielleicht am nachhaltigsten. Ausgerechnet in China, wo die Jüngeren traditionell ausschließlich gehorsam zu sein hatten („Kinder haben Ohren, aber keinen Mund"), geriet der Aufstand gegen die Autoritäten zu einem **Ausbruch von brachialer Gewalt.** Es war, als ob die jahrhundertelang praktizierte Unterdrückung jugendlicher Ansprüche sich in einer einzigen Explosion rächte. Yue Daiyun schildert, wie die Rektorin einer Mädchenschule von ihren minderjährigen

Extrainfo 3 (s. S. 5): Die Kulturrevolution ist ein bis heute nicht aufgearbeitetes Kapitel der chinesischen Geschichte. Da China es nicht tut, hier eine Darstellung aus deutscher Sicht.

Schülerinnen umgebracht wurde: „Voller Begeisterung für die neue Bewegung hatten sie die Rektorin, die eine der ersten akademisch gebildeten Frauen Chinas gewesen und dadurch berühmt geworden war, gnadenlos gezwungen, durch ein enges unterirdisches Abflussrohr zu kriechen. Als die Rektorin endlich am anderen Ende auftauchte, hatten die Mädchen sie brutal erschlagen. (...) Irgendetwas hatte diese normalerweise schüchternen, sanften und lieben jungen Dinger zu unvorstellbarer Grausamkeit getrieben."

Wie viele **Todesopfer** diese Jahre insgesamt forderten, weiß man bis heute nicht. Ob weniger als eine Million Menschen umkamen oder sehr viel mehr, wird wohl nie festgestellt werden. Mit Sicherheit aber war es eine Zeit, in der sich die politischen Häftlinge eines Gefängnisses oder Arbeitslagers in China glücklicher schätzen konnten als die kritischen Geister draußen.

1967 geriet der Aufruhr der zornigen jungen Leute vollends außer Kontrolle. Rote Garden lieferten sich im Namen der Revolution **Schlachten mit Arbeitern oder anderen Roten Garden.** Die Armee musste eingreifen, um wieder eine staatliche Präsenz zu schaffen, nachdem fast sämtliche zivilen Verwaltungs- und Ordnungskräfte lahmgelegt worden waren. 1968 begannen die Verschickungen der inzwischen entwaffneten Jugendlichen. „Hinunter in die Dörfer und hinauf auf die Berge", hieß der euphemistische Slogan, dem zwischen 1969 und 1973 insgesamt acht Millionen Schüler und Studenten Folge zu leisten hatten. Auf dem Land sollten sie die Realität der Bauern kennenlernen, an ihrem Leben teilhaben und sich nützlich machen. Die Bauern ihrerseits waren nicht durchweg begeistert von den zusätzlichen Essern, die sie nun mit durchzufüttern hatten und die an die harte Landarbeit kaum gewöhnt waren.

Faktisch hatte nun die **Armee** die Macht übernommen und diese war unter Oberbefehl von **Lin Biao** völlig auf Mao Zedong eingeschworen. Maos Gegenspieler aus den frühen 1960er-Jahren, **Liu Shaoqi,** war noch 1969 im Gefängnis **gestorben** – an den Folgen von Misshandlungen, wie es heißt. Doch auch Lin Biao, der neue zweite Mann neben Mao, konnte sich nicht lange behaupten. 1971 des Verrats verdächtigt, wurde er wahrscheinlich in Beijing erschossen, während er offiziell nach Aufdeckung seines Verrats auf der Flucht in die Mongolei mit dem Flugzeug abgestürzt sein soll.

Zwischen 1972 und 1976 trat die Kulturrevolution in ihre letzte und relativ gesehen ruhigste Phase. Unter Führung von Premier **Zhou Enlai** zeichnete sich eine **Stabilisierung der Verhältnisse** ab und wie die Linken argwöhnten, eine neue Rechtsorientierung der Politik. Hinter den Kulissen entbrannte schon wieder Streit zwischen den Parteiflügeln, wo-

bei die linke Fraktion besonders durch Maos Frau, Jiang Qing, und drei ihrer Mitstreiter repräsentiert wurde. Im öffentlichen Leben äußerte sich der Machtkampf in Kampagnen gegen Konfuzius, Beethoven (westliche Dekadenz) oder Vertreter der Rechten wie Deng Xiaoping. Die Resonanz auf diese Kampagnen blieb vergleichsweise gering. Zhou Enlai überlebte alle indirekten und direkten Angriffe auf seine Politik und wurde so in seinen letzten Lebensjahren zum heimlichen Volkshelden. Als er im Januar 1976 an Krebs starb, geriet die Trauerkundgebung der Bevölkerung auf dem Platz zum Tor des Himmlischen Friedens zu einer spontanen politischen Demonstration gegen die Kulturrevolution. Wieder wurden Tausende verhaftet, die Zahl der Hingerichteten blieb wie immer unbekannt.

Wenige Monate später starb auch der greise **Mao.** Die Rechten griffen entschlossen nach der Macht. Maos Witwe, Jiang Qing, und ihre drei Mitstreiter wurden verhaftet und später als die **„Viererbande"** öffentlich angeklagt und verurteilt.

Von der „linken" Politik waren **Wissenschaft und Kultur** in China übel in Mitleidenschaft gezogen worden: Fast sämtliche renommierten und nicht renommierten Fachkräfte und Künstler waren verhaftet oder umgebracht worden. Von kulturellen Errungenschaften der „Kulturrevolution" kann kaum eine Rede sein, im Gegenteil. Unschätzbar wertvolle Kulturdenkmäler, private Kunstschätze und Büchersammlungen wurden zerstört, was dagegen an Neuem entstand, war fast ausschließlich Parteipropaganda.

Ein Schicksal während der Kulturrevolution

Die Chinesin Niu-Niu, die den Ausbruch der Kulturrevolution im Alter von fünf Jahren erlebte, schildert das Schicksal ihrer Großeltern „Mamie" und „Papy", die von den Rotgardisten zu sinnlosem Steineschleppen gezwungen wurden: „Jeden Tag zwangen sie meinen Großvater zu der gleichen Arbeit. Jeden Tag. Samstag war ein besonderer Tag: Mit roten Gesichtern, übersät von blauen Flecken und mit Blut in den Mundwinkeln, kamen Papy und Mamie nach Hause. In der Nacht sah ich die Spuren von Schlägen auf ihren Körpern. Ich konnte mir nicht vorstellen, welche besondere Arbeit sie am Wochenende taten, da meine Großmutter mich einschloss, um zu verhindern, dass ich zusah. Ich musste es einfach erfahren. An einem dieser Samstage kletterte ich durch das Fenster. Und ich sah sie. Ich sah meine Großeltern auf dem Holzgerüst, den Oberkörper vornüber geneigt, die Hände auf dem Rücken. Eine schwere Eisentafel, die an einer Kette um ihren Hals hing, zwang sie in diese Haltung. Hinter ihnen hing ein farbiges Plakat von Mao Zedong, wie überall in dieser Zeit. (...)

Es waren drei- oder vierhundert Leute versammelt, alle sauber angezogen, das kleine Bild Maos auf der Jacke und das rote Buch in der Hand. Zuerst sangen sie eine Hymne zu Ehren Maos, dann deklamierten sie im Chor: ‚Es lebe Mao! Es lebe der Kommunismus!' Die Versammlung konnte beginnen. Die lange Schlange der Redner, die nie um Worte verlegen waren, zog auf. Später erfuhr ich, dass das Denunzianten waren, die meine Großeltern verschiedener Missetaten anklagten. (...) meine Großeltern sollten auch noch ihren eigenen Tod verlangen, ihre Fehler und ihre Schandtaten zugeben. Sie waren wie erstarrt. Die künstlichen Beweise und die grässlichen Lügen hatten sie stumm gemacht. Sie bezahlten ihr Schweigen und ihre Unschuld mit weiteren harten Gürtelschlägen mitten ins Gesicht. Das war also ihre Samstagsarbeit!"

Solche Versammlungen hatten in der Volksrepublik China ja schon seit den 1950er-Jahren Tradition. Bereits zur Aburteilung ehemaliger Großgrundbesitzer hatte man sich ihrer bedient. Viele Opfer, die die seelischen und körperlichen Quälereien, die öffentlichen, sich vielfach wiederholenden Demütigungen nicht mehr ertragen konnten, brachten sich um.

◁ Henry Kissinger begrüßt den greisen Mao Zedong. Schon unter Präsident Nixon hatte Kissinger den Dialog mit Beijing eröffnet.

Gefühle ohne politischen Inhalt, z. B. Verliebtheit oder Freude an Musik, galten als verpönt. Die kreative Elite hatte vor der Wahl gestanden, sich dem anzupassen oder unterzugehen. Mit der **Rehabilitierung inhaftierter Intellektueller** in den späten 1970er-Jahren endete die Kulturrevolution auch im Bereich des geistigen Lebens.

Insgesamt ist die Kulturrevolution von verschiedenen Leuten äußerst **unterschiedlich bewertet** worden. Im Westen galt sie vielen Linken zu Beginn der 1970er-Jahre als vorbildlich. Maos Ausspruch, dass eine Revolution keine Cocktailparty sei, wurde als Entschuldigung für jedes Blutvergießen besonders von jenen angeführt, die zwar schon an einer Cocktailparty, aber noch nie an einer Revolution teilgenommen hatten. Immerhin: Bei der großen **Faszination,** die die Ziele der Bewegung sogar in Europa ausübten, muss man sich nicht wundern, dass so viele chinesische Jugendliche mit in ihren Sog gerieten.

Die **Spuren der Kulturrevolution** in China sind unübersehbar. Was an Kunstschätzen und alten Büchern in Flammen aufging, lässt sich nicht abschätzen. An der Restaurierung zerstörter Tempel wird zum Teil noch heute gearbeitet. Problematischstes Erbe ist vielleicht die Generation der ehemaligen Roten Garden, die heute als die **„verlorene Generation Chinas"** bezeichnet wird. Inzwischen sind sie mindestens in den Sechzigern, haben ihre besten Jugendjahre als Hilfsarbeiter auf dem Land verbracht und konnten, als sie nach der Kulturrevolution in die Städte zurückkehrten, die verpassten Schul- bzw. Universitätsjahre oft nicht mehr wettmachen. Völlig desillusioniert und vom politischen Idealismus abgefallen, sind andererseits gerade sie besonders willens, Chinas Hinwendung zum Kapitalismus mit entsprechender Rücksichtslosigkeit voranzutreiben.

Die „Roten Garden" waren Täter und Opfer zugleich – freilich spricht heutzutage niemand mehr von den Tätern. Im ganzen Land scheinen nur Opfer zu leben. „Das ist die Schuld der Viererbande" war jahrzehntelang die häufigste Redewendung, die der ausländische Beobachter hören konnte, wenn die Rede auf irgendwelche Missstände kam. Auch heute noch wird der Sturm, der damals über China hereinbrach, als „zehnjährige Katastrophe" empfunden. Das menschliche Leid, das er mit sich brachte, der Verlust des Vertrauens in den Nächsten, die Erfahrung von Gewalt und Brutalität waren wohl für alle Beteiligten ein nachhaltiger Schock.

▷ Deng Xiaoping trifft sich mit dem US-Präsidenten Gerald Ford

Die VR China: Reform- und Öffnungspolitik

Wirtschaftlicher Aufbruch und Reformpolitik

Die Ära nach der Kulturrevolution ist untrennbar vor allem mit dem Namen eines Mannes verbunden – dem des 1977 rehabilitierten **Deng Xiaoping.** Er übernahm die Führung über ein desillusioniertes, rückständiges, armes und unendlich graues Land.

Dengs **Politik der Reformen** kam wie ein „Frühling" über das Land. Nach langer Zeit machte sich in der Bevölkerung wieder Optimismus breit – es ging spürbar und schnell aufwärts.

Von den wirtschaftlichen Reformen seien hier nur die wichtigsten kurz genannt: Zwischen 1979 und 1984 konzentrierte man sich vor allem auf die Dörfer. Herzstück der Neuerungen war die schrittweise **Entkollektivierung der Landwirtschaft.** Den Bauern wurde (ähnlich wie in einem Pachtverhältnis) das von ihnen bebaute Land zur eigenverantwortlichen Bewirtschaftung übergeben; das förderte deren private Initiative, zumal individuelle Leistungen zunehmend individuell entlohnt wurden. Damit einher ging die Ermutigung zum Betreiben eines (oder mehrerer) „Nebengewerbe" wie Viehzucht oder Fischerei und die Anhebung der Preise für landwirtschaftliche Produkte. Wichtig war ferner das Vorantreiben von **Modernisierungsmaßnahmen,** neuen Bewässerungskonzepten und verbesserten Düngemethoden. Großzügige Kreditgewährung sollte helfen, finanzielle Engpässe zu überbrücken. Innerhalb von sieben Jahren verfünffachte sich das bäuerliche Einkommen, die Spargutheben versiebenfachten sich. 1984 überstieg die Getreideernte erstmals seit über dreißig Jahren den inländischen Bedarf.

Im Zuge der Reformen entstand eine neue Schicht in China – die sogenannten **10.000-Yuan-Haushalte**. Damit waren Familien gemeint, die pro Jahr mehr als zehntausend Yuan verdienten. Deren Selbstbewusstsein und herzerfrischend praktischen Sinn dokumentiert das folgende Interview (in Auszügen) der Schriftstellerin Zhang Xinxin mit einer zu Geld gekommenen Bauersfrau:

„Wir sind nicht nur so ein gottverdammter 10.000-Yuan-Haushalt, wie sie in der Zeitung beschrieben werden, sondern auch ein 10.000-Pfund-Haushalt. Ich züchte Zobel, um Geld zu machen, (mein Mann) hat Land zur Bestellung übernommen, baut Getreide an. (...) Wir zwei machen im Monat 1000 Yuan – die Arbeiter schaffen das im ganzen Jahr nicht ran. (...) Vom Staat kaufe ich junge Zobel für 80 Yuan das Stück; wenn man ein Paar nimmt und sie etwas länger als ein Jahr füttert, gehen sie für 300 Yuan weg. (...) Wenn kleine Zobel gestorben sind, hab ich geheult; das war noch herzzerreißender als beim Tod meines Vaters. Da kratzte mir mein Geld ab. (...) Wir haben allerdings noch keine Kinder. Wir haben uns oft im Krankenhaus untersuchen lassen – es fehlt nichts, ich bin nur nicht schwanger geworden. (...) Nur ein Vollidiot will keine Kinder. Vergesst, was (mein Mann) da so lässig redet – er ist doch noch aufgeregter als ich; ich bin's ja auch, ich muss doch dem Kind die Universität bezahlen; am Geld fehlt's jedenfalls nicht. Wenn ich erst mal Zeit habe, gehe ich nach Shenzhen, um mir das anzusehen, und dabei auch gleich nach Shanghai. Beijing? Da bin ich fünf-, sechsmal gewesen. Himmelstempel, Sommerpalast, Ostwind-Kaufhaus usw. – hat mich nicht umgehauen. Peking-Ente ist zwar gut, aber ich schaff das Schlangestehen nicht. Was gibt's da zu lachen? Ich hab das Geld. Die Beijinger Politik ist in Ordnung, alle kommen zu Geld. Was macht die Kommunistische Partei? Sie rettet die Armen aus ihren Schwierigkeiten! (...) Wenn man drei Jahre hintereinander ein 10.000-Yuan-Haushalt gewesen ist, ist 'ne Reise nach Shenzhen oder nach Amerika gar nichts – sogar Amerika ist drin! Pass hin oder her – wir armen und unteren Mittelbauern mit unseren Zehntausendern – wo können wir nicht hinfahren!"

Nach den großen Erfolgen der Reformen in der Landwirtschaft nahm man die **Reformierung der städtischen Industrie** in Angriff. Hier bemühte man sich vor allem um Folgendes:

- Wiederbelebung der Leichtindustrie, die den Bedarf an Konsumgütern decken sollte
- Dezentralisierung der Wirtschaftsplanung: Angebot und Nachfrage sollten stärker die Produktion der kleinen und auch der mittleren Industriebetriebe regulieren
- Zulassung von Privatbetrieben

- Einrichtung von „Wirtschaftssonderzonen" als Experimentierfelder eines gebremsten Kapitalismus unter sozialistischer Führung
- Gründung von Joint-Venture-Unternehmen und Verstärkung des Außenhandels
- Gewährung von Krediten statt Subventionierung
- allmähliche Abschaffung des „eisernen Reistopfes", nach dessen Prinzip auch arbeitsunwillige Mitarbeiter nicht entlassen, sondern weiterhin entlohnt wurden; faktisch die Einführung einer Entlohnung nach dem Leistungsprinzip
- Wirtschaftswachstum und Konsum

Wenige Wochen nach Beschluss der Reformen im Oktober 1984 wurde das **Angebot an Konsumgütern** in den Städten praktisch von Tag zu Tag größer. Auf einmal gab es Honig zu kaufen, eine zweite Sorte Marmelade kam auf den Markt, allenthalben eröffneten kleine private **Essensbuden** und die ersten **Nachtmärkte** (heutzutage eine Selbstverständlichkeit) entstanden. Inzwischen hat sich das Bild chinesischer Städte dermaßen geändert, dass sich einstige Besucher staunend die Augen reiben. Markenartikel oder Kleider, die so manchem ausländischen Touristen schon zu teuer sind, finden ebenso reißenden Absatz wie bester französischer Cognac, der in allen größeren Kaufhäusern zu haben ist: „Die Läden quellen über von Waren jeder Art, an Kundschaft fehlt es nicht. (...) Hier flanieren und kaufen die elegantesten jungen Frauen der Stadt, die es sich offenbar leisten können, nicht vor Preisen zu erschrecken, die trotz des Sommerschlussverkaufs etwa deutsches Niveau haben", wie Jochen Schmidt in der F.A.Z. schrieb.

Begehrt sind besonders **westliche Markenartikel**: Designerkleidung, teure Parfüms, Schmuck und Uhren, um nur ein paar Beispiele zu nennen. Vor allem die Jugend frönt einem augenscheinlich westlichen Lebensstil. Selbstverständlich trinken sie wie ihre Altersgenossen hierzulande Coca-Cola, gehen zu McDonald's, tragen Jeans und Nike-Turnschuhe und verbringen ihre Wochenendabende in schicken Diskotheken. Vor den teuersten Restaurants stehen inzwischen betuchte Städter Schlange; Luxuskarossen parken in zweiter Reihe. Manche Feinschmeckertempel sind auf Monate im Voraus ausgebucht. Reis, früher auch in den Städten das Grundnahrungsmittel, ist in vielen Restaurants zu einer entbehrlichen Beilage geworden, die man stehen lassen kann, weil man sich schon an Fleisch und Gemüse satt gegessen hat. Millionen Tonnen Reis werden jährlich in Restaurants und Kantinen weggeworfen.

Xiahai, „sich ins Meer (des Geldverdienens) stürzen", war das Schlagwort für die ungeheure Vitalität, mit der sich die Bevölkerung mit Beginn der Reformen dem Reichwerden widmete. Seit 2003 lag das **Wachstum des Bruttoinlandsproduktes** mit 10 bis 11,4 % im zweistelligen Bereich, zehn Jahre später wurde es dann einstellig, wenn auch von einem höheren Niveau. 2017 spricht man von einem Wachstum von 6,5 %.

Die **Unzuverlässigkeit chinesischer Statistiken** ist bekannt; der Chef der Nationalen Statistikbehörde wurde 2016 wegen Korruption verhaftet, der Gouverneur der nordostchinesischen Provinz Liaoning gab 2017 zu, jahrelang seine Statistiken gefälscht zu haben. Insofern sind alle entsprechenden Zahlen mehr als zweifelhaft; vermutlich liegt das Wachstum deutlich unter den vorgegebenen 6,5 %. Auch ist sehr klar nach Branchen zu unterscheiden; leiden „alte" Sektoren wie die Stahlindustrie unter Überkapazitäten und wachsen vermutlich nur noch um 2 % oder weniger, boomen andere Sektoren wie Dienstleistungsbetriebe oder internetbasierte Medien.

Die Kehrseite

Die Gewinne der privaten Wirtschaft werden oft auf Kosten der Beschäftigten erzielt. **Unmenschliche Arbeitsbedingungen,** schlechte Bezahlung, fehlende Standards für Arbeitssicherheit, unbezahlte Überstunden gibt es zuhauf. Sogar das Sprechen während der Arbeit kann verboten werden, häufige Gänge zur Toilette (mehr als zwei pro Tag) werden oft mit Lohnabzügen geahndet. Arbeitsbedingte Unfälle mit Todesfolge oder lebenslanger Behinderung kommen häufig vor. Nach offiziellen (!) Angaben lassen 10.000 Arbeiter jährlich in Kohlebergwerken ihr Leben, weitere 10.000 verunglücken tödlich auf Baustellen. Zwar öffnet sich China für ausländische Investoren, doch verwehrt es seinen eigenen Bürgern grundlegendste Menschenrechte. Beschwerden über Arbeitgeber an höherer Stelle sind nahezu sinnlos, unabhängige **Gewerkschaften sind ohnehin verboten** und wer seinen Arbeitsplatz verliert – unter Umständen von heute auf morgen –, der kann keinerlei soziale Unterstützung erwarten.

Eine weitere Kehrseite von Chinas wirtschaftlicher Öffnung stellt das wachsende **Wohlstandsgefälle zwischen Stadt- und Landbevölkerung** dar. Von den über 1,3 Mrd. Bürgern leben ca. 49 % in Städten und immerhin noch 51 % auf dem Land. Die **Arbeitslosenrate** variiert stark; verlässliche Zahlen liegen auch hierfür nicht vor. In den Städten liegt sie wohl im höheren einstelligen Bereich; auf dem Land unter Umständen bei einem Vielfachen davon. Hinzu kommen geschätzte 100 Mio. Wanderarbeiter, von denen viele ihre Jobs in den Städten verloren haben und die daher in ihre Dörfer zurückgekehrt sind. Millionen anderer warten in Zeltlagern in den Städten verzweifelt auf Arbeit, die übrigen ziehen auf der Suche nach Gelegenheitsjobs im Land umher. Sie bilden ein gefährliches politisches

Unruhepotenzial, denn die Unzufriedenheit ist groß. **Wanderarbeiter** können zudem aufgrund ihrer hohen Mobilität Nachrichten und Unzufriedenheit schnell und effektiv von Provinz zu Provinz verbreiten. Sie sind von miserablen Arbeitsbedingungen besonders betroffen, werden außerordentlich schlecht bezahlt und manchmal auch überhaupt nicht, was immer wieder zu gewalttätigen Ausschreitungen führt. Wie brisant das Problem der Wanderarbeiter ist, zeigten 2009 die **Krawalle in Xinjiang,** als bekannt wurde, dass zwei uighurische Wanderarbeiter in einer südchinesischen Spielzeugfabrik ermordet worden waren. Die zunächst friedliche Demonstration endete nach Eingreifen der Polizei mit brennenden Autos und 156 Toten (nach offiziellen chinesischen Angaben).

Auch **Bettler** sieht man inzwischen wieder im Straßenbild, wenn auch kaum in den von westlichen Touristen frequentierten Gegenden. Selbst Kinder werden von ihren Müttern zum Betteln geschickt. Vor allem Auslandschinesen, denen man wohl besonders viel Reichtum und Hilfsbereitschaft unterstellt, werden umringt und bedrängt.

Und natürlich gehören **Korruption und eine wachsende Kriminalitätsrate** zu den Schattenseiten der neuen Ära. In den Metropolen ist die Sicherheit auf den Straßen nachts zumindest für Chinesen längst nicht mehr gewährleistet. Drakonische Strafen (Amnesty International schätzt die Zahl der Todesurteile auf mehrere Tausend im Jahr; auch 2016 sollen es mehr gewesen sein als im Rest der Welt zusammen) sollen der Abschreckung dienen, mildern das Problem aber offensichtlich nicht. Dennoch gilt China in Relation zu anderen Ländern gerade **für Ausländer als sehr sicher;** die **wachsende Kriminalitätsrate** betrifft primär Einheimische.

Politische Entwicklung

Auf politischem Gebiet sind die **Reformen,** die die Kommunistische Partei seit Beginn der 1980er-Jahre umgesetzt hat, beeindruckend. Das China von heute hat nichts mehr mit dem China zu tun, das Reisende zu jener Zeit erlebten. In nur drei Jahrzehnten wurde ein Fünftel der Menschheit aus tiefster Armut auf ein zumindest höheres, teilweise sogar sehr hohes Niveau gehoben. Natürlich geht es nicht allen Chinesen gut; viele sind noch immer arm, aber man muss die Gesamtsituation in Relation zu früher sehen (und vielleicht auch einmal zum demokratischen Indien und der unvorstellbaren Armut dort). Gleichzeitig gilt, dass die von Deng Xiaoping in den 1980er-Jahren eingeleitete Politik auch knapp 40 Jahre später ein schwieriger **Balanceakt zwischen wirtschaftlicher Liberalisierung** auf der einen Seite **und Machterhalt der Kommunistischen Partei** auf der anderen Seite bleibt. Für die geistige Elite bedeutet das die ständige Ver-

Das chinesische Gefängnis- und Lagersystem

Die Anzahl der im chinesischen Gulag arbeitenden Personen wird auf etwa 16 bis 20 Millionen geschätzt, wovon 8 Millionen in den Arbeitslagern („laogai" und „laojiao") leben sollen. Das chinesische Gefängnissystem kennt sechs verschiedene Lagertypen. Ihr gemeinsames Merkmal ist die Zwangsarbeit.

Internierungslager sind in der Regel Durchgangslager für Inhaftierte, die auf ihre Verurteilung warten. Theoretisch muss seit 1982 eine solche Verurteilung innerhalb von 60 Tagen erfolgen. Sehr viele Häftlinge warten Monate oder Jahre auf ihren Prozess, einige bleiben sogar ohne Verurteilung das ganze Leben dort. Die Zahl der Internierungslager in China wird auf 200 geschätzt, insgesamt sollen fünf- bis sechshunderttausend Menschen in ihnen untergebracht sein.

Gefängnisse im engeren Sinne sind nach offiziellen Angaben nur etwa dreizehn Prozent aller Häftlinge vorbehalten. Sämtliche chinesischen Gefängnisse fungieren gleichzeitig als Fabriken und haben dementsprechend Doppelnamen. Die „Beijinger Plastikfabrik" etwa war (ist?) ein Synonym für das Beijinger Gefängnis Nr. 1. Der Unterschied zwischen Gefängnissen und anderen Arbeitslagern besteht vor allem in den verschärften Sicherheitsvorkehrungen. Man schätzt die Zahl der Gefängnisse auf ein- bis anderthalbtausend mit einer Gesamtinsassenzahl von fünf- bis siebenhunderttausend.

Lager für jugendliche Delinquenten ähneln den Disziplinierungs- und Erziehungslagern. Es sollen 50 bis 80 solcher Lager in China existieren. Insgesamt „beherbergen" sie etwa zwei- bis dreihunderttausend Menschen.

Disziplinierungslager sind ihrem Namen nach dazu gedacht, Kriminelle „durch Arbeit" in neue Menschen zu „verwandeln" („laogai"). Disziplinierungslager gibt es in jeder chinesischen Provinz, ihre Einrichtung erfolgt je nach wirtschaftlicher Notwendigkeit. Die Zahl der Lager schätzt man auf 600 in ganz China mit insgesamt etwa drei bis vier Millionen Insassen. Hungern ist hier wie auch in den anderen Lagern und Gefängnissen als Dauerzustand üblich. Die Häftlinge arbeiten neun bis zehn, oft zwölf

suchung, die Grenzen der neuen Freiheit auszuloten. Die Regierung, namentlich natürlich Xi Jinping, weiß dies zu verhindern.

Dabei war die Regierung der „rechten" Linken so vielversprechend gestartet. 1979 begann man in einer Art großer **Amnestie,** die Opfer der Kulturrevolution zu rehabilitieren. Wissenschaftler, Künstler und Schrift-

Stunden täglich, alle zwei Wochen gibt es einen freien Tag. Eine Bezahlung erfolgt überhaupt nicht, doch werden den Verurteilten pro Jahr ein Kleidungsstück ohne Unterwäsche und ein Paar Plastikschuhe zur Verfügung gestellt. Die Arbeit erfolgt nach vorgegebenen Quoten. Wer die Quoten nicht erfüllen kann, sei es als Anfänger, sei es wegen Schwäche, Ungeschick oder Krankheit, gilt als arbeitsunwillig und bekommt entsprechend weniger zu essen.

Nur wenig sich unterscheidet ein Disziplinierungslager von einem Erziehungslager („laojiao": Erziehung durch Arbeit). Offiziell gelten in Erziehungslagern Internierte noch als Bürger mit allen bürgerlichen Rechten und nicht als Verurteilte im juristischen Sinn: Um Insasse eines Erziehungslagers zu werden, bedarf es keiner rechtskräftigen Verurteilung. Eine simple Festnahme genügt. Die Häftlinge erhalten einen geringen Lohn (etwa 30 % vom Einkommen eines normalen Arbeiters), müssen davon allerdings ihre Kleidung und Abgaben für das Essen selbst bezahlen. Was dann noch übrig bleibt, ist nur wenig mehr als das Taschengeld der Gefangenen in den Disziplinierungslagern. Die Zahl der Häftlinge in den Erziehungslagern wird für ganz China auf drei bis fünf Millionen Menschen geschätzt.

Die letzte und insassenreichste Art von Arbeitslagern stellen jene Einrichtungen dar, die unter der euphemistischen Bezeichnung „Arbeitszuweisung" („jiuye") laufen. Sie wurden für Häftlinge eingerichtet, die ihre Strafe in den Disziplinierungs- oder Erziehungslagern bereits verbüßt haben. Haftzeiten in den beiden Letzteren sind in der Regel begrenzt. Die Gefangenen haben zumindest noch Hoffnung, nach Jahren oder Jahrzehnten freizukommen. Viele erfahren jedoch in dem Moment ihrer „Freilassung", dass ihre Hoffnung sie getrogen hat. Sie verbleiben im Lagersystem, nur hat sich jetzt ihre Bezeichnung geändert und die Vergütung geringfügig verbessert. Ein Arbeitszuweisungshäftling gilt als „freier Arbeiter". Doch die Wahrscheinlichkeit, dass er für immer in seine Heimat oder zu seiner Familie (außer zum Sterben ...) zurückkehren darf, ist verschwindend gering.

(Angaben nach Harry Hongda Wu, The Chinese Gulag, 1991)

steller wurden ermutigt, ihre Arbeit wieder aufzunehmen. In den Städten brachten einfache Bürger auf Wandzeitungen ihre Meinung zum Ausdruck. „Die Mauer der Demokratie", Beijings berühmteste Wand, wurde weltweit zum Symbol der chinesischen **Menschenrechtsbewegung.** Die Partei sah dem Treiben allerdings nicht lange zu und reagierte dann – wie gewohnt – mit Verhaftungswellen. **Wei Jingsheng,** Chinas prominentester Dissident, war seitdem bis 1997 mit nur einer Unterbrechung inhaftiert.

Ein Historiker bemerkte: „Auch in der konfuzianischen Gesellschaft hatte es ja immer nur eine Lehre von Staat und Gesellschaft gegeben; es wäre ja noch schöner, wenn jedermann von der Straße eine Gegenideologie einbrächte! Seit 2000 Jahren findet Opposition, sieht man einmal von den großen Bauernaufständen ab, in China immer nur intraelitär statt."

Etwas aber war an der Reaktion des Deng'schen Regimes neu: Das **Niederwalzen der kritischen Geister** erfolgte längst **nicht so tödlich und konsequent** wie noch zu Maos Zeiten. Es schien vielmehr, als habe sich die Regierung entschlossen, den Regierten einen gewissen geistigen Auslauf zu gestatten. Wo dieser Auslauf seine Grenzen hatte, konnte – und so ist es bis heute geblieben – immer noch willkürlich von heute auf morgen neu bestimmt werden. Mit jedem neuen Buch, mit jeder Erzählung und mit jedem Gedicht, das heute veröffentlicht wird, geht der Schriftsteller ein Risiko für morgen ein. Trotzdem tat sich in den 1980er-Jahren nach nahezu zwei Jahrzehnten des Verstummens zum ersten Mal wieder etwas in der **Literaturszene.** „Liebe kann man nicht vergessen" von Zhang Jie hieß eine der provozierenden Erzählungen, die kurz nach der Kulturrevolution geschrieben wurden. Sie war von unerhörter Poesie: „(...) obwohl sie sich niemals die Hände hielten, besaß jeder den andern ganz und gar. Nichts konnte sie trennen. Jahrhunderte werden kommen; wenn eine weiße Wolke die andere mitzieht, zwei Grashalme nebeneinander heranwachsen, eine Welle die andere überspült, eine Brise der anderen folgt (...) Glaubt mir, es werden die beiden sein."

Da so private Gefühle noch wenige Jahre zuvor als bürgerlich und revisionistisch verschrien gewesen waren, löste Zhang Jies Erzählung heftige Diskussionen aus. Sogar die Schilderung **sexueller Probleme** war nicht mehr tabu. Zu Beginn der 1980er-Jahre erschien der autobiografische Roman „Die Hälfte des Mannes ist die Frau", der die seelischen und sexuellen Schwierigkeiten eines Mannes beschreibt, der nach zwanzig Jahren Lagerhaft zum ersten Mal in seinem Leben mit einer Frau zusammen ist. Zahlreiche Romane hatten die Aufarbeitung kulturrevolutionärer Erlebnisse zum Inhalt. Die sogenannte **„Wunden-und-Narben-Literatur"** entstand. Auf dem Gebiet der Lyrik machten die sogenannten „Obskuren" von sich reden, „obskur" deshalb, weil ihre Poesie voller Gefühl und Stimmung war, auch dies etwas Neues nach der Politpoesie der Kulturrevolution.

Der Zustand der relativen intellektuellen Freiheit dauerte ein paar Jahre – dann im November 1983 war es wieder mal so weit: Um der Verbreitung von Liberalisierungstendenzen, Schwarzmarkthandel, Korruption, Pornografie und Ähnlichem in einem einzigen Aufwasch vorzubeugen, startete die Partei die sogenannte **„Kampagne gegen die geistige Verschmutzung",** was insbesondere auf schädliche westliche Einflüsse gemünzt war. Wieder einmal war Kontakt mit Ausländern gefährlich, wurden Bücher beschlagnahmt und Aufsässige verhaftet. Die Kampagne endete etwa ein Jahr später. „Die Partei geht immer ein oder zwei Schritte vor und dann wieder ein oder zwei Schritte zurück", sagte man in China. Auch dieser Kampagne folgte **ein weicherer Kurs,** der Auslandskontakte und kritische Stimmen im eigenen Land mit einigem Wohlwollen duldete.

Das änderte sich bekanntermaßen erneut abrupt im Juni 1989 mit der **Niederschlagung der Studentendemonstration auf dem Platz zum Tor des Himmlischen Friedens.** Die rigide Reaktion der Partei hätte keinen westlichen Beobachter erstaunen müssen: Seit wann hätte es die KPCh mit den Menschenrechten genau genommen? Die Zahl der Toten und Verhafteten wurde wie üblich nicht bekannt. In den chinesischen Geschichtsbüchern wird man dieses Massaker nicht finden; es wird nicht etwa politisch gefärbt dargestellt, sondern überhaupt gar nicht erst erwähnt. Wird die nächste Generation Chinesen überhaupt noch davon wissen?

Der Schock nach dem Massaker währte jedoch nicht lange. Bei Chinas atemberaubender wirtschaftlicher Entwicklung ist es kaum verwunderlich, dass der **Anbruch des Konsumzeitalters** die Menschen weitaus mehr bewegte als politische Anliegen. Einzig die Themen Taiwan und Hongkong rührten in den letzten Jahren nationale Gefühle auf. Vielleicht war dies einer der Gründe, warum die Regierung im März 1996 ein groß angelegtes Manöver mit 150.000 Soldaten vor Taiwans Küste begann, mit dem Ziel, die taiwanesische Bevölkerung kurz vor den ersten demokratischen Präsidentenwahlen auf der Insel einzuschüchtern. Das Auftauchen zweier US-amerikanischer Flugzeugträger in der Region führte letztlich zum Rückzug des „größten Militärmuseums der Welt". Seither kam es immer wieder zu ähnlichen Aktionen, die aber alle im Sande verliefen.

Am 19. Februar 1997 starb Deng Xiaoping. An seine Stelle trat **Jiang Zemin,** der wenig Charisma, jedoch die Unterstützung des Militärs besaß. In seine Regierungszeit fallen Wellen von Festnahmen, die die Anhänger einer **„Falung gong"** genannten Bewegung betrafen. Das brutale Vorgehen der Staatsmacht gegen die daoistisch-buddhistisch inspirierte Sekte lässt sich am besten damit erklären, dass die Entstehung solcher Bewegungen in der Geschichte Chinas oft schwere politische Krisen angekündigt hatten.

Die Mehrheit der Menschen hat sich allerdings längst mit den Machthabern arrangiert. Kommunistische Glaubensgrundsätze wurden nahezu stillschweigend gegen kapitalistische Praktiken ausgetauscht. Im Kampf gegen die verbreitete **Korruption** verschaffte sich vor allem der nächste Premier, **Zhu Rongji,** Glaubwürdigkeit bei der Bevölkerung.

Anlässlich der dritten Tagung des Zentralkomitees im Jahr 2003 erwarteten ausländische Medien von Generalsekretär **Hu Jintao** entscheidende Impulse für mehr Demokratie. Diese Erwartung blieb allerdings ein Wunschtraum; genauso wie bei allen nachfolgenden Tagungen. **Demokratisierung gehört einfach nicht zu den Zielen der Kommunistischen Partei.** Angesichts der vielen brennenden Probleme wie der allgegenwärtige Korruption, der Überbevölkerung, der Umweltzerstörung und dem nachlassenden Wirtschaftswachstum gibt es tatsächlich dringendere Aufgaben.

Die **Medien** werden so streng **zensiert** wie seit Jahren nicht mehr, „vorlaute" ausländische und inländische Journalisten werden ausgewiesen bzw. verhaftet. **Social Media** wie Facebook, Youtube, Instagram, Snapchat, Twitter etc. sind nicht zugänglich (bzw. nur über Umwege, die aber jeder kennt, der sie kennen möchte). Angeblich 50.000 Geheimagenten kontrollieren fieberhaft Chinas Internetsurfer. In Tibet und Xinjiang, beide reich an Rohstoffen wie Öl und Gas (Xinjiang), Gold und Lithium (Tibet) wird der immer wieder aufflammende Widerstand rabiat unterdrückt. Berichte darüber schadeten dem Image Chinas im Vorfeld der Olympischen Spiele 2008 sehr. 2016 wurde Tibets Hauptstadt Lhasa auf chinesischen Websites als „glücklichste" Stadt Chinas gefeiert.

Erst anlässlich der Katastrophe, die mit dem **Erdbeben im Mai 2008** über das Land hereinbrach und nach offiziellen Angaben über 69.000 Todesopfer forderte, schlug die Stimmung in den westlichen Medien um. Die KPCh zeigte sich von ihrer fähigsten und sympathischsten Seite. Premier **Wen Jinbao** („Opa Wen") flog persönlich ins Krisengebiet, um die Rettungsaktionen zu beobachten und Trost zu spenden. Die Regierung organisierte umgehend Hilfsmaßnahmen, akzeptierte ausländische Unterstützung und bemühte sich um mediale Transparenz – im scharfen Kontrast zur Militärdiktatur von Myanmar, die äußerst zögernd und zynisch auf das Desaster reagierte, das der Zyklon Nagris hinterlassen hatte. Die Herrschenden Chinas, so meinten damals viele ausländische Beobachter, hätten eindrucksvoll bewiesen, dass sie Menschenleben achteten. Und noch in anderer Hinsicht nützte ihnen ihre beherzte Hilfe. Nach traditioneller chinesischer Vorstellung regiert die Obrigkeit nach dem Willen des Himmels. Wenn sie dessen Gunst durch schlechtes Handeln verspielt, schlägt der Himmel das Land mit Naturkatastrophen, um so zum Ausdruck zu bringen, dass er den Regierenden zürnt und dass sie abgelöst werden müssen. Die Partei tat also gut daran, sich in jenen Wochen der

Krise als Freund der Bevölkerung zu präsentieren. Gleichgültigkeit oder Unfähigkeit hätten ihr zum Verhängnis werden können.

Mit dem Antritt der **Regierung unter Xi Jinping** 2013 versprach sich die westliche Presse einen weiteren wirtschaftlichen Aufschwung, mehr handelspolitische Freiheiten, eine Lockerung der Investitionsbedingungen für ausländische Unternehmen in China und vieles mehr. Das Gegenteil war der Fall. Xi Jinping initiierte zwar eine von allen Seiten zunächst hochgelobte Antikorruptionskampagne, sehr schnell aber stellte sich heraus, dass sie wie zu Maos Zeiten primär der Entfernung unliebsamer Elemente diente. Xi entfernte (und entfernt) seine Gegenspieler und festigt seine eigene Machtposition. Die mit der allgemeinen Kampagne einhergehende Unsicherheit bei vielen Kadern, die nicht wissen, was genau sie tun dürfen und was nicht, führt zu einem weitgehenden Stillstand bei vielen Investitionsprojekten. Besser nichts tun als etwas, das einen ins Gefängnis bringen könnte, ist die verbreitete Devise. Denn was genau heißt schließlich Korruption? Am Ende ist jeder verdächtig und muss mit Willkür rechnen. Unter Chinas Beamten geht die Angst um.

2017 ist **China** somit **eine der stärksten Wirtschaftsmächte der Welt,** geriert sich in Abgrenzung zu aktuellen amerikanischen Tendenzen als Befürworter der Globalisierung, propagiert freien Handel – verhält sich im Inland jedoch keinesfalls entsprechend. Die Kommunistische Partei fürchtet nach wie vor um ihr Machtmonopol und die politische Rigidität aufzugeben, erscheint ihr riskant. Ob diese **Taktik der Rigidität** auf lange Sicht erfolgreich sein wird oder ob gerade sie für die Macht der Herrschenden auf Dauer eine Bedrohung darstellt, bleibt abzuwarten. Viele Chinesen sagen, es gehe ihnen besser als je zuvor, China sei wieder eine starke Nation und solange man sich aus der Politik heraushalte, habe man in China praktisch alle Freiheiten. Das mag sein; die Unzufriedenheit im Land ist tatsächlich keineswegs so groß wie unsere Medien es uns glauben machen möchten. Daraus eine stabile innenpolitische Lage abzuleiten, wäre aber leichtsinnig.

Der kulturelle Rahmen

Morallehren, Religion und mehr | 70
Errungenschaften und Erfindungen | 86
Kalender und Feste | 92
Hao hao xuexi: Bildung in China | 95
Korruption und Guanxi | 101
Strategien der Konfliktbegrenzung | 112

◁ Der Tian Tan Buddha in Hongkong zieht Gläubige wie Touristen gleichermaßen an (139ch-mb)

Morallehren, Religion und mehr

Konfuzianismus

Den Terminus hat jeder schon einmal gehört und zahlreiche Wandkalender sind geschmückt mit angeblichen Aussprüchen des Konfuzius. Aber schon bei der Namensgebung wird die Problematik offenbar. Konfuzius – das klingt nicht chinesisch, es ist vielmehr die von den ausländischen Missionaren, oft Jesuiten, latinisierte Form des chinesischen Namens „Kong" und des Zusatzes „zi", der für „Meister" steht – also **Meister Kong, Kong Zi.** Außerdem sind alle seine vorgeblichen Aussprüche apokryph; wir wissen nicht, ob sie wirklich von ihm stammen. Er selbst ist wohl tatsächlich eine historische Figur aus dem 6. und 5. Jahrhundert vor unserer Zeitrechnung, hat aber selbst nichts Schriftliches verfasst. Seine Schüler und Enkelschüler haben Werke kompiliert, die dem Meister zugeschrieben werden. Was wir also über Konfuzius und sein Wirken wissen, ist wissenschaftlich betrachtet mit Vorsicht zu genießen, aber dennoch von **unschätzbarem Einfluss auf 2500 Jahre chinesischer Herrschaftsformen.** Deswegen kommt man nicht umhin, sich mit dem Konfuzianismus zu beschäftigen, will man chinesisches Denken verstehen.

Der Konfuzianismus hat der chinesischen Gesellschaft ihre typischen Züge verliehen: Er formte ihr Klassendenken, ihre Familienstruktur und ihr schwer durchschaubares Beziehungsgeflecht, in dem die Macht eines einzelnen stets mehr wert war als das Gesetz. In seinen Anfängen war die nach dem Meister benannte Lehre eine sehr diesseitige Ideologie. Seine **Weltzugewandtheit** war das **Erfolgsrezept** des Konfuzianismus. Es waren drängende praktische Fragen, die die frühen Konfuzianer beschäftigten, allen voran die nach einer soliden Gesellschaftsordnung. Denn Konfuzius und seine Schüler lebten in einer Zeit, in der China in viele Einzelreiche zersplittert war: Überall flammten immer wieder Kämpfe auf. Diesem „Chaos unter dem Himmel" verdankt die Nachwelt allerdings eine später nie mehr erreichte Vielfalt des geistigen Lebens. Die unterschiedlichsten philosophischen Strömungen wetteiferten darum, Lösungen für die Probleme der Epoche anzubieten, interessanterweise nahezu zeitgleich mit den großen griechischen Philosophen.

Das Konzept der Konfuzianer war übersichtlich und einfach umzusetzen. Sie sahen die Lösung in einem **absolut hierarchischen Herrschaftssystem,** das selbst in die privatesten Bereiche wirken sollte, da die Familie als kleinste Einheit der Gesellschaft Vorbildcharakter hätte: „Ist die eigene Person in Ordnung, so ist die Familie in Ordnung. Ist die Familie in Ordnung, so ist der Staat in Ordnung. Ist der Staat in Ordnung, so ist die Welt in Ordnung."

Der Einzelne zeichnete sich durch eine Reihe von Tugenden aus, die ungebärdigen, rebellischen und freiheitsliebenden Geistern ein Gräuel gewesen sein müssen. „Ein jüngerer Sohn muss im Hause kindliche Liebe zeigen und außerhalb des Hauses Respekt vor dem Alter, er muss ernst und wahrhaftig sein, überfließen in Liebe zu allen und sich stets zu den Tugendhaften halten. Wenn er nach Ausführung all dessen noch Kraft in sich fühlt, dann mag er sich noch mit Wissenschaft beschäftigen." Der „Edle" war durchdrungen von **Pflichtbewusstsein** und **Ehrgefühl,** er hielt korrekt auf formale Vorschriften bzw. Riten und zügelte sein Temperament. Er war innerlich ausgeglichen, weil er sich stets an das hielt, was recht war: „Was Sitte und Anstand nicht entspricht, das sieht er nicht; was Sitte und Anstand nicht entspricht, das hört er nicht; was Sitte und Anstand nicht entspricht, das spricht er nicht; was Sitte und Anstand nicht entspricht, das tut er nicht." Als Sohn diente er seinen Eltern in absolutem Gehorsam. Als Vater war er streng, unnachgiebig, aber wohlwollend, als Beamter unbestechlich und integer. Lieber ließ er sein Leben, als dass er von seinen Prinzipien abwich: „Fisch liebe ich und Bärentatzen liebe ich auch. Wenn ich die beiden nicht zusammen haben kann, dann verzichte ich auf Fisch und nehme die Bärentatzen. Ebenso liebe ich das Leben und ebenfalls die Gerechtigkeit. Wenn ich beides nicht zusammen haben kann, gebe ich das Leben preis und wähle die Gerechtigkeit."

Der **konfuzianische Gelehrte** kannte seine Lektüre, die konfuzianischen Klassiker, auswendig. Sein Eifer im Studium durfte niemals nachlassen. „Lernt so, als ob ihr das Ziel nie erreichen würdet und immer noch fürchten müsstet, es wieder zu verlieren." **Lernen** nach konfuzianischen Regeln war über Jahrhunderte hinweg ein Vorgang der zu nahezu hundert Prozent reproduktiv ablief. Lehrer brauchten keine pädagogischen Kenntnisse, da ihre Hauptaufgabe darin bestand, Schüler, denen beim Aufsagen des Auswendiggelernten Fehler unterliefen, dafür schmerzhaft zu bestrafen. **Für Widerspruch, Zweifel oder Kreativität** war (und ist) im Unterricht **kein Platz.** Dieses Bildungsideal wirkt bis heute nach, erlebt unter dem allmächtigen Staats- und Parteichef Xi Jinping sogar zurzeit ein nie dagewesenes Comeback. Hatte sich in den 30 Jahren zuvor durch die chinesische Reform- und Öffnungspolitik auch im Bildungswesen eine gewisse Offenheit etabliert, so betont Xi hingegen stets die Ausrichtung an chinesischem Gedankengut, was hier durchaus als konfuzianisch verstanden werden kann. Immer noch kann man in Festlandchina oder Taiwan auf Lehrer treffen, die im Unterricht ausschließlich Satz für Satz aus dem Lehrbuch vorlesen und die Klasse das Vorgetragene nachlesen lassen. Dass diese Art der Erziehung nicht zu Kreativität und Problemlösungsstrategien führt, ist evident.

Die fünf Grundbeziehungen

Innerhalb der Gemeinschaft war der Konfuzianer Teil einer einfachen, aber strengen Rangordnung. Sie bestand aus den fünf Grundbeziehungen: zwischen Hoch und Niedrig, zwischen Eltern und Kindern, zwischen Mann und Frau, zwischen jüngerem und älterem Bruder und zwischen jüngerem und älterem Freund. Grundbeziehungen heißen sie deswegen, weil sie alle denkbaren Beziehungskonstellationen (außer der gleichberechtigten) abdecken sollten. Sie stehen für die Überlegenheit des männlichen über das weibliche Geschlecht, für den Vorrang des Alters gegenüber der Jugend und die Macht des Hochgestellten über den Untergebenen.

Zwischen Befehlsgeber und Befehlsempfänger sollte eine fein abgestimmte, ungleiche Wechselbeziehung herrschen. Der Herrschende war dazu angehalten, Güte und Menschlichkeit walten zu lassen, die Beherrschten sollten dies mit Gehorsam und Pflichterfüllung danken. Die Despotie des Patriarchats spürte jeder Einzelne zunächst in der eigenen Familie. Daran hat sich in der bäuerlichen chinesischen Welt bis heute nicht viel geändert – und etwa 50 % der chinesischen Bevölkerung leben auf dem Land.

Zu den wichtigsten **Pflichten des Sohnes** (seit Beginn der 1980er-Jahre galt das Gebot der Ein-Kind-Ehe, das erst 2016 gelockert wurde, sodass nun zwei Kinder erlaubt sind) und seiner Frau gehörte im traditionellen China die Versorgung der Alten und die Ahnenverehrung. Die leiblichen Töchter der Familie eigneten sich dazu nicht. Sie waren so nutzlos wie „verschüttetes Wasser", denn sie heirateten und sahen dann ihre Ursprungsfamilie nur noch selten wieder. Die Verantwortung lag damit allein bei den männlichen Nachkommen. Das Schlimmste, was sie sich an Respektlosigkeit gegenüber ihren Vorfahren leisten konnten, bestand darin, keine Söhne in die Welt zu setzen, denn das bedeutete das Aussterben der Familie.

◁ Konfuzius-Statue

Während weltweit auf 100 neugeborene Mädchen 103 bis 107 Jungen kommen, sind es in China in den vergangenen Jahren 113 Jungen auf 100 Mädchen gewesen (Stand: 2010), in manchen Gegenden ist das Verhältnis noch extremer. Viele neugeborene Mädchen wurden ertränkt, ausgesetzt oder verkauft (auch ins Ausland zur Adoption freigegeben!), da man bei nur einem erlaubten Kind sich nur einen Sohn leisten konnte. Dieser würde später eine Ehefrau (sprich Arbeitskraft) mit in die Familie bringen, während eine Tochter zu ihrem Mann ziehen und somit der Familie verloren gehen würde. Und wer würde sich dann im Alter um die Eltern kümmern?

In seiner **Staatslehre** vertraute der Konfuzianismus ebenfalls auf das patriarchalische Erfolgskonzept. Das Verhältnis zwischen Regierenden und Regierten dachte man sich so wie das zwischen Vater und Sohn, mit der Befehlsgewalt auf der einen und der Gehorsamspflicht auf der anderen Seite. Die Jüngeren hatten gegen die Älteren keine Chance sich durchzusetzen, ein Prinzip, das heutzutage in vielen Unternehmen noch immer gilt, nicht formaljuristisch, aber gesellschaftlich akzeptiert. Die erzieherische Kraft vorgelebter Tugenden wurde höher eingeschätzt als Vorschriften und Gesetze. Der konfuzianische Beamte regierte kraft seiner ethischen Autorität: „Wenn man das Volk mit Verwaltungsmaßnahmen lenken und mit Strafen regieren will, dann wird es die letzteren zu vermeiden suchen, aber keine Scham empfinden. Lenkt man es dagegen mit Tugend und regiert man es mit Schicklichkeit, dann wird es Scham empfinden und gute Grundsätze haben."

Kritiker werfen dem Konfuzianismus vor, auf diese Weise der **Geringschätzung verbindlicher Gesetze** Vorschub geleistet und dem allzu menschlichen Faktor im gesellschaftlichen Leben zu viel Spielraum gegeben zu haben. Sicher ist, dass die moralische Selbstkontrolle, die der herrschenden Elite theoretisch auferlegt war, in der Praxis nicht immer so funktionierte, wie sie es sollte. Da die konfuzianische Hierarchie in erster Linie an Personen und nicht an Gesetze gebunden war, wurden ihre Vertreter fast automatisch zu Willkür und Machtmissbrauch ermuntert.

Dennoch blieb der Konfuzianismus über zwei Jahrtausende lang **die einzige dauerhaft erfolgreiche staatstragende Kraft.** Seine Doktrin entsprach den bäuerlichen Strukturen des Landes; die von ihm propagierten ethischen Werte passten mühelos zu fast jeder diktatorischen Regierungsform und seine Bürokratie überzeugte durch ihre undemokratische Effizienz. Die „roten Mandarine" der KPCh sollten später manches davon übernehmen. Seine größte Wirkung entfaltete der Konfuzianismus im familiären Bereich. Er lieferte das geistige Fundament für den chinatypischen **Familienegoismus** und das **Rangdenken** innerhalb einer Gemeinschaft. Gerade in dieser Hinsicht ist er heute so aktuell wie eh und je.

Daoismus

Das Gegenstück zum Konfuzianismus ist der Daoismus, der etwa zeitgleich entstand. Konfuzianischer Staatstreue setzte er eine geradezu anarchistische Verspieltheit entgegen und statt des Familienegoismus betonte er den Egoismus des Einzelnen. Er ist die wohl **schillerndste geistige Strömung Chinas.** Zunächst eine Lebensphilosophie, verband er sich später, als er in breiten Volksschichten populär wurde, mit religiösen und folkloristischen Elementen. Als seine Gründungsväter werden Laozi (vermutlich 6./5. Jahrhundert v. Chr.) und Zhuangzi (vermutlich 4./5. Jahrhundert v. Chr.) angesehen.

Gründungsvater Laozi

Laozi, besser bekannt unter der Schreibung **Lao-tse,** hinterließ der Legende nach ein schmales Bändchen, das **Daodejing,** in bekannterer Schreibweise *Tao te king,* dessen 81 Sprüche rätselhaft genug sind, um seit inzwischen zweitausend Jahren die Intellektuellen der Welt zu Interpretationen herauszufordern. Neben mystischen Ausführungen begegnen wir in dem Werk auch handfester Zivilisationskritik und Ideen, die zur Grundausrüstung eines jeden Tyrannen gehören könnten, aber zweifellos ganz naiv gemeint sind: „Im Altertum regierten die, die sich auf das Dao verstanden, das Volk nicht, indem sie es wissend machten, sondern indem sie es in Einfalt beließen. Denn wenn ein Volk schlecht zu lenken ist, dann liegt es daran, dass es viel weiß. Wer mithilfe von Wissenden den Staat regiert, wird zum Räuber am Staate. Wer ohne sie regiert, ist des Staates Segen."

Am besten sei überhaupt der Regent, der sich gar nicht in die Belange seiner Untertanen einmische: „Ich handele nicht, und das Volk wandelt sich von selbst. Ich liebe die Ruhe, und das Volk wird von selbst rechtschaffen. Ich verfolge keine Absichten, und das Volk wird von selbst reich. Ich habe keine Wünsche, und das Volk ist von selbst einfach." Das zufriedene Volk „hat Schiffe und Wagen, doch keiner fährt damit. Es hat Waffen und Truppen, doch keiner lässt sie antreten."

Was wir heute als die gesellschaftliche Utopie kulturmüder Aussteiger belächeln mögen, erwies sich im Verlauf der chinesischen Geschichte immer wieder als **brisanter Nährboden für Bewegungen gegen das politische Establishment.** Eine der erfolgreichsten asiatischen Durchsetzungsstrategien, der passive, gewaltfreie Widerstand, könnte von Laozi erfunden worden sein: „Das weiche Wasser besiegt den harten Stein." In Zeiten politischer Wirren hatte der Daoismus immer regen Zulauf. Er bot all jenen eine geistige Heimat, die mit der Welt, so wie sie war, nicht zurechtkamen. Das **innere**

Exil der Genügsamkeit und die meditative Versenkung in ein „höheres Wesen" blieb eine Alternative zur Weltsicht der mehr am Diesseits orientierten Konfuzianer.

Gründungsvater Zhuangzi

Im Westen ist es nahezu unbekannt, aber in China selbst fast noch populärer als die Sprüche Laozis: das dem Philosophen Zhuangzi zugeschriebene **„Wahre Buch vom Südlichen Blütenland"**. Es ist das mit Abstand pointierteste, humorvollste und poetischste Werk der chinesischen Philosophie und sicherlich ist es nicht übertrieben, es als das Kultbuch der künstlerischen und geistigen Elite Chinas schlechthin zu bezeichnen. Spuren seines Einflusses finden sich in modernen Romanen ebenso wie in alten Gemälden und Gedichten. Charakteristisch für Zhuangzis Stil ist die **Spannung zwischen dem erklärten Ideal der Selbstvergessenheit und einem hellwachen, ja spitzbübischen Intellekt:**

„Einst träumte Zhuangzi, dass er ein Schmetterling sei, ein flatternder Schmetterling, der überall hinfliegen konnte und nichts von Zhuangzi wusste. Plötzlich wachte er auf und merkte, dass er tatsächlich Zhuangzi war. Und nun wusste er nicht, ob Zhuangzi nur geträumt hatte, dass er ein Schmetterling sei, oder ob der Schmetterling nur träumte, dass er Zhuangzi sei?" Bis heute sind übrigens Schmetterlinge in der Literatur und den bildenden Künsten Ostasiens Anspielungen auf diese Geschichte.

Der volkstümliche Daoismus

Aus dem Daoismus der frühen Mystiker, die der Kraft ihres Geistes und ihres Herzens vertrauten, um Tod und Leben mit einverständlichem Gleichmut hinnehmen zu können, wurde im Laufe der Jahrhunderte eine bunte Mischung aus schamanistischen Allmachtsfantasien, Magie, Alchemie und diversen, dem **Volksglauben** entspringenden Praktiken, die der

⌃ Nur selten sieht man diese traditionelle Kleidung noch. Können wir uns Laozi so vorstellen?

Verlängerung des Lebens oder gar der Erlangung der Unsterblichkeit dienen sollten. Letzteres machte den Glauben zu einem politischen Risikofaktor. Rebellen, die dank daoistischer Einflüsterungen von ihrer eigenen Unverwundbarkeit überzeugt waren, standen an der Spitze so mancher Volksaufstände wie beispielsweise **des sogenannten „Boxeraufstandes"** um die vorletzte Jahrhundertwende (s. S. 33).

Auch die **Yin-Yang-Philosophie,** Chinas vielleicht älteste Gedankenströmung, verschmolz mit dem volkstümlichen Daoismus. Die Begriffe *yin* und *yang* bezeichnen das weibliche und das männliche Prinzip, das in allen Wesen wirkt. Die Vorstellung leitet sich ab von der Beobachtung, dass Berge eine Sonnen- und eine Schattenseite haben, wobei die Sonnenseite *yang* und die Schattenseite *yin* ist. *Yang* und *yin* sind also Gegensätze, die sich ergänzen. Die männliche Kraft *yang* wirkt am stärksten in Licht, Feuer, Trockenheit, Luft, Leichtigkeit, Hitze, Härte oder in der sommerlichen Jahreszeit. Die weibliche Kraft *yin* wirkt in Dunkel, Wasser, Feuchtigkeit, Erde, Schwere, Kälte, Weichheit oder der winterlichen Jahreszeit. Alle Wesen können letzten Endes *yin* bzw. *yang* zugeordnet werden. Ein typisches Yin-Tier ist zum Beispiel der Fisch, weil er im Wasser lebt. Hingegen ist ein typisches Yang-Tier der Vogel oder der fliegende Drache. Das Yin-Yang-Denken erfasste jeden Bereich des Lebens, sogar die Küche. Noch heute essen Schwangere vermehrt bestimmte Yang-Speisen in der Hoffnung, dass ihr Kind ein Junge werde! Die traditionelle chinesische Medizin wäre ohne die daoistische Yin-Yang-Philosophie nicht denkbar. Wenn das Gleichgewicht zwischen Yin und Yang im Organismus gestört ist, treten Krankheiten auf, deren Symptome für den Schweregrad der Störung sprechen. Wahrsager und Kalenderspezialisten, die Glück verheißende Tage, Namen oder Taten vorschlagen, berechnen die Yin-Yang-Einflüsse genauso wie Hongkonger Architekten, die den Bau von Banken und Hotels planen.

Obschon solche magischen Vorstellungen der kühlen Rationalität des frühen Konfuzianismus zuwiderliefen, waren **Daoismus und Konfuzianismus** sich nicht zwangsläufig spinnefeind. Ihre reinsten Vertreter befehdeten sich zwar, aber im Grunde spiegelten beide Richtungen **Wesenszüge der chinesischen Volkskultur** wider. Der Durchschnittschinese verhielt sich konfuzianisch gegenüber der eigenen Familie, verließ sich bei wichtigen Entscheidungen sicherheitshalber auf seinen Wahrsager und legte gegenüber Staat und Gesellschaft daoistische Nonchalance an den Tag. Soziale Verantwortung übernahm man nur für die Seinen.

▷ Buddhistische Grotten mit über tausend Jahre alten Statuen

Buddhismus

„Horche auf den Ton einer Hand."
Buddhistisches Meditationsrätsel

Der Buddhismus, ursprünglich indischer Herkunft, ist **die jüngste der großen chinesischen Religionen bzw. Morallehren:** Er konnte sich erst in den Jahrhunderten nach Christi Geburt in China etablieren. Obwohl er sehr viel mit dem Daoismus gemeinsam hat, stieß er doch im Laufe der Zeit auf große Resonanz. Er füllte eine Lücke im geistigen Leben, denn er gab der Sterblichkeit des Menschen einen Sinn. Der Konfuzianismus befasste sich mit trauerrituellen Einzelheiten, der Daoismus bewegte sich angesichts des Todes zwischen Schicksalsergebenheit und Unsterblichkeitsfantasien. Dem Buddhismus blieb es vorbehalten, die Lebenden mit ihrer Vergänglichkeit zu versöhnen. Sein Leitgedanke ist der, dass das Leben Leiden sei und **die Erlösung vom Leiden** das Eingehen ins Nichts (Nirwana). Um dorthin zu gelangen, muss ein Wesen in allen möglichen Reinkarnationen wiedergeboren werden, beziehungsweise einen allmählichen Läuterungsprozess durchlaufen, der im Menschsein gipfelt. Nur dem Menschen ist es möglich, die Erleuchtung zu finden, die den Weg ins Nirwana weist. Nur er kann sich frei machen von all den Begierden und Vorlieben, die ihn in irdische Qualen verstricken. Wenn er alle Empfindungen in sich abgetötet hat, außer der des grenzenlosen Mitleids mit den Kreaturen, die den Kreislauf des Lebens und des Sterbens weiter durchlaufen müssen, dann gilt er als Bodhisattwa.

Ein **Bodhisattwa** weilt im Diesseits, um anderen zur Erleuchtung zu verhelfen, obwohl er eigentlich schon das Jammertal der Illusionen verlassen hat und als Buddha ins Nichts eingehen könnte. Der ferne Trost der Entsagung ist letztes Ziel aller irdischen Hoffnungen.

Das hier anklingende hohe esoterische Ideal ist in China von alltagsfreundlicheren Varianten bis zur Unkenntlichkeit abgewandelt worden. Das Nichts, so scheint es, ist den meisten Menschen zu wenig: In der Blütezeit des chinesischen Buddhismus existierte eine Vielzahl „buddhistischer" Glaubensrichtungen, die mehr oder weniger simple Methoden zur Erlangung ewiger Seligkeit anboten. So gab es die Lehre des „reinen Landes", die besagte, dass alle Menschen, die guten Willens seien und sich ein bis sieben Tage darauf konzentrierten, den Buddha anzurufen, auch in ihrer Todesstunde von ihm ins Paradies geleitet würden. Andere Glaubensrichtungen proklamierten, dass das Rezitieren eines bestimmten Sutras aus jeder Not erretten könnte, oder ließen sich, wie die katholische Kirche im Mittelalter, die Erlangung des Seelenheils teuer bezahlen. Im neunten Jahrhundert war die ursprünglich vom Ideal der Besitzlosigkeit beseelte buddhistische Kirche so reich geworden, dass der Staat in Sorge um seine Pfründe eingriff. Tausende von Klöstern wurden beschlagnahmt, die Mönche und Nonnen in den Laienstand zurückgeschickt und die goldenen Buddhastatuen eingeschmolzen. Von diesem Schlag hat sich der Buddhismus in China nicht wieder erholt. Seine verschiedenen Schulen und Sekten bestanden weiterhin und bis in unser Jahrhundert, doch eine breite, alle Schichten der Gesellschaft mobilisierende Volksreligion sollte er nicht mehr wieder werden.

Im 21. Jahrhundert gehören die großen buddhistisch inspirierten Kulturleistungen Chinas schon der Vergangenheit an. Auf dem chinesischen Festland standen die buddhistischen Klöster in den letzten Jahrzehnten genauso unter argwöhnischer staatlicher Observation wie religiöse Aktivitäten aller anderen Glaubensrichtungen. So manche heilige Stätte überdauerte überhaupt nur als Touristenattraktion. Das **religiöse Leben** in China regeneriert sich mittlerweile langsam und infolgedessen gewinnen auch die buddhistisch inspirierten Glaubensrichtungen wieder an Bedeutung.

Die einzige Region innerhalb des chinesischen Kulturkreises, in der eine Variante des Buddhismus noch heute unvermindert lebendig und wichtig ist, ist **Tibet**. Der **Lamaismus** (tantrischer Buddhismus), wie der tibetische Glaube heißt, eint ein ganzes Volk im Widerstand. Der Genozid an der tibetischen Bevölkerung und die Unterdrückung allen religiösen Lebens seit sechzig Jahren hat nichts daran ändern können.

▷ Überdimensionale Nachbildung einer Geldmünze als Glückssymbol

Pragmatismus

„Es ist egal, ob die Katze schwarz oder weiß ist, Hauptsache, sie fängt Mäuse."
  Deng Xiaoping

So unterschiedlich die großen chinesischen Weltanschauungen ursprünglich angelegt waren, so harmonisch vereint kommen sie in der Praxis daher. Auf Fremde wirkt das religiöse Leben in China oft unübersichtlich, vor allem, wenn sie aus einer monotheistischen Kultur stammen, in der normalerweise jeder Einzelne nur einer Religion angehören kann. Chinesen sehen das keinesfalls so eng. Deng Xiaopings berühmter Ausspruch, der sich auf seine Abkehr von starren kommunistischen Doktrinen bezog, steht ganz in der **Tradition des gelassenen chinesischen Umgangs mit Glaubensrichtungen.** Religiöser Fanatismus oder gar Terrorismus mit religiösen Motiven ist den Chinesen fremd.

Gewiss, die Tempel für Konfuzius, für Buddhismus und Daoismus lassen sich dem Namen nach auseinanderhalten. Aber das interessiert die chinesischen Besucher oft nur am Rande. Es ist durchaus möglich, dass ein Tempel mit überlebensgroßer buddhistischer Statue vor dem Eingang von der Normalbevölkerung gar nicht als buddhistisch empfunden wird. Ob das ein Buddha-Tempel sei, wollte ein westlicher Tourist vom Taxifahrer wissen, als sie an einem kleineren Bergtempel vorbeifuhren. „Nicht wirklich", antwortete der Fahrer. „Da steht aber ein großer Bodhisattwa an der Tür." „Da steht ein Bodhisattwa, richtig", antwortete der Taxifahrer geduldig, „aber deswegen ist es noch kein buddhistischer Tempel."

Es stört bei Beerdigungen keineswegs, dass dieselben Vorbeter zunächst die daoistische und direkt im Anschluss die buddhistische Zeremonie ausführen. Der Altar wird kurzerhand umgestaltet, daoistische Symbole weichen buddhistischen, die Schriften werden eben ausgetauscht und das eigentlich konfuzianische Ritual der Trauer und Verehrung kann fortgesetzt werden. Auf jeden Fall wäre es unerhört, die einen Götter den anderen vorzuziehen. Am Grab selbst gesellt sich noch ein lokaler Erdgott zu den Trauernden. Auch er wird bedacht. Es ist kein Zufall, dass es gerade in China im 9. Jahrhundert zur bislang größten Buddhistenverfolgung der Welt kam. Dabei ging es jedoch überhaupt nicht um die Religion an sich. Der Grund war, dass dem Staat das Gold ausging, weil die Klöster unvorstellbare Reichtümer angehäuft hatten. Außerdem leisteten sie der grassierenden Steuerflucht Vorschub, da man als Mönch keine Abgaben zahlen musste.

Selbst Heilige, die ursprünglich im Daoismus angesiedelt waren, wandelten sich im Laufe der Zeit zu durchaus diesseitigen Gestalten: **Fu, lu** und **shou** heißen die drei Figuren, die man in vielen chinesischen Haushalten finden kann. In der Gestalt von weisen alten Männern symbolisieren sie Glück, Reichtum und Langlebigkeit.

Der **Küchengott,** der jedes Neujahr in den Himmel steigt, um dort von den guten und schlechten Taten „seiner" Hausbewohner zu berichten, ist traditionell sogar bestechlich. Man schmiert ihm am Abend vorsorglich Honig um den Mund, um seine Rede zu versüßen.

Es ist sicherlich kein Zufall, dass gerade China, ein Land in dem Pragmatismus großgeschrieben wird und religiöse Tabus den Menschen kaum jemals im Wege standen bzw. stehen, jahrhundertelang die **zivilisatorisch und technisch versierteste Kultur der Welt** gewesen ist. Der riesige Vorsprung, den das Reich der Mitte gegenüber Europa hatte, konnte erst aufgeholt werden, als sich der Westen im Zuge der Aufklärung seiner religiösen Fesseln weitestgehend entledigt hatte. Der Kulturschock, den der Beobachter bei näherer Beschäftigung mit der chinesischen Zivilisation erleidet, betrifft genau genommen nicht die Begegnung mit dem Fernen Osten, sondern die Erkenntnis, dass technischer Fortschritt, Humanität und zivilisatorische Überlegenheit, die der moderne Westen für sich beansprucht, daselbst **erschreckend jungen Datums** sind. Die Welt hat China, dem Land, das heute als Plagiator gilt, bahnbrechende Neuerungen zu verdanken. Von ihnen wird im Kapitel „Errungenschaften und Erfindungen" noch die Rede sein (s. S. 86).

> Auch jüngere Chinesen sieht man wieder zunehmend in Tempeln beim Beten. Sie wissen, wofür sie beten, aber oft nichts über die Lehren, die dahinterstehen.

Kult und Magie

„Opfert den Geistern so, als ob es Geister gäbe!"
Konfuzius

Die zweite Strophe der auch in China wohlbekannten kommunistischen Internationale lautet: „Es rettet uns kein höh'res Wesen, kein Gott, kein Kaiser, kein Tribun. Uns aus dem Elend zu erlösen, können wir nur selber tun."

Ausgerechnet unter einer Tafel mit der chinesischen Übersetzung dieses Verses der Kommunistischen Internationale gegen den „Aberglauben" opferten zwei ältere Frauen Räucherstäbchen, zündeten sie an und verrichteten ihre Gebete. Dies geschah Mitte der 1980er-Jahre in Kanton und war ein kleiner Vorgeschmack auf das Wiedererstarken des Religiösen, das gegenwärtig zumindest von Teilen der Bevölkerung mitgetragen wird.

Ahnen

Anlässlich hoher Festtage und wichtiger Familienangelegenheiten gedenken Chinesen traditionell ihrer Ahnen, denn deren Segen ist für das Wohlergehen der ganzen Familie wichtig. Sie werden über sich anbahnende Heiraten ebenso auf dem Laufenden gehalten wie über schwere Krankheiten oder große Sorgen, die die Nachkommen plagen.

Viele Familien haben ihren eigenen **Ahnentempel.** Hierbei handelt es sich in der Regel um einen schlichten, überdachten Raum, der zu einer Seite offen ist. Bild- oder Texttafeln erbaulichen Inhalts können sich darin befinden, dazu ein Sandbecken, in das die Räucherstäbchen gesteckt werden. Die Tempel werden von verschiedenen Familien, die einen gemeinsamen Vorfahren haben, benutzt. Hausaltäre sind kleiner und nur für eine Familie da, erfüllen aber den gleichen Zweck. Zu besonderen Anlässen wird hier symbolisch Essen und Wein geopfert, von deren Duft die Toten sich nähren; was übrig bleibt, verzehren die Lebenden. So haben alle etwas davon. Sogar Geld wird gespendet, aber es ist kein diesseitiges Geld,

das Jenseits hat eine andere Währung. Die Toten benutzen **Totengeld,** grobes, gelbes Papier, das am Ende aller Gebete bündelweise angezündet wird und in eigens bereitgestellten Blecheimern verglimmt. Indem man die Papierpacken auffächert und lamellenförmig ineinander schiebt, entflammen sie schneller. In Taiwan, Hongkong und in Chinas ländlichen Gebieten ersetzt das Totengeld Warnhinweise auf gefährlichen Straßenabschnitten. Wo man die gelben Blätter liegen sieht, hat sich erst kürzlich ein tödlicher Unfall ereignet.

Zum „**baibai**" (**beten**) nimmt sich zunächst jedes Familienmitglied (und jeder anwesende Gast) ein paar glimmende Räucherstäbchen. Der oder die Sippenälteste berichtet daraufhin den Ahnen in Kürze das Wichtigste über die Familie, bittet sie um Wohlwollen und verneigt sich dabei mehrfach leicht mit Kopf und/oder vorgebeugtem Oberkörper. Die Umstehenden verneigen sich mit – bei zügigen Betern macht das manchmal einen ziemlich hektischen Eindruck. Anschließend werden die Räucherstäbchen ins Becken gesteckt, das Totengeld wird verbrannt und das Essen wird nach einer Weile wieder eingesammelt. In Südchina schließen sich Clans mit gleichem Clannamen zusammen, um ihren Vorfahren gemeinsam in aufwendigen Zeremonien zu opfern.

Auch bei Beerdigungen gehen die Vorstellungen der Regierenden und Regierten weit auseinander. Die traditionelle chinesische Bestattungsform ist die Erdbestattung. Bei mehr als einer Milliarde Menschen bringt das

Schildkröten gelten als Symbol für langes Leben; das geopferte Geld soll dabei helfen ...

allerdings einige Probleme mit sich, verursacht durch den Holzbedarf für die Särge, die Grundwasserverschmutzung und nicht zuletzt den schieren Platzmangel! Seit Mitte der 1980er-Jahre ist es verboten, Ackerland in Grabstätten umzuwandeln. Dennoch ist die Zahl der Feuerbestattungen auf dem Land rückläufig. Nach konfuzianischer Vorstellung soll eine Leiche bei der Bestattung möglichst unversehrt sein. Die **traditionelle Beisetzungszeremonie** beginnt im Haus des Verstorbenen mit einer dreitägigen Totenwache. Gegenstände, die der Tote im Jenseits gebrauchen könnte, werden aus Papier nachgebildet und bereitgestellt: Auto, Fernseher, Eisschrank usw. Solche Papiersachen können äußerst kunstvolle Gebilde sein, die gar nicht billig sind. Kurz vor der eigentlichen Bestattung werden sie verbrannt und so im Rauch dem Jenseits überantwortet. Nach der Totenwache lädt man Freunde und Verwandte zu einem Festessen ein. Die Gäste erscheinen in Weiß, der chinesischen Trauerfarbe, und der eine oder andere von ihnen hält eine Rede auf den Verstorbenen. Die Beisetzung *(chubin)* ist Sache der engeren Familienmitglieder und Freunde. Die Grabstätten befinden sich meist auf Hügeln und sind je nach finanzieller Situation mehr oder weniger prächtig. Nach sieben Jahren folgt **der zweite Teil der Bestattung:** Das Grab wird geöffnet und die Knochen werden in eine Urne umgefüllt, die auf dem Grab aufgestellt wird. In der Erde ist Platz für die nächste Leiche.

Ein eindrucksvolles Schauspiel bieten **die bunten Geisterumzüge,** die der Vertreibung oder Anlockung übersinnlicher Mächte dienen. Pauken und Lautsprecher kündigen jeden Umzug schon von Weitem an, denn Kult und Krach gehören traditionell eng zusammen. Sehr beliebt ist das Abfackeln von Knallfroschgirlanden, das die größeren Festivitäten begleitet und der Alptraum aller Straßenhunde ist. Nicht ortsansässige Chinesen können übrigens auch nicht sagen, welchem Gott oder Geist dabei gehuldigt wird. Die Volksreligion kennt eine Vielzahl kleiner Götter und Geister mit örtlich begrenztem Wirkungsbereich. Da gibt es Stadtgötter, Erdgötter und Haus- bzw. Küchengötter in den einzelnen Familien, die jedes Neujahr im Himmel über die Haushaltsmitglieder Bericht abstatten.

Manche **Lokalgeister** entstehen aus Erzählungen, die sich um Verstorbene, aber auch um besondere Tiere oder Naturereignisse ranken. Es gibt Geister, die die Gestalt eines großen schwarzen Hundes annehmen; es gibt Hungergeister, die den Besitz des Unglücklichen auffressen, den sie verfolgen, und es gibt die gefürchteten Geister der Selbstmörder, deren Verzweiflung im Jenseits fortdauert und die Unheil über die Lebenden bringen. Erst nachträglich scheinen sich Geisterlegenden mit buddhistischen und daoistischen Inhalten gefüllt zu haben. Letzten Endes sind solche Zuordnungen aber von keinerlei Bedeutung.

Magie

Eine wichtige Rolle spielen sowohl auf dem Land als auch im Leben moderner städtischer Chinesen die **Kalenderspezialisten.** Man erfragt von ihnen günstige Termine für Hochzeiten, Reiseantritte oder Geschäftsabschlüsse. Fürs Heiraten gilt zum Beispiel der Tag des Frühlingsfestes als besonders günstig. An diesem Tag wimmelt es in den Restaurants der Städte von Hochzeitsgesellschaften. Praktisch für jede größere Unternehmung gibt es Tabuzeiten – das können Tage, Monate oder Jahre sein. Dabei gibt es sehr große lokale Unterschiede. Im „Geistermonat" (ca. Juli/August) sind nach buddhistischer Tradition sogar sämtliche riskanten Aktivitäten für die Lebenden verboten, weil dann die Hölle ihre Pforten öffnet und die bösen Geister für einen Monat auf die Erde entlässt: Gefahr droht allen, die reisen, heiraten, umziehen oder ans Meer zum Schwimmen gehen (was die Chinesen ohnehin nicht lieben). Wer jemals in tropischen Gegenden gelebt hat, mag den **Sinn dieser Tabus** auch anderswo vermuten: Es handelt sich um die heißeste Zeit, in der man zusätzliche Anstrengungen sowieso vermeidet.

In einer Atmosphäre, in der der Glaube an spirituelle Kräfte so vital ist, blüht das Geschäft der **Wahrsager.** Obschon *suanming*, das Wahrsagen, nach der kommunistischen Ideologie verwerflich ist, suchen auch hohe Kader den Rat der Hellseher. Es gibt Experten, die aus der Physiognomie,

aus den Handflächen, ja sogar aus den Füßen die Zukunft lesen, es gibt andere, die nur Namen, Geburtsort und -datum dazu benötigen. *Suanming* unterscheidet sich von der westlichen Vorstellung vom „Wahrsagen" dadurch, dass es festen Regeln folgt. Das Schicksal wird nicht vorhergesehen, sondern vorausberechnet: *suan* heißt wörtlich rechnen, *ming* ist das Schicksal. Man konsultiert die Wahrsager übrigens nicht nur, um etwas über die Zukunft zu erfahren, sondern auch, um zu erfragen, ob der Name, den man einem Neugeborenen geben möchte, Glück verheißt oder ob ein Stellenbewerber seinem Geburtsdatum und Namen nach zum Betrieb passt. Einzelne Vertreter der Wahrsagezunft, die mit ihren Voraussagen erschreckend häufig ins Schwarze treffen, verleihen der ganzen Branche die Autorität unumschränkter Glaubwürdigkeit. Fast jeder kennt Beispiele wie dieses: Herrn W. wurde geweissagt, im Juli des darauffolgenden Jahres an den Folgen eines Verkehrsunfalls zu sterben. Und so geschah es: Herr W. war auf dem Hintersitz eines Autos eingeschlafen, als das Fahrzeug plötzlich scharf abbremste. Der Mann prallte noch schlafend mit dem Kopf auf eine harte Kante, lag ein paar Wochen im Koma und starb – im Juli. Die vielen anderen, die die ihnen vorhergesagte Todesstunde bei bester Gesundheit überlebt haben, werden nicht erwähnt.

Von großer Bedeutung im Alltag ist ferner die **Magie, die der Gleichklang verschiedener Worte** entfaltet. Viele Krankenhäuser haben in Hongkong und Taiwan (der Bezeichnung nach) keine vierte Etage, weil „vier" auf Mandarin ähnlich ausgesprochen wird wie „Tod" und kein Kranker auf dem vierten, also dem Todesstockwerk liegen möchte. Fische als Wanddekoration zeugen vom Wunsch ihrer Besitzer nach Wohlstand, denn „Fisch" und „Überfluss" klingen ähnlich. Das ist auch der Grund für die chinesische Vorliebe für Goldfische. Auch bei Geschenken müssen Wortgleichklänge berücksichtigt werden. Einem Chinesen eine Wanduhr zu schenken, ist unerhört. Die „Uhr" und das „Ende" haben die gleiche Aussprache: „Mögest du bald sterben!", besagt ein solches Geschenk. Ketten und Armbänder hingegen bedeuten, dass man den Beschenkten an sich „ketten" und „festbinden" möchte.

◁ Farbenprächtig und mit Blattgold überzogen: Überall in China findet man solche Darstellungen von (hier buddhistischen) Gottheiten.

Errungenschaften und Erfindungen

Waffen

Die früheste literarische Erwähnung der Verwendung von Armbrustwaffen in Schlachten geht auf das vierte vorchristliche Jahrhundert zurück. Weiterentwickelt und präzisiert wurde die **Armbrust** unter den Han (206 v. Chr.–220 n. Chr.). Unter anderem diente sie zum Brückenbau, weil man mit Pfeilen Leinen über Abgründe spannen konnte.

Die Herkunft des **Schießpulvers** ist weniger gesichert, es gibt viele Quellen, die das nahelegen. So kannten möglicherweise vorderindische Völker noch vor den Chinesen explosive Substanzen. In China soll das Schießpulver spätestens im 8. Jahrhundert von Alchimisten entdeckt worden sein, die auf der Suche nach dem Elixier der Unsterblichkeit waren. Zivil genutzt diente es während der Tang-Dynastie (618–906) der Herstellung von Feuerwerkskörpern. Die farbenfrohen Spektakel erfreuten sich in späteren Jahrhunderten so großer Beliebtheit, dass Feuerwerkskörper auf den Märkten für jedermann erhältlich wurden. Allerdings bauten die Chinesen auch sehr erfolgreich Bomben, um ganze Dörfer in Schutt und Asche zu legen; die Kunst beschränkte sich also keinesfalls nur auf Feuerwerke, die dem Vergnügen dienten.

Die älteste **Schusswaffe** Chinas wurde in der Mandschurei ausgegraben und stammt von 1288. Eine Art Vorläufer, die Feuerlanze, die mit schwachem Schießpulver gefüllt wurde, kannte man bereits im 10. Jahrhundert. Bomben aus Gusseisen kamen im 13. Jahrhundert auf und beeindruckten Zeitgenossen durch eine zuvor ungekannte Zerstörungskraft. Landminen

wurden möglicherweise ebenfalls schon im 13. Jahrhundert eingesetzt. Erstmals detailliert beschrieben wurden sie im 14. Jahrhundert. Auch Seeminen kamen im 14. Jahrhundert auf: Es handelte sich um eiserne Behälter, die mit Sprengstoff gefüllt waren und an einer Art von Räucherstäbchen ins Wasser gelassen wurden. Die Räucherstäbchen, die von einer wasserdichten Bock- oder Ochsenblase umschlossen waren, funktionierten als Zeitzünder. In Europa wurde das Schwarzpulver im 14. Jh. bekannt.

Seismograf und „Feng Shui", Uhr und Kompass

Ein Gerät, dessen Funktionsweise man bis heute nicht enträtseln konnte, ist der erste **Seismograf** der Welt, der von dem Philosophen, Mathematiker und Geografen Zhang Heng im Jahr 132 entwickelt wurde. Es handelte sich um ein rundes Gefäß mit 180 cm Durchmesser, an dessen Außenseite acht Drachenköpfe angebracht waren. Sie standen für die verschiedenen Himmelsrichtungen und trugen lose einen Ball im Maul, der herunterfiel, wenn sich in der betreffenden Richtung ein Beben ereignete. Im Jahr 138 bewährte sich der Seismograf, als er ein 500 km weit entferntes Erdbeben registrierte.

Zu den größten Leistungen auf dem Gebiet der **Astronomie** zählt die Konstruktion einer **Armillarsphären-Uhr** mit Wasserantrieb, die die Drehung der Himmelskörper anzeigt. Mit ihr hat der Astronom Su Song (1020–1101) die älteste astronomische Uhr der Welt erfunden.

Seit der Shang-Dynastie (1800–1100 v. Chr.) gab es Aufzeichnungen über Sonnen- und Mondfinsternisse. Ein **Kalender,** der das Jahr in zwölf Mondmonate unterteilte, war schon in der Shang-Dynastie bekannt, Schaltmonate inbegriffen. Es war ein Wissenschaftler der Yuan-Zeit, Guo Shoujing (1231–1316), der 365,2425 Tage für ein Jahr berechnete und damit die exakte Zeit der Umdrehung des Erdballs um die Sonne nur um 26 Sekunden verfehlte.

Der älteste Abakusfund in China wird auf das zweite vorchristliche Jahrhundert datiert. **Abakusse** sollen hier aber der Überlieferung nach schon früher in Benutzung gewesen sein, weswegen China allgemein als Ursprungsland des Rechenbretts gilt. Der älteste Abakus der Welt wurde allerdings in Rom gefunden und stammt aus dem 4. Jahrhundert v. Chr.

< Antikes chinesisches Katapult auf der Alten Mauer von Nanjing

Chinesische Seefahrer gebrauchten **Kompasse** nachweislich im frühen 15. Jahrhundert. Diese Geräte bestanden aus magnetisierten Nadeln, die auf Wasser in einer Schale schwammen. Eine Urform des Kompasses existierte bereits zur Zeit der Han-Dynastie (206 v. Chr.–220 n. Chr.). Ein löffelförmiger Magneteisenstein, der auf einer Bronzeplatte lag, pendelte sich nach einer Weile stets in nördlicher Richtung ein. Man verwendete ihn allerdings nicht zur geografischen Orientierung, sondern für die Geomantie, das sogenannte „Feng Shui", das in jenen Jahrhunderten sehr populär wurde. Erste Ansätze dieser Kunst, die jeweils günstigste Position für Gebäude auszumachen, finden sich womöglich schon in den ältesten ausgegrabenen Siedlungen von ca. 5000 v. Chr., in denen Häuser so angelegt waren, dass sie auch an Wintertagen den höchstmöglichen Sonneneintrag gewährleisteten.

Papier und die Folgen

Die Erfindung des Papiers geht möglicherweise schon auf das 1. Jahrhundert v. Chr. zurück. Zugeschrieben wird sie allerdings einem Minister namens Cai Lun (gest. 121 n. Chr.). Das Papier gilt als eine der größten Errungenschaften der Chinesen und zog zahlreiche andere Innovationen nach sich. Einige waren eher verspielter Natur, wie die kleinen, bunten Heißluftballons, auch **„Himmelslampions"** genannt, die unbemannt zu großer Höhe aufstiegen und weithin in den Nachthimmel leuchteten. Zunächst wurden sie zu militärischen Kommunikationszwecken genutzt, später dienten sie bei festlichen Anlässen dem Vergnügen. In Europa waren sie seit 2006 überall erhältlich und fanden großen Anklang, wurden aber in vielen Ländern bald wieder verboten, als sich herausstellte, dass verwehte Lampions Wälder in Brand setzen können und eine Gefahr für den Flugverkehr darstellen.

Nützlicher war die Einführung des **Toilettenpapiers.** Es wurde erstmals im 6. Jahrhundert erwähnt und fand offenbar rasch Verbreitung. Ein muslimischer Reisender kommentierte im Jahr 851 mit einiger Abscheu: „Sie (die Chinesen) kümmern sich nicht groß um Hygiene. Wenn sie ihr Geschäft verrichtet haben, waschen sie sich nicht mit Wasser, sondern wischen sich nur mit Papier ab." In Europa kam das Toilettenpapier erst 1000 Jahre später in Gebrauch.

Papier war eine recycelbare Ressource und somit vergleichsweise günstig in der Herstellung. Es ersetzte bald die Seide, auf die man bisher geschrieben hatte, und sogar die Münzen, die man den Toten auf ihre Reise ins Jenseits mitgab (heute als „Totengeld" bekannt), und schließlich ersetzte es auch die Unmengen an Kupfergeldstücken sowie das Bronze,

Silber oder Gold, das die reisenden Händler mit sich trugen und das eine schwere Last darstellte. Im Verlaufe der Tang-Dynastie (618–906) wurden zunächst auf privater Basis die sogenannten „Kreditbriefe" üblich, im Volksmund auch „fliegende Wechsel" genannt. Es dauerte nicht lange, bis eine chinesische Regierung im Jahr 1024 diese Idee aufgriff und den Druck von staatlichen Kreditscheinen einführte. Das erste echte Papiergeld der Welt war erfunden. Zum Vergleich: In Europa wurde es erst vereinzelt im 15. und 16. Jahrhundert eingeführt.

Staatliches Papiergeld hätte ohne eine andere, ebenfalls weltweit einmalige Erfindung nicht so ohne Weiteres massenhaft in Umlauf gebracht werden können: Gemeint ist der Druck bzw. **Buchdruck,** der im frühen 7. Jahrhundert entwickelt wurde. Die Seiten wurden zunächst als ganze auf Holzblöcke geschnitzt. Jahrhunderte später, im 11. Jh., erfand man den Druck mit beweglichen Lettern. Anders als in Europa, wo Gutenbergs Verfahren Mitte des 15. Jahrhunderts eine wahre Revolution auslöste, spielte der Buchdruck in China keine so herausragende Rolle. In Anbetracht von mehreren Zehntausend Schriftzeichen (das „Zhongwen da cidian", ein Standardlexikon für Sinologen, zählt über fünfzigtausend!) war die Technik zu langsam und bewegte sich an der Grenze der Rentabilität.

Das älteste erhaltene gedruckte Buch der Welt ist übrigens die buddhistische „Diamantsutra" aus dem 9. Jahrhundert.

◩ Ein Straßenkünstler schreibt für Touristen chinesische Namen in Form von bildlichen Darstellungen

Textilverarbeitung

Die Geschichte der **Seide** ist 5000 Jahre alt. Die ältesten Reste gewebter Seide werden auf ca. 2570 v. Chr. datiert. Seide war eines der begehrtesten Exportgüter Chinas, wo man das Geheimnis ihrer Herstellung über viele Jahrhunderte erfolgreich hüten konnte. Die Todesstrafe stand auf den Versuch, Seidenraupen oder deren Eier außer Landes zu schmuggeln. Im Jahr 555 soll es zwei persischen Mönchen gelungen sein, in ihren hohlen Pilgerstöcken die kostbaren Eier nach Konstantinopel zu bringen. Sie begründeten die ersten byzantinischen Seidenwerkstätten. Die Seidenweberei und Seidenstickerei war bereits in der Han-Zeit (206 v. Chr.–220 n. Chr.) sehr hoch entwickelt. **Trittwebstuhl** und **Handspinnrad** wurden im 12. bzw. 13. Jahrhundert erfunden.

Lack, Porzellan, Zahnbürste

Vermutlich zur sakralen Verwendung hergestellte Gefäße von einer in der damaligen Welt unerreichten Qualität wurden in der Shang-Dynastie (1800–1100 v. Chr.) aus Bronze gefertigt. Wer sie nur auf Fotos gesehen hat, mag sie leicht für plump halten und ihre Größe überschätzen. Tatsächlich handelt es sich bei den meisten um erstaunlich zierliche Kunstwerke mit sehr filigranen Gravierungen, die angeblich auch mit moderner Technik nicht ohne Weiteres nachzuahmen sind.

Lackartikel, bis heute beliebte Souvenirs in zahllosen Touristenshops, gibt es schon lange in China. Das älteste bislang gefundene Gefäß dieser Art ist etwa 7000 Jahre alt.

Jüngeren Datums ist das echte **Porzellan,** das „weiße Gold" der Chinesen, wobei sich die Fachleute noch streiten, ob es in einigen Teilen Chinas schon während der Han-Zeit (206 v. Chr.–220 n. Chr.) oder doch erst um 620 zum ersten Mal hergestellt wurde. Marco Polo brachte erstmals um 1300 Porzellan mit nach Europa, wo man zunächst annahm, es handele sich um ein Produkt aus zermahlenen Muscheln, den sogenannten „porcellana". Lange schlugen alle Nachahmungsversuche fehl, blieb Porzellan der Exporthit aus dem Fernen Osten. Besonderer Beliebtheit erfreute sich das blau-weiße Porzellan der Ming (1368–1644), das über niederländische Häfen nach ganz Europa verschifft wurde. Das „typisch holländische" blau-weiße Dekor beispielsweise auf dem Delfter Porzellan (und auf einem Gemälde des Jan Vermeer van Delft) ist dem chinesischen Original nachempfunden. 1708 gelang es Johann Friedrich Böttger und Ehrenfried Walther von Tschirnhaus, das Geheimnis um die Porzellanherstellung zu lüften.

Die Herkunft des zusammenfaltbaren **Regen- bzw. Sonnenschirms** der Chinesen ist nicht mehr auszumachen. Ob er als kleines, tragbares Zelt über dem Kopf gedacht war oder sich – wie man in China glaubt – von den Bannern herleitet, die einst über hohe Würdenträger gehalten wurden – fest steht, dass es den Schirm spätestens seit dem 4. Jahrhundert in China gab, möglicherweise auch schon vor der Zeitenwende. Erst im 17. Jahrhundert kam er in Europa in Gebrauch, wohin er von China aus über Japan, Korea und Persien gelangt sein soll. Bis dato hatte man sich in Europa ausschließlich mit Umhängen und Mänteln gegen Sturm oder Regen geschützt. Schirme – ein Westler würde sie Regenschirme nennen – begegnen dem Touristen übrigens noch heute in China auf Schritt und Tritt – wenn die Sonne scheint. Chinesinnen schützen ihren Teint vor dem Bräunen, nicht aus Angst vor Hautkrebs, sondern weil Sonnenbräune signalisiert, dass man im Freien arbeitet, also eine in ihren Augen niedrige Tätigkeit ausübt.

Streichhölzer, jene „lichtbringenden Sklaven", wie man sie zunächst taufte, wurden im 6. Jahrhundert erfunden. Der Überlieferung nach verdanken wir sie dem Geistesblitz von Hofdamen, denen während einer militärischen Belagerung der übliche Zunder zum Kochen und Heizen ausging. Was John Walker im Jahre 1827 zu den Experimenten bewog, aus denen Europas erste Streichhölzer hervorgingen, ist nicht überliefert.

Die **Zahnbürste,** ähnlich der, die wir heute kennen, kam im späten 15. Jahrhundert in China auf und bestand aus Knochen oder Bambus mit Schweineborsten besetzt. Weite Verbreitung fand sie jedoch zunächst nicht in China, sondern fast dreihundert Jahre später in England, als William Addis 1780 mit der Massenproduktion seines im Gefängnis erdachten Produktes begann.

Nachbildung chinesischer Würdenträger aus Porzellan

Kalender und Feste

„Mehre dein Vermögen!"
  Traditioneller chinesischer Neujahrswunsch

Mond- oder Bauernkalender

Der Bauernkalender richtet sich zum Teil nach dem Mond, zählt aber trotzdem 29 bis 30 Tage pro Monat. Ein Jahr hat zwölf Mondmonate, doch müssen in periodischen Abständen Jahre mit dreizehn Mondmonaten zwischengeschaltet werden, damit die Jahreszeiten mit dem Kalender in Übereinstimmung bleiben. Der Mondkalender ist neben dem offiziellen Gregorianischen Kalender auch heute noch in Gebrauch.

Die chinesischen Festtage richten sich nach dem alten Bauernkalender, fallen also jedes Jahr auf unterschiedliche Daten des Sonnenkalenders.

Chinesischer Tierkreis

In einem 12-Jahres-Rhythmus lösen sich **die chinesischen Tierkreiszeichen** ab: Ratte, Büffel, Tiger, Hase, Drache, Schlange, Pferd, Schaf, Affe, Hahn, Hund und Schwein. Ähnlich wie mit unseren Sternzeichen verknüpfen sich mit den Tierkreiszeichen bestimmte Vorstellungen, gute und schlechte Eigenschaften, die den im betreffenden Jahr geborenen Kindern zugeschrieben werden. Im Groben orientieren sie sich an denen, die man der betreffenden Tierart zuschreibt: Rege ist die Ratte, geduldig der Büffel, furchtlos der Tiger, bescheiden der Hase, dynamisch der Drache, schlau die Schlange, liebenswürdig das Pferd, friedlich das Schaf, geschickt der Affe, stolz der Hahn, treu der Hund und gutmütig das Schwein.

Auch Natur und Politik stehen unter dem Einfluss des Tierkreises. Das Jahr 1976 war zum Beispiel das ganz besonders unheilvolle dreizehnmonatige Jahr des Drachen: Es brachte das Erdbeben von Tangshan, bei dem Hunderttausende starben, und den Tod Zhou Enlais und des trotz der Kulturrevolution nach wie vor hochverehrten Mao Zedongs. Glück bringende Jahre sind dagegen die normalen, zwölfmonatigen Dra-

Der chinesische Tierkreis

Ratte	1912	1924	1936	1948	1960	1972	1984	1996	2008
Büffel	1913	1925	1937	1949	1961	1973	1985	1997	2009
Tiger	1914	1926	1938	1950	1962	1974	1986	1998	2010
Hase	1915	1927	1939	1951	1963	1975	1987	1999	2011
Drache	1916	1928	1940	1952	1964	1976	1988	2000	2012
Schlange	1917	1929	1941	1953	1965	1977	1989	2001	2013
Pferd	1918	1930	1942	1954	1966	1978	1990	2002	2014
Schaf	1919	1931	1943	1955	1967	1979	1991	2003	2015
Affe	1920	1932	1944	1956	1968	1980	1992	2004	2016
Hahn	1921	1933	1945	1957	1969	1981	1993	2005	2017
Hund	1922	1934	1946	1958	1970	1982	1994	2006	2018
Schwein	1923	1935	1947	1959	1971	1983	1995	2007	2019

(Die Zählung der Jahre in Taiwan beginnt übrigens mit Ausrufung der Republik 1911. Das Jahr 2017 ist somit das „Jahr 106 der Republik".)

chenjahre. Junge Paare, die kurz vor Beginn eines solchen Drachenjahres heiraten, versuchen, ihren Nachwuchs möglichst vor seinem Ende auf die Welt zu bringen. Dies sind die geburtenstärksten Jahrgänge in China.

Feste

Das wichtigste Fest im Jahr ist das **Neujahrs- oder Frühlingsfest** *(chunjie)*, das am ersten Neumond nach dem 21. Januar stattfindet. Es ist das chinesische Familienfest schlechthin, vergleichbar dem christlichen Weihnachten. Genau wie bei uns kann diese Zeit des trauten Beieinanderseins aller Lieben von den intensivsten familiären Unstimmigkeiten begleitet sein – ein offensichtlich kulturübergreifendes Phänomen. Zu Neujahr beschenken die Eltern ihre Kinder: Üblich sind kleinere oder größere Geldsummen in den traditionell üblichen „roten Umschlägen" *(hongbao)*. Ansonsten besteht die Feier aus einem großen Festessen, viel Knallerei (wie bei uns zu Silvester), Verwandtenbesuchen und natürlich Opfern für die Ahnen, die bei keiner Gelegenheit vergessen werden dürfen. Die Wohnung wird

◁ Ausschank aus dem Maul eines Drachen, des glückverheißendsten aller Tierkreiszeichen

schon Tage vorher herausgeputzt und an die Türen werden die neuen Segenszeichen geklebt. Das sind leuchtend rote Papiervierecke, auf die ein chinesisches Zeichen in Gold gedruckt ist, zum Beispiel „Frühling" oder „Glück". Sie werden umgekehrt, also mit dem Kopf nach unten, auf die Tür geheftet, denn „umgekehrt" *(dao)* klingt auf Chinesisch wie „gekommen" *(dao)*. Das umgekehrte Zeichen für Frühling an der Tür symbolisiert: „Der Frühling ist gekommen!" Konnte sich früher das chinesische Neujahrsfest über zwei, drei Wochen hinziehen, so dauert es heute in Festlandchina und auf Taiwan wenig länger als drei Tage – für viele Leute die längsten und einzigen Ferien des Jahres, denn in ländlichen Gegenden kennt man keinen arbeitsfreien Sonntag!

Kleinere Feierlichkeiten zur Vorbereitung bzw. zum Abschluss des Neujahrsfestes sind das **Fest des Küchengottes** *(zaoshen)*, der im Himmel über „seine" Familie am Jahresende Bericht erstattet, und das **Laternenfest** *(yuanxiaojie)* zwei Wochen nach Neujahr mit Fackelumzügen für die Kinder. Es erinnert an unser Sankt-Martins-Fest.

In den April fällt das **Grabreinigungsfest** *(qingmingjie)*, auch Fest der klaren Helligkeit genannt. Es hat sich in der Volksrepublik zu einem Volkstrauertag entwickelt, an dem man der Kriegs- und Bürgerkriegstoten im Namen der Revolution gedenkt.

Das **Drachenbootfest** *(duanyangjie* oder *duanwujie)* im Mai/Juni ist eine besondere Attraktion für in- und ausländische Touristen. Anlass ist das Gedenken an einen Dichter, der sich im 4. Jahrhundert v. Chr. aus Verzweiflung über die herbe Niederlage der Vernunft im politischen Leben in einem See ertränkte. Die trauernde Bevölkerung, so die Legende, habe daraufhin Reis ins Wasser geworfen, damit die Fische sich nicht vor Hunger an seinem Leichnam vergingen. Zum Andenken daran isst man bis heute an diesem Tag *zongzi*, in Bambusblätter gewickelte Klebreisklumpen mit Fleischstücken, Pilzen, Erdnüssen und anderen Zutaten. Auch die bunt bemalten Drachenboote erinnern an den tragischen Selbstmord. Ursprünglich dazu gedacht, auf Chinas Seen nach der Seele des toten Dichters zu suchen, erfüllen sie heutzutage eher weltliche Zwecke: Nationale und internationale **Drachenbootrennen** sind der bejubelte Höhepunkt des Festes.

Das leiseste aller Feste ist das **Fest der Verliebten** *(qingrenjie)*. Es findet nach dem Mondkalender im August oder September statt. Dann kommen der Legende nach der „Kuhhirt" und die „Weberin", zwei Sterne, die durch die Milchstraße voneinander getrennt sind, für eine einzige Nacht im Jahr zusammen. Krähen und Elstern bilden dann im Weltall eine Luftbrücke zwischen den beiden Himmelskörpern, sodass sie über den Sternenstrom hinwegbalancieren und sich treffen können.

Das **Mittherbst- oder Mondfest** *(zhongqiujie)* wird beim ersten Vollmond im Herbst gefeiert: Es fällt nach dem Bauernkalender auf den 15. Tag des achten Mondmonats. Zum Mondfest verschenkt man kleine kreisrunde Mondkuchen mit pastetenartiger, kalorienreicher Füllung. Manchmal ist noch ein Eigelb darin eingebacken, das den runden Herbstmond symbolisiert. Nur wenige scheinen die Küchlein wirklich gerne zu essen, dennoch sind sie sehr verbreitet. Reinheit und Schönheit des Mondes, in vielen Gedichten gefeiert, stehen im Mittelpunkt dieses Festes. Man verbringt es gemeinsam mit der Familie oder guten Freunden oder gedenkt ihrer zumindest, wenn auch aus der Ferne, an diesem Tag besonders innig. Während man in alten Zeiten oft gemeinsam einen Berg bestieg, um den Mond zu betrachten, feiert man heute prosaischer, indem man zusammen isst und trinkt.

Hao hao xuexi: Bildung in China

„Ich schloss, dass es sich für Schüler nicht gehört, solche Fragen zu stellen. Sie haben sich aufs Lernen zu konzentrieren."
Lu Xun

Einen *wenren*, einen „Mann der Schrift", in der Familie zu haben, war schon während des Kaiserreichs der Traum aller ehrgeizigen Sippen. Gesellschaftlicher Aufstieg ohne Bildung war im konfuzianischen Staat fast nicht möglich: Die Elite des Kaiserreiches war vor allem eine Bildungselite. Natürlich konnte man in sie hineingeboren werden, aber ebenso konnte man sich die Zugehörigkeit zu ihr „erlernen". Zum Adel, wenn auch nur zum niederen Adel, gehörte in China, wer die **Eignungsprüfung für die Beamtenlaufbahn** bestanden hatte. Man musste dafür ein strenges schriftliches Staatsexamen absolvieren, das im Abstand von einem oder mehreren Jahren in der Hauptstadt stattfand und den angereisten Prüflingen fundierte Kenntnisse in den klassischen konfuzianischen Schriften abverlangte. Viele scheiterten wiederholte Male, manche über mehr als zehn, ja zwanzig Jahre hinweg.

Glanz und Elend des Kaiserreiches sind eng mit diesem Prüfungssystem verknüpft. Einerseits hielt es die herrschende Schicht offen für strebsame Emporkömmlinge und verhalf China zu einer relativ fähigen Beamtenschaft, die, obwohl zahlenmäßig klein, eine viel bestaunte und effiziente Bürokratie managte. Andererseits war es zu einseitig auf die Kenntnisse der konfuzianischen Literatur ausgelegt. Dadurch wurde verhindert, dass Chinas Akademiker sich ein gründliches Wissen in anderen Bereichen an-

eigneten. Am Prüfungssystem lag es, dass die Entwicklung der Naturwissenschaften und modernen Technologien in China seit dem 13. Jahrhundert nahezu stagnierte. Die vielen genialen Ansätze und Entdeckungen in diesem Bereich blieben das Werk von Einzelnen, die keine Beachtung fanden. Das rächte sich, als die ersten Kriegsschiffe des Westens vor Chinas Küste auftauchten. Man hatte ihrer Technik nichts entgegenzusetzen außer der moralischen Überlegenheit und der weltfremden Hoffnung, dies reiche, um den Krieg zu gewinnen. Erst der Schock der Demütigung durch den Westen bewirkte ein Umdenken der Elite.

Gefördert wurde in der **Schule des vorrevolutionären Chinas** also konfuzianisches Bücherwissen. Es wurde auswendig gelernt und reproduziert. Was die Regierung brauchte, waren keine Nörgler und Zweifler, sondern loyale Diener. Der typische chinesische Gelehrte war ein enorm gebildeter Mann, klassikerfest, wie manche Theologen im Westen bibelfest waren, und von einem tiefen Glauben an das gedruckte Wort beseelt. Mao Zedong sollte sich diese Tradition zunutze machen, als er sein berühmtes kleines Rotes Buch unters Volk brachte. Wie eh und je lernten die Chinesen daraus auswendig und waren mehrheitlich bereit, das Gelernte für richtig zu halten. Bis heute erstaunt chinesisches **Vertrauen in Geschriebenes** westliche Lehrer und Studenten. So manche Diskussion, vor allem mit älteren Chinesen, endet mit deren Beharren darauf, dass ein Argument schon allein deshalb richtig sein müsse, „weil es doch da steht".

Studierender buddhistischer Mönch

Bestrafungen in der Schule des vorrevolutionären Chinas

Chinesische Lehrer droschen los, was der Bambusstock hielt. Der Dichter Guo Muoruo erinnert sich an verschiedene Disziplinierungsmaßnahmen: „Das Instrument des Strafvollzugs war eine zwei Daumen dicke und drei Fuß lange Bambuslatte. (...) Mein Kopf hatte schon so viele Schläge abbekommen, dass sich Blasen gebildet hatten. Abends im Bett wagte ich nicht, ihn aufs Kissen zu legen, so sehr schmerzte er. (...) Wir titulierten diese Strafe ‚geröstetes Fleisch mit Bambusspitzen'. (...) War aber der Lehrer schlecht gelaunt, so setzte er uns noch einen Hocker auf den Kopf. Nun waren die Hocker bei uns zu Haus aus Zedernholz und splitterten, das heißt, sie waren schwer und schmerzhaft. Reichte dies als Strafe nicht aus, so ließ uns der Lehrer noch Wasser auf dem Kopf balancieren. Er platzierte auf die beiden Enden des Hockers jeweils eine bis zum Rand gefüllte Schale, und dann musste man mit durchgestrecktem Oberschenkel, geradem Kreuz und Nacken lange Zeit knien, ohne sich im Geringsten zu bewegen. Eine Bewegung, und das Wasser kam von oben herunter, als ginge die Sonne unter. Und als zusätzliche Strafe gab es zu allem Überfluss besonders heiß ‚geröstetes Fleisch mit Bambusspitzen'. Auf diese Weise wurden früher alle zukünftigen Mandarine durchgebläut und es war kein Wunder, dass sie, sobald sie in Amt und Würden waren, Rache an der Bevölkerung nahmen und dabei ihre Lehrmeister um einiges übertrafen."

Kritisches Bewusstsein beim Lernenden zu wecken, war und ist auch heute **nicht Ziel der Bildungsanstalten.** Um so mehr Nachdruck wurde auf die Vermittlung von Wissensstoff gelegt. Brachiale Lehrmethoden waren weitverbreitet. Denn hinter all dem stand mehr als bloß die Ausbildung eines Kindes. Sein Schulbesuch war vielmehr eine Investition in die Zukunft. In ärmeren Familien legte die ganze Sippe zusammen, um für wenigstens einen der Sprösslinge das Schulgeld bezahlen zu können. Dessen Erfolg und spätere Karriere würden auf alle zurückfallen. Einfluss und Beziehungen eines einzigen Beamten kamen der ganzen Verwandtschaft zugute. Natürlich kannte man unter diesen Umständen kein Pardon mit einem Kind, das sich gegen seine zahlreichen schulischen Pflichten sperrte oder auch nur schwer von Begriff war.

Auch in den **Schulen von heute** gehören körperliche Qualen der Kinder offenbar nicht der Vergangenheit an. Doch erst seit im Jahr 2000 der Fall eines siebzehnjährigen Schülers bekannt wurde, der aus hoffnungsloser Überforderung seine Mutter mit dem Hammer erschlagen hatte, rückte das Problem der drakonischen Züchtigung auch ins Interesse der Öffentlichkeit. Es wurde von Fällen berichtet, in denen ganze Schulklassen Mitschüler verprügeln mussten, weil diese vergessen hatten, ihre Hausaufgaben zu machen, in denen Lehrer Schüler zwangen, wegen schlechter Noten aus dem zweiten Stock zu springen oder Eltern ihre Kinder totschlugen. Denn an einem hat sich nicht viel geändert: Immer noch ist die **akademische Bildung** die wichtigste Voraussetzung für den späteren gesellschaftlichen Erfolg. Zu Geld kann man auf viele Weisen kommen, aber Geld alleine zählt nicht. Auch der ungebildete, neureiche Bauer von heute träumt davon, sein Kind auf die Universität zu schicken. Die Steigerung davon ist die Erlangung eines Doktortitels. Auf Taiwan stechen inzwischen zwei Magistertitel einen Doktortitel aus. Noch besser als inländische Titel sind ausländische.

Das Bildungssystem heute

Die **allgemeine neunjährige Schulpflicht** wurde in der Volksrepublik China erst im Jahr 1985 offiziell eingeführt. Bis dahin glaubte man, der Bildungsehrgeiz der Eltern für ihre Kinder mache ein Gesetz überflüssig. Da viele Kinder jedoch besonders auf dem Land als Arbeitskräfte gebraucht wurden, war der Schulbesuch in manchen Gegenden Chinas immer noch ein großer Luxus. Gegenwärtig werden 99 % aller Kinder eingeschult. Zwar sind **Grund- und Mittelschule gebührenfrei,** doch können die Kosten für Schulmaterialien (Bücher etc.) ziemlich hoch sein.

Das **Schulsystem** der Volksrepublik China und das Taiwans gleichen sich in groben Zügen: Der Wettlauf um die besten Noten beginnt offiziell mit sechs, sieben Jahren, tatsächlich jedoch schon in den **Kindergärten,** die Vorschulcharakter haben. Ehrgeizige Eltern drängen auf frühen **Englischunterricht,** was durchaus sinnvoll ist, weil gerade in diesem Alter Sprachen besonders leicht gelernt werden. Nach dem Kindergarten erfolgt die Einschulung auf eine **Volksschule,** die sechs Jahre lang besucht wird. Die sich anschließende **Mittelschule** nimmt drei Jahre in Anspruch. Danach entscheiden die Eltern, welcher Bildungsweg für ihr Kind infrage kommt. Dem Besuch der dreijährigen **Oberschule** können sich vier Jahre **Universität** (Bachelor-Abschluss) oder zwei Jahre auf einer **Fachhochschule** anschließen. Weiterführende Studien enden nach zwei Jahren mit dem Magister und nach drei Jahren mit der Promotion. Alternativen zur Oberschule sind **Fachoberschulen** (zwei Jahre) oder **Berufsfachschulen** (vier Jahre), die beide auf den Einstieg ins Berufsleben vorbereiten.

Der ungeheure **Konkurrenzdruck,** der auf den jungen Menschen lastet, führt wie in den guten alten Zeiten zu einem fürchterlichen Lernprogramm. **„Entenstopfen"** *(tianya)* nennt man die klassische Methode, einem Kind an Wissen einzutrichtern, was es nur eben aufnehmen kann. Schon kleineren Kindern bleibt nicht mehr viel Freizeit. Das gilt für Taiwan genauso wie für die Volksrepublik China. In Letzterer wird zwar das Einzelkind verwöhnt und verzogen, doch sind chinesische Eltern in einem unnachgiebig wie eh und je: Für die Schule wird gebüffelt. Eine weltweit beachtete und viel kritisierte Publikation zum Thema erschien 2011 unter dem Titel „The Battle Hymn of the Tiger Mother" von Amy Chua. Detailfreudig beschreibt die Autorin hier Grundzüge der **chinesi-**

△ Chinesische Schulklasse bei einem Ausflug

schen Pädagogik: Lernen von früh bis spät unter gehörigem Zwang, keine Verabredungen mit anderen Kindern, massive Strafen bei den geringsten Ausrutschern, mindestens zwei Stunden Klavierüben pro Tag unter der Auflage, nicht auf die Toilette zu gehen, bevor nicht ein Stück richtig gespielt wurde …

Die **Arbeitslosenquote unter Chinas Universitätsabgängern** liegt noch immer bei über 30 %, die Selbstmordrate ist hoch und ausländische Unternehmen beklagen einen Fachkräftemangel, da die vermittelten Unterrichtsinhalte des chinesischen Bildungssystems mit der realen Arbeitswelt kaum kompatibel sind. **24,6 Mio. Studenten** wurden 2013 in China registriert Die Immatrikulationsrate unter den Oberschulabgängern beträgt immerhin 17 %. Zehn Jahre zuvor waren es gerade einmal 10 %. Die Selbstmordrate unter durchgefallenen Universitätsanwärtern wird offiziell ebenfalls als hoch bezeichnet. Wer die Aufnahmeprüfung an einer staatlichen Hochschule nicht schafft, aber genügend Geld hat, kann als „Selbstzahler" noch auf eine teure, private Universität ausweichen. Deren Studiengebühren schwanken je nach Universität bzw. Hochschule und Fachrichtung zwischen ca. 1200 und rund 6000 Euro pro Jahr.

Die älteste und beste Universität des Landes ist die **Beijing-Universität,** die 1898 gegründet wurde und oft Trendsetter für neue Ideen und politische Strömungen war.

Etwa 500.000 chinesische Studenten **studieren** derzeit **im Ausland.** Viele bleiben anschließend dort und kehren nicht zurück. Seit 2007 werden chinesische Auslandsstudenten systematisch umworben. Ein eigens gegründeter Fonds zu ihrer finanziellen Unterstützung soll ihnen die Heimkehr erleichtern. Das Land braucht dringend ihr Know-how, ihr Verständnis von westlichem Denken und, sofern vorhanden, ihre ausländischen Kontakte. Gerade im Ausland bleiben Chinesen bevorzugt unter sich. So manche beenden ihre Ausbildung auch nicht mit einem Magister oder Doktorgrad, sondern besorgen sich einen Job – viele China-Restaurants verdanken Existenz und Betrieb abgebrochenen Universitätslaufbahnen.

Obwohl die KPCh gerade auf dem Bildungssektor riesige Fortschritte erzielten konnte und die **Analphabetenrate** innerhalb von 60 Jahren von 80 % auf etwas über 10 % fiel, zeigt sich die Regierung besorgt. Mitte der 1990er-Jahre war die Zahl derer, die nicht lesen und schreiben konnten, auf das Rekordtief von 6,7 % gefallen, seitdem ist die Tendenz wieder steigend. Die meisten Analphabeten leben in armen ländlichen Regionen, 70 % von ihnen sind Frauen. Gerade bei den Nationalen Minderheiten, in Xinjiang, in Tibet und anderen benachteiligten Regionen liegt das Bildungsniveau teils deutlich unter dem Landesdurchschnitt.

Korruption und Guanxi

Die Überschrift suggeriert, dass es sich hierbei um zwei unterschiedliche Dinge handelt, doch liegen die beiden nicht selten dicht beieinander und sind kaum voneinander zu trennen. Da der Begriff Korruption bekannt ist und nicht weiter definiert werden muss, konzentrieren wir uns auf den **Terminus Guanxi,** einen sehr spezifisch chinesischen Begriff, der mit dem üblichen „Netzwerk" oder mit „Beziehungen" nur sehr unscharf übersetzt ist.

Guan heißt ursprünglich zunächst „Pass" im Sinne von Bergpass, bezeichnet also etwas Verbindendes. Guanxi sind also Verbindungen zwischenmenschlicher Art, was zunächst völlig wertfrei gemeint ist. Das gibt es bei uns ja auch, Verbindungen, Netzwerke, in denen man sich gegenseitig hilft. In China geht das aber über das übliche Maß (beim Hausbau helfen, Auto reparieren, Praktikum für die Tochter organisieren etc.) weit hinaus. Guanxi entwickeln sich über Jahre, durch gemeinsame Erlebnisse während der Schulzeit oder in der Armee, durch Freundschaft etc. Ein sicherlich deutlicher Unterschied zu unseren Beziehungen besteht vor allem darin, dass man Guanxi eben auch zu Personen unterhält, die man nicht unbedingt als Freunde betrachtet. Vereinfacht ausgedrückt geht es darum, dass man sich braucht, nicht, dass man sich mag. Guanxi bedürfen sorgfältiger **Pflege** und beruhen immer auf **Gegenseitigkeit.** Verweigert eine Seite die Unterstützung im Bedarfsfall, ist die Guanxi beendet.

Guanxi gehen weit über das hinaus, was wir als Netzwerke bezeichnen. In einer Gesellschaft, die den Bürger nicht bedingungslos schützt, benötigt dieser einen Schutz anderer Art: Wenn mich die Polizei nicht schützt, hilft es, den Polizeichef zu kennen. Wenn ich beim Zoll auf Willkür stoße und mein Recht auf den Container nicht durchsetzen kann, hilft es, jemanden beim Zoll zu kennen und so weiter. Guanxi bedeutet also, in einem System, das dem Individuum nicht hilft, **selbst Hilfe zu organisieren.** Und diese Guanxi erstrecken sich über das ganze Leben, auch um mehrere Ecken, also über mehrere Personen hinweg: Ich helfe dem Freund meines Freundes bzw. der Guanxi meiner Guanxi.

Herr Li braucht einen Termin beim Vize-Bürgermeister einer Stadt? – Er könnte im Rathaus anrufen, viel Erfolg damit! Wenn er aber jemanden kennt, dessen Schwiegermutter gern Bridge spielt mit dieser Dame, deren Sohn der Freund des Chauffeurs des Vize-Bürgermeisters ist, dann sieht das schon besser aus ... Ist das Korruption? – Sicher nicht. Legal? – Natürlich. Eventuell verlangt der Betroffene aber doch etwas dafür, dass er sich mit Herrn Li zum Abendessen trifft, dann ist die dünne Grenze überschritten. Früher war dies gang und gäbe, seit der Antikorruptionskampa-

Extrainfo 4 (s. S. 5): In diesem Artikel werden die Unterschiede zwischen Korruption und Guanxi erklärt – ein Muss für alle Geschäftsleute.

gne von Staats- und Parteichef Xi Jinping hat die Angewohnheit, die Hand aufzuhalten, rapide abgenommen. Die Angst geht um auf den Fluren der Politiker und Dorfvorsteher, jeden kann es treffen, morgen oder heute schon. Gut, denkt sich der Deutsche, je weniger Korruption, desto besser. Aber es ist China, und es trifft sicher auch mal Unschuldige. So eine Kampagne ist eine gute Gelegenheit, sich unliebsamer Zeitgenossen zu entledigen, das war schon zu Maos Zeiten so.

Die **Grenze zwischen Guanxi und Korruption** kann also verschwimmen. Aber schließlich entstanden Guanxi ja in einem Umfeld, in dem nicht über juristische Implikationen im Sinne einer Compliance nachgedacht wurde, sondern die gegenseitige Hilfe im Vordergrund stand. Insofern ist schon die Frage nach dem Zusammenhang zwischen Guanxi und Korruption eine sehr unchinesische.

Was folgt daraus? – Auch der **Ausländer** muss seine Guanxi pflegen, das heißt seine Beziehungen zu Chinesen, falls er geschäftlich in China unterwegs ist. Man tauscht Visitenkarten aus, auf denen der Rang innerhalb des betreffenden Unternehmens und möglichst viele akademische Titel vermerkt sein sollten. Chinesen merken sich so etwas. Und anschließend darf man diese Kontakte auf keinen Fall vergessen, sondern schreibt zu bestimmten Anlässen wie Frühlingsfest, Weihnachten etc. eine Mail, eine elektronische Grußkarte oder Ähnliches. Man muss sich ständig in Erinnerung bringen, seine Kontakte besuchen und zum Essen einladen. Und dann, wenn man dies lange genug getan hat, kann man seine Guanxi benutzen, um bestimmte Dinge zu beschleunigen oder gar erst möglich zu machen. Man muss sich jedoch der Tatsache bewusst sein, dass dies für beide Seiten gilt, dass auch Chinesen, zu denen man auf diese Weise in Verbindung steht, an den Ausländer herantreten werden. Man wird versuchen, ihn zu instrumentalisieren, und es ist an ihm, zu entscheiden, wie weit er dabei geht.

Mit guten Guanxi werden in China Dinge erreicht, die legal nicht erreicht werden können, die dem Einzelnen vielleicht auch juristisch gar nicht zustehen. Ohne Guanxi wird man jedoch nicht einmal das erhalten, was einem juristisch zusteht.

Guanxi und Gesetze

Neben den Beziehungen gibt es die Gesetze. Sie gelten für die, die keine Beziehungen haben. Sie gelten also relativ selten.

So ist es nur natürlich, dass das **Vertrauen in das geschriebene Recht** nicht sehr groß ist. Nach einer Umfrage, die im Juni 1992 in der Hongkonger Zeitung Jiushi niandai veröffentlicht wurde, erklärten über

70 % der Taiwanesen, Gesetze könne man ruhig umgehen, falls sie einem „ungerechtfertigt" erschienen. 40 % zeigten sich überzeugt, dass, wer sich ans Gesetz halte, dabei bloß Schaden nehmen würde. Über die Hälfte der Befragten gab an, dass Menschen mit Geld und Macht noch weniger gesetzestreu seien als andere. In Taiwan zeigt inzwischen zumindest die jüngere Generation – in Grenzen – eine gewisse Bereitschaft, die Gesetze gelegentlich zu befolgen (Verkehrsregeln sind davon jedoch grundsätzlich ausgeschlossen). Die ältere Generation ist dabei kein Vorbild. Im Gegenteil: Unter der Regierung von Chen Shuibian (2000–2008) erreichten Filz und Korruption öffentlicher Körperschaften nie gekannte Ausmaße.

Wie eine entsprechende Umfrage in Festlandchina aussehen würde, wissen wir nicht. Im großen chinesischen Mutterland ist längst der „Wilde Osten" ausgebrochen: Besonders im Süden des Landes, einer traditionell schwer regierbaren Region, ist die **Staatsmacht auf dem Rückzug,** was selbst Touristen mitbekommen: Busfahrer verkaufen reservierte Plätze privat unter der Hand an andere Kunden weiter. Bedienstete in staatlichen Hotels präsentieren für nicht vorhandene Extras Fantasierechnungen. Beschwerden bei höherer Stelle nutzen wenig. Ausländer haben zwar eher eine Aussicht auf Erfolg als Einheimische, doch im Prinzip interessiert es überhaupt niemanden, was „rechtens" ist. Erlaubt ist, was die Polizei duldet – und deren Kulanz, so die allgemeine Auffassung, ist käuflich. Der Augenschein scheint dies zu bestätigen. Wenn der schönste Schwarzmarkthandel mit Devisen und Drogen sich ganz offen vor den Augen verkehrsregelnder Polizisten abspielt, dann werden auch arglose Gemüter nachdenklich.

Nun ist die Verbindung zwischen Polizei und Unterwelt eine Sache für sich und für den Normalbürger ohnehin nicht zu durchschauen. Doch praktisch jeder ist Nutznießer jener großen Grauzone der **geduldeten Illegalität im Alltag,** in der Delinquenten, Polizei und Bevölkerung in einer Art stillschweigendem Einverständnis Hand in Hand arbeiten. Das betrifft vor allem kleinere Verstöße bzw. solche, die nach dem Volksempfinden eigentlich gar nicht wirklich als kriminell bezeichnet werden können.

Illegal sind auch die in China allgegenwärtigen **„schwarzen Taxen",** oft die einzigen, wenn auch nicht immer ganz ungefährlichen Fortbewegungsmittel, die auf dem Lande zu später Stunde noch zur Verfügung stehen, weshalb sie auch geduldet werden. Für chinesische Arbeiter oder Monteure, die spät nachts von der Baustelle kommen oder am Bahnhof ankommen und noch zu einem Hotel gelangen müssen, gibt es oft keine Alternative. Die stillschweigende Duldung illegaler Zustände entspricht der vielgepriesenen Vorliebe für praktische Lösungen.

Es ist für fast jeden Chinesen eine allgegenwärtige Erfahrung, dass auf die Gesetze kein Verlass ist. Recht zu bekommen, ist keine juristische Frage und auch nicht vom Geschick des jeweiligen Anwalts abhängig. Ausschlaggebend sind noch immer in hohem Maße die Beziehungen. Nicht jeder kann also machen, was er will. Wehe dem Straßenhändler, der keine Beziehungen hat! Er wird so oft von der Polizei aufgegriffen, bis er aufgibt. Andere Leute dagegen, die über Kontakte zur Polizei verfügen, können am helllichten Tag in Seelenruhe „sündigen": So begannen Nachbarn auf einer normalen, von Autos befahrenen Straße, ihr Haus zu erweitern. Aus der ehemaligen Straße wurde eine Fast-Sackgasse mit schmalem Durchgang für Motorräder. Die Anwohner standen Kopf, doch die Polizei ist nie gekommen. Die Nachbarn hatten einen Verwandten, der dort arbeitete. Da solche Vorfälle als alltäglich gelten, ist der **Ruf der Ordnungshüter** nicht eben gut. Was sind die besten Gesetze wert, wenn niemand da ist, der ihnen Geltung verschafft?

Zu den amüsanteren Begleiterscheinungen dieser Einstellung gehört ein gewisser grundsätzlicher **Unernst gegenüber Anordnungen der Obrigkeit,** der unter Chinesen, zumal unter Südchinesen, verbreitet ist. Vorschriften, deren Nichtbeachtung nicht sofort, immer und überall konsequent geahndet wird, versteht man gern als Empfehlungen. Man nimmt sie durchaus nicht unfreundlich zur Kenntnis, kümmert sich aber nicht weiter darum. „Verehrte Fahrgäste! Bitte spucken Sie die Hülsen ihrer Sonnenblumenkerne nicht auf den Boden!", schallt es zum Beispiel in den einfachen (nicht den superschnellen) Zügen der Volksrepublik aus den

Lautsprechern. Derweil sitzt oder steht das „verehrte Volk" völlig unbeeindruckt in den Waggons und spuckt die Hülsen der Sonnenblumenkerne auf den Boden. Rote Ampeln erfüllen bei wenig Verkehr aus der Querrichtung und vor allem abends oft dieselbe Funktion wie hierzulande das Vorfahrtsschild.

Guanxi und Korruption

Die geringe Achtung, die die Gesetze und die Hüter der öffentlichen Ordnung genießen, äußert sich auch auf weniger unterhaltsame Weise. In vielen Bereichen des Lebens macht sich eine **allgemeine Rechtsunsicherheit** bemerkbar.

Niemand möchte im Ernstfall auf die Unabhängigkeit eines Richters angewiesen sein. Der Yamen, der **traditionelle chinesische Gerichtshof,** stand schon immer im Ruf der Bestechlichkeit. „Du hast einerseits Recht", lautet ein alter chinesischer Richterwitz, bei dem der Sprechende vielsagend eine Hand öffnet, „aber dein Kontrahent hat noch viel mehr Recht als du", wobei er die andere Hand noch weiter öffnet. Dass in der VR China bis vor wenigen Jahren der Beruf des Richters von juristischen Laien ausgeübt werden konnte, hat das Vertrauen in richterliche Kompetenz nicht gefördert.

Zu den viel diskutierten Auswirkungen des allzu menschlichen Faktors im chinesischen Rechtswesen gehört auch die **Korruption im öffentlichen Leben.** Wer eine Stelle bei der Steuerbehörde bekommt, gilt als Glückspilz. Er sitzt direkt an der Quelle. Zahlreiche Karikaturen nehmen in der VR China die „Arbeit" diverser Untersuchungskomitees aufs Korn, die eigentlich die Einhaltung von gesetzlichen Vorschriften in Fabriken und Betrieben überwachen sollen, sich stattdessen aber nur auf Kosten der Belegschaft reichlich bewirten lassen. Besonders Privatunternehmen leiden unter der Praxis der staatlichen Behörden, sich jede Zulassung, jede Genehmigung, ja selbst die Zuteilung von fließendem Wasser und Elektrizität mit Geschenken und Einladungen teuer bezahlen zu lassen. Selbst bei solchen Kleinigkeiten wie der Qualitätsauszeichnung von Textilien ist der Kunde vor Betrug und Gekungel nicht sicher. Kein Mensch rechnet damit, dass ein Kleid, in dem ein Schildchen die Qualität „100 % Baumwolle" bestätigt, auch tatsächlich aus reiner Baumwolle ist.

„Erstens fehlt die Kontrolle", so die Begründung, „und zweitens kann man sich auf die Kontrolle, wenn es eine gibt, nicht verlassen."

◁ Selbst noch Kinder und dennoch Garanten der Stabilität: junge Polizisten

Die **dunkelste Seite des Beziehungsprinzips** aber lernt kennen, wer im falschen Moment keine Beziehungen hat. Das kann lebensgefährlich werden, vor allen Dingen für diejenigen, die krank und arm sind. Eine Chinesin erzählt: „Mein Vater war in lebensbedrohlichem Zustand und musste auf die Intensivstation. Dort haben sie ihn auch tatsächlich retten können. Danach sollte er sofort in eine Spezialklinik verlegt werden. Wir warteten auf den Transportwagen. Stunde für Stunde. Der Wagen kam einfach nicht. Mein Vater war die ganze Zeit unversorgt. Nach einigen Stunden starb er. Wir haben später gefragt, warum der Wagen nicht gekommen sei. Man hat uns gesagt, wir hätten dem Fahrer des Wagens Geld zustecken müssen." Die Familie hat diese Erklärung hingenommen. Alles andere wäre zwecklos gewesen.

Beziehungspflege ist eine vitale Notwendigkeit im täglichen und im beruflichen Leben. Kleine Gefälligkeiten erhalten die Freundschaft. Wer ins Ausland fährt, bringt Verwandten, Kollegen, Freunden und Bekannten eine Kleinigkeit mit. Damit sich niemand benachteiligt fühlt, werden oft, vor allem für die Frauen des Bekanntenkreises, die jeweils gleichen Artikel gekauft. Ein Chinese, der zweiunddreißig Schminksets auf einmal ersteht, will also sehr wahrscheinlich keinen Handel damit eröffnen, sondern steht kurz vor der Heimreise …

Noch viel wichtiger ist die richtige **Dosierung materieller Zuwendungen** gegenüber Vorgesetzten oder Vertretern aus Politik und Wirtschaft. In der kapitalistisch orientierten chinesischen Welt engagieren Firmen oder große Banken eigens zu diesem Zweck Profis, die nichts weiter zu tun haben, als wichtige Leute zum Essen einzuladen, sie ins Bordell oder zum Karaoke zu führen und sie mit Geschenken geneigt zu stimmen. Beziehungspflege ist das Öl, das die Geschäfte schmiert. Schmeicheleien und kleine Aufmerksamkeiten halten Chefs und Chefinnen bei Laune. In diesem Zusammenhang ist die von Xi Jinping, dem Staats- und Parteichef, verordnete Antikorruptionskampagne zu betrachten, die all dies beenden möchte. Und tatsächlich ist die Zahl der Bestechungen, der Einladungen, der unverhohlenen Aufforderung zu korruptem Verhalten drastisch zurückgegangen. Das heißt aber nicht, dass Korruption nicht mehr vorkommt.

Es gibt keine Schätzungen darüber, wie viel Vermögen jährlich im Dienst der Beziehungserhaltung und -pflege in Restaurants und Bars vertrunken und verspeist wurde (und in geringerem Maße wird). **Beziehungskosten,** die das Vielfache des Jahreseinkommens eines einfachen Arbeiters übersteigen, sind keine Seltenheit.

Belebt die Konkurrenz um die besten Guanxi vor allem den gastronomischen Sektor, so wirkt sie sich auf anderen Gebieten des täglichen Lebens oft lähmend aus. Wenn einfache Serviceleistungen wie Fahrkartenreservierungen an Beziehungen gekoppelt sind, wird ein System ineffektiv und für Außenstehende undurchschaubar. Ganz zu schweigen von der Vergabe von Lizenzen, von Wohnraumzuteilung oder Landaufteilung. Aber auch hier sorgt die zunehmende Digitalisierung für eine egalitäre Behandlung; jeder kann online ein Ticket kaufen und ist nicht mehr von der Willkür einzelner Bediensteter abhängig.

In der chinesischen Bevölkerung ist in den letzten Jahren die Wut über den Mangel an integrer Führung stark gewachsen. Gewachsen ist auch die **Bereitschaft zu gewalttätigen Protesten** – vor allem, wenn die Polizei in eine zunächst friedliche Demonstration eingreift wie im Juli 2009 in Urumqi. Was als friedliche Demonstration im Zusammenhang mit dem ungesühnten Mord an zwei uighurischen Wanderarbeitern begonnen hatte, endete als blutige Schlacht zwischen Polizisten und der aufgebrachten Menge, deren Zorn auf korrupte Kader und fehlende soziale Gerechtigkeit in Xinjiang schon seit Jahren schwelt.

„Soziale Gerechtigkeit" ist überhaupt ein Terminus, der schon zu Beginn des 21. Jahrhunderts von Internetzensoren aus dem chinesischen Netz verbannt wurde. Wer versucht, sein Recht zu erstreiten, muss mit lebensgefährlichen Folgen rechnen wie der Onkel einer fünfzehnjährigen Schülerin aus Wang'an in der Provinz Guizhou, die im Frühjahr 2008 von drei Männern schwer verprügelt, vergewaltigt und anschließend umgebracht wurde. Die Täter hatten beste Beziehungen zur Obrigkeit; einer von ihnen war der Sohn des stellvertretenden Bürgermeisters. Sie kamen ungestraft davon. Besagter Onkel ging daraufhin zur Polizeiwache, um Beschwerde einzulegen. Er wurde dort zusammengeschlagen und starb später im Koma. Die Mutter des Mädchens wurde kahlgeschoren und misshandelt. Daraufhin zogen Tausende von Jugendlichen zu jener Wache, zündeten fünfzig Polizeiautos an und zerstörten das Gebäude.

Eine durchweg **friedliche Demonstration** in der Provinz Liaoning im März 2002 gegen Korruption und nie gezahlte Löhne endete für die Anführer mit hohen Haftstrafen in einem der bekanntermaßen übelsten Gefängnisse des Landes. Yao Fuxin wurde zu sieben Jahren verurteilt und verließ die Anstalt schwerst gesundheitsgeschädigt im März 2009. Sein Mitstreiter Xiao Yunliang verbüßte knapp vier Jahre in Gefangenschaft.

Mit großer Erbitterung registrierte die Öffentlichkeit, wie in Sichuan am 2. Mai 2008 bei dem schlimmsten **Erdbeben** seit gut drei Jahrzehnten 14.000 Schulen und Kindergärten wie Kartenhäuser zusammenfielen. **Tausende von Kindern starben.** Amtsgebäude, die direkt neben den zusammengestürzten Gebäuden standen, blieben dagegen intakt. Später wurde bekannt, dass örtliche Kader die Bauvorschriften bei den Schulen umgangen hatten. Stabile Baumaterialien waren unter der Hand verkauft und durch wertlose Stoffe ersetzt worden. Selbst der Mörtel zwischen den Steinen fehlte. Bei den Kaderhäusern hatte man dagegen Vorsicht walten lassen. Trauernde Eltern, die eine Erklärung verlangten oder mit ausländischen Reportern sprachen, wurden wochenlang in Haft genommen, die Zahl der toten Kinder verschwiegen.

Vorkommnisse dieser Größenordnung sind Ausnahmen und auch nur sie gelangen an die Öffentlichkeit. Die **netzartige Beschaffenheit von Beziehungen** garantiert ein Höchstmaß an Sicherheit für die Bestechlichen. Ein einzelner Unbestechlicher kommt gegen das dichte Gewebe der Vorteilsnehmer gar nicht an. Wenn dennoch unerfreuliche Dinge an die Öffentlichkeit gelangen, bemüht man sich, sie so schnell wie möglich wieder zu vertuschen.

Die von Xi Jinping eingeläutete **Kampagne gegen Korruption** wird allein deswegen kein durchschlagender Erfolg werden, weil Beziehungen nun einmal die Grundstruktur der Gesellschaft bilden. Man kann es sich gar nicht leisten, gegen alle bestechlichen Kader vorzugehen, weil es viel zu viele sind.

Guanxi und soziale Wärme

Beziehungen, so könnte man meinen, sind das Grundübel der chinesischen Gesellschaft. Das ist jedoch so nicht richtig.

Sie sind vielmehr die Grundlage der Gesellschaft. Beziehungen, die zum Schlechten genutzt werden, produzieren Ungerechtigkeit und Korruption. Ebenso können sie aber auch zum Guten genutzt werden und zum Beispiel jemandem, der in Not geraten ist, auf unbürokratische und menschliche Weise weiterhelfen. Das Netz der Beziehungen fungiert zugleich als **Netz sozialer Sicherheit.** Man ist niemals ganz hilflos auf sich gestellt, solange man noch jemanden kennt, der jemanden kennt, der jemanden kennt, der weiterhelfen kann.

Sich unter Freunden oder auch nur Bekannten gegenseitig beizustehen, ist selbstverständlich. Es macht überhaupt nichts, wenn am Ende einer Beziehungskette derjenige, der hilft, denjenigen, dem geholfen wird, noch nie gesehen hat: A ist mit B befreundet. B mit C. C mit D. D hat eine Verbindung zu Y. Y wird gebeten, sich für A einzusetzen. A steht nun in der Schuld von B, B in der von C, C in der von D und D in der von Y. Jeder wird sich bei seinem Ansprechpartner in irgendeiner Form revanchieren.

Fröhlicher Gruß an die ausländische Fotografin

Die Hilfsbereitschaft und Herzlichkeit unter denjenigen Chinesen, die in einer Beziehung zueinander stehen, ist für Westler immer wieder überraschend und beschämend. Beruht das chinesische Beziehungsprinzip vielleicht auch nur auf der Einsicht, dass eine Hand die andere wäscht und alle davon einen Vorteil haben, so erzeugt es dennoch eine bei uns unbekannte soziale Wärme.

Als sei es das Natürlichste auf der Welt, wird Freunden von Bekannte Unterkunft gewährt und werden sie eingeladen, an den Mahlzeiten teilzunehmen. Chinesen, die in eine fremde Stadt fahren, sind daher nicht unbedingt allein. Vielleicht wohnen in der betreffenden Stadt Freunde eines Freundes oder einer Freundin, die für den unbekannten Gast schon wartend **am Bahnhof bereitstehen.**

Auch westliche Ausländer lernen die Geborgenheit, die die Beziehungen dem Einzelnen geben, sehr zu schätzen. Auf wundersame Weise wird dem einen oder anderen unverhofft weitergeholfen – ob es nun um Platzkarten, Hotelzimmer, Bürgen oder um einen Job geht. Der Freund meines Freundes ist im chinesischen Kulturkreis immer auch mein Freund. Die Wichtigkeit eines **freundschaftlichen Netzwerkes** wird von vielen westlichen Geschäftsleuten unterschätzt. Auf jeden Fall kommt die Teilnahme an einem Netzwerk *vor* dem Geschäftsabschluss. **Geschäfte** macht man unter Freunden oder Freundesfreunden. Privates und Geschäftliches werden sehr viel weniger getrennt als bei uns, wo die Devise „Dienst ist Dienst und Schnaps ist Schnaps" immer noch Geltung hat. In China wird man zunächst miteinander warm und dazu gehört z. B. auch, dass man die dezenten Hinweise auf eventuell im Ausland studierende Kinder nicht ignoriert. Vielmehr ist es in einem solchen Fall das Mindeste, eine Einladung auszusprechen.

Auslandsunerfahrenen Chinesen begreiflich zu machen, dass Freundschaften in vielen westlichen Ländern nur zwischen den Menschen bestehen, die sich gut kennen, und keinesfalls deren Freunde, Bekannten, Kollegen und Verwandten miteinbeziehen, ist gar nicht so einfach. In ihren Augen ist diejenige eine lausige Freundschaft, die noch nicht einmal ausreicht, um Hilfe für Dritte oder Vierte zu mobilisieren. So wendete sich beispielsweise eine chinesische Studentin, die ein Studium in Salzburg plante, ganz selbstverständlich an eine (nicht chinesische) Freundin, die in Norddeutschland wohnt. Diese hatte, so wusste sie bereits, eine Freundin in Wien. Und nun wäre es ja möglich, dass diese Wienerin jemanden in Salzburg kennen würde, der wiederum der Chinesin bei Behördengängen oder bei der Zimmersuche helfen könnte.

In solchen Situationen steht der Westler, der es nicht einmal gewohnt ist, einen guten Freund um Hilfe für einen Dritten zu bitten, mindestens staunend da.

Verpflichtung und Berechnung

Beziehungen bereichern den zwischenmenschlichen Umgang nicht nur, sie können ihn auch ungeheuer erschweren. Oft ist nicht einmal für die Beteiligten selbst klar, ob in einer Beziehung der Aspekt der Freundschaft oder der der Zweckmäßigkeit vorherrschend ist.

Mit großem Misstrauen werden zum Beispiel **kostspielige Geschenke** betrachtet, von denen der Beschenkte nicht recht weiß, weshalb sie gemacht werden. Sofort wittert er eine Absicht und ist verstimmt. Während im Westen „Geben seliger als Nehmen" ist, weil die Geste des Schenkens selbst Freude macht, ist unter Chinesen Geben vor allem deswegen besser als Nehmen, weil der, der etwas bekommt, von dem Moment an in der Schuld des Gebers steht. Geschenke, zumal wertvolle Geschenke, werden auch im Privatleben nicht als Geschenke aufgefasst, sondern als Vorleistungen, die zu Gegenleistungen verpflichten. Für jedes Geschenk muss man sich in etwa mit dem Gegenwert revanchieren.

Der **Kompliziertheit des Schenkens** trägt Rechnung, dass ein Geschenk selten sofort ausgepackt wird. Es wird beiseitegelegt und erst genauer betrachtet, wenn die Gäste fort sind. Man will nicht gierig wirken und nicht unbedingt allen zeigen, was man bekommen hat, denn ein Geschenk sagt eine Menge über die Beziehung aus, die man zu der schenkenden Person pflegt. Auch kann man dem Schenkenden einen peinlichen Vergleich ersparen: Jenes Präsent ist viel wertvoller als dieses etc. Beziehungen bringen also dem, der sie hat, eine Reihe von Verpflichtungen, die für ihn schnell auch zu einer großen Last werden können. Jeder Einzelne ist eingebunden in ein **vielmaschiges Netz von Erwartungen,** denen allen gleichzeitig entsprochen werden muss. Freie oder spontane Entscheidungen sind damit unter Umständen nicht mehr möglich, denn die Fesseln der Beziehungen sind eng, so eng, „dass ich mich nicht mehr bewegen kann". Die Vorstellung, unentrinnbar in Beziehungen gefangen zu sein, ist ein spezifisch chinesischer Albtraum. Keiner formulierte das mit mehr Schärfe als der Schriftsteller Lu Xun in seinem berühmten „Tagebuch eines Verrückten". Die traditionelle chinesische Gesellschaft mit ihren undurchschaubar verflochtenen Beziehungen und Dankesschulden bezeichnet er als eine Gesellschaft von Menschenfressern. „Menschen fressen" ist auf Chinesisch der Ausdruck für ein gnadenloses Ausnutzen, Ausnehmen anderer. Unter dem Schutzmantel von Fürsorge und Herzlichkeit, so suggeriert das „Tagebuch eines Verrückten", findet tatsächlich **ein Interessenschacher unmenschlichen Ausmaßes** statt. Wohl nur Chinesen können den Verfolgungswahn nachvollziehen, den Lu Xuns Held packt, sobald ihn ein Mitmensch auch nur anlächelt, denn auch das sei pure Berechnung: „Außerdem standen da noch sieben oder acht andere Menschen herum, steckten die Köpfe zusammen und flüsterten über mich, taten jedoch ganz unschuldig. Alle Leute, denen ich auf der Straße begegnete, verhielten sich ebenso. Einer der bösartigsten unter ihnen öffnete den Mund und grinste mich zähnefletschend an; ein Schauer durchlief mich vom Kopf bis zu den Füßen; denn kein Zweifel bestand für mich, dass sie ihre Pläne fertig hatten und im Begriffe waren zuzuschlagen." Das Tagebuch endet mit den Eintragungen: „Nur nicht mehr daran denken! Viertausend Jahre lang ist dies ein Land der Menschenfresserei gewesen, das wird mir erst jetzt bewusst; und auch ich habe dort viele Jahre zugebracht. (...) Es ist möglich, dass ich, ohne zu wissen, was ich tat, ein paar Stücke vom Fleisch meiner Schwester aß! Und nun ist die Reihe an mir. (...) Und ich mit einer Geschichte von viertausend Jahren Menschenfresserei – auch wenn ich nichts davon wusste – begreife erst jetzt, wie schwer es ist, einem menschlichen Menschen zu begegnen. Vielleicht gibt es noch Kinder, die kein Menschenfleisch gefressen haben? Rettet, rettet die Kinder ..."

Vor allem junge Chinesen haben die Hoffnung, dass sich eines Tages all die Widerwärtigkeiten, die das Beziehungssystem mit sich bringt, ausmerzen lassen. Doch dazu müssten vermutlich die Beziehungen selbst abgeschafft werden. Die soziale Wärme und Geborgenheit, die sie gleichzeitig bieten, werden wohl durch keine Rechtsvorschrift ersetzt werden können. Wenn junge Chinesen daher sagen, die Guanxi spielten nicht mehr die große Rolle früherer Zeiten, so ist dies mehr Wunschdenken als Tatsache. Oft sind Guanxi das Einzige, auf das man sich in schwierigen Zeiten verlassen kann. Warum sollte man sie gerade jetzt abschaffen, da die Zeiten wieder unsicherer werden?

Strategien der Konfliktbegrenzung

„Eine große Sache rede zu einer kleinen herunter, eine kleine Sache zu einem Nichts."
  Sprichwort

Konsens

Xie heißt „gemeinsam, zusammen" und *tiao* „in Einklang bringen, die Harmonie". *Xietiao* bedeutet, dass man sich untereinander solange austauscht, bis eine Art **Konsens** entstanden ist. „Sich abstimmen" kommt *xietiao* vielleicht am nächsten, allerdings wird das deutsche Wort in Situationen gebraucht, in denen man sich auf ein gemeinsames Vorgehen einigt, während das chinesische *xietiao* unabhängig von gezielten Handlungsweisen eher für einen Dauerzustand menschlichen Miteinanders steht.

Xietiao ist ein sehr komplexer sozialer Vorgang. Er funktioniert nur, wenn alle Beteiligten mitspielen, was auch im Geschäftsleben sichtbar wird. „Leute, ich bin hier nicht auf dem Basar!", donnerte ein Deutscher, als dessen chinesische Geschäftspartner sich über einige Vertragsklauseln in einer Ausführlichkeit ergingen, die man bei ihm zu Hause ein „endloses Palaver" nennen würde. Bezeichnenderweise endete das Gespräch ergebnislos. Es gehört zu *xietiao* bei **Verhandlungen,** dass alle Beteiligten ihre Argumente so lange hin- und her wenden, bis man sich bei größtmöglicher Wahrung der eigenen Interessen zumindest auf den kleinstmöglichen gemeinsamen Nenner geeinigt hat. Da das erfahrungsgemäß reichlich Zeit in Anspruch nimmt, verbinden chinesische Geschäftsleute gerne das Angenehme mit dem Nützlichen und verlegen ihre Geschäftsgespräche in Restaurants oder Bordelle, in deren Atmosphäre sich möglicherweise entspannter und einfacher ein Einvernehmen herstellen lässt. Es ist kein Zufall, dass selbst bei politisch brisanten Verhandlungen zwischen den Regierungen Taiwans und der Volksrepublik China das gemeinsame Essen eine so große Rolle spielt.

Xietiao setzt voraus, dass eine Einigung grundsätzlich möglich ist, zumindest aber, dass alle Beteiligten den guten Willen aufbringen, zu einer allgemeinverträglichen Lösung zu kommen. Dieser **Wille zur Verträglichkeit** ist im chinesischen Kulturkreis normalerweise sehr ausgeprägt. Er wird von Nichtchinesen gern mit einem Mangel an Individualismus gleichgesetzt, doch nichts wäre falscher. Die chinesische Bereitschaft, sich mit anderen zu arrangieren, vor allem dann, wenn es unbedingt sein muss, folgt der Einsicht, dass es so am vernünftigsten ist. Die Übereinstimmung muss ja nicht von Herzen kommen, Hauptsache ist, dass sie ein weitgehend störungsfreies Zusammenleben gewährleistet. Ohne *xietiao* würde Anarchie im Land der Mitte herrschen oder besser gesagt – noch mehr Anarchie.

Denn Chinesen sind, entgegen dem Meinungsbild, das in der westlichen Öffentlichkeit herumgeistert, **ein Volk von geborenen Eigenbrötlern.** Bo Yang, der Autor von „Der häßliche Chinese", beobachtet: „Chinesen kooperieren nicht nur nicht miteinander, sie haben auch noch eine Fülle von Gründen, nicht miteinander zu kooperieren; jeder einzelne könnte aus seinen Gründen ein ganzes Buch machen. Man kann es in den USA überdeutlich sehen; das beste Beispiel liegt gerade vor unseren Augen: eine jede chinesische Gemeinde ist in mindestens dreihundertfünfundsechzig verschiedene Fraktionen zersplittert, die sich alle gegenseitig den Garaus zu machen versuchen. Es gibt ein Sprichwort in China: ‚Ein Mönch schultert (mit einer Tragestange zwei Eimer) Wasser zum Trinken. Zwei Mönche heben (mit einer Tragestange zwischen sich einen Eimer) Wasser zum Trinken. Drei Mönche schultern gar kein Wasser zum Trinken.' Was nützt es, dass wir viele Menschen sind? Chinesen haben in tiefstem Herzen überhaupt keinen Begriff von der Wichtigkeit zusammenzuarbeiten. Sagst du das aber einem auf den Kopf zu, wird er dir einen ganzen Roman von der Wichtigkeit des Zusammenarbeitens erzählen."

China ist das **Land des Kleinkapitalismus** schlechthin. Die überwältigende Mehrheit der privaten Betriebe sind Einmann-, Einfrau- bzw. Einfamilienbetriebe. „Jeder Chinese", erklären sie selbst ihren Hang zur geschäftlichen Vereinzelung, „ist am liebsten sein eigener Chef." In Taiwan, einem Land, das auf vier Jahrzehnte Erfahrung mit der freien Marktwirtschaft zurückblickt, dominieren nach wie vor unzählige Mini-Läden das Straßenbild.

„Chinesen sind eine Schüssel Streusand!", lautete eine verächtliche japanische Redensart während des Zweiten Weltkriegs. Dass der Zwerg Japan den riesigen chinesischen Kontinent im Handumdrehen erobert hatte, war auch auf die Unfähigkeit der Chinesen zurückzuführen, einen geschlossenen Widerstand zu organisieren – jede politische Gruppe (mit Ausnahme der Kommunisten) schien ausschließlich ihr eigenes Süppchen zu kochen. Eine chinesische Redensart drückt den Unterschied im Nationalcharakter der beiden asiatischen Völker so aus: „Ein Japaner ist ein Wurm, aber fünf Japaner sind ein Drache. Ein Chinese ist ein Drache, aber fünf Chinesen sind ein Wurm."

Gerade weil Chinesen so äußerst ungern mit anderen in einer Gruppe zusammenarbeiten, gerade weil **„Gruppengeist"** anders als in Japan in China traditionell unbekannt ist, gerade darum spielt *xietiao* überhaupt eine so große Rolle. *Xietiao* schützt vor dem gnadenlosen Vernichtungskampf eines jeden gegen jeden in einer Gesellschaft, in der das Gesetz zu schwach ist, um den Einzelnen zu schützen. Man muss sich einfach miteinander ins Benehmen setzen, alles andere würde einer Kriegserklärung an die Gemeinschaft gleichen.

Der Held vieler chinesischer Seifenopern, besonders derjenigen, die im staatlichen Auftrag gedreht werden, ist der besonnene, rücksichtsvolle, vernünftige Charakter. Er schafft Frieden unter den Zerstrittenen und gleicht Gegensätze aus. Dies tut er nicht, weil er zu wenig Selbstbewusstsein hätte, sondern aus Klugheit. Er weiß, dass auf die Dauer **Frieden nur durch Einigung** möglich ist. Er ist also in vieler Hinsicht das Gegenstück zu dem durchsetzungsstarken Ellenbogentypen, der den erfolgreichen Karrieristen westlicher Serien verkörpert. „Sich durchsetzen" ist überhaupt ein Wort, das es im Chinesischen so gar nicht gibt. Man kann es umschreiben, aber die damit üblicherweise verbundene Rechthaberei, die Fähigkeit, seinem eigenen Standpunkt offen gegen alle Widerstände zur alleinigen Geltung zu verhelfen, wird eher mit Kopfschütteln quittiert werden: Gibt es denn keinen besseren Weg, zum Ziel zu kommen, als seine Mitmenschen auf so gefährliche Weise zu verärgern?

Wie wirksam *xietiao* ist, zeigt das folgende Beispiel: Anlässlich der Rückgabe der Kaution kam es zwischen einem chinesischen Vermieter und seinen ausländischen Mietern zu einer heftigen Auseinandersetzung. Beim Auszug fehlte an einem alten Lampenschirm die Schraube, mit der er zu befestigen war. Der Vermieter wollte dafür etwa fünfzig Euro haben – mehr als die ganze Lampe gekostet hatte. Die Ausländer fühlten sich natürlich verschaukelt und sagten glattweg Nein. Der Vermieter wurde hart. Man begann sich feindselig zu taxieren. Eine Aussicht auf Einigung schien nicht mehr in Sicht, als der chinesische Freund der Mieter eingriff. Er redete eine Viertelstunde lang, als führe er das netteste Gespräch der Welt. Er zeigte großes Verständnis für den Vermieter, stimmte ihm aus vollem Herzen zu. Bloß wegen der Kaution – „einer Kleinigkeit, nicht wahr?" – müsse man sich noch ein bisschen einiger werden. Wo da das Problem sei? Schließlich seien doch alle gute Freunde und unter guten Freunden wolle man sich doch wegen einer Schraube, die da locker gewesen und schließlich heruntergefallen sei, nicht böse sein ... Der Vermieter wand sich, versuchte, sich der Suggestion dieses Redeflusses zu entziehen, aber am Ende halbierte er seine Forderung. Die **Spielregeln des xietiao** waren stärker als sein Geschäftssinn.

Wenn man bedenkt, dass in solchen Fällen keiner der Beteiligten juristisch irgendetwas ausrichten kann, weil sich in aller Regel weder Polizei noch Gerichte mit Zivilklagen dieser Art befassen, dann wird klar, welche Rolle *xietiao* in der Gesellschaft spielt. *Xietiao* ist der Grund dafür, dass chinesische Gemeinden in Übersee als die gesetzestreuesten ausländischen Enklaven überhaupt gelten. Man regelt Streitfragen nicht vor Gericht, sondern privat, indem man Kompromisse sucht. *Xietiao* stellt allerdings in vielerlei Hinsicht höhere **Ansprüche an die soziale Intelligenz** des Menschen, als Gesetz und Polizei dies tun. Denn jeder muss versuchen, einen Frieden zu erhalten, mit dem alle leben können. Wer das nicht fertigbringt, hat vielleicht keine rechtlichen Folgen zu tragen, aber er bekommt andersartige, soziale Schwierigkeiten. Das gilt ganz besonders für die Volksrepublik China, wo der größte Teil der Bevölkerung in kleinen überschaubaren Einheiten, den *Danwei*, lebt, wohnt und arbeitet, jeder also praktisch ein Leben lang immer denselben Menschen über den Weg läuft. Da überlegt man es sich sehr genau, ob man sich mit Extratouren zum Paria der Gemeinschaft macht oder die anderen mithilfe von *guanxi* (s. S. 101) übervorteilt.

In einer moralisch intakten chinesischen Gemeinde ist **Anständigkeit** deswegen ein hoher Wert. Von Nachbarn, Verwandten und Bekannten für einen „guten Menschen" gehalten zu werden, ist ein verlässlicherer Schutz als die Polizei ihn bieten kann. Das gesprochene Wort eines „guten Menschen" gilt dabei genauso viel bzw. viel mehr als ein schriftlicher Vertrag. Denn wo der Wille zur Anständigkeit fehlt, da nützt auch ein schriftlicher Vertrag nichts. Das haben besonders ausländische Geschäftspartner in den letzten Jahren in der VR China zu ihrem Schaden erfahren müssen. Zunehmender moralischer Verfall gehört zu den Schattenseiten, die Chinas gesellschaftliche Umbrüche seit einigen Jahrzehnten begleiten. Nach den furchtbaren Zwängen und der Gewalt der Kulturrevolution bestehen nun in China nie gekannte Freiheiten; aber es gilt nur das materielle Gut. Gesicht gewinnt man durch Reichtum, nicht durch Anstand. Goldgräberstimmung. Wer hat die meisten Wohnungen, wer das größte Auto?

Konfliktvermeidung

Konsens lautet das chinesische Konzept des Miteinanders, doch wo dieser Konsens nicht zu haben ist, was häufig vorkommt, wird er durch **Konfliktvermeidung** ersetzt. Dass man einen unlösbaren Konflikt dadurch lösen kann, dass man seine Unlösbarkeit erkennt und nicht mehr daran rührt, ist eine jahrtausendealte Weisheit:

Ein Mann aus Lu schenkte dem König von Song einen Knoten. Der ließ im ganzen Reich nach Leuten suchen, die ihn lösen könnten. Niemand schaffte es. Schließlich versuchte sich ein junger Mann daran, brachte die Hälfte des Knotens auf, besah sich die andere Hälfte und meinte: „Nicht nur ich kann diesen Knoten nicht lösen. Er ist überhaupt unlösbar." Man befragte den Mann, der den Knoten gemacht hatte. „Der Knoten ist tatsächlich nicht lösbar", antwortete der, „ich habe ihn selbst gemacht und weiß es deshalb. Aber jener hat ihn nicht gemacht und trotzdem seine Unlösbarkeit erkannt. Er ist noch geschickter als ich."

Nicht die gewaltsame Durchtrennung des Knotens mit dem Schwert gilt als Lösung, sondern die stille Einsicht in seine Unlösbarkeit. *Meiyou banfa,* „da kann man nichts machen", ist einer der meistgebrauchten chinesischen Sätze im Alltag. Man schickt sich halt: *rennai yixia,* „ertrag's ein Weilchen". Diese Haltung wird begleitet von der Bereitwilligkeit, auch gröbste Untaten eines anderen nicht gerade zu vergessen und zu verzeihen, aber doch im Geiste beiseite zu schieben: Ein Arbeitskollege hat mich beim Chef angeschwärzt? Das war zwar nicht nett, aber ist dennoch kein Grund, ein paar Wochen später nicht doch mit ihm zusammen essen zu gehen. *Mei shi, mei shi,* „es ist gar nichts, es ist gar nichts", lautet die Allround-Beschwichtigungsformel, die bedeutet, dass sehr wohl etwas ist oder gewesen ist. Aber das spielt keine Rolle. Man stellt sich nicht gegenseitig zur Rede, man geht zur Tagesordnung über. Besonders nach der Kulturrevolution hat China von dem **versöhnlichen Verhalten** seiner Menschen profitiert. Da standen nach zehn Jahren zum ersten Mal wieder die rehabilitierten zurückgekehrten Opfer ihren erbitterten Feinden von einst gegenüber und es geschah – nichts. Man war gezwungen zusammenzuarbeiten und deshalb tat man es.

Die meisten Chinesen sind schockiert, wenn einem Westler „der Kragen platzt", denn sie wissen nicht, woran sie dabei sind. Was für uns vielleicht ein „normaler" **Temperamentsausbruch** ist oder – wie offener Streit unter Mitbewohnern – sozusagen zum Alltag gehört, ist für sie nicht selten befremdlich oder erschreckend. Es gibt **keine „Streitkultur"** in China. Schon alleine dieses Wort ist praktisch nicht verständlich übersetzbar. Was soll Streit mit Kultur zu tun haben?

Chinesen, die ein typisches deutsches (WG-)Zusammenleben genossen haben, erzählen mit fassungslosem Staunen von den stundenlangen Streitereien ihrer Mitbewohner um die Frage, wer wann den Müll wegtragen, das Geschirr spülen oder die Haare aus der Dusche entfernen soll. Dass man sich ums Prinzip streitet, dass man sich sogar aus Prinzip ums Prinzip streitet, ist ihnen einigermaßen fremd: „Wir Chinesen leben zusammen, indem wir einfach zusammenleben ..." Überdies gibt es oft **elegantere Möglichkeiten,** die anderen an ihre Pflichten zu erinnern. Die seit Wochen nicht geputzte Küche kann man zum Beispiel just in dem Moment unter Seifenwasser setzen, in dem der, der mit dem Putzen an der Reihe ist, nach Hause kommt, um sich sein Essen zu kochen.

Offener **Streit** unter Chinesen, die in irgendeiner Beziehung zueinander stehen, ist eine soziale Entgleisung, ein Unfall – und beileibe kein harmloser Unfall. Denn wenn sie untereinander in einen lauten Streit geraten, dann geschieht dies mit einer emotionalen Wucht, die auch Unbeteiligten die Sprache verschlägt. Chinesen platzt nicht einfach so der Kragen. Es bedarf einer lange angestauten, wieder und wieder unterdrückten Wut, bis es zur Explosion kommt. Kommt es dazu, dann gleicht sie einer Naturkatastrophe: Sie findet vollkommen ungebremst statt, ohne Rücksicht auf Zeit, Ort oder Anwesende. Man kann solche Szenen hin und wieder auf offener Straße beobachten. Den in Rage Geratenen wird es nicht im Mindesten beeindrucken, dass sein Gebrüll einen Volksauflauf verursacht. Man kann es im Supermarkt erleben, im Restaurant oder am Bahnhof. Kein Dritter wird versuchen, sich hier mit beruhigenden Worten einzumischen. Eher ruft man die Polizei, wenn die Allgemeinheit durch das Drama zu sehr gestört wird.

Kein Wunder also, dass Chinesen von der Heftigkeit, mit der Westler Ungeduld oder Unmut äußern, verblüfft sind. Wutausbrüche kommen für sie immer einem sozialen GAU gleich. Die einzigen Ausnahmen davon dürften sich bei Verkehrsunfällen ereignen, wenn die Verkehrsteilnehmer einander unbekannt sind. Aber innerhalb ihres Zirkels nehmen Chinesen sich zusammen, solange sie irgend können – und sie können es lange. Die **sprichwörtliche chinesische Geduld** ist weniger Herzensregung als Selbstbeherrschung. Seine Aggressionen zu unterdrücken und nochmals zu unterdrücken, gehört sich für zivilisierte Menschen. Westler mögen irritiert sein, wenn sie ihr asiatisches Gegenüber während einer unschönen Konfrontation heftig lächeln sehen, aber genauso irritiert es den Chinesen, zu sehen, wie schnell der Ausländer seine Contenance verliert. Nirgends prallen **westliche und östliche Verhaltensweisen** hilfloser aufeinander als in Konfliktsituationen, denn gerade im Zorn kommen die ureigenen Verhaltensmuster zum Vorschein. So sehr der Verstand einem *laowai*, einem Ausländer, auch sagen mag, dass es ihm mehr schaden als nützen wird, mal „gründlich die Meinung zu sagen", so selten wird es einem Ausländer gelingen, sich auch im gereizten Zustand noch der gebotenen chinesischen Höflichkeit zu befleißigen. Wo immer eine Auseinandersetzung droht, sollte ein Westler das Reden möglichst Chinesen überlassen, die auf seiner Seite stehen. Zu leicht vergreifen wir uns im Ton und provozieren dabei wahre Völkerfeindschaft.

China heute – Staat, Politik und Wirtschaft

VR China: demokratische Diktatur des Volkes | 120

Taiwan: von der Militärdiktatur zur Demokratie | 126

Wirtschaft: Sozialistische Marktwirtschaft | 133

Verkehr und Transportmittel | 142

Minderheiten und Separatismus | 144

Sozialsysteme | 146

Stadt und Land | 149

◁ Moderne Wolkenkratzer prägen das Bild chinesischer Großstädte (hier Hongkong, Abb.: 040ch-mb)

VR China: demokratische Diktatur des Volkes

Die Kommunistische Partei

Die etwa 80 Mio. Mitglieder umfassende Partei sieht sich derzeit in einer **recht stabilen Position.** Der Generalsekretär, der in Personalunion auch Staatspräsident und Vorsitzender der Militärkommission ist, ist der mächtigste Mann Chinas. Durch äußerste Flexibilität hinsichtlich ihrer Werte (Aufnahme erfolgreicher Unternehmer in die kommunistische Partei!) hat sie ihre Macht festigen können. Nehmen auch Streiks und Demonstrationen in beunruhigendem Maße zu, so ist doch keine relevante Alternative zur KP zu erkennen. Solange es den Machthabern gelingt, das Wachstum so stabil zu halten, dass die Mehrheit der Menschen satt wird, sind landesweite Unruhen eher nicht zu befürchten.

Mögliche Konflikte und Zukunftsperspektiven

Probleme gehen wie immer von den Teilen der Bevölkerung aus, die nicht von den wirtschaftlichen Reformen profitieren und dadurch ein zunehmendes **Risikopotenzial** darstellen. Hinzu kommt eine gut ausgebildete, zunehmend anspruchsvolle städtische Elite, die es unter Kontrolle zu halten gilt. Eine weitere Lockerung im kulturellen wie auch politischen Kontext galt daher als ausgemacht, als Xi Jinping sein Amt antrat. Doch weit gefehlt, nichts davon traf zu. Die tatsächlich implementierten wirtschaftlichen Reformen dürfen aber nicht mit politischen Reformen verwechselt werden, die westlichen Rufen nach Demokratie entgegenkämen. Die Machthaber konzentrieren sich auf die wirtschaftlichen Probleme.

Große Sorgen sollten der Regierung auch die **separatistischen Bewegungen** in manchen Grenzre-

◁ Ewige Loyalität dem Vorsitzenden Mao! Und darunter ein christliches Kreuz ...

gionen bereiten. So bestehen beispielsweise unter den Uighuren in der nordwestlichen Provinz Xinjiang mehr als deutliche Tendenzen, alles hanchinesische Kulturgut abzulehnen und die als Unterdrücker empfundenen Chinesen zu bekämpfen. Die durch das Staudammprojekt in Zentralchina umgesiedelten Han-Chinesen, die in Xinjiang eine neue Heimat finden sollen, werden feindselig empfangen.

Gespräche mit **Taiwan** werden weiterhin geführt, auch auf protokollarisch sehr hoher Ebene. Ergebnisse dürfen aber mittelfristig keine erwartet werden. Während die VR China wieder verstärkt auf eine Vereinigung mit Taiwan drängt – das positive Vorbild Hongkong vor Augen –, besteht Taiwan nach wie vor auf seiner Anerkennung als politisch gleichberechtigter Gesprächspartner, die allen Gesprächen vorausgehen müsse.

Ausschlaggebend für den Erhalt der Kommunistischen Partei wird die weitere wirtschaftliche Entwicklung sein, namentlich die Bekämpfung der **Arbeitslosigkeit.** Das Gefahrenpotenzial von weit über 200 Mio. Menschen, die nicht am wirtschaftlichen Aufschwung teilhaben können, darf nicht unterschätzt werden. Mangels eines entsprechenden sozialen Netzes ist keine Lösung in Sicht, wird doch das Problem durch die Reformmaßnahmen (s. S. 57) sogar noch verschärft.

Die Macht der Partei schwindet jedoch in dem Maße, wie marktwirtschaftliche Regularien greifen. Der früher allgegenwärtige lokale Parteisekretär verliert zusehends an Einfluss; die Fabrikmanager selbst stehen nun in der Verantwortung. Die **politische Kontrolle über die Randprovinzen** droht zu entgleiten; sei es aus Gründen weitgehender wirtschaftlicher Autonomie (Guangdong) oder aus verfehlter Minoritätenpolitik (Xinjiang im Nordwesten). Mit dem Auftauchen der Falun-Gong-Sekte wurde der Partei erstmals bewusst, dass es neben ihr noch weitere, einflussreiche Organisationen gibt.

Wenn die Partei ihre Macht bedroht sehen sollte, wäre ein brutales plötzliches Zuschlagen ähnlich dem Massaker auf dem Tiananmen am 4. Juni 1989 (dem bereits ähnliche Vorfälle in den Jahren zuvor vorausgegangen waren) auch in Zukunft nicht auszuschließen.

China verfügt entsprechend der vorherrschenden Meinung über eine **stabile Regierung.** So ist derzeit keine Bevölkerungsgruppe auszumachen, die mit der Situation so unzufrieden wäre, dass ein Staatsstreich, ein Militärputsch, ein Bürgerkrieg auch nur denkbar wären.

Auf der anderen Seite hält nur eine starke Zentralmacht das große Land mit all seinen geschilderten Problemen zusammen. Das abschreckende Beispiel Russland vor Augen, sieht China keinen Anlass, zugunsten demokratischer Tendenzen einen Zerfall des Staates zu riskieren. Die geschilderten wirtschaftlichen Reformen, die in China zu beobachten sind,

Extrainfo 5 (s. S. 5): Halbstündiges SWR-Interview mit dem Autor dieses Buches zu den Hintergründen chinesischer Politik

dürfen daher keinesfalls mit einer wie auch immer gearteten politischen Reform verwechselt werden.

Gegen Ende des 2. Jahrzehntes des 21. Jahrhunderts stellt sich die Situation daher wie folgt dar: **China** ist erstaunlicherweise zum **stabilsten Land der Region** geworden; es hat in der Krise Ende der 1990er-Jahre eindeutig an Profil gewonnen. Als einziger Gegenpol zu den USA erscheint es vielen anderen asiatischen Staaten zwar attraktiv, aber auch bedrohlich. So schwanken sie zwischen der Annäherung an China einerseits und andererseits dem Bestreben, sich des Wohlwollens der neuen Macht Indien zu versichern. Dies trifft vor allem auf das China gegenüber misstrauische Japan und auf die USA zu, die sich Indien annähern, um China nicht allzu mächtig werden zu lassen.

Durch die **Wiedereingliederung Hongkongs und Macaos** in die VR China und die neue Politik der **Annäherung an Taiwan** gewinnt der Wirtschaftsraum „Greater China" an ökonomischer und damit auch politischer Relevanz. Die Verbindung zu den Chinesen in Südostasien, die dort meist die Wirtschaftselite stellen, und zu den „Overseas Chinese" in Amerika und Europa bildet ein Netzwerk finanzieller Verflechtungen, die auch der VR China zum ökonomischen Vorteil gereichen. Die Auslandschinesen stellen den größten Anteil der Investoren und sie investieren gezielt in den Aufbau des Landes. „Landsleute" aus Taiwan verlagern ihre Produktionsstätten auf das Festland und zwar nicht nur in die Küstenprovinzen, sondern auch in die von europäischen und amerikanischen Investoren noch gescheuten Westprovinzen.

Sofern dies von außen zu beurteilen ist, wird sich China mittelfristig in der derzeitigen Richtung weiterbewegen: hin zu noch mehr wirtschaftlicher Öffnung unter weiterhin möglichst starker Kontrolle der politischen Gewalt durch die Kommunistische Partei.

In der **Taiwanfrage** gilt noch immer die Doktrin, dass China sich vorbehält, bei einer eventuellen Unabhängigkeitserklärung Taiwans militärisch einzugreifen. Die Gefahr eines Krieges ist somit nicht greifbar nahe, aber auch nicht völlig auszuschließen.

Zu den Beratern der chinesischen Regierung zählte u. a. der frühere Regierungschef von Singapur. Er postulierte, dass Demokratie nach westlichem Vorbild kein geeignetes Modell für die zukünftige Entwicklung der Volksrepublik China sei. Ein Volk von 1,3 Mrd. Menschen demokratisch zu regieren sei nicht möglich, meinte er und verwies auf das Modell Singapur: wirtschaftliche Freiheit in hohem Maße bei gleichzeitiger politischer Kontrolle (in unseren Worten: Diktatur). Bisher hat China damit großen Erfolg gehabt, und seit der Aufnahme in die WTO 2001 hat sich für die meisten Staaten das Geschäft mit China weiter intensiviert. Das Konzept geht auf.

Extrainfo 6 (s. S. 5): Kenntnisreiche Darstellung des undurchsichtigen chinesischen Machtapparats

Hongkong

Duftender Hafen, so die wörtliche Übersetzung von „Xianggang" (Hochchinesisch) oder eben Hongkong (Kantonesisch), denn man sagt, es dufte (auch) nach Geld. Aus einem fast unbewohnten Eiland in der südchinesischen See entwickelte sich Hongkong innerhalb eines Jahrhunderts zum **wichtigsten Finanzzentrum Asiens.** Zunächst war es nur Anlaufpunkt für Kaufleute der britischen East India Company, denen die unwirtliche Insel nahe genug bei China lag, um mit dem Land Handel zu treiben, und gleichzeitig weit genug entfernt, um im Krisenfall nicht involviert zu werden. Der Handel bezog sich fast ausschließlich auf indisches Opium. Nach dem ersten Opiumkrieg ab 1839 mussten die Chinesen die Insel Victoria (benannt nach der damaligen britischen Königin) für immer an Großbritannien abtreten. 1860 folgte die an China angrenzende Halbinsel Kowloon („Neun Drachen") und dann, 1898, die Abtretung der New Territories, des Nordteils der Halbinsel, auf 99 Jahre. Mit dem zwischen Deng Xiaoping und der britischen Premierministerin Margaret Thatcher ausgehandelten Vertrag wurde in den 1980er-Jahren die Rückgabe Hongkongs an China vereinbart, wenn dies auch juristisch nicht erforderlich war, da die Verträge über die Abtretung bereits rechtsgültig waren. Doch hatten die Chinesen diese Verträge nie anerkannt und sie stets als „ungleich" abgelehnt. Hinzu kam, dass es Hongkong ohne das chinesische Hinterland nicht möglich gewesen wäre, zu überleben: Strom, Wasser und Nahrungsmittel kommen aus China.

◩ Blick vom Peak (Hongkong) auf Victoria und Kowloon im Hintergrund

Am 1. Juli 1997 fand die weltweit mit Spannung erwartete **Übergabezeremonie** statt, aus chinesischer Sicht ruhmvoll für die eigene Regierung und demütigend für die Briten. Die befürchteten Konsequenzen aus dieser Machtübernahme der Volksrepublik (Niedergang der Handelsmetropole, Abzug der Ausländer und ihrer Investitionen) sind ausgeblieben. Hongkong geht es wirtschaftlich nach wie vor sehr gut. Die Präsenz der neuen Machthaber ist nur indirekt zu spüren: Es herrscht „business as usual". Allein die „Schere im Kopf", die freiwillige Selbstzensur der Presse, mag dem aufmerksamen Beobachter auffallen und in jüngster Zeit die Einflussnahme Beijings auf die Wahlen; die Kandidaten werden zwar angeblich frei gewählt, doch stehen nur solche zur Wahl, die auch Beijing genehm sind. An diesem Streitpunkt entzünden sich immer wieder Demonstrationen; doch die demokratischen Forderungen der **„Regenschirm-Bewegung"** sind wieder im Sande verlaufen.

Hongkong ist noch immer ein attraktiver Standort für asienweite Investitionen. Für den Schritt auf den chinesischen Markt jedoch wird es nicht mehr zwingend gebraucht, im Gegensatz zu früher führt heute der kürzeste Weg ohne Umwege direkt aufs Festland. Langfristig wird die Relevanz der Stadt daher zugunsten des prosperierenden Shanghai und anderer Küstenstädte abnehmen.

Seit dem 1. Juli 1997 ist Hongkong Teil der Volksrepublik China, hat aber als **Sonderverwaltungsgebiet (SAR)** eine den Provinzen oder Städten nicht vergleichbare Sonderstellung inne. Nach wie vor steht der Zaun als Grenze zur Volksrepublik, gilt der HK-Dollar als Währung und wird von Festlandchinesen eine Sondererlaubnis zur Ausreise nach HK verlangt.

Täglich feuert eine bei Touristen beliebte Kanone in Hongkong einen Schuss ab

Macao (chin. Aomen)

Mit nur 30 km² Fläche und nur etwa 650.000 Einwohnern hatte Macao nie die wirtschaftliche Bedeutung Hongkongs. Schon zu Beginn des 16. Jahrhunderts kamen die Portugiesen hierher bzw. wurden von den chinesischen Behörden hierhergebracht. Derart unter Kontrolle gehalten, durften sie ihren vergeblichen Missionierungsversuchen nachgehen. Macao wurde somit zur **ersten europäischen Enklave** (von einer Kolonie kann man nicht sprechen) in Asien. Über vier Jahrhunderte blieb es ein Sonderfall: eine reizvolle Mischung Chinas mit südeuropäischen und auch südostasiatischen Elementen. Im letzten Jahrhundert verfiel es dann zusehends; einzig die berühmt-berüchtigten Spielbanken waren es, die man noch mit Macao verband. Wirtschaftlich (Feuerwerkskörper, Plastikindustrie) war es stets von nachgeordneter Relevanz.

Im Zuge der Einigung mit Großbritannien über Hongkong beschloss man auch die Rückgabe Macaos an China. Am 21. Dezember 1999 fand diese Rückgabe unter verhältnismäßig geringer internationaler Beachtung statt.

Trotz zahlreicher Investitionen in Baumaßnahmen, wie den Ausbau des Flughafens und des Tiefseehafens, wird Macao auch in Zukunft von sekundärer wirtschaftlicher Bedeutung bleiben. Spannend ist es primär wegen der zahlreichen und luxuriösen Spielbanken.

Moderne Hotelanlagen in Macao

Taiwan: von der Militärdiktatur zur Demokratie

Historische Entwicklung: Formosa – Nationalchina – Taiwan

Taiwan ist etwa so groß wie Baden-Württemberg und hat etwas über 23 Mio. Einwohner, also etwa ein Sechzigstel der Einwohnerzahl Festlandchinas.

Dass die Chinesen sich überhaupt für Taiwan interessieren, ist noch nicht lange der Fall. Erst zum Ende des 16. Jahrhunderts wurde die Insel von Seefahrern erobert, und zwar von den **Portugiesen.** Sie nannten das Eiland **Formosa, die „Wunderschöne",** und nutzten es als Handelsstützpunkt. Außer ihnen lebten dort zu der Zeit nur die polynesischen Ureinwohner der Insel, Shandiren genannt.

Die Bezeichnung Taiwan (wörtlich „Terrassenbucht") kam wohl erst im 17. Jahrhundert auf. Damals brach auf dem Festland die kaiserliche Dynastie der Ming zusammen. Die Mandschus, das Reitervolk aus der Mandschurei, eroberten China. Im Zuge des Rückzugsgefechts Ming-treuer Anhänger wurde die Insel **nach und nach von Chinesen besiedelt.** Anfangs war Taiwan für Chinesen also eine Art Flüchtlingsstation. Daran sollte sich auch in Zukunft nicht mehr viel ändern. Nach den Ming-Anhängern kamen Wirtschaftsflüchtlinge: arme Fischer aus der Provinz Fujian. Sie wanderten in mehreren großen Wellen ein und ihre Nachkommen stellen noch heute den größten Teil der taiwanesischen Bevölkerung.

Die letzte große Flüchtlingswelle aus China, insgesamt 1,2 Mio. Menschen, kam zwischen 1945 und 1948. Diesmal waren es **Bürgerkriegsflüchtlinge** aus dem ganzen Chinesischen Reich. Vor allem die Soldaten von Chiang Kaishek und der versprengte Regierungs- und Verwaltungsapparat seiner Guomindang (s. S. 34) retteten sich vor den Kommunisten nach Taiwan. Dort wurden die „Festländer", wie man sie und ihre Kinder bis heute nennt, zunächst auch willkommen geheißen. Sie wussten es nicht zu schätzen. Chen Yi, der erste Militärgouverneur, den die GMD auf Taiwan einsetzte, und die eben dem Bürgerkrieg in China entronnenen Truppen plünderten gemeinsam die zivile Bevölkerung aus.

Es kam zu **Spannungen zwischen Einheimischen und „Festländern".** Sie gipfelten in den Ereignissen vom 28. Februar 1947, die der GMD weder vergessen noch verziehen wurden. Damals demonstrierten empörte Bürger in Taipeh gegen Chen Yi und seine Politik des Räuberns. Darauf folgten zwischen dem 8. und 10. März Massenerschießungen. Seriöse Geschichtsbücher sprechen davon, dass sich „die Zahl der Getöteten auf mehrere Hundert belaufen haben" dürfte. Es sind Tausende gewesen, sagt der taiwanesische Volksmund, die Festländer richteten einen großen Teil der Intellektuellen hin. An jenem 10. März 1947 wurde der Ausnahmezustand über Taiwan verhängt. Er sollte 40 Jahre lang bestehen bleiben.

Nur dem Ausbruch des Koreakrieges 1950 ist es zu „verdanken", dass die USA Chiangs Regierung als ein Bollwerk gegen den asiatischen Kommunismus unterstützten und nicht zuließen, dass Mao Zedongs Soldaten auch noch die kleine Insel überrollten. Aus Taiwan, der Miniprovinz, wurde so **Nationalchina, das „zweite China". Aus Sicht Beijings ist Taiwan nach wie vor eine Provinz Chinas.**

Chiang regierte diktatorisch im ununterbrochenen Ausnahmezustand und hielt den Anspruch aufrecht, eine vorübergehende Exilregierung Gesamtchinas zu repräsentieren. Auf diese Weise kam Taiwan zu einem etwas **bizarren politischen System,** bestehend aus einer Zentralregierung, in deren Nationalversammlung bis vor Kurzem noch die alten Veteranen Chiang Kaisheks als „Vertretung ganz Chinas" saßen, und der Provinzialregierung von Taiwan selbst. Faktisch lag zu Chiangs Lebzeiten die Macht in den Händen des Militärs. Da Chiang den „Taiwanesen" nicht traute, besetzte er überdies vier Fünftel des Verwaltungsapparates mit „seinen" Festländern. Er war kein beliebter Präsident, sondern gefürchtet und sei-

◁ Eines der Wahrzeichen Taiwans: das National Palace Museum

ne Geheimpolizei war verhasst. Doch in einem erwies sich die Herrschaft der GMD als sehr erfolgreich: Ihre Wirtschaftspolitik brachte nach fünfzig Jahren japanischer Ausbeutung Wohlstand auf breiter Basis. Das söhnte die Bevölkerung mit der faschistischen Regierung etwas aus. Es herrschte politische Friedhofsruhe im Land.

Opposition und Demokratisierung

Daran änderte sich erst etwas, als **Chiang Kaisheks Sohn Jiang Jingguo** zu Beginn der 1970er-Jahre nach und nach die Regierungsgeschäfte übernahm und 1975 neuer Präsident wurde. Heute ist er in der Erinnerung der Taiwanesen der beste Präsident, der ihnen je beschert wurde. Er hob den Ausnahmezustand zunächst zwar nicht auf, aber er ließ zu, dass man ihn weniger ernst nahm. Eine **vorsichtige Demokratisierung** begann. Oppositionelle fanden sich in einer außerparlamentarischen Gruppierung namens Dangwai zusammen. Seit Mitte der 1980er-Jahre stellte sie mit ermutigenden Erfolgen eigene Kandidaten zu kommunalen Wahlen auf. Im September 1986 ging aus der Dangwai die „Demokratische Fortschrittspartei" (Minjindang) hervor. Sie wurde **die erste legale Opposition in einem chinesischen Staat.**

Die Aufhebung des Ausnahmezustandes nach 38 Jahren am 14. Juli 1987 gewährte den Bürgern neue Freiheiten in den Bereichen politische Meinungsäußerung, Demonstrationsrecht und Presse. Am 2. Dezember 1989 fanden **die ersten freien und demokratischen Parlamentswahlen** in der Geschichte Chinas auf Taiwan statt. 16 Parteien mit insgesamt 722 Kandidaten bewarben sich um 293 Ämter. Zwei Drittel der Wähler votierten für die amtierende GMD. Zwanzig Prozent stimmten für die Fortschrittspartei.

Das gute Abschneiden der bis dahin allein regierenden GMD hat viele Gründe. Die Opposition bot ein zerstrittenes Bild, vor allem in der Frage, ob der taiwanesische Staat seinen anachronistischen Anspruch, eine Exilregierung für ganz China zu repräsentieren, aufgeben solle. Da die VR China weit davon entfernt war, diesen Anspruch anzuerkennen, drohte sie mit sofortigen militärischen Maßnahmen, falls sich **Taiwan als eigenständiger Staat** (statt als chinesische Provinz) definieren sollte. Die von Teilen der Fortschrittspartei favorisierte Unabhängigkeitserklärung Taiwans fand daher zum damaligen Zeitpunkt wenig Sympathisanten. Doch das größte Plus der GMD war wahrscheinlich neben ihrer größeren Regierungserfahrung ihre Wirtschaftspolitik: Was die **Erfolgsgeschichte Taiwans** vom Entwicklungsland zu einem der „kleinen Tiger" Asiens für den Durchschnittsbürger bedeutete, kann man an einem typischen Beispiel veranschaulichen: Derselbe Mann, der vor siebenundzwanzig Jahren seinem sechsjährigen Sohn zum Anlass seiner Einschulung zum ersten Mal ein Paar Schuhe kaufen konnte, besitzt heute ein vierstöckiges Haus in zentraler Großstadtlage, ein weiteres großes Baugrundstück, zwei ausländische Autos und konnte seine drei Kinder studieren lassen. Damit zählt er keineswegs zu den besonders gut Situierten. Kein Wunder also, dass bei den ersten freien Wahlen die GMD trotz ihrer politischen Fehler in der Vergangenheit die Mehrheit der Stimmen auf sich vereinigen konnte.

Seitdem hat sie allerdings kontinuierlich an Stimmen verloren, obwohl nach dem Tod Jiang Jingguos im Jahre 1988 der relativ beliebte „echt taiwanesische" Politiker Li Denghui (Lee TengHui) die Regierungsgeschäfte übernahm. Er stellte sich im Frühjahr 1996 direkt zur Wahl: Zum ersten Mal entschied in einem chinesischen Staat die Bevölkerung selbst über ihr Staatsoberhaupt. Dass Beijing kurz vor den Wahlen einen **Einschüchterungsversuch** startete und 150.000 Soldaten vor Taiwans Küste den „Ernstfall" proben ließ, brachte Li Denghui und den Taiwanesen insgesamt eine nie zuvor erfahrene Publicity und Sympathie in den ausländischen Medien ein. Sonderlich beeindruckt war die Mehrheit der Taiwanesen von den Muskelspielen des „Großen Bruders" allerdings nicht. Die einen verließen sich – zu Recht – auf US-amerikanische Unterstützung, die anderen, vor allem die Älteren, waren unterschwellig der Überzeugung, dass selbst der schlimmste Fall keine Katastrophe sein könnte, weil ja schließlich weiterhin Chinesen über Chinesen regieren würden.

Im März 2000 wurde der Kandidat der Oppositionspartei Chen Shuibian zum Präsidenten gewählt, im Dezember 2001 gewann seine Partei, **die Fortschrittspartei,** auch die Parlamentsmehrheit. Zum ersten Mal musste die seit 55 Jahren regierende GMD einen Teil ihrer Macht abgeben – und das bedeutete auf vielen Ebenen das Aus für jahrzehntelangen, wohlorganisierten Regierungsfilz. Leider zeigte sich sehr schnell, dass auch die Fortschrittspartei nicht ohne Kungelei und Vorteilsnahme auskam. Dennoch wurde sie 2004 von den Taiwanesen wiedergewählt. Ihnen gefiel mehrheitlich der Kurs der Fortschrittspartei, der auf eine völlige Ablösung von China zusteuerte und stattdessen **Taiwans politische und kulturelle Eigenständigkeit** betonte. Beides verärgerte China ganz erheblich und führte zu schweren Einbrüchen in Taiwans Wirtschaft, die bis dahin mit China gute Beziehungen unterhalten hatte. Ihren Ruf verspielte die Fortschrittspartei nicht nur in dieser Hinsicht. Anlässlich der Wahlen 2004 wurde vor einem Wahlauftritt ein Attentat auf Chen Shuibian verübt. Der Präsident wurde von der Kugel kaum gestreift. Nach den Wahlen mehrten sich die Anzeichen dafür, dass es sich um ein fingiertes Attentat gehandelt hatte – von Chen in Auftrag gegeben, um zusätzliche Sympathien und

Stimmen zu erringen. In den folgenden vier Regierungsjahren sollte das Misstrauen gegen die Fortschrittspartei gar in Verbitterung umschlagen. Sie brachte es tatsächlich auf noch mehr **Vetternwirtschaft, Gemauschel und illegale Machenschaften** als die früher amtierende GMD, die 2008 dann auch mit beeindruckender Mehrheit gewählt wurde. Chen Shuibian musste zugunsten des GMD-Kandidaten Ma Ying-jeou zurücktreten und sich in einem aufsehenerregenden Prozess zahlreichen Vorwürfen stellen. Am 11. September 2009 wurde er wegen Unterschlagung, Korruption und Geldwäsche zu lebenslanger Haft verurteilt. Er ist der erste Präsident Taiwans, der eine Gefängnisstrafe verbüßt.

Taiwan heute

Die Herausforderungen, denen sich Taiwans junge Demokratie gegenübersieht, sind nicht nur außenpolitischer Natur. War früher eine einzige Partei an allen Hebeln der Macht, das Beziehungsgeflecht also einigermaßen überschaubar, ist es inzwischen sehr viel komplizierter geworden. Korruption und Kungelei werden auf allen Ebenen beklagt. Zudem hat sich die **Mafia** durch das Aufstellen eigener Kandidaten Zugang zur Regierung verschafft und versucht, auch auf politischem Gebiet ihre Interessen durchzusetzen. Dennoch hat die neue Ära den Taiwanesen ein starkes Selbstbewusstsein und eine sehr pluralistische Gesellschaft beschert, in der individuelle Freiheiten großgeschrieben werden.

Taiwan verkörpert somit ein kleines, aber erfolgreiches **alternatives China.** Längst ist aus dem Land der billigen Plastikartikel eine Hightech-Nation geworden, zählt Taiwan zu den wohlhabendsten Ländern Asiens und der Welt. Der Mittelstand ist breit und Slums existieren praktisch nicht. Von der jüngeren Generation sind viele gut ausgebildet, haben im Ausland studiert und sind international orientiert. Dabei hat Taiwan auf kulturellem Gebiet in der Vergangenheit stets eine bewahrende Rolle gespielt. Dass dies der Modernisierung des Landes nicht im Weg gestanden hat, ist der beste Beweis dafür, dass die mehrtausendjährige chinesische Kultur flexibel genug ist, um auch im Zeitalter der Technik ihre Vitalität und Anziehungskraft zu bewahren.

▷ Das Taipei Financial Center, auch Taipei 101 genannt

Dass Taiwan Hungersnöte, brutale politische Säuberungen mit Millionen Opfern, eine Katastrophe wie die Kulturrevolution und die Abschaffung moralischer Werte erspart geblieben sind, macht sich noch heute bemerkbar. Auf Taiwan existiert ein **moralischer Konsens,** der den Festlandchinesen abhandengekommen ist. Die Menschen sind freundlich zueinander – ebenso wie zu dem ausländischen Gast. Man wird auch als Fremder nur in Einzelfällen betrogen, auf keinen Fall öfter als überall sonst in der zivilisierten Welt auch.

Gesellschaftlicher und politischer Wandel im 21. Jahrhundert

Die juristische **Gleichstellung der Geschlechter** machte seit Mitte der 1990er-Jahre große Fortschritte. Häusliche und sexuelle Gewalt in der Ehe sind endlich verboten, im Falle einer Scheidung soll die Frau sich wie der Mann um das Sorgerecht für ihre Kinder bemühen dürfen, statt es wie bisher dem Vater überlassen zu müssen. Und auch in der Arbeitswelt soll ein noch von Chen Shuibian unterzeichnetes Gesetz es den Frauen ermöglichen, gegen geschlechtsbedingte Diskriminierung zu klagen.

Auch in **Umweltfragen** hat seit Ende der 1990er-Jahre ein Umdenken stattgefunden. Flüsse, die bis dato noch genauso nach Müll stanken wie heute noch so einige in der Volksrepublik China, haben sich in Taiwan so weit erholt, dass es darin sogar wieder Fische gibt. Sie sollen essbar sein. Abfälle werden nicht mehr auf die Straße geworfen, sondern direkt beim Müllauto abgegeben und teilweise recycelt, was ohne aktive Mithilfe der taiwanesischen Bevölkerung nicht möglich wäre.

Die einzige **unzensierte Presse** der chinesischen Welt existiert auf Taiwan. Ihr ist es zu verdanken, dass es für die jeweiligen Machthaber immer schwieriger wird, sich unauffällig illegal zu bereichern. Taiwanesische Journalisten sind so rücksichts- und respektlos wie ihre westlichen Kollegen. Taiwan ist weitgehend ein **Rechtsstaat,** soweit eine Gesellschaft, in der Beziehungen traditionell eine dermaßen große Rolle spielen, das überhaupt sein kann (siehe dazu auch das Kap. „Guanxi" auf S. 101).

Dass schließlich sogar der Ex-Präsident wie jeder andere Bürger auch vor Gericht gestellt werden konnte – und das „bloß" wegen Unterschlagung und Bestechlichkeit –, dürfte zumindest manche Chinesen auf dem Festland nachdenklich stimmen, auch wenn der Fall Chen Shuibian von offizieller Seite dazu benutzt wurde, den Protest gegen dessen Politik zu untermauern und Taiwans Demokratie als solche zu diffamieren.

Dass die Volksrepublik die **diplomatische Ächtung Taiwans** durch fast alle Länder der Welt forcierte, hat im Wesentlichen zwei Ursachen. Erstens würde die internationale Anerkennung Taiwans die Anerkennung eines alternativen Chinas und somit einen Schlag ins Gesicht der volksrepublikanischen Regierung bedeuten. Zweitens gäbe sie innenpolitisch all den Kräften auf dem Festland Auftrieb, denen die Insel als Vergleichsmodell dient.

Immerhin haben sich die beiden Chinas in den letzten Jahren einander angenähert. Ungeachtet der Politik Chen Shuibians intensivierten sich die **Kontakte zwischen Festländern und Taiwanesen.** Direktflüge zwischen Taipeh und Beijing existieren seit 2005. Der moderne Lebensstil und die Stadtbilder unterscheiden sich hüben und drüben kaum noch voneinander. 2015 trafen sich der taiwanesische Präsident Ma und der chinesische Staats- und Parteichef Xi Jinping in Singapur; es kam jedoch zu keinerlei gemeinsamen Erklärungen, von Verträgen ganz zu schweigen. 2016 fanden Parlamentswahlen in Taiwan statt; Tsai Ing-wen wurde zur Präsidentin von Taiwan gewählt. Aber wenn man in China Karten verwendet, auf denen Taiwan als nicht zu China zugehörig gekennzeichnet ist, macht man sich strafbar! Dass auch entsprechende historische Karten nicht unproblematisch sind, merkte Bundeskanzlerin Merkel, als sie 2013 Xi Jinping eine 200 Jahre alte Karte Chinas schenkte, auf welcher Tibet und Taiwan als unabhängig eingezeichnet waren, und damit Irritationen hervorrief!

Wirtschaft: Sozialistische Marktwirtschaft

Einfluss von Partei und Staat

„Die Partei ist wie Gott. Man sieht sie nicht, aber sie ist überall."

Die Kommunistische Partei ist der Staat und umgekehrt. Noch vor wenigen Jahren sah es danach aus, als ob der **Einfluss der Partei** nachließe, als ob man den Menschen größere Freiheiten gewährte und sich mit der Hinwendung zur Marktwirtschaft auch ein Rückzug des Einflusses vollziehe. Heute wird immer deutlicher, dass gerade unter Xi Jinping genau das Gegenteil der Fall ist. Seit fast 40 Jahren, seit Beginn der **Reform- und Öffnungspolitik,** hat die Partei nicht mehr einen solchen **Druck auf die Unternehmen** ausgeübt, auf die **Hochschulen,** auf die **Presse.** Xi persönlich besuchte diverse Medienunternehmen und ermunterte die anwesenden Pressevertreter, zukünftig den Willen der Partei noch gewissenhafter zu berücksichtigen und zum Ausdruck zu bringen. Hochschullehrer wurden dahingehend ermahnt, dass sie doch bitte wieder chinesische statt westliche Werte lehren sollten. Was genau diese chinesischen Werte denn nun eigentlich sein sollen, blieb dabei unklar, aber die Aufforderung ist eindeutig: der Parteilinie zu folgen.

Man wird oft gefragt, wie tiefgreifend der Einfluss des Staates denn auf die Unternehmen sei oder wie unabhängig ein Unternehmen denn im wirtschaftlichen Bereich agieren könne. Besucht man China und arbeitet man mit chinesischen Unternehmen zusammen, läuft man durch die Straßen und betrachtet die Geschäfte, so entsteht der Eindruck einer Marktwirtschaft, die gut funktioniert und in der der Staat, die Partei oder wer auch immer keine tragende Rolle mehr spielen. Der Schein trügt. Hinter allem steht der Staat, die Partei. Wer ein Geschäft eröffnen will, braucht entsprechende Genehmigungen, wer mit dem Ausland Geschäfte machen möchte, muss entsprechende Lizenzen erwerben, wer zu seinen Kunden ins Ausland reisen möchte, benötigt einen Pass. Natürlich ist all dies im Normalfall kein Problem mehr, aber wie will man den Normalfall definieren? Wer sich politisch nicht betätigt bzw. nicht staatskritisch betätigt, hat keine Probleme. Wer jedoch nicht bereit ist, mit seiner Meinung hinterm Berg zu halten, erhält unter Umständen eben keinen Reisepass, keine Außenhandelslizenz und keine Genehmigung, ein Geschäft zu eröffnen.

Dies gilt interessanterweise in umso höherem Maße, je reicher und mächtiger die betreffende Person ist. Selbst die Gründer und Inhaber großer Holdings, die selbst schon **Milliardäre** sind, unterliegen der Willkür der Partei; ja, gerade sie, verdanken sie ihren Aufstieg doch vor allen Dingen eben dieser Partei, die sie hat gewähren lassen. Die Partei braucht solche Vorzeigebürger, die es geschafft haben, sie braucht auch ihr Geld und ihren Einfluss und so nimmt die Kommunistische Partei Chinas tatsächlich reiche Kapitalisten auf! Und die wiederum wissen, dass sie jederzeit dem Ruf der Partei Folge zu leisten haben. In den letzten Monaten des Jahres 2016 und in den ersten des Jahres 2017 wurden einige sehr reiche, prominente Personen vorübergehend aus dem Verkehr gezogen. Ein Milliardär verschwand aus seinem Hotel in Hongkong, obwohl er einen kanadischen Pass besitzt. Ein anderer war vier Tage lang verschwunden und tauchte dann kommentarlos wieder auf; er habe den Polizeidienststellen geholfen, einen Korruptionsfall aufzuklären. Ob er nicht vielmehr selbst involviert war, bleibt unklar. All dies führt zu einer (beabsichtigten) **Verunsicherung unter Chinas Reichen.** Die oben gestellte Frage, ob und wieweit denn die Kommunistische Partei Einfluss habe auf die Unternehmen und auch die Privatwirtschaft, ist damit beantwortet. Der **Einfluss auf** alles, was in Chinas **Wirtschaft** geschieht, ist **immens.** Vor diesem Hintergrund erscheint die Forderung der Europäischen Union, politisch motivierte Unternehmenskäufe durch chinesische Firmen in Europa zu unterbinden, seltsam. Wer sollte das beurteilen bzw. von rein privatwirtschaftlich motivierten Einkäufen unterscheiden können?

Privatwirtschaft

Es gibt sie, die Privatwirtschaft, was ja eigentlich in einem vorgeblich sozialistischen System eine Besonderheit sein sollte. Aber Chinas System nennt sich **„Sozialistische Marktwirtschaft mit chinesischen Besonderheiten"** und darunter lässt sich vieles subsumieren. Man kann daher davon ausgehen, dass prinzipiell **jedes wirtschaftliche Engagement** chinesischer Investoren **im Ausland,** also auch in Deutschland, **politisch gefördert, gewünscht oder zumindest geduldet** wird.

Echte **Privatfirmen** in 100-prozentigem Privatbesitz sind **erlaubt** und allenthalben zu finden. Juristisch ist dies eindeutig; zu der Frage des darüber hinaus tatsächlich vorhandenen Einflusses der Partei haben wir uns schon geäußert. Bei kleinen und mittelständischen Firmen ist deren Relevanz für den Staat gering, und damit auch dessen Interesse, sich einzumischen. Dies führt dazu, dass prinzipiell jeder Chinese eine Firma gründen, ein Geschäft eröffnen und somit auch reich werden kann. Schon Deng Xiaoping, De-facto-Staatschef zu Beginn der 1980er-Jahre, sagte „to be rich is glorious", und daran hat sich die Partei stets gehalten. Man wird nicht nur selbst durch Korruption reich, sondern lässt auch das Volk partizipieren.

Läuft man einmal die Einkaufsstraßen Chinas entlang und betrachtet die Auslagen, so finden sich neben den großen internationalen Ketten viele tatsächlich private Geschäfte. Und Chinesen waren schon immer gute Geschäftsleute; sie handeln gern und viel und haben Freude daran.

Nach den schlimmen Zeiten der politischen Kampagnen unter Mao Zedong seit dessen Machtübernahme 1949, die in der Großen Proletarischen Kulturrevolution 1966–1976 gipfelten und in denen jegliche Form der Privatwirtschaft untersagt war, erlaubte die Regierung zu Anfang der 1980er-Jahre vorsichtig die ersten halbstaatlichen Märkte, auf denen die **Bauern** die selbst angebauten Erträge auch auf eigene Rechnung verkaufen durften. Der immense Hunger der wachsenden Bevölkerung sorgte dafür, dass alles, was angeboten wurde, auch sofort nachgefragt wurde; die Märkte dehnten sich aus, die Bauern wurden mutiger, die Regierung ließ sie gewähren. Bald durften die Bauern völlig frei verkaufen; schon 1982 sah man erste reiche Bauern, die ihre zweistöckigen Häuser im Umfeld Shanghais hochzogen und sich einen Volkswagen Santana leisten konnten. Jahre später wurden die Häuser immer größer, aus dem Santana wurde ein Audi A6. Die Bauern im Umfeld der großen Städte

Kulturwandel in Beijing

wurden reich. Schnell begannen die ersten **Immobilienspekulationen**, ein Problem, das China bis heute nicht in den Griff bekommen hat – natürlich auch, weil viele hohe Kader selbst oder über Familie und Mittelsmänner daran partizipieren. Ganze Städte werden im Niemandsland hochgezogen, Wohnungen stehen leer und sind auch nicht geeignet oder dafür geplant, bewohnt zu werden, sondern werden ständig weiterverkauft, sodass jeder ein wenig (oder viel) daran verdienen kann. Noch geht es gut, aber irgendwann kann und wird diese Blase platzen.

Das heißt, Privatwirtschaft existiert durchaus. Man begegnet ihr, geht man in Shanghai in eine der engen, schmutzigen Nebengassen, in denen auch 2017 das Leben noch fast so stattfindet wie 30 Jahre zuvor. Hier findet man kleine Garküchen, in denen Sie die Jiaozi (Teigtaschen) zubereitet, während Er das Geld zählt; Kioske, die Zigaretten und Schnaps verkaufen und vieles mehr – Privatwirtschaft. Aber ab einer gewissen, nicht genau zu definierenden Größe muss man sich als Unternehmen mit der Politik – repräsentiert durch den Dorfbürgermeister, den Stadtrat oder wen auch immer – gut stellen. Und bald schon ist man in der Hand derjenigen Politiker, die bei der Gründung die nötigen Genehmigungen erteilt haben.

Vom Export zum Binnenkonsum

Mit der Reform- und Öffnungspolitik zu Beginn der 1980er-Jahre eilten alle großen Produzenten der Welt nach China, dem angeblichen „Markt der Zukunft". Die Löhne waren niedrig, das Land billig und China wurde innerhalb weniger Jahre zur **Werkbank der Welt.** Dies bezog sich zunächst nur auf die **Ostküste;** von Nordostchina (VW und Audi in Changchun) über Beijing nach Süden, den Raum um Shanghai bis schließlich ins Perlflussdelta um Guangzhou und Hongkong boomte die Errichtung immer modernerer und immer größerer Produktionsstätten. Nichts, was nicht Made in China war, schien noch günstig genug für den Weltmarkt. In den 1990er-Jahren begann China, die Ausländer nun auch in den Westen zu locken; die Provinz Sichuan, mehr in **Zentralchina** als im wirklichen Westen gelegen, wurde zunehmend interessant, da sich an der Ostküste bereits ein Anstieg der Lohnkosten abzeichnete. Der **Westen Chinas,** also Tibet, Xinjiang, Gansu, war nie und wird wohl auch nie als Produktionsstandort interessant werden – zu schlecht die Infrastruktur, zu wenige gut qualifizierte Menschen, zu harte Lebensbedingungen. Also mussten die Menschen, die dort lebten, in den Osten ziehen, oder zumindest die Arbeiter ihre Familie verlassen und als **„Wanderarbeiter"** auf die Baustellen an der Ostküste ziehen. Millionen von Menschen, manche sprechen von mehr als 100 Millionen, waren auf den Straßen unterwegs, auf der Suche nach Arbeit – meist unqualifiziert, ohne Aufenthaltsgenehmigung, also rechtlos, arbeiteten (und arbeiten noch heute) sie in großer Höhe auf wackeligen Gerüsten, ohne Netz und Helm. Und unten warteten bereits genug andere, die ebenfalls so zu arbeiten bereit waren. Warum also hätte man die Bedingungen verbessern sollen? Und die Frauen gingen in die Fabriken und bauten Smartphones und Laptops für die Kunden in den Wohlstandsländern zusammen, ebenfalls oft unter inakzeptablen Arbeitsbedingungen. Ganz China lebte vom Export.

Schon zu Beginn des 21. Jahrhundert zeichnete sich ab, dass dieses Konzept, Chinas Wachstum nur auf den Export zu gründen, nicht von dauerhaftem Erfolg sein konnte. Zu groß wurde die Abhängigkeit von der Wirtschaftskraft der Importländer, allen voran der USA. Spätestens mit der Finanzkrise war klar, dass die schwächelnde Weltwirtschaft auch das vom Export lebende China nicht verschonen würde; auch konnte ein Wachstum von mindestens 6 %, wie China es benötigt, da es sonst nach allgemeiner Meinung zu einer Hungersnot kommen könnte, auf Dauer so nicht aufrechterhalten werden. China begann, auf **Binnenkonsum** zu setzen. Kredite wurden großzügig vergeben, gewaltige Infrastrukturprojekte initiiert, die Hürden, die die Bürger daran hindern könnten, selbst zu inves-

🔼 Einer von Millionen Wanderarbeitern – schlecht bezahlt und schutzlos der Willkür der Bauherren ausgeliefert

tieren, herabgesetzt. In dieser Phase befindet China sich zurzeit; während das Land bemüht ist, die Abhängigkeit vom Export zu verringern und den Binnenkonsum zu fördern, muss es auch seine Wettbewerbsfähigkeit erhöhen. Dazu bedarf es modernsten Know-hows, und zu diesem Zweck und mit den noch immer reichlich vorhandenen Devisenreserven (2017 ca. drei Billionen US$!) geht China in die Welt hinaus, um einzukaufen.

Auslandsinvestitionen – die neuen Seidenstraßen

Hat China die ersten Jahrzehnte nach Beginn der Reform- und Öffnungspolitik (ab 1978) noch darauf verwendet, sein Volk zu ernähren, die Wirtschaft auf eine solide Produktionsbasis zu stellen und die Welt mit seinen Exportprodukten zu versorgen, so ist es nun in eine **neue Ära** eingetreten. Das geschah weder plötzlich noch unangekündigt, der entsprechende Plan ist als „China 2025" bekannt und schon seit 2015 offiziell verkündet. Es geht um nichts weniger als die **Akquirierung von ausländischem Know-how** in all den Bereichen, in denen China das ausländische Niveau noch nicht erreicht hat oder glaubt, es kurzfristig nicht erreichen zu können. Die noch immer hohen, wenn auch seit einem Jahr signifikant geschrumpften Devisenreserven Chinas (Anfang 2017 bei ca. 3 Billionen Dollar gelegen, nachdem es noch ein Jahr zuvor bei ca. 4 Billionen Dollar lag) erlauben es dem Land, weltweit auf Einkaufstour zu gehen.

So wie vor 2000 Jahren die Seidenstraßen den Transport asiatischer Produkte bis nach Rom und darüber hinaus ermöglichten, so plant die chinesische Regierung heutzutage aufs Neue, die **Logistik zwischen China und Europa** deutlich zu verbessern, um den Warenfluss zu beschleunigen. Aber wie funktioniert das und was bedeutet es für Europa? Zwei Stichworte sind in diesem Zusammenhang bedeutsam: **„China 2025"** und **OBOR** (One belt, one Road).

Der neue Masterplan „China 2025" soll China besseren Zugang zu ausländischen Märkten ermöglichen und gleichzeitig auch **ausländische Investitionen in China** erleichtern. Zehn Sektoren wurden definiert, die schwerpunktmäßig gefördert werden sollen. Sogar ausländische Börsengänge in China sollen möglich werden, ebenso Beteiligungen an Wissenschafts- und Technologieprojekten. Die Vorzugsbedingungen, die bisher ausschließlich einheimische chinesische Unternehmen genießen und die deshalb von der Europäischen Handelskammer seit Jahren kritisiert werden, sollen nun gleichermaßen für ausländische Unternehmen gelten. Li Keqiang, der Premierminister, hat diese Initiative im März 2015 persönlich verkündet. Man wolle lernen von der deutschen Industrie 4.0, der Digitalisierung der Produktionsprozesse.

Extrainfo 7 (s. S. 5): Interview mit dem Autor dieses Buches zu seinem Krimi über chinesische Investitionen in Deutschland, deutsche Sorgen und Fehler, die wir noch immer im Umgang mit Chinesen machen.

Allerdings scheint es nun so, als ob es sich weniger um ein Wirtschaftsprogramm als vielmehr um ein **Aufholprogramm** handelt, mit dem die chinesische Wirtschaft (sprich: Politik) bis 2025 zum Rest der Welt aufschließen und diese bis 2049 (dem 100. Jahrestag der Gründung der VR China) gar überholen möchte. Und dies vor allem über Zukäufe, 300 Mrd. Dollar stehen zur Verfügung. Nach Ansicht vieler Fachleute wird dies langfristig dazu führen, dass ausländische Unternehmen vom chinesischen Markt verdrängt werden. Klares und formuliertes Ziel ist es, bis 2025 den Anteil chinesischer Hersteller an fortschrittlicher Produktionstechnik und wichtigen Werkstoffen auf dem chinesischen Markt auf 70 % ansteigen zu lassen.

Während 2016 die europäischen Investitionen in China um 23 % auf glatte acht Mrd. Euro sanken, kauften chinesische Unternehmen für 35 Mrd. Euro in Europa ein, allein in Deutschland für etwa 11 Mrd. €. Bekanntes Beispiel ist der deutsche Roboterbauer **Kuka,** doch wurden zur selben Zeit auch zahlreiche Beteiligungen an Hochtechnologiefirmen, Logistikhubs und unbekannten, aber weltweit erfolgreichen Unternehmen *(hidden champions)* eingetragen. Insgesamt konnte ein Anstieg um 77 % im Vergleich zum Vorjahreszeitraum verzeichnet werden. Die erforderlichen Mittel hierfür können chinesische Privatfirmen nicht immer aufbringen. Die chinesische Strategie lautet daher, **Investitionsfonds** zu gründen, die dann wiederum die Unternehmen unterstützen, die selbst nicht über ausreichende Mittel verfügen, ausländisches Know-how zu kaufen. Dies ist nicht der von Li Keqiang zugesagte faire und gleichberechtigte Marktzugang. Noch immer herrscht in manchen Bereichen ein **Joint-Venture-Zwang** für ausländische Unternehmen oder ein erzwungener Technologietransfer. Klares Ziel Chinas ist es also, ohne Rücksicht auf Kosten, Effizienz oder Wettbewerbsfähigkeit im In- sowie im Ausland eine marktbeherrschende Stellung einzunehmen.

Welche Risiken gehen damit einher? – zum Beispiel der Aufbau von **Überkapazitäten,** wie das bereits in der Stahl- und Zementbranche der Fall war und nun sogar in der Hightechbranche der Roboterbauer droht. Da China in diesem Bereich den Weltmarktführern technisch weit unterlegen ist, versuchen alle Provinzen, von den staatlichen Banken finanziell ausgestattet, entsprechende Kapazitäten aufzubauen. Dies wird in wenigen Jahren, wenn alle das entsprechende Niveau erreicht haben, Überkapazitäten zur Folge haben.

Ähnlich dem „Großen Sprung nach vorn", der völlig misslungenen Kampagne Mao Zedongs in den fünfziger Jahren des 20. Jahrhunderts, mit der er versucht hatte, Chinas Wirtschaft innerhalb kürzester Zeit auf den wirtschaftlichen Stand Großbritanniens zu heben (ohne diesen Stand auch nur beurteilen zu können!), versucht China auch jetzt wieder, in sehr kurzer Zeit zu den westlichen Industrienationen aufzuschließen; nur diesmal mithilfe erheblicher Devisenreserven und weitaus größerer wirtschaftspolitischer Kompetenz. Damals starben Millionen aufgrund der Unfähigkeit des Großen Vorsitzenden. Kann es diesmal besser gelingen?

Statt den Kräften der freien Marktwirtschaft mehr Spielraum zu lassen, versucht Chinas Elite auch diesmal wieder, eine staatlich gelenkte Politik von oben nach unten umzusetzen. Doch ohne freie Marktwirtschaft gelingen keine Innovationen und ohne Innovationen wird es China nicht gelingen, das Einkommensniveau noch einmal deutlich zu steigern. Dieses **„middle-income-trap"** genannte Phänomen droht Chinas rasante Wachstumsraten der letzten 35 Jahre deutlich abzubremsen. In industriellen Branchen, die von der Innovationsfähigkeit ihrer Mitarbeiter leben und nur so gegen die Konkurrenz bestehen können, ist China denkbar schlecht vertreten. Kein weltweit erfolgreicher Automobilkonzern hat seinen Sitz in China, auch führt kein Chinese irgendeinen global agierenden nicht-chinesischen Konzern (im Gegensatz zu Indern beispielsweise, die an der Spitze zahlreicher erfolgreicher Konzerne stehen). Auch dort, wo Marktanteile erworben werden konnten, beispielsweise in der Telekommunikationsbranche (Huawei, Tencent), kommen bisher keine bedeutenden Neuerungen aus China. Aber die Regierung denkt gar nicht daran, Innovationsfähigkeit zu fördern, im Gegenteil. Die Regierung unter Xi Jinping gilt als die konservativste der letzten 25 Jahre; das Internet wird besser überwacht denn je; die Hochschulen werden gegängelt. Mit staatlich verordneter Top-down-Strategie den Weltmarkt erobern, wirtschaftlichen Fortschritt planen und umsetzen – kann das gelingen?

Das Interessanteste daran ist, und das betrifft jeden von uns, dass die Jahrespläne erstmals nicht nur für China gelten, sondern für die ganze Welt. Wenn China beschließt, in bestimmten Sektoren Weltmarktführer zu werden, heisst das im Umkehrschluss, dass die bisherigen Marktführer verdrängt werden müssen. Erreicht werden soll dies nicht nur durch Zukäufe, sondern auch durch Zusammenschlüsse von chinesischen Firmen zu Giganten mit entsprechender Wirtschaftskraft. Wir werden die Auswirkungen solcher Politik also direkt zu spüren bekommen.

Für **Europa** kann all dies **negative Folgen** haben. Da die Chinesen zum ersten Mal deutlich ankündigen, in welchen Sektoren sie bis wann (2025) den jeweiligen Markt beherrschen wollen, wird der Staat alles daran setzen, diese Ziele auch zu erreichen. Erhebliche Subventionen, die wettbewerbsverzerrend wirken, werden selbstverständlich zur Verfügung gestellt. Beispielhaft sei hier die Wind- und Solarenergie genannt; erst erhielten ausländische Unternehmen den Marktzutritt in China als

Gegenleistung für Technologietransfer und dann wurden die Preise durch staatliche Subventionen derart gesenkt, dass es sich heute für nicht chinesische Unternehmen nicht mehr lohnt, in diesen Bereich zu investieren. Von Privatwirtschaft oder auch freier Marktwirtschaft ist hierbei natürlich keine Rede.

Unterstützt wird diese Expansionsstrategie durch neue **logistische Verbindungen,** die den schnelleren Transport von asiatischen Waren nach Europa und in der Gegenrichtung ermöglichen sollen. Eine neue Bahnverbindung zwischen Yiwu in Ostchina und London ist bereits in Betrieb; die Investition in Häfen und Flughäfen entlang der gesamten Strecke vom östlichen Ende des eurasischen Kontinents bis zu seinem westlichen Ende läuft schon seit Jahren. Unauffällig, aber effizient haben die Chinesen in Häfen von Bangladesch über Pakistan, Israel, Ägypten und Piräus bis nach Rotterdam investiert. Allein Piräus wurde nach chinesischen Investitionen von vier Mrd. Dollar zum am schnellsten wachsenden Containerhafen der Welt. Überall baut China entsprechende Straßen- und Bahnverbindungen ins Hinterland. China versprach Tschechien Investitionen von acht Mrd. Dollar. Ungarn erhält einen chinesischen Hochgeschwindigkeitszug. So gelangen chinesische Waren auf chinesischen Schiffen nach Europa, werden auf chinesischen Piers von chinesischen Mitarbeitern entladen und auf chinesischen LKW über von China gebaute Straßen weitertransportiert.

Analog der Seidenstraße (der Terminus stammt von dem deutschen Geografen Ferdinand Freiherr von Richthofen, der im 19. Jahrhundert Asien bereiste), sprach Xi Jinping von **One belt, One road, OBOR,** der neuen Verbindung, die die Kontinente durchziehen solle. In diese Strategie passt dann beispielsweise auch der Kauf eines rheinland-pfälzischen Flughafens (Hahn), der aus deutscher Sicht nicht sehr attraktiv sein mag. Aber aus chinesischer Sicht liegt er eben nicht am Rande Deutschlands, sondern mitten in Europa und ist damit ideal geeignet, Fracht von dort aus per LKW weiterzutransportieren; die Infrastruktur steht weitestgehend. Das heißt, es gilt, sich bei seinen wirtschaftlichen Betrachtungen von einer eurozentristischen oder gar deutschen Perspektive zu lösen und zu versuchen, die Welt mit anderen Augen zu sehen; in diesem Fall den chinesischen. Und gerade in Anbetracht protektionistischer Tendenzen aufseiten der USA scheint eine **Hinwendung zu Asien** wichtiger denn je.

Die berühmte **Seidenstraße** war ein Handelsweg, der sich, aus China kommend, über Zentralasien und den Nahen Osten bis nach Europa zog. Seide wurde von Xi'an – der damaligen Hauptstadt, nahe welcher sich auch der Gelbe Kaiser mit der berühmten Terrakottaarmee bestatten ließ und die damals noch Chang'an hieß – bis Rom und Paris gebracht, vermutlich etwa ab dem 2. vorchristlichen Jahrhundert. Die Ursprünge der Seidenstraße waren jedoch vermutlich alte Trampelpfade der zentralasiatischen Nomaden, die schon seit über 2000 Jahren diese Wege nutzten. Heute führen Highways und Schienen über die gleichen Berge, durch die gleichen Täler, noch immer auf den alten Wegen. Wir werden in den nächsten Jahren eine **deutliche Zunahme des Handels auf diesen Strecken** erleben. China hat in den letzten 30 Jahren seine Pläne für die Entwicklung der chinesischen Wirtschaft stets bekannt gegeben und vor allem: sie auch umgesetzt. Nichts spricht dagegen, dass dasselbe auch für die Pläne im Zusammenhang mit „China 25" gilt, mit dem Unterschied, dass die neuen Pläne diesmal die ganze Welt betreffen.

Verkehr und Transportmittel

China hat seine Infrastruktur in den letzten dreißig Jahren in hohem Tempo und in sehr guter Qualität ausgebaut. Ein mehrspuriges **Straßennetz** durchzieht das ganze Land. Man kann in der Wüste Gobi und in Tibet auf sehr guten, befestigten Straßen fahren, notfalls bis ins Base Camp des Mount Everest auf 5300 Metern Höhe und das durchgehend mit einem Jeep von Beijing aus. An der Infrastruktur soll es also in China nicht scheitern. **In den Städten** ist die **Fortbewegung** ohnehin **problemlos** (sofern der dichte Verkehr es zulässt). Deswegen verkaufen sich auch deutsche Luxuskarossen hier sehr gut: weil man mit ihnen problemlos sogar von einer Großstadt in die andere fahren kann.

Ein besonderes Erlebnis ist es sicherlich, mit der chinesischen **Eisenbahn** zu fahren. Seit einigen Jahren existiert ein Schnellzugnetz, das die wichtigsten Städte miteinander verbindet. Mit maximal 350 km/h fahren diese luxuriösen Züge durch China. Sie bieten verschiedene Klassen an und in der besten, der Business Class, gibt es sogar Liegesitze; man wird am Platz bedient, hat einen funktionierenden Speisewagen und durchgehend WLAN! All dies ist dem deutschen Komfort weit überlegen – genauso wie die Pünktlichkeit, auf die ist Verlass. Fahrkarten kann man online oder am Schalter kaufen; in den Bahnhöfen, die in Ausstattung und Dimension unseren Flughäfen gleichen, gibt es spezielle Wartesäle oder abgegrenzte Areale für jeden einzelnen Zug. Eine Viertelstunde vor Abfahrt wird das Gate geöffnet und mit dem elektronischen Ticket gelangt man durch eine Schranke auf den Bahnsteig, auf dem sich zu diesem Zeitpunkt auch nur die Fahrgäste für diesen einen Zug befinden. Auf dem Bahnsteig ist bezeichnet, welcher Waggon wo hält, sodass man sich entsprechend aufstellen kann. Ebenerdig und ohne großen Abstand zur Bahnsteigkante gelangt man problemlos in den Zug.

Aber auch die einfachen, entsprechend **preisgünstigen Züge** sind zu empfehlen. Gerade wenn man der chinesischen Sprache nicht mächtig ist, sollte man eine dritte Klasse buchen, um einige Stunden mit dem normalen Volk durchs Land zu fahren. Schnell werden sehr nette Bekanntschaften gemacht, es wird viel gelacht, getrunken, Karten gespielt, Kinder rennen herum – hier findet Leben statt.

Die **Flughäfen** entsprechen durchgehend internationalen Standards und auch für Flugreisen kann man Tickets problemlos im Internet buchen.

In der U-Bahn: Wozu reden, wann man ein Handy hat?

Logistikunternehmen

Minderheiten und Separatismus

Ist die Rede von „den Chinesen", so sind zumeist die sogenannten **Han-Chinesen** gemeint, die etwa 92 % der Bevölkerung ausmachen. Daneben verzeichnet China offiziell 55 nationale Minderheiten, die überwiegend in den Randgebieten leben. Letzteres hat den einfachen Grund, dass sie in Provinzen leben, die erst in jüngerer Zeit dem chinesischen Reich einverleibt wurden, am bekanntesten natürlich die Provinzen **Xinjiang** im Nordwesten und **Tibet** (chin.: *Xizang*) im Südwesten. Aber auch die **Mongolen** zählen zu den Minderheiten, ebenso wie die in China lebenden **Koreaner** und die **Zhuang**, die im südchinesischen Guangxi leben und immerhin etwa 20 Mio. Menschen zählen. Minderheit bezeichnet also nicht unbedingt eine kleine Anzahl, sondern kann auch eine ethnische Minderheit meinen, die juristisch tatsächlich über gewisse Sonderrechte verfügt. So dürfen diese Minderheiten ihre jeweilige Religion ausüben, ihre Sprachen sprechen etc.

Bewegt man sich als Tourist oder auch geschäftlich in China auf den üblichen Pfaden, wird man diese Minderheiten kaum wahrnehmen. In den östlichen Großstädten sind sie weder durch ihre Physiognomie noch durch ihre Tracht zu unterscheiden, da sie sich angepasst haben und auch nicht auffallen wollen. Interessant wird es, wenn man in die **Provinzen** reist, die überwiegend oder doch noch zu großen Teilen von Angehörigen dieser Ethnien bewohnt werden, sei es das farbenfrohe Yunnan im äußersten Südwesten Chinas, in dem viele verschiedene Ethnien leben, sei es die Innere Mongolei, wohin sich wenige Touristen verirren, oder natürlich Tibet.

Wichtig für die jeweilige Situation ist das **Verhältnis der Ethnien zueinander bzw. zu den herrschenden Han-Chinesen,** wobei herrschen hier das durchaus richtige Wort ist, denn wirklich gleichberechtigt sind die Minderheiten tatsächlich nicht, was sich besonders in den Grenzgebieten offenbart, in denen es immer wieder zu Spannungen kommt. An den Beispielen **Xinjiang** und **Tibet** soll dies kurz erläutert werden.

Da beide Provinzen bzw. autonomen Regionen, so der offizielle Terminus, riesige Gebiete Chinas abdecken (insgesamt umfasst das traditionell von Minderheiten besiedelte Gebiet mehr als die Hälfte der Fläche Chinas) und in sensiblen Regionen liegen, sind sie primär als **Puffer zu den Anrainerstaaten** relevant. Der chinesischen Zentralregierung ist daher besonders daran gelegen, dass es hier nicht zu Unruhen kommt und dass die Bewohner keine weitergehenden separatistischen Tendenzen zeigen. Dies wird ausschließlich durch **militärische Präsenz** und **Unterdrückung** erreicht. So leben in **Lhasa,** der Hauptstadt der Autonomen

Region Tibet, etwa so viele chinesische Soldaten wie die Stadt Einwohner hat (ca. 200.000). Die ganze Provinz kann nur mit Sondergenehmigung bereist werden; allerorten finden Straßenkontrollen statt und es gelten strengste Sicherheitsvorkehrungen. Fährt man in den Bahnhof Lhasa ein, so wird man auf dem Vorplatz mit Maschinengewehren im Anschlag empfangen; so etwas gibt es in ganz China sonst nicht. Überhaupt ist in China die Polizeipräsenz kaum zu spüren, in Tibet ist sie sichtbar. Personenkontrollen wie an Flughäfen muss man über sich ergehen lassen, will man in den heiligen Tempelbezirk Lhasas, den Johkang, hinein.

In **Urumqi,** der Hauptstadt Xinjiangs, einer primär muslimisch geprägten Region, kommt es regelmäßig zu Aufständen, zu Attentaten auf chinesische Polizeistationen, auf Busse etc. Die Han-Chinesen, die dorthin beordert wurden, um den Bevölkerungsanteil zugunsten der Hans zu beeinflussen, sind entsprechend unbeliebt. Die Stimmung ist angespannt, Gewalt alltäglich und die Unterdrückung der religiösen und gesellschaftlichen Traditionen an der Tagesordnung. Es liegen Berichte vor, denen zufolge Hunderttausende von Uiguren in Arbeitslagern festgehalten werden.

In Anbetracht der auch im Ausland bekannten Problematik, dass gerade in Tibet und Xinjiang, aber auch in anderen Regionen, die Minderheiten keinesfalls die ihnen offiziell zugestandenen Rechte ausüben können, ist die chinesische Zentralregierung bemüht, ihre Toleranz zu betonen. Bei den Sitzungen des chinesischen Parlaments, des Nationalen Volkskongresses, müssen die Teilnehmer, die ethnischen Minderheiten angehören, in ihrer traditionellen Tracht erscheinen, um der anwesenden Presse die Offenheit der Regierung zu demonstrieren. Dies kann aber niemanden über die tatsächliche Situation täuschen.

Minderheiten in China haben keine Probleme, sofern sie auf die Ausübung ihrer **traditionellen Rituale und Lebensgewohnheiten** verzichten. Beharren sie darauf, wie zum Beispiel in Tibet, dessen Bewohner ja nicht nur Unabhängigkeit fordern, sondern zusätzlich ihrem eigenen Glauben nachgehen möchten, werden sie **verhaftet, gefoltert und ins Gefängnis gesteckt.**

Separatismus ist eng mit dieser Thematik verwoben. Am deutlichsten wird dies wiederum in Tibet, das darauf besteht, ein eigener Staat zu sein, der schon immer unabhängig von China war. Keine andere autonome Region oder Provinz Chinas stellt diesen Anspruch. Dass China dies nicht dulden wird, ist offensichtlich; es wird nicht auf einen Großteil seiner Landfläche verzichten. Auch spielt Tibet als Puffer zu Indien und aufgrund seines Rohstoffreichtums eine ungemein wichtige Rolle. Neben der Wasserthematik (s. S. 230) wird an tibetischen Seen u. a. das für die Herstellung von Batterien so wichtige Lithium gewonnen.

Die Provinz kann nur mit militärischer Gewalt in Schach gehalten werden, was sonst nirgends im Land erforderlich ist. Es gibt in China keine landesweit übergreifenden separatistischen Tendenzen und China ist daher bestrebt, auch in anderen Staaten ähnliche Bewegungen nicht zu unterstützen. So hielt es sich auch beim sogenannten Arabischen Frühling entsprechend zurück.

Sozialsysteme

In den 80er-Jahren des 20. Jh. waren alle Chinesen mehr oder weniger gleich arm. Seither jedoch, seit der Umsetzung der sogenannten Reform- und Öffnungspolitik, geht die **soziale Schere** immer weiter auseinander. Es gibt die, die hungern oder zumindest am Existenzminimum leben, es gibt aber eben auch diejenigen, deren Namen auf der Milliardärs-Liste des Forbes Magazine stehen (bzw. der chinesischen Hurun-Report-Liste). Seit Chinas **Reiche immer reicher** werden, steigen die Preise in für den Großteil der Bevölkerung unzumutbarer Weise. Es gibt wohl an die 800 Dollar-Milliardäre und mehr als drei Millionen Millionäre. Laut dem Sozialwissenschaftlichen Institut der Universität Beijing besitzt ein Prozent der Bevölkerung inzwischen ein Drittel des chinesischen Gesamtvermögens, während das einkommensschwächste Viertel über etwa ein Prozent des Wohlstands verfügt. Das hat Karl Marx sich vermutlich einmal anders vorgestellt.

Bei einem Gang durch die Straßen der **Großstädte,** allen voran Shanghai, ist diese Diskrepanz nirgends festzustellen. Teure Shoppingmalls, glitzernde Geschäfte, jeder besitzt ein Smartphone – China ist offensichtlich reich. Aber man muss einmal hinausfahren, in das wirkliche China, wo ja nach wie vor etwa die Hälfte der Bevölkerung lebt – aufs **Land,** zu den Bauern, zu denen, die nicht wissen, wie sie ihr Kind satt bekommen sollen oder wovon sie einmal leben werden, wenn sie alt sind. Die Regierungsmitglieder sind immens reich, inzwischen werden auch Zahlen veröffentlicht, die den Reichtum der höchsten Würdenträger addieren und zeigen, wie viel Geld in den engsten Regierungszirkeln gemacht wurde und wird. Und es sind nicht mehr nur der Neid der Armen auf die Reichen, die scheuen Blicke derjenigen, die aus den Dörfern nach Shanghai kommen und ungläubig auf die Hochhäuser und die Schaufenster starren – der **soziale Frieden** droht zu kippen.

▷ Noch genießt diese Dame den Tag vor ihrer Haustür; immer mehr der alten Häuser werden jedoch abgerissen

Der **Gini-Koeffizient,** ein Index, der die Abstände zwischen Arm und Reich in einem Land misst, lag für China schon im Jahr 2000 über der offiziellen Grenze von 0,4. Jetzt dürfte er zwischen 0,5 und 0,7 liegen. Je höher der Wert, desto größer die Ungleichheit. Eine 0 steht für absolute Gleichheit, die 1 für absolute Ungleichheit. Ab 0,4 ist beim Gini die rote Linie überschritten, dann steigt das Risiko für Gewalt und Proteste in einer Gesellschaft.

Auch der Regierung ist klar, welchen Sprengstoff diese Zahlen bergen. Bereits 2013 versuchte Beijing gegenzusteuern: Mit einem höheren **Mindestlohn** für Arme und einer **Luxussteuer** für Reiche. Aber all dies wird nicht ausreichen; eine Steuerreform wäre dringend vonnöten. Während nämlich chinesische Steuerzahler fast so viel bezahlen wie beispielsweise skandinavische, gibt es eben kein adäquates Sozialsystem. Regelmäßig werden in den 5-Jahres-Plänen daher die Stichworte Sozialsystem, Krankenversorgung etc. wiederholt, aber es passiert nichts. Es existiert noch immer kein bezahlbares Gesundheitssystem.

Nach unserem demokratischen Verständnis würde aber auch ein Gesundheitssystem alleine noch nicht ausreichen; und auch in China fordern Wissenschaftler (noch) demokratische Reformen, um das Problem der Ungleichheit in den Griff zu bekommen. Unter Xi Jinping werden aber auch diese Stimmen leiser, es wird gefährlich, mit deutlichen Worten den Staat zu kritisieren.

Die marktwirtschaftlichen Reformen haben die Volksrepublik zu **einem der ungleichsten Staaten der Welt** gemacht. Sogar der Beschluss des chinesischen Zentralkomitees vom 29. Oktober 2016 wurde allerorten kritisiert: Ab sofort dürfen Chinesen pro Ehepaar statt einem nunmehr zwei Kinder bekommen. Die Lockerung werde sich im besten Fall für zwei Jahre positiv auf den Bevölkerungszuwachs in China auswirken, danach gehe es wieder bergab, urteilten selbst amtliche Medien. Das heißt, die Theorie, der der Staat offensichtlich anhängt, dass nämlich mehr Menschen die Sozialsysteme festigen und höhere Konsumausgaben tätigen, kann niemanden so richtig überzeugen. Im Übrigen ist bereits ein ähnlicher Beschluss von 2013 gescheitert, der es Ehepaaren erlaubte, ein zweites Kind zu bekommen, wenn ein Partner Einzelkind ist. Statt der erwarteten vier Millionen Geburten kamen 2015 nur knapp 500.000 Kinder zusätzlich zur Welt. Denn die meisten Chinesen, und dies gerade auch in den Großstädten, wollen keine Kinder – geschweige denn zwei. Hier spielen rein finanzielle Erwägungen die Hauptrolle, denn es gilt zunächst, sich eine Wohnung leisten zu können. Das ist schon ohne Kinder kaum noch möglich, mit einem Kind oder gar zweien aussichtslos. Da nutzen alle staatlichen Appelle nichts; auch Chinesen denken nicht daran, das Staatswohl über das eigene zu stellen.

Die chinesische **Ein-Kind-Politik** hat im Grunde ohnehin **nie funktioniert.** Gerade auf dem Land haben die Bauern schon immer mehr als ein Kind bekommen, und dies oft aus finanzieller Notwendigkeit, denn sie brauchen die Kinder als Altersvorsorge (von praktischen Problemen wie Geburtenkontrolle oder Verhütung einmal abgesehen). Millionen von Wanderarbeitern lassen ihre – oft illegalen – Kinder nicht registrieren. Kinder von zum Tode verurteilten und hingerichteten Straftätern werden von der Gesellschaft ausgestoßen und leben oft im Untergrund; und wenn ein Bauer drei oder vier Kinder hatte, blieben oft zwei von ihnen unangemeldet. Das bedeutet, dass es in China Millionen von Menschen gibt, die nicht registriert sind, nicht zu den Sozialsystemen beitragen, ihnen jedoch irgendwann einmal zur Last fallen werden. Auch sind sie rechtlos, haben keinen Anspruch auf einen Schul- oder Studienplatz (wenn sie denn überhaupt die Chance auf eine Ausbildung hätten), können nicht heiraten etc.

Die Partei scheint nach und nach zu erkennen, wie machtlos sie gegenüber ihren Bürgern geworden ist, die sich nicht mehr alles vorschreiben lassen wollen. Statt nun aber mit Reformen zu reagieren, werden neue Maßnahmen wie die **Zwei-Kind-Ehe** ergriffen, wieder top-down ohne Berücksichtigung der sozialen Realität.

Was bedeutet all dies für den Einzelnen? – Es gibt eine **Krankenversicherung,** aber die deckt die Kosten nicht ab, die entstehen, wenn man wirklich zum Arzt muss, und der verlangt außerdem noch stets Vorauskasse. Es gibt eine **Rentenversicherung,** aber auch deren Zahlungen reichen nicht aus und daher setzt man alle Hoffnungen auf sein Kind (das dann zwei Eltern und vielleicht noch vier Großeltern versorgen muss!). Es gibt eine **Arbeitslosenversicherung,** die einen ebenfalls im Ernstfall nicht ausreichend versorgen kann. Der Staat kann also sagen, er habe die nötigen Instrumente implementiert, aber in der realen Welt ist man als Chinese im Krankheitsfall, bei Arbeitslosigkeit und im Alter auf sich selbst (oder eben seine Familie, die dank der Regierung aus maximal einem Kind besteht) gestellt.

Die chinesischen **Sozialsysteme versagen auf der ganzen Linie.** Und es ist nicht zu erkennen, dass die Regierung endlich wirklich grundlegende Änderungen anschieben würde.

Stadt und Land

Chinesischen Quellen zufolge leben derzeit (2017) etwa 52 % der Bevölkerung auf dem Land; noch vor 30 Jahren waren es etwa 80 %. Die starke **Urbanisierung** ist nicht nur eine Folge der ländlichen Arbeitslosigkeit und der wirtschaftlichen Attraktivität der Städte, sondern wird von der Zentralregierung auch ganz bewusst forciert. Ein höherer Urbanisierungs-

Eine Straßenszene, wie sie im modernen China immer seltener wird

grad bedeutet leichtere Kontrolle, rascherer Ausbau der Infrastruktur (in Anbetracht der Größe Chinas wäre eine flächendeckend gleichmäßig gut ausgebaute Infrastruktur fast unmöglich) und in der langfristigen Planung auch stärkere Wirtschaftskraft durch die Schaffung riesiger Ballungszentren. So sollen rund um Beijing, um Shanghai und um Guangzhou (Kanton) Megastädte mit jeweils mehr als 150 Millionen Einwohnern entstehen, die sich über die Fläche ganzer Provinzen erstrecken. In diesen infrastrukturell voll erschlossenen, höchstwahrscheinlich auch vollständig überwachten Ballungszentren ist das Leben sicher ein völlig anderes als in den dann noch immer bestehenden ländlichen Regionen.

Man muss inzwischen schon etwas länger von Shanghai aus Richtung Westen fahren, um das ursprüngliche **Dorfleben** noch zu erleben. War es vor 30 Jahren eine halbe Stunde, sind es heute vielleicht eine oder zwei Stunden Autofahrt, dann trifft man auf Dörfer, die zwar über eine gute Verkehrsanbindung, Elektrizität und Internet verfügen, aber in denen dennoch viele Menschen so leben, wie es ihre Vorfahren seit Tausenden von Jahren taten: Ein Bauer steht im Reisfeld, der Wasserbüffel zieht träge einen Pflug, Fischer angeln im Fluss, die Kinder spielen auf den Feldern oder machen Hausaufgaben (dies erst seit wenigen Jahrzehnten seit der Einführung der Schulpflicht). Fährt man weiter nach Westen, nach Xinjiang, nach Tibet, nach Gansu, so findet man immer wieder solche Orte, an denen

die Zeit stehen geblieben zu sein scheint. Aber so romantisch das auf den Touristen auch wirken mag, so hart ist das Leben dort. Die Bauern haben zumeist nicht so sehr vom wirtschaftlichen Aufschwung profitiert wie die Städter; die **schlechte Schulausbildung, mangelnde Weiterbildungsmöglichkeiten,** die **harten topografischen wie klimatischen Bedingungen** haben sich nicht geändert. Die Ausbreitung der Wüste schreitet voran und macht die Felder unfruchtbar; die schlechte Wasserversorgung in vielen nördlichen Regionen, der Frauenmangel auf dem Land – **zwischen Ost- und Westchina** besteht ein sehr starkes **Gefälle** hinsichtlich Einkommen und Lebensstandard. Die mangelnde Altersversorgung der Bauern, fehlende oder unbezahlbare Ärzte, aber auch die unglaubliche Umweltverschmutzung durch die Industrialisierung und die damit einhergehende Verseuchung des Grundwassers und der Flüsse, all dies ist Gegenstand der regelmäßigen Klagen der Bauern. Hinzu kommt die Rücksichtslosigkeit der sie ausbeutenden Kader, die fruchtbares Ackerland in Golfplätze umwandeln, um sich daran zu bereichern, die Immobilienbesitzer enteignen etc. Es gibt jedes Jahr **Tausende von Aufständen von wütenden Bauern,** unzählige **Streiks** und **Angriffe auf Kader.** Doch jeglicher Protest wird schnell – und oft gewaltsam – niedergeschlagen. Die offizielle Möglichkeit, die jedem Bürger Chinas offensteht, sich nämlich bei der zuständigen Behörde über Missstände zu beschweren und notfalls bis nach Beijing zu gehen, ist in Wirklichkeit keine Option. Wer sie dennoch wahrnimmt, wird verprügelt, geschlagen und nach Hause geschickt.

Das Leben auf dem Land unterscheidet sich wie überall auf der Welt sehr stark von dem in der Stadt; in China kommen die Folgen staatlicher Willkür hinzu. Millionen Menschen werden für Infrastrukturprojekte umgesiedelt, alleine für den Bau des **Drei-Schluchten-Staudammes** vermutlich über 1,2 Millionen Menschen. Sie kommen aus dem fruchtbaren Gebiet rund um den Chang Jiang, wie der Yangtze in Wirklichkeit heißt, und finden sich plötzlich in der nördlichen Einöde Gansus wieder. Viele Bauern streben daher in die Städte auf der Suche nach Arbeit und Sicherheit für ihre Familie. Mao Zedong „verkaufte" sich als Bauernsohn, der sein Leben der Revolution durch und für die Bauern widmete. Heute zeigt sich: Die chinesischen Bauern sind, verglichen mit den Städtern, eher die Verlierer denn die Gewinner der Revolution.

◁ Selbst in Großstädten wie Hongkong kann es am Rande noch solche ländlich geprägten Fischerviertel geben

Geschlechter und Familie

Die Hälfte des Himmels: zur Rolle der Frau | 154

Bedeutung der Familie | 167

◁ Domino im Park (058ch-ia)

Die Hälfte des Himmels: zur Rolle der Frau

Frauenrollen früher und heute

„Mit Frauen und Dienerschaft ist schwer umzugehen. Wenn man sie zu vertraut behandelt, werden sie respektlos. Wenn man Abstand zu ihnen wahrt, murren sie."
  Konfuzius

„Die Frauen tragen die Hälfte des Himmels", lautet einer der berühmtesten Slogans Mao Zedongs. Dass sie für ihre Arbeit nicht selten nur die Hälfte des Lohnes bekommen, der für dieselbe Arbeit den Männern gezahlt wird – das steht auf einem anderen Blatt.

Nach einer von der Regierung der Volksrepublik China veröffentlichten Studie arbeiten chinesische Frauen im Durchschnitt zwei Stunden länger als die Männer und ihr **Einkommen** liegt insgesamt um etwa zwanzig Prozent unter dem ihrer männlichen Kollegen. 36 % der vom Land in die Stadt strömenden **Wanderarbeiter** sind Frauen. Sie werden als die Schwächsten unter den Schwachen noch über diskriminiert als die männlichen Wanderarbeiter. Allein in Beijing sterben jährlich 2000 Wanderarbeiterinnen auf gefährlichen Baustellen mangels medizinischer Versorgung, die sie ohnehin gar nicht hätten bezahlen können. Von den legal beschäftigten städtischen Angestellten und Arbeitern stellen die Frauen

Extrainfo 8 (s. S. 5): Darstellung zur Geschichte der Situation junger und älterer Frauen in der Stadt und auf dem Land

rund 40 %. Entlassungen im Industriebereich betreffen zu 60 % Frauen, die **Arbeitslosenquote** ist bei den Frauen fast doppelt so hoch wie bei den Männern. **Mädchenhandel** und **Prostitution** sind fester Bestandteil der chinesischen Gesellschaft.

Die chinesische Regierung bemüht sich, die gröbsten Probleme gesetzlich in den Griff zu bekommen. So wurde 2005 ein Gesetz verabschiedet, das **sexuelle Belästigung am Arbeitsplatz** unter Strafe stellt.

Die verfassungsmäßig dem Volk **verordnete Gleichberechtigung von Mann und Frau** hat, so scheint es, wie so viele andere gut gemeinte kommunistische Neuerungen die Herzen der Menschen noch nicht ganz erreichen können. Zu mächtig war da wohl die Tradition, die mit ihrer Hilfe über Nacht beseitigt werden sollte: Anders als in vielen westlichen Ländern hat es in der Geschichte Chinas keine breite Emanzipationsbewegung gegeben. Und auch in den betreffenden westlichen Ländern ist die Diskriminierung von Frauen in der Arbeitswelt nach wie vor ein Thema – trotz des langen Kampfes um die Gleichstellung der Geschlechter. In China fiel den Frauen die Idee der **Gleichberechtigung** sozusagen als Geschenk der Revolution in den Schoß. Nichts hatte sie und die Männer auf dieses Geschenk vorbereitet.

Nichts? – fast nichts, außer der Tatsache, dass die Geringschätzung, dem der weibliche Teil der chinesischen Bevölkerung seit Jahrhunderten in extremem Maße ausgesetzt war, auch immer einen Gegendruck besonderer Art erzeugt hatte. China war schon immer nicht nur das Land der unterdrückten, sondern auch der **unterdrückenden Frauen** gewesen. Die Mischung aus Demutshaltung und eisernem Siegeswillen, mit der uns auch die moderne Chinesin heute noch zu imponieren vermag, ist vermutlich so alt wie das Patriarchat selbst.

Frauenrollen im vorrevolutionären China

Es hat Zeiten in China gegeben, in denen Frauen große Freiheiten besaßen und in der schönen Literatur oder der Malerei als durchaus gleichwertige Partnerinnen der Männer erschienen. Doch das ist schon lange her. Seit etwa sieben bis acht Jahrhunderten verengt sich die Rolle der Frau immer mehr auf den häuslichen Bereich und eine dienende Funktion.

◁ Gleichberechtigter als in Deutschland: chinesische Frauen

Diese Zeitspanne ist gemeint, wenn im Folgenden vom vorrevolutionären China die Rede ist.

Es war vor allem die **konfuzianische Tradition,** die die Vormachtstellung des Mannes gegenüber der Frau untermauerte. „Frauen", soll der Meister gesagt haben, „sind diejenigen, die den Männern gehorchen." An diese Rolle waren sie frühzeitig zu gewöhnen. Ein altes Lied lautet:

„Wenn ein Knabe geboren wird, bereitet man ihm eine Wiege, zieht ihm Schuhe an und gibt ihm ein Jadezepter zum Spielen. Wenn er brüllt, gilt dies als gutes Zeichen. Der Tag wird kommen, an dem er in prachtvollen Kleidern einhergeht ...

Wenn dem Prinzen ein Mädchen geboren wird, legt man es auf den Boden zum Wickeln und gibt ihm ein tönernes Weberschiffchen zum Spielen. Sie wird keinen Anlass zum Ärger geben und nichts Schlechtes tun. Sie trägt die Sorge für Essen und Trinken, so macht sie ihren Eltern keine Schande."

Die **Geringschätzung des weiblichen Nachwuchses** beruhte vor allem darauf, dass Töchter nach ihrer Heirat nicht mehr zu ihrer Herkunftsfamilie zählten. Sie waren nun die Schwiegertöchter anderer Familien, besuchten ihre leiblichen Eltern eher selten und waren auch für deren Versorgung im Alter nicht zuständig. Das war Aufgabe der Söhne und deren angeheirateten Frauen.

„Wer eine Tochter großzieht", so ein chinesisches Sprichwort, „zieht eine Schwiegertochter für andere Leute auf." Das kostete Geld, machte Mühe und war ein Verlustgeschäft, wenn es nicht durch einen entsprechenden Brautpreis entlohnt wurde. Niemand war also sonderlich erpicht darauf, ein Mädchen zu bekommen. Wehe der Frau, die keine Söhne gebar! Han Suyin, die zwischen den Weltkriegen in China als Geburtshelferin tätig war, erzählt von einer Bäuerin, die nacheinander neun Töchter bekommen hatte: „Als die Wehen einsetzten, (...) erzählte sie, was aus ihren Töchtern geworden war: Die erste lebte noch, ebenso die dritte; die zweite aber hatte ihr Mann nach der Geburt erdrosselt, ebenso die fünfte und die sechste; die siebte war in einem schlechten Jahr zur Welt gekommen, in dem es nichts zu nagen und zu beißen gab und ihr die Bauchhaut am Rücken klebte, und dieser siebten hatte der Mann mit der Axt den Schädel eingeschlagen; bei der Geburt des achten Mädchens war er so wütend geworden, dass er es an die Wand schleuderte; das neunte hatte sie im Alter von einem Jahr einem Nachbarn gegeben und jetzt trug sie wieder ein Kind im Bauch ... mochte der Himmel geben, dass es endlich ein Sohn war. Als die Wehen einsetzten, fragte Fräulein Hsü: ‚Und was passierte mit dem vierten?' Wieder machten wir die Kindesmorde der Rei-

he nach durch, aber jedes Mal ließ die Frau ein Kind aus – das vierte. Als die Wehen stärker wurden (...) brach die Frau in Tränen aus und erzählte endlich, wie das vierte Kind ums Leben gekommen war. Als sich nach der Geburt herausstellte, dass es wieder ein Mädchen war, hatte sie es, von panischer Angst getrieben, eigenhändig in den großen Toilettenkrug gesteckt und erstickt."

Besonders seit die Regierung in den 80er-Jahren des 20. Jahrhunderts mit besonderer Entschlossenheit versuchte, ihre Ein-Kind-Politik durchzusetzen, kam es auf dem Land wieder zu solchen **Neugeborenentötungen.** Durch die inzwischen möglich gewordene Geschlechtsbestimmung des Ungeborenen durch Ultraschall hat darüber hinaus die **Abtreibung von weiblichen Föten** ein Ausmaß angenommen, durch das die Regierung sich gezwungen sah, die Verwendung von Ultraschallgeräten 1997 gesetzlich zu verbieten. Dennoch verschärft sich das Missverhältnis von weiblichen und männlichen Neugeborenen. Selbst in städtischen Gebieten kommen inzwischen auf fünf männliche Babys nur noch vier weibliche. Nach Schätzungen „fehlen" heute etwa 20 bis 30 Millionen Frauen in China! Dies führt nun dazu, dass der „Wert" der Mädchen steigt; so mancher Chinese sagt sich, eine Tochter sei doch vorteilhaft, sie könne unter vielen Männern wählen, während ein Sohn aufgrund des Frauenmangels vielleicht nie eine passende Frau finden würde!

△ Zwei Kinder sind erlaubt!

Die erzieherische Sorgfalt, die im alten China das heranwachsende Mädchen begleitete, war völlig anderer Art als die, die man den Söhnen angedeihen ließ. Söhne sollten später eine Familie ernähren und Erfolg in der Gesellschaft haben. Eine Tochter wurde im Wesentlichen auf zwei Rollen vorbereitet: auf die der zukünftigen **Schwiegertochter** und die der **Mutter.** Beide Rollen waren strikt auf den häuslichen Bereich beschränkt. „Der Mann wirkt außer Haus, die Frau wirkt im Innern des Hauses", hieß es in China. Gegenseitige Einmischung war dabei nicht vorgesehen.

Die den jungen Mädchen vermittelten Fähigkeiten waren also häuslicher und praktischer Natur. Zu viel akademisches Wissen brauchten sie nicht, denn: **„Je weniger eine Frau weiß, desto tugendhafter ist sie."** Tugend bedeutete Gehorsam – gegenüber den Eltern oder Schwiegereltern, gegenüber dem Ehemann und gegenüber dem eigenen Sohn, wenn der erwachsen war. Doch auch in anderer Hinsicht war es überflüssig, der eigenen Tochter allzu viel Bildung zu vermitteln. Als Schwiegertochter anderer Leute hätte sie kaum Verwendung dafür gehabt, sollte sie doch putzen, weben, nähen, kochen, auf dem Hof arbeiten oder die Schwiegereltern bedienen, also erledigen, was so anfiel (und was sonst keiner machen wollte). Zu heiraten bedeutete in erster Linie nicht, eine glückliche Ehe zu führen, sondern der Familie des Mannes zu dienen. Die Bereitschaft dazu musste eine Braut mitbringen.

Zwischen dem zwölften und vierzehnten Lebensjahr wurden die Mädchen verheiratet. Die Heimführung der Braut war noch im vorigen Jahrhundert zumindest für die Braut selbst kein schönes Erlebnis. Am ersten Tag in ihrer „neuen Familie" war sie „derselben Art von kritischen Bemerkungen ausgesetzt wie ein neugekauftes Pferd und es ist nicht schwer sich vorzustellen, was sie dabei empfindet", beschrieb ein amerikanischer Missionar die Vermählung. Braut und Bräutigam kannten sich in der Regel nicht. Es ist auch zu bezweifeln, dass für die Eltern und Heiratsvermittler, die die Ehe arrangierten, das persönliche Glück des jungen Paares bei ihren Planungen eine große Rolle spielte. Eine **chinesische Ehe** wurde und wird nicht im Himmel geschlossen. Sie war zunächst ein **Pakt zwischen zwei Familien** und dann zwischen Eltern und Sohn. Letzterer hatte den Fortbestand der Familie zu sichern, indem er mit der Schwiegertochter seiner Eltern männliche Nachkommen zeugte. Dass sich zwischen den Jungvermählten dennoch Liebe einstellte, war nicht zwangsläufig vorgesehen. Rasend eifersüchtige Schwiegermütter konnten darauf bestehen, dass das junge Paar nachts die Tür zum Schlafzimmer weit offen ließ, fuhren dazwischen, wenn sie liebevolle Zärtlichkeiten beobachteten, misshandelten die Frauen ihrer Söhne, trieben sie in den Selbstmord oder marterten sie eigenhändig zu Tode. Wenn die Beobachtungen des Missionars Smith zutreffen, dann waren selbst solche extremen Fälle im vorrevolutionären China keine ausgesprochene Seltenheit: „Eltern können überhaupt nichts tun, um ihre Tochter zu schützen, außer der Familie, in die sie eingeheiratet haben, Vorstellungen zu machen und eine teure Beerdigung auszurichten, wenn ihre Tochter in den Selbstmord getrieben wurde. Wenn ein Mann seine Frau schwer verletzt oder umbringt, entgeht er allen legalen Konsequenzen, wenn er geltend macht, dass sie nicht ‚pietätvoll' gegenüber seinen Eltern war. Selbstmorde junger Frauen sind, wir müssen es wiederholen, exzessiv häufig und in einigen Gegenden findet man kaum eine Handvoll Dörfer, in denen nicht gerade welche vorgekommen sind (…) Der Autor ist persönlich bekannt mit vielen Familien, in denen solche vorgekommen sind."

Eine **Scheidung** kam für die chinesische Frau praktisch nicht in Betracht, es sei denn, ihr Mann hätte sich des Mordes an einem Mitglied ihrer Sippe schuldig gemacht. Der Mann seinerseits durfte seine Frau aus sieben Gründen verstoßen. Dazu zählten Schwatzhaftigkeit, Krankheit, Ungehorsam u. ä. Doch tatsächlich waren Scheidungen (zumindest in den letzten 800 Jahren) gesellschaftlich so verpönt, dass sie kaum stattfanden. Für reichere Männer war es sowieso entschieden einfacher, sich eine neue Frau als Konkubine ins Haus zu nehmen. Heutzutage sind Scheidungen in der VR China immer noch sehr schwierig. Diverse Komitees führen endlose Schlichtungsgespräche und selbst nach vollzogener Scheidung ist eine Trennung nicht immer möglich, weil es einfach nicht genügend Wohnraum gibt bzw. dieser inzwischen unerschwinglich geworden ist.

Die **junge Ehefrau** war nicht nur Dienerin ihrer Schwiegereltern, sondern auch die ihres Mannes. Inwieweit ein Ehemann diesen Anspruch durchsetzen konnte, vor allem dann, wenn man die Partner ohne Rücksicht auf ihr Alter miteinander verheiratet hatte und er sehr viel jünger als seine Gattin war, das wird von Fall zu Fall verschieden gewesen sein. Die vielen Demütigungen, Schmerzen und Niederlagen, die Frauen im Laufe ihres Lebens einstecken mussten, wirkten auf die einen einschüchternd, auf die anderen eher stählend. Die kampferprobte *Taitai* (Ausdruck für die verheiratete Frau) ist Gegenstand unzähliger chinesischer Witze wie diesem hier: „Eines Tages versammelten sich die unterdrückten Ehemänner, um zu besprechen, wie sie ihre Frauen besser im Zaum halten könnten. Einige Leute erlaubten sich den Spaß und erschreckten die Männer mit der Ankündigung, dass die Frauen von der Versammlung erfahren hätten und schon auf dem Weg seien, um ihre Männer zu verprügeln. Die Pantoffelhelden stoben in alle Richtungen davon. Nur einer hielt Stellung und blieb sitzen. Er war vor Schreck gestorben."

Ebenso wenig wie ein Mann erwarten durfte, in der Verbindung mit seiner Hauptfrau glücklich zu werden, hatte die Frau von ihrer Ehe Erfüllung zu erwarten. Diese suchte (und fand) sie in ihrer **Rolle als Mutter,** Mutter eines Sohnes, versteht sich. Der männliche Nachwuchs war das Einzige, was ihr im Haus der Schwiegereltern zu Ansehen verhelfen konnte und obendrein auch noch oft genug ihr einziger menschlicher Trost. Chinesische Mütter waren auf ihre Söhne fixiert. Und von den Söhnen erwartete man umgekehrt eine entsprechend starke Mutterbindung. Auf dem Umweg über die Mutterrolle hatten die Frauen in der patriarchalischen Gesellschaft letztlich doch einen großen **Einfluss auf die männliche Sozialisation** und das männliche Verhalten. Der europäische Spruch „Hinter jedem Mann steht eine Frau" wird bis heute von den meisten Chinesen bejaht – und missverstanden. Die Frau hinter dem Mann ist in China von jeher seine Mutter gewesen.

Das Füßebinden

In China gab es eine der grausamsten Initiationsriten, die eine Gesellschaft je an ihren Kindern vollzogen hat: Kleinen chinesischen Mädchen wurden, beginnend in einem Alter von ca. fünf Jahren, ganz langsam die Fußknochen verkrüppelt. Die Prozedur des sogenannten Füßebindens zog sich über zwei Jahre hin und geschah im Namen eines wohl um die letzte Jahrtausendwende aufgekommenen Schönheitsideals. Frauenfüße, die nur halb so groß waren wie natürlich gewachsene, wurden zunächst nur in der Oberschicht geschätzt, kamen dann aber auch in unteren Bevölkerungskreisen in Mode.

Die Zehen wurden unter die Fußsohle gebogen - oft faulten sie mit der Zeit ab - und die Bandagen so lange fester und fester gezurrt, bis die Idealgröße von etwa 8-12 cm erreicht war. Die Höllenqualen, die das Mädchen dabei durchmachte, markierten das Ende seiner Kindheit. Laufen, springen oder hüpfen konnte es von da an nicht mehr und den allermeisten verging das Lachen.

Die Tugenden des Gehorchens und der Zurückhaltung dürften sehr viele in dieser Zeit von ganz allein verinnerlicht haben. Wie viel späterer weiblicher Sadismus auf diese kindlichen Erfahrungen zurückzuführen ist, bleibt der Spekulation überlassen.

Heutzutage werden zum Glück keine kleinen Mädchen mehr mit dem Füßebinden gequält. Auch auf dem Land ist es damit vorbei, denn schließlich braucht man die Frauen ja als Arbeitskräfte.

Kein Wunder also, dass die schreckliche, eifersüchtige, hasserfüllte **Schwiegermutter** so viel Raum im chinesischen Frauenleben einnahm. „Die Schwiegertochter wird langsam zur Schwiegermutter gar gesotten", beschreibt ein Sprichwort den langen Leidensweg von der jungen Frau zum gefürchteten Oberhaupt eines Haushaltes. Manche Regionen Chinas waren für ihre grausamen Schwiegermütter ebenso berühmt wie andere für ihre Landschaften. Alle Gehorsamspflichten, alle Schmutzarbeiten konnte die ältere Frau nun endlich auf eine jüngere abwälzen. Als Schwiegermutter durfte sie so viel Terror und Tyrannei ausüben, wie sie Lust hatte – die verspätete Rache für Jahrzehnte des Leids.

Frauenrollen der Gegenwart

So sehr sich die formalrechtliche Stellung der Frau in der Volksrepublik China auch gebessert haben mag, so sehr wirkt die **Tradition der Geringschätzung** von Frauen in weiten Teilen der Bevölkerung nach. Das gilt ganz besonders für das ländliche China, wo immerhin noch 50 % der Bevölkerung leben.

Selbst von jungen Leuten hört man Äußerungen wie diese: „Frauen sind arm dran. Wenn sie dreißig sind, sind sie alt. Ein Mann ist dann erst im richtigen Alter", „Mädchen werden von ihren Eltern weniger geliebt. Eltern denken: Ein Knabe zählt viel, ein Mädchen wenig", „Jungen brauchen zu Hause nicht zu helfen", „Ein Mann kann eher tun, was er will. Er hat mehr Freiheit", „Ein Mann wird viel mehr respektiert!". Sehr interessant ist auch die Verwendung des Bestandteils (Radikals) „Frau" in vielen negativ konnotierten Schriftzeichen: Neid (= weibliche Krankheit), bösartig, Monster etc.

Die insgesamt abschätzige Beurteilung weiblicher Möglichkeiten kommt jedoch längst nicht in allen Lebensbereichen zum Tragen. Die statistisch erwiesenen Nachteile, die Frauen in Ausbildung, Berufsleben und bei der Hausarbeit haben, zeigen nur eine Seite der Wirklichkeit. Besonders Männer behaupten gern, dass dies nicht die wesentliche Seite sei. Ein Beijinger Lehrer, der sich einige Jahre im Westen aufgehalten hat, erklärt: „Unsere Frauen haben viel mehr Selbstbewusstsein als ihr Frauen im Westen. Weißt du, warum? Ihr habt immer Angst, dass der Mann euch davonläuft. Eine chinesische Frau kennt diese Angst nicht. Man kann sich bei uns praktisch nicht scheiden lassen. Es ist jedenfalls wahnsinnig schwierig. Schau dir mal das Pärchen da drüben an", er zeigte auf einen Nebentisch, „das Mädchen da hat den Mann für ihr Leben lang unter der Fuchtel. Der hat überhaupt keine Chance, ihr je wieder zu entkommen."

Gewiss, auch die Frauen können aus einer unerträglich gewordenen Ehe kaum je wieder ausbrechen. Doch begünstigen die Hemmschwellen, die Gesetz und öffentliche Meinung in China vor eine Scheidung legen (s. S. 159), zwangsläufig denjenigen der beiden Ehepartner, der die besseren Nerven im täglichen Beziehungskrieg hat. Und das ist nicht immer der Mann.

Heutzutage haben chinesische Frauen in der VR China **mehr Freiheiten** als je zuvor in der jüngeren Geschichte des Landes: Die Polygamie ist offiziell abgeschafft (existiert aber illegal in Ausnahmefällen weiter), Mädchen können nicht mehr gegen ihren Willen verheiratet oder verkauft werden (wobei Letzteres – besonders in der VR – ebenfalls weiterhin illegal praktiziert wird), Frauen haben dieselben verfassungsmäßigen Rechte wie Männer und das Los der Schwiegertöchter ist um vieles besser geworden. Zwar gilt immer noch der Grundsatz, dass ein Mädchen nach seiner Hochzeit mehr zur Familie des Mannes als zu ihrer eigenen gehört, doch vorbei sind jene Zeiten, in denen die Jungvermählte als Dienstmagd der Familie das Haus ihres Gatten betrat. Die **einst so gefürchtete Schwiegermutter** fungiert heute für das berufstätige Paar eher als kostenloses Kindermädchen. Viele chinesische Kinder entwickeln übrigens auf diese Weise zu ihrer Großmutter ein innigeres Verhältnis als zu ihrer Mutter.

Schon vor der Eheschließung werden die Bedingungen für die Zeit danach zwischen den Heiratskandidaten und ihren Familien zäh ausgehandelt. Die unersättliche Verlobte, die mit teuren Geschenken und Ein-

◳ Ohne Smartphone geht gar nichts …

ladungen bei Laune gehalten werden will oder den Mann strikt ablehnt, der es wagt, ihr einen Antrag zu machen, ohne wenigstens eine eigene Wohnung vorweisen zu können, ist in China ein beliebtes Thema bei Karikaturisten. Natürlich versucht auch die Familie des Mannes, **Profit aus der sich anbahnenden Verbindung** zu schlagen. Da wird unter Umständen schon im Voraus versucht festzulegen, wie das Einkommen der zukünftigen berufstätigen Schwiegertochter zu verteilen sei. Zäh sind solche Verhandlungen und sie können zum endgültigen Bruch zwischen Verlobten führen. Das romantische Gepränge, das vor allem wohlhabende chinesische Hochzeiten begleitet, täuscht über den geschäftlichen Aspekt der Angelegenheit hinweg.

Zumeist zeigt sich erst in der Ehe, wie die Brautleute miteinander zurechtkommen. Voreheliche Liebschaften sind zwar in den Städten und vor allem unter Studenten fast schon die Regel, die ältere Generation und die von ihr geprägte öffentliche Meinung sind aber immer noch so restriktiv, dass die meisten Paare das ständige Zusammenwohnen ohne Trauschein doch nicht wagen. So sehen sich sehr viele junge Menschen nach der Hochzeit mit Problemen konfrontiert, die sie sich nie hätten träumen lassen – und zwar egal, ob es sich um ein von den Eltern arrangiertes Zweckbündnis handelt (wie es im ländlichen China immer noch häufig vorkommt) oder um eine moderne Liebesheirat. Ganz offensichtlich sind **chinesische Ehen** kein bisschen konfliktfreier, harmonischer oder liebevoller als Ehen in der so oft als selbstsüchtig und dekadent geschmähten westlichen Gesellschaft.

Auch um das Gleichgewicht von Mann und Frau innerhalb der Ehe steht es in China ähnlich wie in westlichen Gesellschaften: Jede Ehe ist anders. Machos und Hausdrachen, Pantoffelhelden und unterdrückte Frauen kennt man dort wie hier. Vielfältige und für den Außenstehenden schwer durchschaubare Formen von Arbeitsteilung und Interessenwahrung bestimmen den Alltag. Über die tatsächliche Balance zwischen Mann und Frau in der Ehe wissen letztlich nur die Betroffenen Bescheid.

Der Typus des „Fräuleins"

Die Strategien, mit denen sich junge chinesische Frauen im Privatleben Geltung zu verschaffen wissen, können von denen einer modernen Westlerin sehr verschieden sein. Die augenfälligste und zugleich bemerkenswerteste Strategie ist vielleicht die des chinesischen „Fräuleins".

Das Fräulein (chin. *xiaojie*) ist ein ganz bestimmter Typus der unverheirateten jungen Frau, der den **Inbegriff chinesischer Mädchenhaftigkeit** verkörpert. Eine ältere verheiratete Frau „Fräulein" zu nennen, hieß noch vor wenigen Jahren, ihr zu schmeicheln: „Du siehst noch jung aus." Heute sagt man das nicht mehr, da viele „xiaojie" weniger Fräulein als vielmehr moderne Konkubinen sind.

Das echte Fräulein ist etwa zwischen achtzehn und achtundzwanzig Jahre alt und hat einen festen Freund oder Verehrer, der sie im Idealfall anbetet. Jenseits der Dreißig ist ein unverheiratetes Fräulein kein Fräulein mehr, sondern eine, die keinen „abgekriegt" hat. Sie kann sich dann allenfalls noch Hoffnungen auf einen geschiedenen Mann, einen Außenseiter oder einen Ausländer machen. Spätestens also, wenn ein Fräulein 25 Jahre alt ist und noch keinen festen Kandidaten sein Eigen nennt, wird die Verwandtschaft nervös. Sie arrangiert dann am laufenden Band zwanglose Treffen mit heiratswilligen jungen Männern in der Hoffnung, es möge ein Funke überspringen. Für die Betroffenen sind solche unter Aufsicht stattfindenden Begegnungen genauso peinlich wie es sich anhört. Inzwischen kann man online „Freunde" mieten, also junge Männer, die sich vor der Verwandtschaft als zukünftiger Ehemann präsentieren, nur damit die junge Frau ihre Ruhe vor den ständigen Nachfragen hat.

Ein Fräulein macht sich in Gegenwart eines Mannes immer etwas kleiner, dümmer, hilfloser als es ist. Viele Mädchen sind also nur **„Teilzeitfräulein"**. Erst wenn ihr Freund auf der Bildfläche erscheint, verwandeln sie sich vor den Augen staunender Beobachterinnen sekundenschnell in quäkende kleine Närrinnen. Es ist umwerfend. „Unsere Männer", so meinte ein Fräulein, „haben es gern, wenn ein Fräulein ein bisschen kindisch ist."

Das chinesische Fräulein ist ein fest umrissenes Phänomen. Nicht jede junge Chinesin ist ein Fräulein. Fräulein zu sein, ist eine Kunst für sich. Ein Fräulein ist **kindlich, kapriziös, launenhaft** („Fräuleinlaune") und unschuldig. Manchmal hat es eine hohe, engelsgleiche Stimme. Das ist nicht seine richtige Stimme, aber es glaubt, dass es mit ihr noch süßer wirke. Fräulein gibt es überall in Taiwan, Hongkong und natürlich auch in Festlandchina. Vierzig Jahre Kommunismus waren machtlos gegen das chinesische Fräulein. Und auch gegen *sajiao* waren sie machtlos. **Sajiao** ist eine der Lieblingsbeschäftigungen des typischen Fräuleins. *Sajiao*, so steht es im Lexikon, heißt: „sich wie ein verwöhntes Kind aufführen, quengeln, (für eine Frau) die Kokette spielen." Ein richtiges Fräulein kokettiert, indem es knatscht wie ein Kleinkind. *Sajiao* ist eine **Form von weiblichem Psychoterror,** die eher einen Stein als eine andere Frau erweichen würde, aber bei Männern Wunder wirkt. Gekonntes *sajiao* weckt Beschützerinstinkte

> Kindchenschema macht in China, wie auch in Japan, attraktiv

und macht aus jeder Extramühe eine Extrafreude. Man stelle es sich in etwa so vor: Fräulein W. steht am Telefon, um ihren Freund anzurufen. Sie möchte ihn bitten, sie mit dem Auto irgendwohin zu fahren. Sie haucht in den Hörer: „Halloooh? Wie geht es dir? Jah? Jaah? ... Jaaa? ... Nein, weißtu, da ist ein Problem, jaahh? Also, ich habe ein Problem ... weißtu ... das ist soo ..." Fräulein W.s Stimme erreicht die volle Höhe ihrer Zerbrechlichkeit und flattert wie ein wundes Vögelchen. „... Kannstu ... jaa? Wirklich??? Jaa? Oooh, du bist sooh nett ... Jah, bis gleich ..." Das Vögelchen sinkt ersterbend zu Boden. Fräulein W. legt auf. „Keine Sorge", sagt sie mit ihrer normalen Stimme zu Fräulein X. und lächelt: „Der kommt!"

Eine klassische Fräuleinmethode ist ferner die der auch bei uns bekannten **„kalten Schulter"**. Sie basiert im Wesentlichen auf der Überzeugung, dass es einen verliebten Mann nicht stören dürfe, wenn er stundenlang umsonst wartet. „Ich wollte ihn doch nur ein bisschen quälen!", sagt so ein Fräulein in Li Ans (Li Ang) Film „Eat, Drink, Man, Woman", als es feststellen muss, dass der Verehrer das Warten aufgegeben hat. Das chinesische Fräulein ist dem Augenschein nach das Gegenteil einer emanzipierten Frau. Aber das stört kein Fräulein, solange es das erreicht, was es möchte: „Ich finde *sajiao* prima. Ich kriege dann immer alles, was ich will", bekannte eine Studentin aus Hangzhou. Wenn die erste Stufe von *sajiao* nichts nützt, folgt die zweite: **schmollen.** Am besten so, dass alle es sehen. Da steht dann etwa ein junges Mädchen mitten auf dem Gehweg mit dem Gesicht starr zu einer Hauswand und zieht eine herzzerreißende Schnute, während neben ihr ein unendlich verlegener junger Mann mit hochroten Ohren von einem Bein aufs andere tritt. Die dritte Stufe von *sajiao* soll mit

Selbstmorddrohungen und Schlimmerem einhergehen. Betroffene Männer haben es als die Hölle pur geschildert.

Aber ein Fräulein zu sein, hat einen gewissen Preis. **Hübsch, adrett und nicht allzu klug** muss ein Fräulein sein. Fast zwei Drittel aller Männer gaben bei einer Umfrage in der VR China an, das Wichtigste an einer Partnerin sei ihr Aussehen. Hier haben Akademikerinnen übrigens auch die schlechtesten Heiratschancen, getreu dem uralten chinesischen Motto: „Je dümmer eine Frau ist, desto tugendhafter." In einer Umfrage im Mai 2009 unter fünfhundert promovierten Frauen gaben mehr als sechzig Prozent an, die Partnersuche erweise sich wegen ihres Titels als sehr schwierig.

Schönheitschirurgie ist ein blühender Berufszweig in China. Eher harmlose Eingriffe wie das Wegoperieren der Epikanthus-(Mongolen-)falte stehen hoch im Kurs, aber auch schwere Operationen wie die Verlängerung der Beine durch Brechen der Knochen und künstlich herbeigeführtes Wachsen derselben beim Heilen sind inzwischen für viel Geld, Zeit und Schmerzen zu haben. Frauen, die nach ihren Beweggründen für die Entscheidung zugunsten einer solchen Tortur gefragt wurden, gaben an, beruflich und privat mit der neuen Figur auf jeden Fall entschieden bessere Chancen zu haben.

Rauchen war lange Zeit in der VR China für Frauen strikt tabu. Nur die ganz alten Frauen rauchten in aller Öffentlichkeit. Inzwischen zeichnet sich eine Trendwende ab. Geschäftsfrauen, Künstlerinnen und Studentinnen greifen öfter zur Zigarette. Landesweit rauchen dennoch nur 1,2 Prozent der Hochschulabsolventinnen – manche Dinge ändern sich eben nur sehr langsam.

Widerstand regt sich vor allem in der städtischen Jungmädchengeneration in China gegen ein Frauen- und Fräuleinbild, das die eigenen Möglichkeiten so eng definiert. Ein Popidol Chinas ist **ein 2005 zur Gewinnerin einer Talentshow** (The Mongolian Cow Sour Yogurt Supergirl Concert) **gewähltes Anti-Fräulein**. Li Yuchun, damals gerade Anfang zwanzig, fiel auf. Sie konnte nicht besonders gut singen, war zunächst nicht besonders gut gekleidet und im Übrigen eher ungezogen (will heißen: extrovertiert) und jungenhaft, aus traditioneller Sicht also „vulgär". Aber sie hat eine Fangemeinde, von der die KPCh nur träumen kann. „Wie kommt es nur", fragte süffisant die regierungstreue China Daily, „dass die Imitation eines demokratischen Systems zu der Wahl derjenigen Sängerin führte, die das geringste Talent hat, einen Ton zu halten?" China im Supergirl-Rausch? – Eine Li Yuchun macht noch keine Emanzipationsbewegung. Traditionen sind überall langlebig und zäh. Dennoch lässt zumindest Li sich nicht beirren und gewann 2013 den MTV Europe Music Award.

Bedeutung der Familie

In der Volksrepublik China besteht zunehmend die Möglichkeit, als Ausländer bei einer chinesischen Familie unterzukommen, das gilt ebenso für Taiwan und Hongkong. Alle Schwierigkeiten, die der freiheitsliebende junge Mensch aus dem Westen mit seiner eigenen Familie hat, dürften sich in einer chinesischen jedoch noch potenzieren. Außerdem ist auch eine chinesische Familie eine gewachsene Gemeinschaft und für Außenstehende schwer durchschaubar.

Chinesen halten sich auf ihr Familienleben viel zugute. Der Zusammenhalt, so behaupten sie, sei ungleich stärker als im Westen, die Anhänglichkeit zwischen Kindern und Eltern größer, die Beziehungen enger. Doch die vermeintliche Nähe unter den Mitgliedern einer chinesischen Familie ist sehr oft das Ergebnis einer Sprachregelung oder eines **festgelegten Pflichtkanons der familiären Fürsorglichkeit.** Diese Fürsorglichkeit ist in chinesischen Familien zwar ausgeprägter als in vielen westlichen. Sie ist aber, entgegen chinesischer Selbstdarstellung, durchaus nicht immer mit innigen und aufrichtigen Gefühlen füreinander verbunden.

Egal, ob sich jemand mit seinen Eltern versteht oder nicht, er oder sie wird fast immer stereotyp erklären: „Ich liebe meine Eltern", schon allein deshalb, weil eine andere Formulierung undenkbar wäre. Egal, ob Geschwister ihren Bruder gern haben oder nicht, wenn er infolge seiner Spielsucht hoch verschuldet ist, werden sie Überstunden machen, um ihm beim Abbezahlen zu helfen, selbst dann, wenn sie sich ärgern und den Betreffenden offen oder insgeheim zum Mond wünschen. Egal, was zwischen Schwiegertochter und Schwiegermutter vorgefallen ist, wenn die Jüngere im Wochenbett liegt, wird die Ältere ihr freiwillig die anstrengenden Arbeiten wie Putzen, Kochen und Waschen abnehmen und sie wird es selbst dann tun, wenn eine Haushaltshilfe das genauso gut könnte. Nicht weil sie die Frau ihres Sohnes besonders mag, sondern weil es sich für eine Schwiegermutter so gehört. Egal, ob Mann und Frau sich seit Jahren ausschließlich angeschrien oder überhaupt nicht miteinander geredet haben, gegenüber ihren eigenen Kindern werden sie ihre gemeinsame Elternrolle wahrnehmen.

Die Konventionen des Füreinander-Da-Seins tragen eine chinesische Familie unter Umständen über Abgründe, die in westlichen Familien zur völligen Zerrüttung führen würden. Das **Pflichtbewusstsein gegenüber den Mitgliedern der eigenen Familie** entspringt der Tradition. In der alten chinesischen Gesellschaft kam es innerhalb eines Clans vor allem auf den Zusammenhalt an. **Familiengeist war eine Art Disziplin,** der alles andere untergeordnet war – erst recht das persönliche Glück.

Daran hat sich in mancher Hinsicht bis heute wenig geändert. Zum Thema Ehe siehe S. 158.

Sowohl in Taiwan als auch in der Volksrepublik China sind materielle Erwägungen bei der Mehrheit der älteren Generation und – man täusche sich nicht – auch bei vielen Jüngeren vorrangig. Viele junge Menschen in der Volksrepublik, die man heute zu dieser Thematik befragt, geben an, Geld und Besitz seien Vorbedingung für die Liebe. **Scheidungen** sind schon allein deswegen selten, weil die Familie als Institution zur finanziellen Absicherung wichtiger war und ist als die eheliche Harmonie.

Gewandelt hat sich jedoch die **Einstellung zu den eigenen Kindern.** Seit der Nachwuchs in der Volksrepublik China auf ein einziges Kind pro Paar beschränkt wurde (erst seit 2016 wurde die Ein-Kind-Politik dahingehend gelockert, dass nun auch zwei Kinder erlaubt sind), sind die Kleinen zum über alles geliebten Mittelpunkt der familiären Sorge geworden. Sie sind nicht länger der autoritären Familienräson unterworfen. Fast schon ist es umgekehrt: Der kindliche Tyrann, der Großeltern und Eltern mit seinen Wünschen in Atem hält, ist ein viel beschriebenes und viel diskutiertes Phänomen der modernen chinesischen Gesellschaft. Durch die Ein-Kind-Familie ist das Prinzip der Fürsorge in einem Maß bestimmend für die Eltern-Kind-Beziehung geworden, das vielen Chinesen Unbehagen bereitet.

Hochzeitsreisen gehören auch in China dazu!

Der **Generationenkonflikt** schwelt in China ebenso wie in westlichen Industriestaaten. Er lässt sich an Cartoons und Werbespots ablesen, die der Gesellschaftserziehung dienen. Er wird an so alltäglichen Dingen wie Mode und Musik sichtbar, zeigt sich in politischen Strömungen und nicht zuletzt in den Gesprächen junger Leute untereinander. Das Konfliktpotenzial zwischen chinesischen Eltern und ihren Kindern ist vielleicht sogar größer als das im heutigen Westen, da sich China in einer **Phase des rapiden Wertewandels** befindet. Das Land hat längst Abschied von der kommunistischen Ideologie genommen. Dennoch hört und liest man fast nie von familiären Konflikten, wie man sie von westlichen Familien kennt (die Ausnahme von dieser Regel ist die Kulturrevolution, die in vieler Hinsicht die chinesischen Verhältnisse auf den Kopf stellte). Feldstudien von statistischer Relevanz fehlen zu diesem Thema und Verallgemeinerungen sind immer anfechtbar. Doch vielleicht ist die Feststellung nicht ganz unbegründet, dass chinesische Kinder eher dazu bereit sind, ihren eigenen Eltern gegenüber eine Haltung anzunehmen, die irgendwo zwischen **Nachsicht, Resignation und Konfliktvermeidung** anzusiedeln ist. Was die Eltern nicht mitbekommen, darüber können sie sich nicht aufregen und nicht mit ihren Kindern streiten. Zahlreiche Stadtkinder haben voreheliche sexuelle Erfahrungen gesammelt, lange bevor ihre Eltern überhaupt zum ersten Mal auf die Idee kommen, zu fragen, ob sie einen Partner haben. Nach einer Umfrage, die unter 500 Studenten polytechnischer Hochschulen in Guangzhou durchgeführt wurde, hatten bereits 17 % vorehelichen Geschlechtsverkehr. Man darf davon ausgehen, dass die tatsächliche Zahl deutlich darüber liegt. Dass Kinder ihren Eltern dies lieber verschweigen, muss nicht einmal etwas mit Angst zu tun haben. Es ist einfach die praktischere Lösung. Äußerungen wie die folgenden sind charakteristisch für die Grundhaltung vieler junger Leute.

- „Meine Eltern sind meine Eltern. Aber das Leben, das ich führe, können sie nicht nachvollziehen. Sie sind eine andere Generation mit anderen Gewohnheiten."
- „Mein Vater wäre entsetzt, wenn er das erführe. Das wäre zu viel für ihn. Es ist besser für ihn, wenn er es nicht weiß."
- „Meine Mutter hat nicht viel gelernt. Sie hat immer nur dieses einfache Leben als Hausfrau geführt. Sie ist gar nicht in der Lage, solche Dinge zu verstehen."

Eine beträchtliche Einsicht und Reife also. Die angeblich so abhängigen und „unreifen" jungen chinesischen Erwachsenen haben mitunter ihren westlichen Altersgenossen so einiges an Souveränität und Distanziertheit voraus.

Da, wo die **Kluft zwischen Eltern und Kindern** allzu tief ist, kann die Kommunikation in den Familien auch ganz abbrechen. Doch selbst wenn man sich nichts mehr zu sagen hat, kann man seine Mahlzeiten immer noch gemeinsam einnehmen. Der in vielen Haushalten ununterbrochen laufende Fernseher ersetzt mühelos das Tischgespräch. Vielleicht entspricht das nicht dem, was man sich unter einem erfüllten Familienleben vorstellt. Der Mangel an gegenseitiger Offenheit, der sich so oft im chinesischen Umgang miteinander zeigt, bewahrt auf der anderen Seite aber auch vor Krächen, die das jeweilige soziale Gefüge restlos zerstören. Hier ist die chinesische Strategie der Konfliktvermeidung erfolgreicher als das westliche Konzept der offenen Auseinandersetzung.

Zusätzlich verstärkt wird die chinesische Familienloyalität durch die im Konfuzianismus wurzelnde Vorstellung, dass das Kind seinen Eltern dankbar zu sein habe. Vor allem seiner Mutter schuldet es **lebenslange Dankbarkeit,** hatte sie doch die mühselige Arbeit mit Baby und Kleinkind. Elterliche Liebe wird nicht als Selbstverständlichkeit und Instinkt verstanden, der auch den meisten Tieren zu eigen ist, sondern als selbstlose Leistung. Früh wird dem Kind suggeriert, dass es niemals wiedergutmachen kann, was seine Eltern für es getan haben.

Seniorität

Konfuzius, der etwa im 5. vorchristlichen Jahrhundert lebte, war kein Religionsstifter, sondern schuf eine Morallehre, wie der ideale Staat auszusehen und wie sich die Gesellschaft im Idealfall zusammenzusetzen habe. Außerdem ist er berühmt für seine Einteilung der Gesellschaft in „oben" und „unten": Es gibt Herrscher und Untertan, Lehrer und Schüler, den älteren Bruder und den jüngeren Bruder, Mann und Frau, und sogar bei zwei Freunden ist der eine immer älter oder sozial höherstehend als der andere. Insofern sind keine zwei Menschen genau gleich. Diese fünf Beziehungen, *wu lun,* bildeten und bilden die Grundlage allen gesellschaftlichen Tuns und Verhaltens in China und darüber hinaus. Wo immer der Konfuzianismus sich verbreitete, also auch in Japan, Korea, Vietnam, Hongkong, Taiwan und Singapur, spielt dieses **hierarchische Denken** eine relevante Rolle.

In diesem Zusammenhang spielt nicht nur die soziale Stellung (Herrscher – Untertan), sondern auch die Seniorität im Sinne des Lebensalters eine große Rolle. Im Gegensatz zu westlichen Gesellschaften wird in Ostasien, in diesem Fall China, das Alter geehrt und geschätzt, da man davon ausgeht, dass der Mensch im Lauf seines Lebens Wissen und Erfahrung anhäuft und dadurch automatisch den Jüngeren, Unerfahrenen überlegen ist. Graue Haare zu haben, ist in Asien ein Vorteil, könnte man sagen. Ist jemand Ende zwanzig und schon in höherer Position, wird er in Europa möglicherweise dafür bewundert; in China aber glaubt man nicht, dass der Betreffende in seinem jugendlichen Alter schon über allzu große Kompetenz verfügen kann. Umgekehrt wird ein älterer bzw. alter Mensch, auch wenn er schon über 80 ist, immer geschätzt, von ihm glaubt man, viel lernen zu können.

Was folgt daraus für den Ausländer? – das Alter zu ehren, respektvolles Verhalten an den Tag zu legen, aufmerksam und ehrfürchtig zuzuhören. Natürlich geht der Ältere zuerst durch die Tür, bekommt den besseren Platz bei Tisch, darf als Erster sprechen.

Seniorität spielt in Ostasien eine große Rolle und darf nicht unterschätzt werden. Das Wort für „alt", nämlich „lao", ist auch im Wort für „Lehrer" enthalten *(laoshi)* und impliziert demnach alt im Sinne von erfahren und wissend; nicht zu alt, um mitreden zu können. Weise Menschen werden in der darstellenden Kunst immer als alte Männer (nie Frauen!) mit langem weißen Bart dargestellt. Der Gründer des Daoismus hieß Laozi – der „alte Meister".

Von den fünf Beziehungen hat diejenige zwischen Mann und Frau im modernen China sicherlich keine Geltung mehr; schon Mao sprach davon, dass die Frau die Hälfte des Himmels trage (s. S. 154).

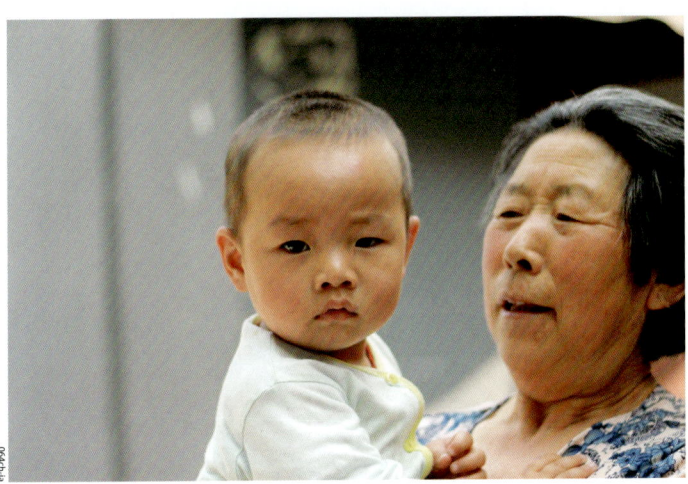

△ Oft erziehen die Großeltern die Enkel, da beide Elternteile arbeiten

Der Alltag von A bis Z

Alkohol, Rauchen und Drogen | 174

Behörden und Polizei | 175

Ess- und Trinkkultur | 176

Einkaufen | 189

Feng Shui | 189

Feste, Bräuche, Traditionen | 190

Freizeit, Sport und Spiel | 195

Gesprächsverhalten | 201

Gesundheitswesen | 209

Infrastruktur | 210

Internet und Onlinemedien: Zensur oder Freiheit? | 212

Liebe und Sex | 217

Menschenrechte | 220

Natur- und Umweltschutzdenken | 222

Rundfunk, TV und Presse | 236

Sicherheit | 237

Sprache und Schrift | 237

< Jeder Haushalt zwischen Tibet und Shanghai ist an das Stromnetz angeschlossen (066ch-ia)

Alkohol, Rauchen und Drogen

Über **Alkohol** wird im Kapitel „Ganbei!" viel geschrieben (s. S. 186), aber auch außerhalb dieser Anlässe ist vor allem **hochprozentiger Alkohol** in ganz China weit verbreitet. Zumeist wird er nicht aus Reis, sondern aus Hirse hergestellt und schmeckt für ausländische Gaumen fremd; der berühmt-berüchtigte Maotai aus der südchinesischen Provinz Guizhou sei hier beispielhaft genannt. Bei privaten Einladungen, Festen aller Art, auch als Geschenk (für Männer) – Hochprozentiger ist nie falsch. Der Schenkende sollte jedoch wissen, dass er mittrinken muss, wenn er so etwas verschenkt.

Neben Schnaps gewinnt auch **Wein** zunehmend an Bedeutung, dies aber primär im Geschäftsleben. Privat wird selten Wein getrunken; der chinesische ist nicht von hoher Qualität, der ausländische zu teuer.

Rauchen ist in China beliebter denn je, und dies nicht nur bei den Männern. Auch junge Frauen greifen zunehmend zur Zigarette, und sei es nur, um sich gegen die Konventionen aufzulehnen. Kein Business Meeting mit ausländischen Geschäftsleuten ohne verqualmte Zimmer oder Raucherpausen; kein Bankett, ohne dass geraucht würde. China ist das **Paradies schlechthin für männliche Raucher.** Was sich weniger als zwei Prozent der Frauen erst seit Neuestem erlauben, ist völlig in Ordnung für etwa zwei Drittel der chinesischen Männer. Außerdem ist es ein glänzendes Geschäft für den Staat, der ein Monopol auf Zigaretten hat und immer mal wieder verkündet, Rauchen sei gesund, denn es fördere Denkvermögen und Effizienz während der Arbeit. Das glauben 90 % der chinesischen Raucher tatsächlich. Man hätte es für einen Aprilscherz halten können, als die Presse von einem denkwürdigen Erlass einer staatlichen Behörde in Hubei im Mai 2009 berichtete. Demnach wurden in der Stadt Gong'an die Angestellten dazu verpflichtet, pro Jahr 230.000 Schachteln (hergestellt in Hubei) zu verpaffen. Jeder Abteilung, die ihr Soll nicht erfüllte, drohten Strafzahlungen. Das Verdikt wurde allerdings bald wieder zurückgenommen. Möglicherweise war den Verantwortlichen das Gelächter, das durch die Medien ging, am Ende doch zu peinlich.

Drogenexzesse wie in anderen Staaten sind in China eher unbekannt, wobei der Druck auf die Medien, über dieses Thema nicht zu berichten, immens ist. Das Leugnen eines Drogenproblems führt aber leider nicht zu dessen Verschwinden, und selbstverständlich existiert es auch in China, vor allem in den südwestlichen Provinzen. Über das sogenannte Goldene Dreieck (Thailand, Laos, Myanmar), über den sogenannten Goldenen Halbmond (Pakistan, Afghanistan und Iran) oder auch aus Südamerika kommen Drogen (Kokain) auch nach China; auch am Strand von Hainan, der subtropischen Insel südlich des chinesischen Festlandes, wird allerlei geraucht. Aber für den chinesischen Normalbürger, genauso wie für den ausländischen Touristen oder Geschäftsreisenden, gibt es zum Thema Drogen keine Berührungspunkte. Neu und in erschreckendem Maße zunehmend sind **Designerdrogen** wie Fentanyl oder Flakka. An Fentanyl starben offensichtlich sowohl Prince als auch Michael Jackson. Die meisten Designerdrogen, die derzeit die Weltmärkte überfluten, stammen vermutlich aus China. Offiziell gibt es etwa 2,5 Mio. Drogenabhängige in China; mehr als die Hälfte von ihnen soll vor allem süchtig nach synthetischen Drogen sein. In den Handel seien zunehmend auch Ausländer verwickelt, heißt es (nach chinesischen Angaben primär Afrikaner und Südasiaten). Bereits für den Besitz von 50 Gramm Heroin wird man in China zum Tode verurteilt.

Behörden und Polizei

Im Umgang mit Behörden und Polizei sollte man einfach **höflich** und **respektvoll** sein. Die chinesische **Polizei** ist im Gegenzug dann ebenso höflich und auch auskunftsfreudig, zumindest wenn sie Englisch spricht – was selten der Fall ist, aber probieren kann man es. Sollte man mit der Polizei in Konflikt geraten, bleibt man freundlich; als Ausländer wird man normalerweise gut behandelt. Keinesfalls sollte man versuchen, sich mit unlauteren Mitteln aus der Affäre zu ziehen, was in anderen Schwellenländern funktionieren mag. In China kommen Sie dafür ins Gefängnis.

Behörden sind kompliziert, wie überall auf der Welt, und auch hier erreicht man mit **beharrlicher Freundlichkeit** am meisten. Reicht das nicht, fragt man chinesische Freunde, was zu tun sei. Über *Guanxi* (s. S. 101), Beziehungsnetzwerke, lässt sich ebenfalls viel erreichen, manchmal mehr als mit hartnäckigem Beharren auf seinen Rechten.

▷ Die chinesische Polizei ist zuverlässig und nicht so korrupt, wie dies in vielen anderen Ländern der Fall ist

Ess- und Trinkkultur

„Essen ist der Himmel des Volkes."
  Chinesisches Sprichwort

Ausländer sind sich über die Tragweite dieses Themas nur selten im Klaren: **„Wer isst, ist ein König",** besagt ein chinesisches Sprichwort. Es ist nicht zufällig die einzige populäre Redensart, die vom Recht des kleinen Mannes handelt.

Der deutsche Umgang mit diesem wichtigen Lebensbereich ist Chinesen ein Rätsel. Deutsche sparen gern am Essen, legen mehr Wert auf ihr Auto oder ähnliches.

Wie wichtig das Essen in der chinesischen Kultur ist, merkt man schon an der Sprache. Chinesisch hat eine ausgesprochen **orale Metaphorik:** „Bitternis essen" (schwere Zeiten durchmachen), „Essig essen" (eifersüchtig sein), „Sojabohnenkäse essen" (jemanden anflirten/„anbaggern"), „jemandes Fleisch essen" (jemanden gnadenlos ausnutzen), „Menschen essen" (andere auf das Schlimmste übervorteilen), „Schande essen" (Schande auf sich laden) usw.

Auf Taiwan ist bis heute die Redewendung „Hast du schon gegessen?" zur Begrüßung üblich. Sie stammt aus Zeiten, in denen das Sattsein bei Weitem keine Selbstverständlichkeit war. Überhaupt scheint **die Sorge, nicht genug zu bekommen,** in der gesamten chinesischen Esskultur tiefe Spuren hinterlassen zu haben. Bei Einladungen zum Essen wird auf jeden

Fall stets sehr viel mehr serviert, als die Gäste bewältigen können. Immer noch gilt es als besonders höflich, satte Besucher zum Weiteressen zu nötigen. Umgekehrt wird der Vorschlag, aus Zeitmangel eine Mahlzeit einfach zu überspringen, in der Regel als eine Zumutung empfunden. Die Aussage „Aber ich muss doch noch zu Mittag essen!" entspricht in ihrer Ernsthaftigkeit etwa einer Rechtfertigung wie „Mein Auto springt nicht an" oder „Ich habe Fieber".

Die meisten Chinesen können sich stundenlang **übers Essen unterhalten**. Wo es diese oder jene Delikatesse gibt, ist Stadtgespräch. Wer verkauft die knusprigste Ente, die besten Rindfleischnudeln, den würzigsten Stink-Sojabohnenkäse *(chou doufu)*? So manche kleine Straßenbudenbesitzer sind schwerreiche und wirklich berühmte Leute. Sie werden als die eigentlichen lokalen Attraktionen angesehen. Was ist der schönste Tempel gegen die Hun-Dun-Suppen von Frau Wang? – nur äußerst selten wird einem Ausländer von Chinesen auf Reisen empfohlen, irgendwelche Sehenswürdigkeiten zu besuchen. Sie sind nicht essbar. Aber nach Sowieso zu fahren und dabei die besten Frühlingsrollen der Gegend nicht probiert zu haben, ist Ignoranz!

Tiere haben es nicht leicht in dieser Kultur. China, so meinte der Schriftsteller Lin Yutang einmal, habe sich auf dem Gebiet der Zoologie schon allein deswegen nicht hervortun können, weil kein Chinese ein Tier so kalt und herzlos betrachten könne, dass er nicht sofort darüber nachdächte, wie man es am besten zubereitete. Wahrscheinlich sind Grillen ungenießbar, sonst hätten sie keine Verbreitung als Hausgenossen gefunden. Auch an Nachtigallen ist nur wenig Fleisch. **Hunde** dagegen werden sehr geschätzt: geschnetzelt, gekocht oder im Ganzen geräuchert. Das „Duftfleisch" soll im Winter von innen wärmen und sehr gesund sein. Die kleinen schwarzen, heißt es, schmecken am besten. In Taiwan wurde 2017 der Verzehr von Hunden und Katzen verboten, in der Volksrepublik geht er angeblich auch zurück.

Übliche **Fleischsorten** sind Schweinefleisch, Rind, Huhn und Ente. Dass europäische Parks viele Chinesen faszinieren, liegt vor allem an den Enten.

„Was in der Luft fliegt, im Wasser schwimmt und auf vier Beinen läuft, das essen die Kantonesen", heißt ein Sprichwort. Ein Gang über den Markt Kantons ist ein unvergessliches Erlebnis. Geierküken, Opossums, Hunde, Schlangen ... keine Tierart ist zu selten und zu ausgefallen, um nicht zum Verzehr angeboten zu werden. Man legt größten Wert darauf, dass **alle Zutaten ganz frisch** verarbeitet werden. Die Tiere sterben oft erst wäh-

◁ Straßenmärkte boomen und Essen in allen Varianten ist allgegenwärtig

rend der Zubereitung. Fische, die bei lebendigem Leib geschuppt und buchstäblich springlebendig in die Pfanne geworfen werden, sind kein ungewöhnlicher Anblick. Schlangen wird die Haut abgezogen, bevor sie getötet werden. Inzwischen verboten und auch bei vielen (nicht allen) Chinesen verpönt ist die folgende „Delikatesse": **Affenhirn,** eine sehr teure Spezialität des Südens, wird „frisch" ausgelöffelt. Der Affe wird dabei so festgeschnallt, dass er sich nicht mehr rühren kann und anschließend wird der Schädel aufgesägt. „Der Affe hat so fürchterlich geschrien," erzählt jemand, der bei solch einem Essen dabei war, „ich konnte es nicht mehr aushalten und bin rausgegangen." Allerdings ist diese „Spezialität" auch in China inzwischen nur selten anzutreffen und wird offiziell auch nicht mehr geduldet. Spätestens seit SARS haben auch viele Chinesen Angst, sich bei dem Verzehr exotischer Tiere Krankheiten einzufangen und bleiben daher zunehmend bei den „normalen" Gerichten (die für Ausländer oft noch immer exotisch genug sind).

Solche extravaganten Speisen sind jedoch weit weniger typisch für die chinesische Küche als das Bestreben, aus ganz gewöhnlichen oder schwer genießbaren Zutaten das Bestmögliche herauszuholen: Gegrillte Hühnerafter am Spieß oder **gekochte Hühnerkrallen** sind solche Gerichte, an denen man merkt, dass auch die bäuerliche Armut Chinas Küche so erfindungsreich machte. Verwertet wurde eben alles, was vorhanden war. Im kalten, trockenen Norden Chinas war das naturgemäß weniger als im tropischen, wasserreichen Süden mit seinen drei Ernten im Jahr. So sind die südlichen Kochkünste sehr viel raffinierter als die des Nordens, wo sich die verfügbaren Ressourcen allzu sehr in Grenzen hielten. In China unterscheidet man die **regionalen Küchen** nach den vier Himmelsrichtungen: „Im Norden isst man salzig, im Westen sauer, im Süden süß und im Osten scharf."

◸ Mit dem Löffel ist es auch für Chinesen einfacher ...

Die Mahlzeiten

Auch in den großen Metropolen der Volksrepublik China gibt es inzwischen alles, was das Herz begehrt. Dort beginnt der Tag mit einem **Besuch in einem der Frühstücksläden.** Sie sind günstig und überall zu finden. Dort gibt es zum Beispiel Ölzwiebelfladen, Mehlpfannkuchen mit Frühlingszwiebeln und Ei, oder Ölschlangen, eine Art Windbeutelteig, der frittiert wird, etliche Sorten von blätterteigähnlichen Kuchen mit süßer oder salziger Füllung, kleine Hefeklößchen *(baozi)* mit Fleisch oder Gemüse gefüllt, Teigtaschen aller Art und dazu gekühlte Sojamilch. Das traditionelle **häusliche Frühstück** fällt für unsere Begriffe recht exotisch aus. Grundlage ist ein dünner Reisbrei *(xifan),* der mit allerlei pikanten Zutaten ergänzt wird: z. B. mit „Schweinefleischhaar", getrocknetem Fleisch, das so dünn zerfasert ist, dass es an ein wirres Haarknäuel erinnert; oder mit **„tausendjährigen Eiern",** deren Eiweiß gallertartig grünschwarz angelaufen ist; mit einer besonderen Art von haltbarem Sojabohnenkäse, der entfernt an seifigen Ziegenkäse erinnert, salzigen schwarzen Bohnen, Kandiertem, Getrocknetem und Eingelegtem aller Art.

Die Auswahl beim **Mittagessen** ist noch größer. Wer auswärts isst, geht entweder in eine der unzähligen Nudelküchen oder in ein günstiges Selbstbedienungsrestaurant, wo man sich aus zwanzig bis vierzig Gerichten einige heraussucht. Die Suppe ist meist gratis und schmeckt auch danach: eine einfache farblose Brühe, die das Getränk zum Essen ersetzt. Die Nudelküchen (sie sind wie die Nudeln nordchinesischen Ursprungs) bieten diverse Mehlspeisen an, allen voran die auch bei Westlern überaus beliebten *shuijiao,* die äußerlich italienischen Teigtaschen ähnlich sind. Köstlich sind chinesische Nudelsuppen: Rindfleischnudeln, Hun-Dun-Nudeln, Nudeln mit Allerlei-Soße, mit Sauergemüse und Schweinefleisch, mit Frühlingszwiebeln. Alle Nudeln werden frisch hergestellt und sind in Minuten gar. Niemand muss länger als fünf bis zehn Minuten auf sein Essen warten – und das ist gut so, denn beim Warten auf das Essen verlässt die meisten Chinesen ihre sprichwörtliche Geduld.

Zwischen 14 und 17 Uhr herrscht Essensruhe auf den Straßen. Es ist die Ruhe vor dem Sturm bzw. vor dem **Abendessen,** denn um etwa 17.30 Uhr geht es richtig los. Die Straßen füllen sich mit Einfrau- oder Einmannbetrieben, die ihre Läden per Fahrrad heranrollen und diverse Spezialitäten anbieten. Auf den Bürgersteigen werden Tische und Stühle aufgestellt. Während es dunkelt, beginnt es an den Straßenecken zu brutzeln und zu duften. Lebhafte Menschenmengen belagern die Buden, lassen sich weitertreiben zur nächsten, essen, reden und bummeln durch die Gassen, in denen nicht nur Essen, sondern auch Kleidung, Spielzeug usw. verkauft werden. Dort, wo es Nachtmärkte gibt, ist das Gedränge zwischen 20 und 21 Uhr am größten.

Das **Nachtessen** (xiaoye) ist **die vierte Mahlzeit des Tages.** Man bekommt es auf den Straßen etwa von abends 19 Uhr an. Es besteht aus delikaten kleinen Gerichten: Fleisch- und Fischklößchen, diverse Sorten von Sojabohnenkäse, Seetangrollen, geröstetem Entenhals, Hühnerleber, Schweineohren usw. Das Nachtessen wird fast nie zu Hause eingenommen. Draußen auf den Straßen gibt es genug kleine Küchen auf Rädern. Sie und ihr hungriges Publikum beleben die Orte bis weit nach Mitternacht.

Restaurant

Wer etwas exklusiver essen will, wird keine Straßenbude aufsuchen, sondern **ein „richtiges" Restaurant.** Zugang zu guten Restaurants zu finden, war früher für normale Bürger der VR China gar nicht einfach. Die besseren Gaststätten waren Touristen und hohen Kadern vorbehalten. Das Volk wurde in staatlichen Garküchen abgespeist, deren Standard von der Hygiene bis zum Geschmack und der pampigen Bedienung abschreckend war. Seit Beginn der 1980er-Jahre sind jedoch wieder private Restaurants zugelassen und das gastronomische Niveau ist schlagartig gestiegen.

Essen im Restaurant spielt für das gesellschaftliche Leben längst wieder die traditionell große Rolle, die es seit eh und je gehabt hat. Besonders abends lädt man Freunde, Geschäftspartner oder Bekannte gern ins Restaurant ein. Zu Hause selbst für seine Gäste zu kochen, ist ebenfalls möglich, doch wer es sich leisten kann, zieht es in der Regel vor, auswärts zu essen: Spezialitäten isst man besser im Restaurant. Gut gehende Häuser sind übrigens hell und laut. Kein steifer Ober, kein gedämpftes Sprechen und kein Kerzenlicht verbreiten jene Vornehmheit, die Europäer in besseren Lokalen erwarten. Selbst teure und sehr teure Restaurants sind zu allen Zeiten gut besucht. Essen ist ein Genuss und **Genuss ist Prestige.** Seine Gäste in ein Restaurant einzuladen, in dem man pro Person mühelos ein paar Hundert Euro los wird, ist eine Frage des gesellschaftlichen Status. Für nur wenige Dinge sind Chinesen sonst bereit, so viel Geld auszugeben wie für eine Mahlzeit. Auch in China kann es sich inzwischen so mancher Städter leisten, astronomische Summen für Spezialitäten zu zahlen. Die teuersten Restaurants sind auf Monate im Voraus ausgebucht.

Mit den **Geschmacksrichtungen der westlichen Küche** haben die meisten Chinesen Probleme. Da viele Leute Milch und Milchprodukte nur schlecht verdauen können, mögen sie sie auch nicht. Käse oder Bratensahnesoße ist ihnen ebenso wenig sympathisch, wie sie für deftige bodenständige Gerichte zu haben sind: Linseneintopf oder Erbsensuppe, Schwarzbrot oder dicke Bohnen mit Speck werden gemeinhin als Hundefutter betrachtet. Bayerischer Schweinebraten jedoch ist heiß begehrt; viel Fett essen die meisten Chinesen gern. Das Misstrauen, das Chinesen ohne Auslandserfahrung ausländischer Kost entgegenbringen, ist etwa so abgrundtief wie die Abneigung, die mancher Westler gegenüber gekochter Seegurke hegt: „Na, was nimmst du mit?", wurde eine Chinesin gefragt, die einen zweimonatigen Deutschlandaufenthalt plante. „Einen Koffer voll Instantnudeln", antwortete sie prompt, „damit ich in Deutschland nicht hungern muss, wenn ich das westliche Essen nicht runterkriege."

Die einzige Ausnahme bilden die von der jungen Generation geschätzten amerikanischen Fast-Food-Ketten wie KFC oder McDonald's, die mit ihrem Programm allerdings auch dem chinesischen Geschmack ein wenig entgegenkommen. **Fast Food** wird inzwischen – wie im Westen – für das wachsende Übergewichtsproblem bei Kindern und Jugendlichen verantwortlich gemacht.

◁ Strassenimbiss: immer lecker und hygienisch in Ordnung!

Chinarestaurants in Europa sind für heimwehkranke Hungrige eher eine Enttäuschung. Oft ist nur das Aussehen der Gerichte noch halbwegs authentisch. Es fehlt die Schärfe, die Würze, die Frische, überhaupt der halbe Geschmack. Das hierzulande so beliebte Chop Suey, unser Inbegriff chinesischer Kochkunst, ist charakteristisch für die Verwandlung, die die Gerichte erfahren. Chop Suey, auf Mandarin *za sui* ausgesprochen, heißt so viel wie „Allerlei" und ist eigentlich das Ergebnis einer hausfraulichen Aufräumaktion. Man könnte es auch als „gedrängte Wochenübersicht" oder „Resteessen" bezeichnen. Es ist jedenfalls nichts, was in China Gästen zu essen angeboten würde: „Man würde sich schämen!", heißt es.

Also: Genießen Sie die unterschiedlichen Speisen, verhungern werden Sie in China nicht! Und die **hygienischen Bedingungen** sind **überwiegend akzeptabel;** Sie können in den Städten beruhigt in ein (volles!) Restaurant gehen und dort essen; Ihr Magen wird es aushalten. Auch kleine Buden und auf den ersten Blick eher Misstrauen erregende Garküchen sind sehr empfehlenswert. Solange die Lokalität gut besucht ist, wird das Essen frisch sein.

Verhalten bei Tisch

Im erstaunlichen Gegensatz zur Raffinesse der chinesischen Küche steht die Einfachheit chinesischer Tischsitten. Schmatzen ist allgemein verbreitet und wird zumindest bei Männern nicht beanstandet. Suppe darf laut geschlürft werden. Als weniger vornehm gilt eine besonders in Festlandchina verbreitete Sitte, das Schälchen mit der Hand bis zum Mund zu führen und den Inhalt mit den Stäbchen mit großer Geschwindigkeit in den Mund zu schaufeln.

Essen mit Stäbchen ist übrigens viel einfacher, als es aussieht. Ein paar Stunden Übung reichen aus. Man sollte nur vermeiden, mit den Stäbchen Stücke aufzuspießen oder die Stäbchen über Kreuz auf der Schale abzulegen. Letzteres ist ein Omen für Streit. Die Stäbchen senkrecht in ein gefülltes Reisschälchen zu stecken, verrät ebenfalls den Anfänger. Das ist nur bei Totenopfern in Hongkong üblich, also kein angenehmer Anblick bei Tisch. Braucht man die Stäbchen gerade nicht, legt man sie auf dem Tisch oder Schälchen ab.

Während des Essens werden mit Sicherheit Bier und andere **alkoholische Getränke** konsumiert. Es ist nicht sehr höflich zu trinken, ohne einem anderen aus der Runde dabei zuzuprosten. „Prost" heißt auf Chinesisch *ganbei:* „Trockne den Becher!" Männer, die etwas auf sich halten, nehmen das wörtlich und kippen den Inhalt eines ganzen Glases in einem Zug hinunter. Wem zugeprostet wird, der muss übrigens mittrinken. Es ist eine

Extrainfo 9 (s. S. 5): Tutorial zum Stäbchenessen – damit Sie kleiderschonend satt werden!

grobe Beleidigung, das nicht zu tun. Während des Trinkens schaut man sich tief in die Augen.

Ist man der einzige Ausländer in einer größeren Runde von Chinesen, die unbedingt testen möchten, wie viel der Barbar verträgt, hat man Pech, wenn man ein Mann ist. Frauen können jederzeit sagen, dass sie keinen Alkohol vertragen. Es macht sich sogar viel besser, als wenn sie mittrinken oder womöglich das Glas sogar jedes Mal leeren. Einem Mann nimmt man keine Ausrede ab. Chinesische Männer, die tatsächlich keinen Alkohol vertragen, weil ihnen wie manchen Ostasiaten das alkoholabbauende Enzym fehlt, lösen bei offiziellen Anlässen das Problem, indem sie in kurzen Abständen die Toilette aufsuchen.

Nicht unhöflich, aber ausgesprochen unfein ist es, sich bei Tisch oder überhaupt vor anderen Leuten zu **schnäuzen.** Das bringt Ausländer, die den Temperatursturz von sommerlichen 36 Grad im Freien auf 21 Grad in klimatisierten Innenräumen noch nicht gewöhnt sind, in Bedrängnis. Gerade im Sommer sind viele von ihnen ständig verschnupft. Wer sich also die Nase putzen muss, dazu aber nicht ständig hinausgehen will, der schnäuze sich wenigstens so geräuschlos wie möglich und wende sich dabei zur Seite oder nach hinten.

Verhalten im Restaurant

Bei **Einladungen ins Restaurant** entfällt die Frage nach den Mitbringseln. Da anders als bei uns nicht jeder eine Speise für sich bestellt, sondern eine Vielzahl von Gerichten auf den Tisch kommt, von denen alle Gäste gemeinsam essen, entscheidet man bei der **Bestellung** nicht unbedingt unter dem Aspekt der persönlichen Vorliebe, sondern unter dem der Vielfalt. Man kann die Bestellung auch derjenigen Person überlassen, die sich

◩ Heute mal Skorpion oder Seepferdchen?

in dem betreffenden Restaurant schon auskennt und weiß, was hier besonders gut ist. Meistens werden verschiedene Fleischsorten bestellt, dazu Fisch, Sojabohnenquark und Gemüse. Reis ist eine entbehrliche Beilage. Die Suppe kommt traditionell stets zum Schluss. Alles was weiter oben über die Konversation während des Essens gesagt wurde, gilt auch hier.

Wer **rauchen** möchte, bietet jedes Mal, wenn er zur Zigarette greift, allen Tischnachbarn ebenfalls eine Zigarette an. Ebenso ist beim Trinken alkoholischer Getränke möglichst darauf zu achten, mindestens einer Person am Tisch zuzuprosten (s. auch „Ganbei!" auf s. S. 186).

Bezahlt wird nie getrennt. Einer übernimmt die **Rechnung** für alle, eine Ehre, um die man zu kämpfen hat! Und selbst wer inständig hofft, diesen Kampf zu verlieren, wird so tun, als wolle er unbedingt zahlen. Trifft man sich das zweite Mal mit Freunden im Restaurant und es zückt wieder dieselbe Person ihr Portemonnaie, sollte man zur Tat schreiten. Es ist zwar ein komisch anmutendes Bild, wenn zwei Leute gleichzeitig der Bedienung einen Schein unter die Nase halten und „Ich zahle!" rufen, aber die ist solche Szenen gewohnt. Rituale wie diese bereichern chinesische Sketche zuhauf.

Bei Deutschlandbesuchen chinesischer Gäste wiederum macht man mit einem **Besuch im Chinarestaurant** als Gastgeber bestimmt nichts falsch. Die wenigsten Chinesen sind neugierig auf Kassler mit Sauerkraut, Leberknödel, Linsensuppe oder andere lokale Spezialitäten. Allerdings empfiehlt es sich, vorher im betreffenden Lokal anzurufen und abzuklären, ob auch wirklich Chinesen in der Küche stehen und ob jemand Chinesisch spricht. Am besten gibt man dem Restaurant ein Budget vor und lässt dann den Chef selbst entscheiden, was er auftischt. Garantiert kein Chinese isst gern à la carte.

Möchte man jedoch unbedingt zu Hause für seine Gäste kochen, sollte man von der **Verwendung von Käse und Sahne** absehen und auch nicht versuchen, etwas original Chinesisches auf den Tisch zu bringen, es sei denn, man ist sich seiner Sache sehr sicher. Denn nur wenige der hier erhältlichen chinesischen Rezepte und Zutaten zeitigen Ergebnisse, die einen Chinesen an heimisches Essen erinnern.

Sitzordnung

In China wird zumeist an **runden Tischen** gegessen. Anders als in Deutschland spielt dabei die Sitzordnung eine wichtige Rolle, da sie der Hierarchie der beteiligten Personen entspricht. Von wenigen Anlässen wie sehr privaten Essen oder zwanglosen Treffen unter Kommilitonen in der Mensa abgesehen, ist es daher, vor allem im Geschäftsleben, wichtig, wer wo sitzt.

Der **Ehrenplatz** ist stets **gegenüber der Tür.** Dieser ist dem Gastgeber bzw. dem ranghöchsten Mitglied der Gastgeberseite vorbehalten. Zu deren Rechten hat der zweithöchste Rang seinen Platz; sind Gäste geladen, der ranghöchste Angehörige aus der Gruppe der Gäste. Oft sind die Ausländer die Gäste, da Chinesen es sich nicht nehmen lassen, ihre Gäste zu bewirten. Die restlichen Plätze rund um den Tisch werden der Hierarchie entsprechend absteigend besetzt, ausgehend von den beiden Ranghöchsten. Der Rangniedrigste sitzt mit dem Rücken zur Tür, ein Platz, den man auch bei uns nicht gerne einnimmt.

Befinden sich mehrere Tische im Raum, so gibt es auch zwischen ihnen wieder eine Rangfolge; üblicherweise ist der beste Tisch derjenige, der in der Mitte und am weitesten vorn (an der Bühne z. B.) steht. Wenn man daher einen großen Empfang mit Hunderten von Gästen gibt, ist es eine hohe Kunst, alle so unterzubringen, dass die Hierarchie insgesamt, aber auch an den einzelnen Tischen gewahrt bleibt.

Mit der Sitzordnung einher geht auch die **Reihenfolge beim Essen,** d. h., dass der Ranghöchste das Bankett eröffnet und sobald er seine Stäbchen niederlegt und damit andeutet, das Essen beendet zu haben, dies auch alle anderen tun.

Die **Sitzordnung bei Geschäftsverhandlungen** ist eine andere; die Tische sind meist länglich und die Delegationen nehmen jeweils geschlossen auf einer der beiden Seiten Platz. Die beiden wichtigsten Personen sitzen sich in der Mitte gegenüber, die übrigen Personen sitzen von der Mitte aus gesehen in hierarchischer Folge abwärts. Das bedeutet, das rechts von der ranghöchsten Person der chinesischen Seite die Nr. 2 sitzt und ihr gegenüber die Nr. 2 der ausländischen Seite usw. Am einfachsten ist es für den unerfahrenen Ausländer, einfach zu warten, bis ihm gesagt wird, wohin er sich setzen soll. Auf keinen Fall setzt man sich einfach neben irgendjemanden, den man sympathisch findet, der Englisch spricht oder den man aufgrund anderer Kriterien gern neben sich hätte. Das brächte die gesamte Nomenklatur durcheinander.

◁ Auch die westliche Kochkunst hat längst Einzug in China gehalten

Ganbei!

Alkohol und andere Getränke

Während und auch nach dem Essen werden verschiedene Getränke konsumiert. Hin und wieder liest man in China-Reiseführern, dass Chinesen kaum oder nur mäßig **Alkohol** trinken oder nach wenigen Schlucken rot im Gesicht werden. Letzteres stimmt in Einzelfällen. Aber im Allgemeinen trinken viele chinesische Männer, wenn sie Gelegenheit dazu haben, nicht nur gern, sondern auch viel. Sehr beliebt sind (neben Bier zum Essen) harte Schnäpse mit über 50 % Alkoholanteil wie Maotai, Erguotou oder Gaoliang. Sie werden nicht selten aus Wassergläsern konsumiert.

Etwa der Hälfte der Chinesen wie auch der Japaner, Koreaner, Eskimos und auch Indianer fehlt ein bestimmtes, für den Abbau des Alkohols notwendiges Enzym (Alkoholdehydrogenase). Sie sind also tatsächlich schneller betrunken bzw. vertragen weniger, aber das gilt eben nur für die Hälfte der Bevölkerung. Viele Chinesen, denen man es von ihrer Körperstatur her gar nicht zutraut, vertragen erstaunlich viel.

Seit Jahrhunderten, wenn nicht Jahrtausenden, spielt Alkohol in China eine zentrale kulturelle und gesellschaftliche Rolle. Er beflügelte Dichter, Maler und Rebellen. Trunkenheit und Erleuchtung gehören in der mystischen Philosophie eng zusammen. Heilige Tippelbrüder beleben so manche religiöse Anekdote. Bis heute gibt Mann gern mit seinem Fassungsvermögen an *(jiuliang bu cuo!)* und weiß sich in bester Gesellschaft und Tradition. Die trinkenden Großen Chinas pflegten ihr Image als Alkoho-

Chinesisches Zuprosten will gelernt sein

Beim Zuprosten umfasst man mit der einen Hand den Becher oder das Glas, berührt mit den Fingern der anderen Hand seinen Boden und schaut dabei seinem Gegenüber nickend in die Augen. Als Mann kippt man sodann den gesamten Inhalt auf einmal hinunter. Prost heißt auf Chinesisch wörtlich: „Trockne den Becher!" („ganbei!") Frauen brauchen und sollten in der Regel dieser Aufforderung nicht Folge leisten, auch wenn manch ein Spaßvogel dazu drängt, weil er wissen möchte, wie viel eine Ausländerin verträgt. Das Wichtigste beim Sich-Zutrinken ist, dass man seinem Gegenüber tief in die Augen schaut. Für Westler ist das gar nicht so einfach, hat doch für uns Augenkontakt zwischen Mann und Frau während des Trinkens meist eine verschwörerische, wenn nicht erotische Note. Der Sitte entsprechend trinkt man beim Zuprosten hochprozentigen Schnaps.

liker sehr liebevoll. Nachfolgendes Gedicht widmete der berühmte Dichter Li Bai (Li Taipeh, 701–762) „in Trauer" seinem verstorbenen Weinhändler Ji. Die darin erwähnten „Gelben Quellen" sind übrigens die Totenwelt:

„Ji, der Greis, braut seinen ‚Alten Lenz' sicher auch noch bei den Gelben Quellen. Doch in jener Welt ist kein Li Bai. Wer wird jetzt bei dir den Wein bestellen?"

Der Dichter selbst, so erzählt man sich, ertrank, als er im Vollrausch das Spiegelbild des Mondes im Wasser umarmen wollte.

Eine **Weinkultur,** wie sie in Mittel- und Südeuropa existiert, ist trotz allem unbekannt. Weinkenner und -liebhaber, die sich abendfüllend über das Bouquet bestimmter Sorten in Verbindung mit bestimmten Speisen auslassen können, gibt es in China nicht. Es ist neben der Geselligkeit eher der Alkoholgehalt als der Geschmack, der an chinesischen Rauschgetränken interessiert. Man trinkt, um mit anderen zu trinken, und das verbreitete Wetttrinken ist gefürchtet, aber man trinkt nicht, um das Essen intensiver zu genießen. Dennoch nimmt der Weinkonsum zu, da es als fein und gebildet gilt, Wein zu trinken. Die Männer präferieren den Rotwein, da die Farbe in China glückverheißend ist und er außerdem als Aphrodisiakum gilt. Problematisch, vor allem für Ausländer, ist die Mischung aus Bier, Wein und Schnaps; all diese Getränke werden während der gesamten Mahlzeit abwechselnd getrunken, und zwar meist auf „ex", also *ganbei!*

Die Rolle, die in Europa der Traubenwein spielt, hat in China stattdessen **der („grüne") Tee** inne. Der Teekenner erkennt die verschiedenen Sorten und ihre Herkunft blind an Geschmack und Geruch, kann sich in aller Ausführlichkeit über Vorzüge und Nachteile auslassen und weiß genau, welches Getränk welcher Situation und welchem Essen angemessen ist. Auch Teetrinken ist eine gesellige Angelegenheit, besonders im südlichen Chi-

Selbstbedienung: ganbei!

na. Während man im Norden den Tee als Allerweltsgetränk aus großen Bechern konsumiert, in denen Blätter auf heißem Wasser schwimmen, genießt man ihn im Süden aus schnapsglasgroßen Schälchen in starker Konzentration. Ein entsprechend winziges Teekännchen, das leicht mit Puppengeschirr verwechselt werden kann, wird dazu randvoll mit Teeblättern gefüllt. Bis zu sieben-, achtmal oder noch öfter wird aufgegossen. Zum Tee können verschiedene Knabbereien gereicht werden, darunter auch Süßigkeiten wie kandierte Blüten oder Früchte. Tee heißt im Hochchinesischen übrigens „cha", woraus sich die Bezeichnungen für dieses Getränk in den Ländern ableitet, die den Tee aus China übernahmen, „çay" im Türkischen zum Beispiel. In der südchinesischen Provinz Fujian, gegenüber Taiwan gelegen, spricht sich die Pflanze „te" aus; daraus leitet sich unsere deutsche Bezeichnung Tee ab.

Trinkspiele

Beliebt ist das sogenannte Fingerraten, bei dem zwei Mitspieler gleichzeitig mithilfe ausgestreckter oder geballter Hände die Zahlen Null (vier Fäuste), Fünf (drei Fäuste, eine ausgestreckte Hand), Zehn (zwei Fäuste, zwei ausgestreckte Hände), Fünfzehn und Zwanzig zeigen. Beide müssen versuchen, während des blitzschnellen Anzeigens die jeweils richtige Zahl rufen. Der Verlierer muss trinken und verliert dadurch noch mehr Reaktionsschnelligkeit. Ein Teufelskreis beginnt.

Durch die Homophonie, also den Gleichklang vieler Silben mit unterschiedlicher Bedeutung, lassen sich zahlreiche weitere Trinkspiele kreieren, die alle in hohem Alkoholkonsum enden und in jeder Kneipe für gute Stimmung sorgen.

Einkaufen

In den meisten Geschäften in Chinas Großstädten kann man inzwischen auch mit **Kreditkarte** bezahlen; aber besser noch per Handy mit **WeChat**. In Kaufhäusern ist **Feilschen** nicht erlaubt, ansonsten immer und überall! Kein Chinese käme auf die Idee einzukaufen, ohne zumindest zu versuchen, den Preis zu reduzieren. Vor allem auf den Nachtmärkten und an den zahllosen Ständen, an denen man versucht, ahnungslosen Touristen etwas übertuert anzudrehen, ist **Handeln Pflicht.**

Antiquitäten sollte man nur erwerben, wenn man wirklich vom Fach ist. So gut wie alles, was verkauft wird, ist gefälscht. Echte Antiquitäten dürfen nur mit Ausfuhrgenehmigung und ab einem Alter von 100 Jahren ohnehin gar nicht mehr exportiert werden.

Feng Shui

Eine lange Tradition hat die chinesische Geomantie bzw. das „Feng Shui", eine Mischung aus (Landschafts-)Architektur und Geisterbeschwörung. Feng Shui (wörtlich: „Wind Wasser"; aus dem *da feng,* „großer Wind", wurde übrigens unser Wort „Taifun"!) sorgt dafür, dass durch besondere bauliche Vorrichtungen unheilvolle Einflüsse von den Wohnstätten der Menschen abgelenkt werden, die richtigen Farben an den richtigen Orten zur Geltung kommen und die Möbel so stehen, dass sie den Verkehr der guten **Geister** nicht behindern. Dass man z. B. beim Betreten der meisten chinesischen Hotels geradewegs auf eine Wand mit Bildschmuck zuläuft, ist ebenfalls Feng Shui: Die bösen Geister prallen davor zurück und müssen umkehren, Geister können nämlich nur geradeaus laufen. Daher auch die Vielzahl von Zickzack-Brücken, wie zum Beispiel im Yugarten in Shanghai; so werden Geister daran gehindert, das am Ende der Brücke gelegene Teehaus zu erreichen. Auch können Geister nur ebenerdig laufen; Besucher müssen daher vor dem Betreten eines chinesischen Tempels immer zunächst eine Holzbohle überschreiten. Sollten Sie sich gefragt haben, was der Zweck einer solchen Brücke ist – sie hält Geister von dem Betreten des Innenraumes ab!

Feng Shui folgt einigen einfachen Grundregeln wie der, dass Bauwerke mit der Rückseite nach Norden, am besten in Richtung einer nördlichen Hügelkette, und mit der Front nach Süden blicken sollten sowie einer

◁ Solange keine Kunden kommen, kann man ja mal die Aktienkurse checken ...

Vielzahl ungleich komplizierterer Detailvorschriften, von denen einige offenbar auch praktisch begründet werden können. Fengs Shui gehört zum Know-how vieler chinesischer Architekten und wird bei der Errichtung von Hochhäusern, Banken oder Universitäten ebenso berücksichtigt wie man es zur Erklärung von Krankheiten, Pleiten und Unglücksfällen heranzieht.

Interessant ist, dass Feng Shui im aus unserer Sicht so „chinesischen" Teil des Kulturraumes, also der VR China, weitaus weniger relevant ist als in den so „westlich" anmutenden Regionen wie Hongkong, Taiwan oder Singapur. Durch die gnadenlose Bekämpfung allen Aberglaubens durch Mao Zedong ging auf dem Festland leider viel ursprüngliches Kulturgut verloren; der Glaube an das Geld zählt inzwischen offenbar mehr. In den Gesellschaften, die sich relativ frei entfalten durften, haben sich alte chinesische Einflüsse wie eben Feng Shui besser gehalten. Gerade in **Hongkong,** dem Inbegriff des Mammon, wird wohl kein Hochhaus gebaut, ohne einen Geomanten zu Rate zu ziehen. Betrachten Sie Gebäude wie die berühmte Hongkong & Shanghai Banking Corporation auf Victoria Island einmal genau: Das Hochhaus ist eindeutig unter dem starkem Einfluss von Feng Shui entstanden.

Auch in unseren Buchläden findet man inzwischen Bücher zum Thema Feng Shui in Garten, Büro und Schlafzimmer – alles wird besser mit Feng Shui … Bei dieser Art von Literatur ist selbstredend Vorsicht geboten; es gilt sorgfältig zu prüfen, wer der Verfasser des jeweiligen Werkes ist.

Feste, Bräuche, Traditionen

Hochzeiten in China

„Mögest du bald einen Sohn bekommen."
Traditioneller Segenswunsch für die Braut

In der VR China variieren die Hochzeitssitten von Familie zu Familie. Im Allgemeinen bevorzugt man heute **schlichtere Hochzeitsrituale** als noch vor hundert Jahren, doch gibt es Paare, die es besonders schick finden, sich z. B. nach der vorchristlichen Zhou-Tradition in Schwarz trauen zu lassen oder das volle Programm einer qing-zeitlichen (1644–1911) Zeremonie durchzuziehen. Wiederum andere nutzen modernste Technik für ihre Hochzeitsvorbereitungen: Einladungen werden per WeChat verschickt, Bankette online und live für die Freunde in Übersee übertragen etc.

Hochzeiten sind nach wie vor gesellschaftliche Ereignisse ersten Ranges. Das Brautpaar steht nicht so sehr im Mittelpunkt wie das „Gesicht"

ihrer Familien. Im Vorfeld der Hochzeit wird zäh verhandelt, was der Bräutigam an Gütern und Geld in die Ehe einzubringen hat. Insbesondere auf dem Land spielt der **traditionelle Brautpreis,** der an die Familie der Frau gezahlt wird, noch eine große Rolle. Die Familie der Frau lässt sich den Verlust der Arbeitskraft so hoch wie möglich bezahlen. Die Heirat eines einzigen Sohnes kann eine ärmere Familie also über Jahre hinaus verschulden.

Das gesetzliche **Heiratsalter** liegt in der VR China bei 20 Jahren für die Frau und bei 22 Jahren für den Mann. Es wird aber nicht immer eingehalten.

In den Städten ist es in Mode gekommen, vor der eigentlichen Hochzeit einen **Fototermin** zu arrangieren, an dem der Mann mit seiner Zukünftigen im Studio und in besonders schönen Parks posiert. Die Braut trägt neben vielen anderen Kostümen für mindestens ein Foto das festliche weiße Brautkleid, das bei uns meist den kirchlichen Trauungen vorbehalten ist. Die Fotos werden in einem kostbar aussehenden Album gesammelt und später stolz Besuchern und Gästen des Hauses vorgezeigt.

„Doppeltes Glück" bedeuten die Schriftzeichen auf dem Tuch!

Das Hochzeitsbankett

Wichtiger als der Fototermin ist das eigentliche **Hochzeitsbankett.** Üblicherweise richtet der Vater des Bräutigams das Bankett aus. Es kann in den Sälen großer Hotels stattfinden oder in kleineren Städten auch im nächsten geeigneten Restaurant oder sogar zu Hause. Die Feierlichkeit dauert etwa drei Stunden. Die Zahl der Gäste variiert je nach „Wichtigkeit" der Familien und den lokalen Gepflogenheiten. Hundert oder sogar mehrere Hundert Gäste sind keine Seltenheit. Man bringt keine Geschenke mit, denn viele Gäste sind mit dem Brautpaar ohnehin gar nicht persönlich bekannt. Stattdessen wird Geld in einem roten Umschlag *(hong bao)* überreicht (oder per WeChat übermittelt). Ursprünglich dazu gedacht, das teure Bankett zu finanzieren, sind diese **Geldspenden** längst zum Statussymbol geworden. Die Gäste zeigen, dass sie sich nicht lumpen lassen. So können die Gastgeber an ihrem Bankett sogar noch verdienen, kurzfristig zumindest. Denn wenn sie ihrerseits auf die Hochzeit eines Spenders eingeladen werden, ist es an ihnen, großzügig zu sein. Um das Gesicht zu wahren, gibt man genau den gleichen Betrag zurück. Wie viele Gänge das Essen hat, wie teuer die Braut gekleidet ist und ob die Hochzeit mit einem Unterhaltungsprogramm verbunden ist oder nicht, hängt vom Status und dem Wohlstand der Gastgeber ab.

Ein chinesisches **Hochzeitsbankett besteht aus vier Teilen:** der Begrüßung der Gäste und dem Einsammeln des Geldes; diversen Reden, die auf die Familien des Brautpaares gehalten werden; dem Essen, während dem die Brautleute von Tisch zu Tisch gehen und sich zuprosten lassen und schließlich der Verabschiedung. Der für die Braut unangenehmste Teil ist

wohl der mit den Reden, da sie währenddessen mit Bräutigam, beiden Elternpaaren und Brautjungfern auf einer Art Bühne stehen muss und von mehreren Hundert Augenpaaren angestarrt wird.

Während des Banketts trägt die Braut meist **drei verschiedene Kleider,** die bodenlang und barock gebauscht sein können. Sehr beliebt ist zur Abwechslung auch der traditionelle chinesische qipao, ein enges, hochgeschlossenes Kleid, das den meisten Chinesinnen vorzüglich steht und sehr feminin wirkt. Man mietet sie in speziellen Hochzeitsgeschäften, von denen es in chinesischen Städten eine Vielzahl gibt. Die Kleider entsprechen nicht immer dem europäischen Geschmack. Die Farbe Weiß ist als Farbe der Trauer bei Hochzeiten tabu (das Posieren im westlichen Brautkleid ist davon ausgeschlossen). Angesagt ist **Rot als Farbe der Freude:** Das gilt sowohl für das Brautkleid als auch für die Raumdekoration.

Die Hochzeitsgeschäfte übernehmen gegen einen Aufpreis (ca. 100 Euro) auch das **Schminken der Braut.** Es dauert mindestens zwei, meistens drei Stunden, bis die Kosmetikerinnen aus einem netten Mädchengesicht eine Puppenmaske von beträchtlicher Fernwirkung gemacht haben. Schließlich soll die Braut ja auch noch von den weiter entfernt stehenden Tischen gut aussehen.

Es gibt nur zwei Dinge, die ein Brautpaar auf einem Bankett beachten muss: Erstens kommt keiner der beiden zum Essen, weil pausenlos Programm stattfindet, und zweitens muss man ununterbrochen lächeln, warmherzig und natürlich, versteht sich.

Alles in allem ist die Hochzeit eine **eher unromantische Angelegenheit,** die entweder sehr schnell und praxisnah abgewickelt wird oder eben dem Gesicht der Familie Genüge tun muss; das Brautpaar hat am wenigsten davon.

Frühlingsfest („chunjie") und andere Feiertage

Zweifellos ist das Frühlingsfest, auch chinesisches Neujahr genannt, das **wichtigste Fest des Jahres,** seinem Stellenwert nach unserem Weihnachten vergleichbar. Das genaue Datum variiert von Jahr zu Jahr, da es sich nach dem traditionellen chinesischen Lunisolarkalender richtet. Festgelegt ist der Neujahrstag auf den Tag des zweiten Neumonds nach der Wintersonnenwende, also zwischen dem 21. Januar und dem 21. Februar.

◁ „Westliches" Ambiente und Outfit sind in Mode

Hauptsinn und -zweck des Festes ist es, gemeinsam mit der ganzen Familie viel zu **essen, Geschenke** auszutauschen und mit viel **Feuerwerk** (das die Chinesen ja erfunden haben) ins neue Jahr zu kommen. Sehr beliebt sind nicht nur die traditionellen Reisen zur Verwandtschaft, sondern zunehmend auch touristische Unternehmungen in ganz China. Im Jahr 2017, als das Jahr des Feuerhahns am 28. Januar begann, waren nach chinesischen Angaben allein in der Woche rund um das Frühlingsfest etwa 780 Millionen Menschen auf Reisen. Allein nach Shanghai kamen an einem einzigen Wochenende mehr als 5 Millionen Menschen! Es empfiehlt sich daher für Ausländer, zu dieser Zeit nicht nach China zu reisen bzw. das Land rechtzeitig fluchtartig zu verlassen; oder die einsamen, staufreien Straßen zu genießen, wenn ganz Beijing verreist ist. Für diesen Zeitraum (etwa eine Woche vorher und nachher sollten als Spielraum eingeplant werden), in dem die meisten Chinesen mit Reisen und Essen beschäftigt sind, sollte man **keine Geschäftsreisen** planen. Hält man sich aber zu dieser Zeit in China auf, so darf man entsprechende Geschenke an die Kollegen und Mitarbeiter nicht vergessen!

Bei Verwandtenbesuchen erhalten die Kinder die berühmten *hong bao*, kleine rote Papiertüten mit etwas Geld. Neuerdings werden solche Tüten auch an Erwachsene verteilt, an Freunde und Bekannte und an die, die man später vielleicht noch brauchen kann. Und damit diese Geste nicht zu auffällig geschieht, überreicht man die *hong bao* nicht mehr physisch, sondern überweist die entsprechende Summe per WeChat.

Gegessen wird wie eigentlich immer in China viel, aber speziell zu Neujahr gibt es besondere Speisen, die regional sehr variieren. Erhält man, auch als Ausländer, in China oder auch in Deutschland eine Einladung zum Frühlingsfest, so sollte man dieser unbedingt Folge leisten! Denn es gibt viele leckere Speisen und die Stimmung ist fröhlich; auch ist dies eine gute Gelegenheit, *guanxi* (s. S. 101) zu festigen und neue zu knüpfen.

Der 1. Oktober ist der **chinesische Nationalfeiertag** (Ausrufung der VR China durch Mao Zedong auf dem Eingangstor zur Verbotenen Stadt am Platz des Tores des Himmlischen Friedens im Jahre 1949). Auch zu dieser Zeit sind einige Tage einzuplanen, an denen der Geschäftsbetrieb nur eingeschränkt aufrechterhalten werden kann. Die sogenannte „**Golden Week**" wird wie das Frühlingsfest für Reisen und – Überraschung! – Essen genutzt.

Weitere Feiertage wie der **1. Mai (Tag der Arbeit)** etc. sind weniger bedeutsam.

Unabhängig von diesen offiziellen Feiertagen gibt es, vor allem auf dem Land, zahlreiche weitere Daten, an denen diversen Geistern und Ahnen gehuldigt wird. Diese lassen sich keinem bestimmten Glauben zuordnen, sondern entstammen entweder alten animistischen Vorstellungen von der Beseeltheit der Natur oder haben daoistische Ursprünge (s. S. 74). Viele Strömungen, die in China als „Sekte" bezeichnet werden, gehen auf daoistische Umtriebe zurück, die sich gegen die Regierung richteten oder einfach nur auf der Suche nach dem Glück waren. In den letzten Jahren, in denen der Materialismus in China überhand genommen hat, in denen Religion misstrauisch beäugt wird und sich alles nur noch um Geld und Wohlstand dreht, erfahren viele religiöse Untergrundströmungen immensen Zulauf. Auch viele Chinesen sind der Meinung, dass Geld doch nicht alles sei. Es handelt sich bei den entsprechenden Anlässen aber nicht um offizielle Feiertage, sondern eher um wichtige Daten für die Anhänger der jeweiligen Glaubensrichtung.

Freizeit, Sport und Spiel

Freizeit

„Eines der Hauptvergnügen der Chinesen scheint es zu sein, miteinander zu plaudern."
  Arthur Smith, „Chinese Characteristics"

Der Begriff „Freizeit" ist auf Chinesisch nur zu umschreiben; eine eigene Vokabel gibt es dafür nicht. Eine scharfe Trennung zwischen der Arbeit und der Zeit, die man seiner Familie, seinen Freunden oder seinen Hobbys widmet, war und ist im Bewusstsein der Menschen nicht vorhanden; schon gar nicht auf dem Land. Auch der private Unternehmer kennt nur wenige Feiertage; jedermann ist auch sonntags stets über sein Smartphone erreichbar. Das heißt nicht, dass für Chinesen der ganze Tag nur aus Arbeit besteht, sondern dass sich für viele Menschen **Arbeits- und Privatleben überschneiden.** Man kann **Majiang** („Mahjong") spielen und gleichzeitig den Laden offen halten, man kann fernsehen und Kunden bedienen, man kann mit Freunden plaudern und Nudelsuppen herstellen.

  Am ehesten haben noch die staatlichen Arbeiter und Angestellten bzw. Beamten eine klar abgegrenzte Freizeit: die Abendstunden und den Sonntag. Die meisten von ihnen nutzen diese Zeit zum **geselligen Beisammensein** mit ihrer Familie oder mit Freunden, entweder bei sich zu Hause oder noch besser draußen an Orten, die *renao* sind.

  Renao heißt „reges Treiben", wörtlich „heiß" *(re)* und „laut" *(nao)*, was die Sache ziemlich genau trifft. *Renao* gehört zum chinesischen Lebensgefühl wie „seine Ruhe haben" zum deutschen. Der Inbegriff der **Betrieb-**

samkeit sind die Märkte, allen voran die Nachtmärkte, auf denen es (fast) alles zu kaufen gibt und auf denen abends ein unbeschreibliches Gedränge herrscht. Das *renao* auf chinesischen Straßen macht vorausplanende Freizeitgestaltung eigentlich überflüssig: Es wird nie langweilig. Man schiebt sich in der Menge von einem Stand zum nächsten, isst hier oder da eine Kleinigkeit, guckt oder kauft, genießt den Trubel und ist selbst ein Teil davon. *Renao* ist sozusagen Stadtfest als Dauerzustand.

Auch chinesische **Parks** sind am Wochenende äußerst *renao*. Dort trifft man vor allem auf Eltern mit Kleinkindern. Das Kind, zumal das einzige, soll in der Freizeit nicht zu kurz kommen. Wenn möglich, wie in Shanghai, besucht man **Freizeitparks** wie Disneyland. Beliebte Treffpunkte für Freunde oder Belegschaften sind die **Karaokebars,** die es überall in chinesischen Städten gibt, in der Volksrepublik ebenso wie auf Taiwan. In den raffinierteren Etablissements gibt es dazu noch Liveübertragungen der Auftritte auf einen Bildschirm, ganz wie in einer richtigen Fernsehshow. Es gibt übrigens zwei Sorten von Karaokebars: solche, die familientauglich sind und auch von Frauen und Kindern besucht werden können, und solche, die es nicht sind. Offiziell gibt es keine Prostitution in der Volksre-

◨ Platz für ein Kartenspiel ist selbst auf dem kleinsten Bürgersteig!

publik China, doch natürlich weiß jeder, was es mit diesen „Karaokebars" (dies gilt ebenso für viele Frisörsalons) auf sich hat. Wer es intimer haben möchte, kann sich hier auch ein kleines Zimmer mieten, das mit einem Fernseher ausgestattet ist, aber wohl kaum zum Fernsehen benutzt wird.

Die Jugend geht auch in die **Disco,** wo **Schlager** aus Taiwan, Hongkong und den USA „in" sind. Auffällig ist, wie seidenweich melancholisch viele chinesische Schlager daherkommen.

Diese Traurigkeit, woher auch immer sie rühren mag, begleitet auch die hochdramatischen (oft koreanischen) **Seifenopern,** die jeden Abend zur gleichen Zeit Fortsetzung für Fortsetzung gesendet werden und sich großen Zuspruchs erfreuen: Das **Fernsehen** läuft in vielen Familien vor, nach und während dem Essen. Schon lange ein Hit sind die MTVs oder KTVs: kleine öffentliche Fernsehzimmer für zwei bis vier, manchmal auch zehn Leute, in denen man sich DVDs und Videos anschauen kann. Für die Intimität der kleinen Räume sind vor allem junge Paare dankbar, die sonst nirgendwo eine Gelegenheit finden, allein zu sein.

Sport spielte in China seit Jahrhunderten keine herausragende Rolle mehr. Von den in der VR China seit der Öffnung vor 30 Jahren staatlich verordneten Erfolgen bei internationalen Wettbewerben abgesehen, sind Chinesen privat eher wenig sportbegeistert.

Einer der beliebtesten Zeitvertreibe, zumal von Frauen, ist das **Shopping.** Je ausgefallener und exotischer die Dinge sind, desto besser. Als unübertroffene Meisterinnen im Shopping galten noch um die Jahrtausendwende taiwanesische Frauen, deren Einkaufstouren nach China, Thailand und Japan ihnen den Spitznamen „Heuschrecken Asiens" eingetragen haben. Luxusprodukte zumal sind sehr begehrt.

Weniger dem Amüsement als dem therapeutischen Bereich zuzuordnen ist das **Schattenboxen** *(taiji quan),* das hauptsächlich von alten Leuten ausgeübt wird. Die langsamen Bewegungen sollen Geist und Körper in Harmonie mit dem Fluss der Lebensenergie *(Qi)* bringen. Frühmorgens sind in den Parkanlagen unzählige Senioren mit der Ausführung der Übungen beschäftigt. Von ihnen geht eine Anmut aus, wie wir sie normalerweise nicht mit dem Altsein in Verbindung bringen.

Auch das **Halten von Singvögeln** ist eher Sache der Alten. Heute wie anno dazumal trägt man sie in kleinen Drahtkäfigen in den Parks spazieren oder hängt die Käfige in die Bäume, damit die Vögel um die Wette zwitschern. Die **Grillenzucht** hingegen ist aus der Mode gekommen. Früher hielt man Grillen in Bambusschächtelchen, aus denen man sie gelegentlich zum Grillenzweikampf hervorholte. Heute noch beliebte **Haustiere** sind Goldfische und Tauben, zunehmend jedoch auch Hunde. Wie sinnvoll das in Anbetracht der kleinen Wohnungen ist, soll hier nicht diskutiert werden. Immerhin führt diese neue Mode zu einem geringeren Verzehr von Hundefleisch!

Abendfüllende Hobbys sind **Schach,** diverse andere **Brettspiele** oder **Majiang** („Mahjong"), das seine Spieler allerdings teuer zu stehen kommen kann. Natürlich ist **Glücksspiel** verboten, aber eine Partie Majiang schadet ja nicht ... Lange Zeit war Majiang in der Volksrepublik verboten, weil man den Teufelskreis von Spielsucht, Spielschulden und Ruin durchbrechen wollte. Inzwischen ist es „rehabilitiert" und natürlich wird auch wieder um Geld gespielt. Zu den Problemen, die sich daraus ergeben können s. S. 200.

Sport und Spiel

Es wird wohl nie geklärt werden können, wer den Fußball erfand. Vermutlich wurde er von vielen Völkern der Erde – von den Eskimos bis zu den Maoris – unabhängig voneinander entwickelt. Früheste Überlieferungen, aus denen man ableiten kann, dass **dem Fußball ähnliche Spiele** stattfanden, stammen aus der Antike Griechenlands und Roms, aber fast zeitgleich wird das Kicken auch in chinesischen Quellen erwähnt. Ein Manuskript, das 1973 in einem Grab aus dem zweiten vorchristlichen Jahrhundert gefunden wurde, beschreibt die Herkunft dieses Spieles. Der „Gelbe Kaiser", mythischer Ahnherr der Chinesen, ließ demnach aus Rache den Magen eines getöteten Feindes ballförmig ausstopfen, sodass man danach treten konnte. Richtig populär wurde der Fußball unter den Tang (618–906) und den Song (960–1279).

Chinesen haben also zwar nach eigener Auffassung das **Fußballspiel** erfunden, aber weder dieses noch andere Ballspiele sind in der Tradition lebendig geblieben. Die einzige Ausnahme ist **Tischtennis.** Spätestens nach der Song-Zeit (10.–13. Jahrhundert) hat sich das Ideal des Beamten und Gelehrten gegenüber dem des kriegerischen Draufgängers durchgesetzt. Was soll ein Gelehrter mit Sport? Schon Konfuzius behauptete, dass der Gemeine die Hand, der Edle aber nur den Mund bewege. Aber auch für diesen Bereich hat Xi Jinping eine Vorgabe gemacht: Bis 2050 soll China Fußballweltmeister werden! Im verständlicherweise diesbezüglich kritischen Deutschland mag man dies wohl kaum glauben, doch hat China bisher seine selbstgesteckten Ziele stets erreicht.

▷ Chinesisches Schach unterscheidet sich deutlich von dem Schach, welches wir in Deutschland kennen

Erstaunlich scheint, dass in einem so wasserreichen Land wie China kaum jemand **schwimmen** konnte bzw. kann. Letzteres ist auch der Grund dafür, warum beim Kentern katastrophal überladener Fähren selbst in ruhigen Gewässern stets Hunderte von Passagieren ertrinken. Da mutet es schon wie Ironie an, dass ausgerechnet im Wassersport Chinesinnen und Chinesen bei den Olympischen Spielen Höchstleistungen erbringen. Aber Schwimmen im Meer ist nicht begehrt, man könnte ja braun werden, auch ist das Wasser verseucht und die Schwimmbäder sind so überfüllt, dass man kaum einen Stehplatz im Wasser ergattern kann. Man sieht Tausende von Erwachsenen mit Schwimmringen!

Das Verdienst, die Erfinder des **Golfspiels** zu sein, wird den Schotten seit ein paar Jahren von den Chinesen streitig gemacht, was die Gralshüter in St. Andrews, der Wiege des schottischen Golfens, sehr empört. Allerdings lässt sich nicht abstreiten, dass Golf in Schottland erstmals 1457 in der Literatur erwähnt wurde, während die Chinesen mit Bildrollen aus der Yuan-Dynastie (1279–1368) aufwarten können, auf denen mongolische Herrscher und Konkubinen zu sehen sind, die mit einem Schlagstock Bälle in Erdlöcher befördern. Eine Spielanleitung, angeblich aus dem Jahr 1282, entspricht in etwa den Regeln des heutigen Golfs, das mit der Goldenen Horde von Dschingis Khan nach Europa gelangt sein soll.

Majiang („**Mahjong**") wurde wohl erst zu Beginn des 19. Jahrhunderts erfunden. Das ist zumindest die Ansicht von Historikern. Viel schöner sind die Volkslegenden, die sich um seine Entstehung ranken, allen voran die von dem Fischer, der vor 2500 Jahren mit seinem Kutter plötzlich in einen schweren Sturm geriet. Als er sah, wie die Besatzung sich fürchtete, dach-

te er sich etwas aus, um sie abzulenken. Er hatte nur ein paar Holzstückchen und auf diese schnitzte er Symbole, während die Götter ihm halfen, sich die Regeln für ein Spiel auszudenken. Seine Männer waren alsbald so fasziniert davon, dass sie darüber Angst und Sturm völlig vergaßen. Der Fischer aber nannte sein Spiel nach dem kleinen Hanfspatzen, der ihn immer begleitete „Majiang".

Kartenspiele kamen in China und damit weltweit zum ersten Mal im 9. Jahrhundert auf und wurden „Blätterspiele" genannt. Es ist noch nicht geklärt, wann und wie sie in Europa bekannt wurden, der früheste Zeitpunkt dafür dürfte aber das 13. Jahrhundert sein.

Spielsucht – ein chinesisches „Laster"

„Ein Chinese", sagt verallgemeinernd ein chinesisches Sprichwort, „hat drei Laster: Frauen, Essen, Spielen." Die Chinesen spielen Glücksspiele wie **Lotto,** sie spielen mit **Aktien** (es heißt tatsächlich „spielen" auf Chinesisch) und Investitionen, sie spielen **Majiang** (s. S. 199) – und vor allem spielen sie **um Geld.** Manch ein Spieler treibt seine Familie seelisch und finanziell in den Ruin.

Kontrolliert wird das Glücksspiel in Taiwan und China von der **Mafia:** Sie betreibt Spielhöllen, genauso wie Lotterien.

Nicht allein das mafiöse Lotteriegeschäft blüht. Es gibt unzählige Möglichkeiten, in vornehmen und weniger vornehmen Lokalitäten Geld zu verspielen. Ein einziges spielendes Familienmitglied kann die ganze Familie um ihre Existenz bringen, denn nach chinesischer Tradition werden Eltern und Geschwister an der **Rückzahlung der Spielschulden** beteiligt. Ein junger Mann erzählt: „Meine Eltern trauen sich kaum noch aus dem Haus. Sie sind auch schon längst bankrott und ich habe es total satt. Seit Jahren zahle ich alles, was ich sparen kann, für die Spielschulden meines Bruders. Er hört einfach nicht auf zu spielen. Wenn er sein Leben nicht ändert, ist es mir auch egal. Irgendwann werden sie ihn dann eben umbringen!" Denn die Mafia lässt in solchen Fällen offensichtlich nicht mit sich spaßen. Ein Freund jenes Bruders, ebenfalls ein Zocker, hat seine Schulden nicht überlebt. Man fand die verkohlten Reste seiner Leiche im ausgebrannten Auto. Täter wurden nie ermittelt.

Spielsucht ist weitverbreitet und reicht bis tief in die bürgerlichen Kreise. Die Folgekriminalität der Spielsucht ist das eigentliche Problem. Wer bei der Mafia verschuldet ist und um sein Leben bangt, dem ist jedes Mittel recht, um an Geld zu kommen.

Wer einen Eindruck von der chinesischen Spielleidenschaft erhalten möchte, dem sei **Macao** als Reiseziel empfohlen. Die dortigen Casinos übertreffen Las Vegas bei Weitem.

Gesprächsverhalten

Höflichkeit

Das Irritierende an der chinesischen Höflichkeit ist, dass sie manchmal das Gegenteil von dem zu sein scheint, was Menschen im Westen unter gutem Benehmen verstehen. Mit „The Lack of Sincerity", „Der Mangel an Aufrichtigkeit", überschrieb der amerikanische Missionar Arthur Smith im Jahre 1894 ein ganzes Kapitel, das von chinesischer Höflichkeit handelt: „Den wahren Grund für irgendetwas kann man kaum je erwarten, und selbst wenn ein (Grund) genannt wurde, kann man sich nicht darauf verlassen ... Ein chinesischer Lehrer machte eine Bemerkung des Inhalts, dass man niemals eine Bitte auf harsche Weise abweisen solle, sondern vielmehr im Gegenteil ihr der Form halber nachgeben solle, auch ohne jegliche Absicht, dies auch tatsächlich zu tun. ‚Vertröste ihn auf morgen und dann auf ein anderes morgen', schrieb er. ‚So tröstest du sein Herz.'"

Die Botschaft hinter den Worten

Seither sind rund 120 Jahre vergangen, das Kommunikationswesen ist technisch fortgeschritten – doch die Verständigung zwischen Angehörigen verschiedener Kulturen ist so mühsam wie eh und je. „Wir haben", erzählten zwei westliche Geschäftsleute, „telefonisch mit einem Chinesen ein Geschäft abgesprochen. Es war schon alles klar. Wir sind nur zum Vertragsabschluss hierhergekommen. Auf einmal stellte sich heraus, dass der Mann gar nicht wollte." Auf Chinesisch kann „Ja" unter Umständen „Nein" heißen. Man muss es nur herauszuhören wissen. Chinesen bereitet das in der Regel wenig Schwierigkeiten. Westler müssen erst mühsam lernen, **die Botschaft hinter den Worten** wahrzunehmen. Das ist nicht nur für sie anstrengend, sondern auch für die Chinesen, die mit den Fremden zu tun haben und zu ihrem Leidwesen ständig beim Wort genommen werden.

Chinesische Höflichkeit ist die **Rücksicht auf das Gesicht des anderen.**

Auch Westler kennen Gelegenheiten, in denen sie aus Rücksicht auf das Gesicht eines anderen bewusst die Unwahrheit sagen. Wer einen empfindlichen Chef auf etwas aufmerksam machen will, das dieser selbst verpatzt hat, wird Mittel und Wege suchen, so schonend und indirekt wie möglich vorzugehen, wird vielleicht den Fehler sogar lieber auf sich nehmen. Chinesische Höflichkeit ist im Prinzip auch nichts anderes. Sie erstreckt sich allerdings nicht nur auf heikle Vorgesetzte, sondern auch auf nicht ganz so vertraute Freunde, Bekannte, Verwandte, Kollegen und auf Ausländer.

Ein weiterer Unterschied ist, dass in China von vornherein niemand erwartet, direkt und unverblümt mit „der Wahrheit" konfrontiert zu werden. Chinesen untereinander verlassen sich in der Regel darauf, dass ihr Gegenüber von sich aus die Situation richtig einschätzt und die entsprechenden Konsequenzen zieht – und zwar unabhängig davon, **was dem Wortlaut nach vereinbart wurde.** Das setzt natürlich das Mitdenken aller Beteiligten voraus.

Eine herzliche **Einladung** muss noch lange nicht bedeuten, dass man tatsächlich willens ist, den oder die Angesprochenen bei sich als Gast aufzunehmen. Sie kann genauso gut einfach nur Bestandteil eines netten Small Talks sein. Wer sichergehen will, wirklich willkommen zu sein, lehnt eine Einladung also erst einmal höflich ab, zweimal, dreimal oder noch öfter. Erst wenn wiederholt versichert wurde, dass man sich auf einen Besuch freue, darf man getrost zusagen.

Es kann auch sein, dass von A eine Einladung ausgesprochen und von B freundlich angenommen wird, während beide wissen, dass es sich um reine Goodwill-Bekundungen handelt. Jede Situation ist anders und erfordert neues **Einfühlungsvermögen.**

Bo Yang, der Autor des chinesischen Klassikers „Der hässliche Chinese", behauptete daher einmal, in seiner Kultur verbrächten alle Leute zu viel Zeit damit, herauszufinden, was das jeweilige Gegenüber wirklich gemeint habe. Vielleicht ist das so. Doch wohlerzogene Chinesen werden von klein auf dazu gezwungen, sehr **feine Sensoren für die Stimmungen und Empfindungen anderer Menschen** zu entwickeln. Die Botschaften mögen leise und verschlüsselt sein, aber die Empfänger sind ebenfalls sehr sensibel. Was einer sagt, ist nicht so wichtig. Es kommt darauf an, was er meint. Dazwischen können Welten liegen. Die Intuition spielt bei der Verständigung eine größere Rolle als der Inhalt des Gesagten. Das zeigt

◩ Die hohe Kunst der Kalligrafie beherrschen fast nur noch die Alten ...

sich übrigens auch in der Sprache: Man sagt nicht, „Ich glaube, dass er kommt" oder „Ich denke, das ist so und so". Man sagt „Ich fühle, dass er kommen wird" und „Ich fühle, dass das so ist". **Gefühl steht für Wissen und Ahnen, Meinen und Denken.**

Eine für chinesische Verhältnisse **unzweideutige Absage** ist die Antwort „vielleicht". „Ich käme gern mit, ich weiß nur noch nicht, ob ich Zeit dazu habe", ist die höfliche Antwort eines Chinesen, der nicht die geringste Lust hat, mitzukommen. Auch eine bedenkenlose Zusage, die sämtliche Erwartungen übertrifft, kann eine klare Absage sein. Da man sowieso nicht vorhat, sich an das Versprochene zu halten, möchte man dem anderen wenigstens rhetorisch „Gesicht geben" *(gei mianzi)*. So erklärte eine Chinesin, die einen zum Sprachaustausch engagierten Ausländer loswerden wollte, sie hätte statt der verabredeten zwei Stunden Unterricht wöchentlich doch lieber gleich vier.

Chinesische Höflichkeit einzuschätzen und zu verstehen, lernt man nicht in drei Tagen. Man kann sie sich in keinem Volkshochschulkurs, in keinem Universitätsseminar aneignen und nicht nach Regeln auswendig lernen. Sie hat nichts mit Logik zu tun, aber einiges mit der Kunst, Gedanken zu lesen. Sie ist Bestandteil einer **Kommunikationskultur, die auf genauem „Hinfühlen" beruht.** Virtuosen auf diesem Gebiet geraten fast nie in einen krassen Widerspruch zu ihren Gesprächspartnern, denn sie erfassen deren Denkweise intuitiv richtig und passen sich verbal an. Selbst unter Chinesen sind Menschen dieses Schlages gefürchtet, weil sie kaum je preisgeben, was sie wirklich denken.

Die Kunst der Andeutung

Zur höflichen chinesischen Rede gehört **die Kunst der Andeutung.** Es zeugt von plumpem Benehmen, eine Bitte so unumwunden vorzubringen, dass der andere sie zur Kenntnis nehmen muss. Bei Weitem eleganter ist es, sie so zu verpacken, dass der Angesprochene die Bitte ohne schlechtes Gewissen übergehen könnte, wenn er denn „Stoffel" genug ist.

„Liebes Fräulein H.", so oder so ähnlich lautete ein Brief aus Shanghai, „ich komme am 24. 3. um sechs Uhr früh in Frankfurt an. Es ist sehr nett von Ihnen, dass Sie mich am Flughafen abholen wollen, aber es ist ganz bestimmt nicht nötig. Bitte machen Sie sich keine Umstände. Sicher wird es für mich überhaupt kein Problem sein, allein den Zug nach Göttingen zu finden ..." Chinesen, die diese Zeilen lesen, wissen sofort Bescheid. Klarer Fall, der Mann hat Sorge, dass er nicht abgeholt würde. Eigentlich hieß der Brief also: „Ich weiß natürlich, dass es Ihnen Umstände macht. Aber wenn Sie trotzdem kommen, bin ich Ihnen sehr dankbar. Denn Sie können sich ja denken, wie schwierig es für mich wird, ohne Sprachkenntnisse allein den Zug nach Göttingen zu finden ..."

Sich in die Situation eines anderen hineinzuversetzen und ihm auch dann, wenn er (aus purer Höflichkeit) Hilfe ablehnt, unbedingt weiterzuhelfen, gehört zu den Spielregeln der Höflichkeit. Vor allem **Bitten und Erwartungen** werden gern so subtil und beiläufig geäußert, dass Ausländer Verständnisschwierigkeiten haben. Enttäuschung und Ärger bei der betreffenden Person, die sich nun schlecht behandelt fühlt, können die Folge sein.

Sie habe gehört, europäisches Olivenöl sei wunderbar für die Haut, ließ eine Chinesin ihre westliche Mitbewohnerin wissen, die ein paar Monate später auf Heimaturlaub ging. Für die Chinesin war dies deutlich genug. Noch offener hätte sie ihr Ansinnen nicht äußern können, denn sie wollte die Ausländerin nicht über Gebühr bedrängen. Diese kam von ihrer Reise ohne Olivenöl zurück. Zwei Monate vergingen. Eines Morgens platzte die Chinesin heraus: „Warum hast du mir kein Olivenöl mitgebracht?"

Ausländer besitzen einen gewissen **„Trampeligkeits-Bonus"** und man nimmt ihnen in der Regel einen solchen Vorfall nicht allzu sehr übel. Für Chinesen allerdings kann es besonders im Berufsleben gefährlich werden, Andeutungen zu überhören: „Wenn es sich um gleichgestellte Freunde handelt, dann macht es nichts. Aber wenn einer Macht hat, eine hohe Position oder viel Geld und du hast mit ihm zu tun, so bist du ununterbrochen dabei, nachzugrübeln, was er eigentlich gemeint hat."

Nicht wenige Chinesen arbeiten vorzugsweise mit Westlern zusammen, weil ihnen ihre eigenen Landsleute zu kompliziert sind. Denn **auch Chinesen untereinander erleben Missverständnisse:** Herr Chang war für einige Monate verreist und hatte Frau Lo seinen Zimmerschlüssel samt Geld hinterlassen, um eventuell anfallende Rechnungen zu bezahlen. Er kam früher als erwartet zurück. „Ich geb dir gleich auch das Geld!", sagte Frau Lo, als Herr Chang die Schlüssel bei ihr abholte, denn es waren noch ein paar Hundert Euro übrig. „Ach, lass mal", sagte Herr Chang. Frau Lo, die für Herrn Chang nicht nur Blumen gegossen, sondern auch schon Referate getippt hatte, fasste dies offensichtlich als eine zartfühlende Art von Bezahlung auf. Sie gab das Geld tatsächlich nicht zurück. Herr Chang wartete monatelang darauf, ohne sie allerdings je wieder zu erinnern, denn das gehörte sich nicht. Ein halbes Jahr später kam es deswegen zu einem heftigen, nahezu wortlosen Zerwürfnis zwischen ihnen.

Chinesisch sei, so heißt es, im Gegensatz zu Englisch die Sprache der Overstatements. Das aber gilt nur für Mitteilungen der angenehmen Art. Negatives drückt man so sachte wie eben möglich aus. *Yidiandian* – **„ein ganz kleines bisschen ..."** „Ein ganz kleines bisschen besser könnten deine vier Töne noch werden." Das heißt so viel wie: „An deinen vier Tönen musst du wirklich noch arbeiten!" „Kannst du ein ganz kleines bisschen ruhiger sein?" entspricht in etwa dem deutschen „Halt den Mund!"

Charakteristisch für die indirekte höfliche Ausdrucksweise ist ferner das sogenannte **spiralenförmige Reden** der Asiaten. Es ist wenig höflich, gleich zum Kern eines Themas zu kommen, seine Zuhörer mit Dingen zu konfrontieren, die sie vielleicht gar nicht hören wollen. Also nähert man sich dem Hauptpunkt in konzentrischen Kreisen. Je beiläufiger man beginnt, desto besser kann man seinen Gesprächspartner und seine Reaktionen beobachten. Und desto eher weiß man, an welchem Punkt Verständnis oder Geduld des Gegenübers strapaziert sind.

„Entschuldige bitte, dass ich vorgestern Abend so spät nach Hause gekommen bin." Ein Satz wie dieser kann vieles bedeuten. Er kann zum Beispiel genau das bedeuten, was er besagt. Er kann aber auch bedeuten: „Du hast mich in letzter Zeit beim späten Nachhausekommen öfter geweckt". Und er kann irgendetwas ganz anderes bedeuten, vor allem wenn sich bis dato noch kein Mitbewohner um das Nachhausekommen des anderen gekümmert hat. In diesem besonderen Fall bedeutete es: „Ich habe etwas auf dem Herzen". Und was das war, stellte sich nach etwa anderthalb Stunden heraus. Das späte Nachhausekommen der Betreffenden hatte etwas mit der Schwester des Verlobten zu tun, die sie wieder einmal herumkommandiert hatte. Seit sieben Jahren ging das schon so. Nichts tat der Verlobte dagegen, weil er zu schwach und zu harmlos war, um die Frauen seiner Familie im Zaum zu halten. Schließlich war das ganze unerträglich geworden: Es hatte den großen Knall gegeben. Deswegen war sie also so spät nach Hause gekommen …

Die Verweigerung

Natürlich kann man sich auch durch Taten indirekt verständlich machen – indem man sie nämlich unterlässt. **Stille Verweigerung** statt offener Entrüstung oder Vorwürfen ist ein geradezu klassisches chinesisches Mittel, jemand anderen in seine Schranken zu weisen. Der Ausländer, der vielleicht den rechten Ton nicht gefunden hat, wird feststellen, dass sein Gegenüber sich nun erst recht dumm stellt: „Ich weiß nicht" *(Wo bu xiaode)*; „Haben wir nicht" *(meiyou)*; „Ist ausverkauft" *(maiwanle)*; „Geht nicht" *(bu xing)*. In staatlichen Geschäften der Volksrepublik China gehört dies übrigens zum festen Repertoire der Angestellten, wenn sie sich von Kunden in ihrer Ruhe gestört fühlen.

Ein freundlicheres Beispiel für eine Unterlassung ist das Folgende: Chinesen erwarten, wenn sie jemanden besuchen, dort **abgeholt zu werden,** wo sie ankommen, am Flughafen, am Bahnhof oder an der Haltestelle. Bei der Verabschiedung begleitet der Gastgeber selbstverständlich seine Gäste wieder dorthin zurück und wartet, bis sie abgefahren sind. Dass viele Westler dies nicht wissen, ist eine lebhafte Quelle interkulturellen Missvergnügens. Ein chinesischer Bekannter, neu in Deutschland, versuchte, seine deutschen Gastgeber auf höfliche Weise an ihre vermeintlichen Pflichten zu erinnern: Sie wohnten im ersten Stock eines Hochhauses und hatten den Weg von der U-Bahn-Station bis zum Haus sowie die Lage der Wohnung im ersten Stock exakt beschrieben. Er fand bis dorthin und klingelte. Sie öffneten die Haustür unten per Türöffner. Aber niemand kam herauf. Es klingelte wieder. Wieder betätigten sie den Türöffner. Wieder kam niemand. Das ging etwa drei- oder viermal so, bis sie auf die Idee kamen, der Türöffner sei defekt. Sie gingen hinunter. Unten im Flur des Hauses wanderte ihr Gast in sichtlicher Unruhe auf und ab. „Warum kommen Sie denn nicht hoch?", wurde er gefragt. Er lächelte nur. Das konnten sie sich ja schließlich auch selbst denken.

Die Entschuldigung

Die chinesische **Entschuldigung** *duibuqi,* was wörtlich „Erhebe nicht (deine Hand) gegen (mich)" heißt, hat viel Ähnlichkeit mit einem freundlichen Lächeln. Beide sind praktisch nie fehl am Platze. Nicht immer ist sie Ausdruck tatsächlichen Bedauerns: Bei Einladungen zum Essen pflegen sich die Gastgeber für das bescheidene Mahl zu entschuldigen, selbst wenn sich der Tisch vor Delikatessen biegt. Gelegenheiten, sich zu entschuldigen, sind zahlreich. Man entschuldigt sich für die Umstände, die man anderen bereitet, man entschuldigt sich dafür, dass man sein gutes Recht wahrnimmt, und man entschuldigt sich für das Versehen, das dem anderen unterlaufen ist.

Eine in ihrer Vielseitigkeit unübersetzbare Floskel der Entschuldigung ist die Wendung **„bu hao yisi".** Wörtlich heißt das: „(Es macht) keinen guten Sinn". In der praktischen Anwendung kann das alles Mögliche heißen. *Bu hao yisi* sagt jemand, der ein Geschenk in Empfang nimmt, zu Deutsch: „Aber das wäre doch nicht nötig gewesen." *Bu hao yisi* sagt man im Reisebüro, wenn man sein Ticket ändert: „Entschuldigen Sie, dass ich Ihnen Umstände mache." *Bu hao yisi* wäre es, sich von einem Bekannten den neuen Wagen auszuleihen, daher unterlässt man es. Hier bedeutet die Wendung so viel wie: „Das wäre wirklich zu viel verlangt." Beim Essen hingegen heißt „Sei nicht *bu hao yisi*!": „Greif zu! Keine falsche Zurückhaltung!" „Entschuldigung, vielmals Entschuldigung, ich bin *bu hao yisi*!", sagt die Frau in der Reinigung, weil sie ihren Kunden darauf aufmerksam machen muss, dass er noch nicht bezahlt hat. In diesem Fall heißt es: „Es ist mir peinlich, dass ich dich auf dein Versehen aufmerksam machen muss."

Es ist bezeichnend für die chinesische Höflichkeit, dass immer der Sprechende selbst *bu hao yisi* ist. Man sagt nicht: „Du bist jetzt aber *bu hao yisi!*" Man gibt vor, den Fehler nur bei sich selbst zu sehen. Auf diese Weise kann eine Entschuldigung also indirekt einen Vorwurf beinhalten. Umgekehrt ausgedrückt: Es ist höflicher, einen Vorwurf in die Form einer Entschuldigung zu kleiden. Selbst der Staat hält sich an diese Regel, wenn er seine Bürger verwarnt.

Bescheidenheit als Selbstschutz

So wie es höflich ist, sich zu entschuldigen, wenn dem anderen ein Fauxpas unterlaufen ist, für dessen Folgen er nun leider geradestehen muss, so ist es unhöflich, in einer Streitfrage am Ende allzu offensichtlich **recht zu behalten.** Derjenige, der unrecht hat, sollte wenigstens zum Schein Recht und Gesicht behalten. Offener Triumph kommt stets vor dem Fall: „Einst bestieg ein König den Berg der Affen. Die Affen flohen in Panik, nur einer blieb ganz unbekümmert, kletterte umher und zeigte seine Künste. Der König schoss einen Pfeil auf ihn ab, doch der Affe fing ihn geschickt mit der Hand auf. Da befahl der König allen Dienern, den Affen mit Pfeilen zu überschütten. Der Affe brach im Hagel der Geschosse zusammen ..."

Es gibt kaum eine Geschichte, die das Wesen chinesischer Bescheidenheit prägnanter illustrieren könnte. Man macht sich nicht nur aus purer Demut kleiner und unbedeutender, als man ist, sondern auch, weil es gefährlich ist, mit besonderen Fähigkeiten zu glänzen, sich zu exponieren. Man könnte den Zorn Mächtigerer auf sich ziehen, den Neid der Nachbarn oder den Spott der Bekannten. Die **höfliche Bescheidenheit ist Selbstschutz.** Nicht dass Chinesen grundsätzlich in einer verbalen Auseinandersetzung klein beigeben. Aber wenn sein Gegenüber eingesehen hat, dass er im Unrecht ist, wird der höfliche Sieger dies nicht auskosten. Eine Chinesin, die sich mit ihrer Dozentin in einer sachlichen Frage uneins war, machte, sobald sie diese überzeugt hatte, sofort einen Rückzieher. Sichtlich verlegen begann sie nun, nach Gegenargumenten für ihre eigene These zu suchen.

Zurückhaltung beim Rechthaben, Bescheidenheit im ganzen Auftreten charakterisieren das vornehme Benehmen – nicht nur in verbaler Hinsicht. Die ganze **Körpersprache** ist leiser, verhaltener als bei uns üblich. Jene Attribute, die im Westen nach landläufiger Meinung den aufrichtigen Menschen ausmachen wie **fester Handschlag und offener Blick,** sind im chinesischen Raum Zeichen von schlechten Manieren. Man drückt sich zur Begrüßung nicht kräftig die Hand, um dem anderen zu signalisieren: Hallo, hier bin ich. Früher gab man sich überhaupt nicht die Hand, sondern legte zur Begrüßung die eigenen Handflächen gegeneinander. Heutzutage wird, wenn Westler zugegen sind, der Handschlag zwar aus Höflichkeit praktiziert, aber man bemüht sich, die Hand des anderen dabei nur flüchtig und weich zu berühren: Hallo, ich bin gar nicht so wichtig. Lass uns sehen, wie sich die Dinge entwickeln ...

Auch starrt man während eines Gesprächs seinem Gegenüber nicht unablässig in die Augen. Westler interpretieren den „verdeckten" chinesischen **Blick** mitunter auf ihre Weise – falsch: You never know what they think! Doch umgekehrt empfinden viele Chinesen die Augen der Westler als ausgesprochen unangenehm, wenn nicht sogar aggressiv.

Unter Freunden und in der Öffentlichkeit

Nur **unter wirklich guten Freunden** kann man sich (fast) alles erlauben – laut sein, dem anderen tief in die Augen sehen, ihm kräftig auf die Schulter klopfen, eine deftige Sprache benutzen, recht haben und Schwächen bewitzeln. Unter Freunden zählt die Freundschaft mehr als das Gesicht, die Bescheidenheit, die Vorsicht, die Rücksicht und was da noch den menschlichen Umgang miteinander so schwierig macht. Unter guten Freunden kann man sich so benehmen „wie zu Hause".

Auch **in der Öffentlichkeit** ist höfliches Verhalten nicht unbedingt angebracht – vorausgesetzt, die Öffentlichkeit besteht aus lauter unbekannten Menschen. Denn chinesische Höflichkeit ist eine Tugend, die nur in einem relativ begrenzten Kreis zum Tragen kommt. Während Westler unter Höflichkeit ein Verhalten verstehen, das auch oder sogar vorrangig den Umgang von **Fremden** miteinander erleichtert, so ist chinesische Höflichkeit in den meisten Fällen für Menschen reserviert, mit denen man aus irgendeinem Grund etwas zu tun hat: für Freunde und Verwandte, für Bekannte und Besucher, für Kunden und Geschäftspartner, für Interviewpartner, ja sogar für Verkehrssünder – aber niemals für die völlig unbekannte Person, die da etwa Schwierigkeiten hat, ihre drei riesigen Koffer in den Zug zu bekommen. Der höflichste chinesische Gentleman wird gelassen zuschauen, wie er oder sie sich da abmüht, denn dies geht ihn schließlich nicht das Geringste an. Die gebrechliche Alte, die sich sichtlich mühsam auf den Beinen hält, wird nur mit viel Glück einen Sitzplatz im Bus angeboten bekommen. Dass traditionell das Alter geehrt wird, ist eine Sache. Eine völlig andere ist das Alter von fremden Leuten.

Eine Ausnahme von dieser Regel bilden mitunter die **Ausländer.** Ihnen wird manchmal bereitwillig weitergeholfen, teils aus Gastfreundschaft und teils, um auf die Fremden einen guten Eindruck zu machen. Doch dies ist bereits ein anderes Kapitel.

Gesundheitswesen

Bis 1949, dem Datum der kommunistischen Machtübernahme, existierte praktisch keine staatliche Gesundheitsvorsorge. Die Lebenserwartung lag bei etwa 40 Jahren. Die Kommunisten führten das Prinzip der **„Barfuß-Ärzte"** ein, bei welchem rudimentär ausgebildete Ärzte auf das Land zu den Bauern reisten, um sie zu versorgen. Das System funktionierte einigermaßen gut und gilt noch heute als erfolgreich und anerkannt. In den Städten waren die Ärzte vom Staat angestellt und bezahlt, der Patient musste nichts bezahlen. Mit dem Beginn der Reform- und Öffnungspolitik zu Anfang der 1980er-Jahre zerbrach die „eiserne Reisschüssel", das **System der staatlichen und zumeist kostenlosen Fürsorge.** Wer nicht im Staatsdienst arbeitete, war nicht mehr versichert, und wenn auch die reinen Arztkosten niedrig blieben, so galt dies nicht für die Medikamente. Schnell erkannten die schlecht bezahlten Ärzte, dass sie über Medikamentenverordnungen fehlendes Einkommen ausgleichen konnten; der Korruption war auch in diesem Bereich Tür und Tor geöffnet.

Bald waren nur noch wenige Bauern versichert; das System drohte zu kollabieren und die Versorgung mit ihm.

Erst seit etwa 2009 wird das gesamte **Gesundheitswesen Chinas reformiert.** Der Bedarf hierfür ist in seiner Dringlichkeit bedrohlich; auf 1000 Patienten kommen 1,8 Krankenschwestern (im OECD-Durchschnitt sind es fast 9) und gerade 1,6 Ärzte (die Hälfte des OECD-Durchschnitts).

Das System ist derzeit dreistufig aufgebaut: Auf dem Dorf gibt es **kleine Kliniken,** in den Kommunen **größere Gesundheitszentren.** Wirklich gut ist die Versorgung jedoch nur in den Städten, in denen **große Krankenhäuser** mit gut ausgebildeten, wenn auch noch immer sehr schlecht bezahlten Ärzten existieren. Dort aber sind die Bedingungen katastrophal. Da aufgrund der schlechten Versorgung der Landbevölkerung auch diese noch in die Städte reist, um einen Arzt zu sehen, sind die **Krankenhäuser völlig überlastet.** Man wartet stundenlang, nur um dann zu erfahren, dass man in der falschen Schlange anstand oder sich ohnehin online anmelden muss. Also tut man gut daran, einen kleinen *hong bao* mitzubringen, den berühmten roten Umschlag mit ausreichend Bargeld. Nur so hat man eine Chance, an einen Arzt zu kommen – der diesen Beitrag auch erwartet.

Das ist dann aber nur ein Teilerfolg. Auf den **Kosten** bleibt der Patient nach wie vor überwiegend sitzen; etwa 30 % werden vom Staat übernommen. Dies bedeutet im Fall einer schweren Krankheit den finanziellen Ruin.

Die Regierung plant im Zuge ihrer umfassenden Reform einen bezahlbaren Zugang zu einer auch qualitativ guten Versorgung für alle Bürger bis zum Jahre 2020. Inzwischen (2017) sind etwa **95 % der Chinesen krankenversichert.** Die geschilderte Knappheit verfügbarer Ärzte hängt auch mit der sehr schlechten Bezahlung zusammen; kein Chinese rät seinem Kind, Arzt zu werden. Die Wut der vernachlässigten Patienten entlädt sich inzwischen sehr oft direkt beim Arzt oder der Krankenschwester; gewalttätige Übergriffe sind an der Tagesordnung.

Für **Ausländer** gilt all dies nur in begrenztem Maße; in den Großstädten können sie problemlos eines der wenigen guten chinesischen Krankenhäuser aufsuchen oder sich sogar an eines der wenigen privaten, meist von Ausländern betriebenen Häuser wenden. Aber auch für sie gilt zumeist, dass erst bezahlt werden muss. Dies anerkennen deutsche Versicherungen, über die man eine Auslandsreisekrankenversicherung abgeschlossen hat, im Normalfall ohne Umstände. Der eklatante Mangel an qualifizierten Häusern eröffnet ein weites Feld für Investoren. Privatkliniken für die Superreichen sind im Kommen; immer mehr Chinesen eröffnen auch spezialisierte Kliniken, beispielsweise für Kinder.

Infrastruktur

Im Grunde ist es auch für der chinesischen Sprache nicht mächtige Ausländer kein Problem, mit der chinesischen **Bahn** zu fahren. Dieser Teil der Infrastruktur ist vielleicht der beeindruckendste, da er sehr schnell ausgebaut wurde und gerade im Vergleich zur bundesdeutschen Realität erstaunlich pünktlich und zuverlässig ist, trotz der großen Entfernungen. Man fährt in 44 Stunden 4000 km von Shanghai bis nach Lhasa, der Hauptstadt Tibets, und überwindet dabei 3500 Höhenmeter; Business Class, falls gewünscht, mit Liegesitz und durchgehendem Mobilfunknetz – bis nach Tibet!

Es gibt englischsprachige Websites für die **Ticketbuchung;** alternativ wird das Hotel dies ebenso gut übernehmen wie ein chinesischer Freund es könnte. Mit diesem Ticket fährt man zum Bahnhof, stellt sich geduldig in die immer langen Schlangen vor dem Eingang, lässt Gepäck und Mensch durchleuchten und betritt schon das Gebäude. Auf großen Anzeigetafeln sind die Zugnummern, die Abfahrtszeiten und das Gate abzulesen; alles entspricht in Dimension und Übersichtlichkeit eher einem internationalen Flughafen als einem lokalen Bahnhof. Die Wartenden versammeln sich vor dem entsprechenden Gate; 15 Minuten vor Abfahrt des gebuchten Zuges passiert man mit seinem Ticket eine elektronische Sperre und gelangt auf den Bahnsteig. Der Zug fährt pünktlich vor, hält an den entsprechend markierten Stellen und man steigt entspannt ein. Es gibt

kein Gedrängel, da jeder Reisende über einen reservierten Sitzplatz verfügt; Stehplätze sind nicht erlaubt. Es ist ein Abenteuer, gerade wenn man die Sprache nicht spricht. Und gleichzeitig kann nichts passieren. Überall gibt es inzwischen Chinesen, die ausreichend Englisch sprechen, um dem verwirrten Ausländer zu helfen.

Neben dem hervorragend ausgebauten Schienennetz werden in China in rasantem Tempo auch **Flughäfen** errichtet; Ziel ist, dass kein Chinese weiter als 200 km vom nächsten Flughafen wohnen muss – ein ehrgeiziges Ziel bei der Größe des Landes, aber China arbeitet daran. Das Fliegen ist hier wie überall auf der Welt ohne besonderen Aufwand möglich.

Das **Straßennetz** wird ebenso zügig ausgebaut; inzwischen sind auch Überlandfahrten zwischen den Großstädten mit normalen PKW möglich. China investiert Hunderte von Milliarden Dollar in seine Infrastruktur, auch als Konjunkturmaßnahme. Und es hat im Gegensatz zu Indien erkannt, dass eine gut ausgebaute und funktionierende Infrastruktur die Grundlage für die wirtschaftliche Entwicklung des Landes darstellt.

Straßenbahnen gibt es nicht, aber ein sehr gutes, dichtes und sicheres **U-Bahnnetz** in allen Großstädten. Die Fahrkartenautomaten bieten auch ein englisches Menü; man gibt die Zielhaltestelle ein und sieht dann, welche Linie dorthin fährt bzw. wo man umsteigen muss. Die Preise sind niedrig und für jedermann erschwinglich; gerade in der Rushhour empfiehlt sich sogar die U-Bahn, da man auf der Straße im Stau noch länger stehen würde und es unterirdisch zwar eng zugeht, aber der Reisende schnell von A nach B gelangt.

◸ Vielleicht der Anfang eines großen Logistikunternehmens?

Internet und Onlinemedien: Zensur oder Freiheit?

Dieses Thema ist stark vom Einfluss des derzeitigen Staats- und Parteichefs Xi Jinping (2017) geprägt, was daran liegt, dass Xi mit seit mindestens zwei Jahrzehnten nicht gekannter Intensität die **Kontrolle über das Internet** und die sozialen Medien **verschärft** hat. Tausende von Polizisten sind online unterwegs, um zu kontrollieren, wer von welcher IP-Adresse aus auf welchen Seiten surft; nicht nur sind die westlichen Medien wie Facebook etc. gesperrt, bereits beim Aufrufen beliebiger nicht chinesischer Seiten verlangsamt sich die Surfgeschwindigkeit so erheblich, dass in China lebende Ausländer dies als geschäftsschädigend beklagen. Während das chinesische Internet, im Grunde ein **chinesisches Intranet,** sehr schnell ist, reduziert sich die Geschwindigkeit just in dem Moment, in dem man auf ausländische Seiten zuzugreifen versucht. Jeder Chinese ist sich darüber im Klaren, dass alle seine Schritte im Netz mitverfolgt werden. Die Kontrolle ist so umfassend, wie das technisch eben möglich ist.

Dies ist ein Aspekt. Gleichzeitig ist es den Chinesen wie nie zuvor möglich, sich über das Ausland und alle Vorgänge dort, seien sie politischer, wirtschaftlicher oder sonstiger Natur, zu informieren; und zwar über eben dieses so streng kontrollierte Internet. Denn natürlich gibt es immer Möglichkeiten, die staatlichen Sperren zu umgehen und sich über **VPN-Zugänge** in die Welt jenseits der „Great Firewall of China" zu begeben. Ausländer tun dies standardmäßig und man lässt sie gewähren. Chinesen tun es in weitaus geringerem Maße, zum einen aus Gründen der eigenen Sicherheit, zum anderen auch, weil erstaunlich viele junge Chinesen gar kein so großes Interesse an dem haben, was weltweit passiert. Das betrifft nicht die kleine Schicht Intellektueller und Studenten, die sich natürlich informiert; gemeint ist die überwiegende Mehrheit der im Netz surfenden Chinesen, die auf chinesischen Seiten bleibt oder sowieso nur online ist, um Spiele zu spielen.

Es gibt auch andere, sehr spezifisch chinesische Wege, die Zensur zu umgehen. So **sperrt der Staat** immer wieder bestimmte **Suchbegriffe,** die aus gegebenem Anlass nicht aufrufbar sein sollen und dies dann eben auch nicht sind. Dabei kann es sich um politisch relevante Begriffe handeln („Arabischer Frühling") oder auch schlicht um solche, die sich auf Ereignisse beziehen könnten, die nicht öffentlich werden sollen. So konnte man vor einiger Zeit die Begriffe „Ferrari" und „Beijing" drei Monate lang nicht im Netz aufrufen, da ein Sohn eines Beijinger Kaders mit einem Ferrari einen schweren Unfall verursacht hatte. Wie konnte es sein, dass

Extrainfo 10 (s. S. 5): Tencent ist der wichtigste Anbieter im Social-Media-Bereich und stellt gleichzeitig alle Daten der Regierung zur Verfügung.

ein Sohn eines Beamten überhaupt so ein Auto fuhr? Wieso war er nachts in weiblicher Begleitung unterwegs, betrunken vermutlich? All dies sollte nicht allzu publik werden und so sperrte die Zensur kurzerhand die entsprechenden Begriffe.

Nun ist die chinesische Sprache so konstruiert, dass es für die vielen Tausend Schriftzeichen nur relativ wenige Silben, das heißt Aussprachemöglichkeiten, gibt. Hinter einer möglichen Silbe (z. B. *Wang*) stehen Hunderte von Zeichen und Bedeutungen. Findige Chinesen gaben daher in den Suchmaschinen Zeichen ein, die genau so klangen wie „Ferrari", aber eben anders geschrieben wurden. Die Zensur hatte keine technische Möglichkeit, dies zu verhindern, und so konnte man über den Vorfall berichten, ohne eigentlich darüber zu berichten. Es gibt wohl keine Vorschrift, die findige Chinesen nicht zu umgehen wissen!

Man kann daher mit Fug und Recht behaupten, die Zensur in China funktioniere hervorragend und China verstehe es, seine Bürger von den Social Media des Westens fernzuhalten. Ebenso lässt sich belegen, dass die meisten Chinesen sehr gut über alles informiert sind, was in der Welt passiert, wenn sie es denn sein wollen. Die **sozialen Netzwerke** sind voll von Diskussionen über den amerikanischen Präsidenten, über Sportereignisse, eben über alles, was auch bei uns interessiert. Das heißt, dass Kontrolle auf jeden Fall existiert, sogar umfassend – China liegt derzeit auf Platz 176 auf dem Index der Pressefreiheit –, aber gleichzeitig existiert die Möglichkeit, sich dennoch zu informieren. Als ein amerikanischer Sportler sich während der Olympischen Spiele 2016 in Brasilien abfällig über einen chinesischen Sportler äußerte, führte ein (chinesischer!) „Shitstorm" auf seinem Facebook-Account dazu, dass er ihn schließen musste. Wie konnte das sein, wenn Facebook in China doch gar nicht zugänglich ist?

Wie und wo kommunizieren Chinesen aber, wenn Facebook, Youtube, Instagram, Snapchat etc. nicht verfügbar sind?

▷ Früh übt sich …

Alibaba, Youku und Co.: Sollten Sie bei Alibaba zuerst an die 40 Räuber denken, gehören Sie vermutlich nicht zur Generation Y. Die denkt nämlich an das chinesische Internetunternehmen, das von dem Englischlehrer Jack Ma 1999 in der ostchinesischen Stadt Hangzhou gegründet wurde. Die Alibaba Group Holding vereint unter ihrem Dach inzwischen zahlreiche Unternehmen wie z. B. die B2B-Plattform **Alibaba.com** oder auch **Taobao,** das mit Ebay zu vergleichen ist. Zunehmend an Bedeutung gewinnt auch **Alipay,** ein praktisches Onlinebezahlsystem. Die börsennotierte Holding hat eine Marktkapitalisierung von 262 Milliarden Dollar (2016) und ist damit offiziell das wertvollste Internetunternehmen Asiens. Jack Ma hat inzwischen auch die in Hongkong erscheinende South China Morning Post übernommen, die bis dato renommierteste Tageszeitung Asiens. Man kann angesichts seiner guten Beziehungen zu Partei und Staat nur vermuten, wie lange die oft kritische Chinaberichterstattung noch aufrechterhalten werden kann. Erste Anzeichen stimmen pessimistisch.

Über Alibaba.com werden jährlich Waren im Wert von Hunderten von Milliarden Dollar gehandelt; primär der Handel zwischen China und anderen asiatischen Staaten lässt sich hierüber problemlos abwickeln.

Taobao.com ist inzwischen die größte Online-Auktionsplattform Asiens, zugänglich für jeden Chinesen; bezahlt wird mit Alipay, sodass letztlich alles im Hause Alibaba bleibt.

Tencent: Auch dieses Unternehmen sollte man kennen. Ebenfalls mit einer ähnlichen Marktkapitalisierung von 256 Milliarden Dollar (2016) versehen, hat das 1998 von Ma Huateng (Pony Ma genannt) gegründete **zweitgrößte Internetunternehmen Chinas,** die Tencent Holding, mit QQ und dann WeChat die erfolgreichsten Online-Kommunikationsplattformen Asiens geschaffen.

Der Umsatz beläuft sich auf über 14 Mrd. Euro. Tencent hat sich auf Onlinewerbung, Onlinespiele und diverse soziale Netzwerke spezialisiert und hält Hunderte von Patenten in diesen Bereichen.

QQ wurde 1999 gestartet und verbreitete sich als Online-Kommunikationsmedium rasend schnell; es gilt heute als das am **weitesten verbreitete Instant-Messaging Netzwerk Asiens.**

2011 schließlich startete WeChat.

WeChat muss aufgrund seiner Bedeutung und Verbreitung ein eigenes Kapitel erhalten. In Europa wird oft WhatsApp als Vergleich herangezogen, wenn erklärt werden soll, was WeChat vermag; dies ist jedoch viel zu kurz gegriffen. *Weixin,* wie der chinesische Name lautet, verfügt neben dem Instant-Messaging über zahlreiche weitere Funktionen.

So kann man selbstverständlich **Fotos und Videos** teilen, wichtiger aber ist, dass man z. B. **Taxis bestellen** und bezahlen, **Essen ordern** oder seine

Extrainfo 11 (s. S. 5): Spiegel-Artikel zu WeChat, einer von 700 Mio. Menschen genutzten App, die jederzeit und überall verfügbar ist, aber komplett von der Regierung überwacht wird.

Stromrechnung begleichen kann. Sobald man sein Konto oder seine Kreditkarte mit seinem WeChat-Account verlinkt hat, sind zahlreiche Bezahlfunktionen möglich, die das Leben erleichtern (sofern man sich nicht um lästige Details wie Datenschutz kümmern möchte). Wo sonst auf der Welt kann man über eine App Arzttermine vereinbaren, Jobs suchen oder auch einfach auf dem Markt ein paar Möhren kaufen und mit einem Schwenk seines Handys bezahlen? Der Besitzer einer unscheinbaren, schmutzigen Imbissbude auf dem Land hat neben seiner Speisekarte einen QR-Code hängen, den man scannen und über den man auf diese Weise bezahlen kann! In einem technisch hoch entwickelten Land wie Deutschland undenkbar.

WeChat hat an die **800 Millionen Nutzer,** was implizit bedeutet, dass noch 500–600 Millionen Chinesen, die es bislang nicht benutzen, hinzukommen werden. Aufgrund der technischen Möglichkeiten, die auch Firmen die Kommunikation in geschlossenen Gruppen ermöglichen, das Bezahlen mit Bargeld weitestgehend überflüssig machen und weltweite unkomplizierte Kommunikation erlauben, hat WeChat das Schreiben von Mails in vielen Bereichen abgelöst. Ausländer schreiben Mails, Chinesen verwenden WeChat. Seit 2017 muss man als Chinese in Shanghai, sofern man eine bestimmte Einkommenshöhe erreicht hat, seine Steuererklärung per WeChat ausfüllen und abgeben!

Das vereinfacht vieles, aber als Deutscher denkt man unwillkürlich an den **gläsernen Menschen.** In einer Gesellschaft, die ohnehin nahezu lückenlos kontrolliert wird, spielt dieser Aspekt jedoch nur eine untergeordnete Rolle. Chinesen schauen uns verwundert an, wenn man sie auf Datenschutz anspricht, den man als Deutscher doch sehr klar gewahrt wissen möchte. Hat man sich einmal von diesem Thema befreit, also die Überwachung einfach mangels Alternative akzeptiert (und dies ist die chinesische Realität), so sind die Möglichkeiten, die WeChat bietet, faszinierend. Mitleidig blickt der Chinese auf Deutschland, wo man tatsächlich an einem Schalter eine Fahrkarte aus Papier kauft, um dann mit dieser den (verspäteten) Zug zu betreten (erklimmen beschreibt das Einsteigen dort in vielen Fällen besser; in China hingegen steigt man ebenerdig ein), trotzdem keinen Sitzplatz erhält, um dann einem leibhaftigen Menschen gegenüberzustehen, der mit einer Kneifzange das ausgedruckte Ticket locht – und wir haben wirklich Sorge, dass die Chinesen uns kopieren?

Es gab in China nie die flächendeckende Verbreitung eines stationären Telefonnetzes; die meisten Chinesen sind ohnehin direkt vom Leben ohne Telefon zum Smartphone übergegangen. WeChat ist das perfekte Medium, um alles von überall stets zu kommentieren, zu teilen, zu bezahlen, zu buchen, zu kaufen. Ein WeChat-Account ist wichtiger als eine Website.

Extrainfo 18 (s. S. 5): Artikel aus DIE ZEIT von Xifan Yang über das System der „Vertrauensbrecher" und den „Sozialkredit" in China.

Sina Weibo ist der derzeit größte chinesische **Microbloggingdienst.** Er entspricht in etwa Twitter; so können hier zum Beispiel ebenfalls nur 140 Zeichen je Kurznachricht verwendet werden. Weibo ist sehr weit verbreitet; die User-Zahlen schwanken jedoch je nach Quelle.

Baidu ist eine **chinesische Suchmaschine;** die im Westen gebräuchlichen Suchmaschinen wie Google, Yahoo oder Firefox sind in China nicht frei zugänglich. Baidu ist in China so populär wie bei uns Google. Wie weit diese und andere chinesische Suchmaschinen mit dem Staat kooperieren, um der Überwachung sogar Vorschub zu leisten, ist schwer zu beurteilen. Auch westliche Unternehmen wie Google, die zumindest in Hongkong erreichbar sind, passen sich im Übrigen den Anforderungen Chinas an, um dort Marktanteile zu generieren.

Youku, eigentlich Youku Tudou, ist eine **Videoplattform,** auf welcher man unbegrenzt Filme hochladen bzw. sie anschauen kann. Youku geht damit weit über das hinaus, was Youtube erlaubt; entsprechend gibt es keine vergleichbaren Datenschutzbestimmungen und auch bestehende Urheberrechte werden nicht gewahrt.

Dies war nur ein kurzer Einblick in das, was China seinen Usern zu bieten hat. Freiheit oder Zensur? – beides natürlich; denn gerade die We-Chat-Funktionen erlauben im Grunde mehr Freiheit als alles, was wir hier an Bezahl- und Buchungssystemen haben. Und alles in einer App! Durch die schiere Masse der User werden die hier beschriebenen Suchmaschinen und Instant-Messaging-Anwendungen bald schon höhere User-Zahlen verzeichnen als westliche Konkurrenten. Man sollte sich die Namen merken, und wenn jemand Alibaba sagt, zuerst an die chinesische Internetfirma denken.

Liebe und Sex

Noch in den 90er-Jahren des letzten Jahrhunderts stand auf die Verbreitung von **Pornografie** und auf **Prostitution** die Todesstrafe. Inzwischen werden diese Vergehen nur noch mit vergleichsweise kurzen Haftstrafen belegt. Dieses Beispiel mag zeigen, wie problematisch in China noch immer der Umgang mit dem Thema Sexualität ist, auch wenn sich relativ gesehen vieles zum Besseren (Toleranteren) geändert hat.

Die sozialen Medien sind voll von Diskussionen darüber, ob **vorehelicher Geschlechtsverkehr** nun gut oder schlecht sei; gleichzeitig weisen Studien darauf hin, dass bis zu 70 % der Chinesen ihn inzwischen praktizieren.

Man kann mit Fug und Recht von einer **seltsamen Doppelmoral** sprechen, wenn dennoch die Mehrheit der chinesischen Männer eine **Jungfrau** heiraten will; entsprechend boomen Websites, auf denen man sich Rat holen kann, wie ein Jungfernhäutchen wiederherzustellen sei. Dieser bis zu 500 Euro teure Eingriff wird immer beliebter. Gleichzeitig gehen **Homosexuelle** ganz offen in Schwulenbars, und natürlich trifft man allenthalben auf Prostitution.

Ursprünglich hatten die Chinesen eine durchaus sehr freizügige Einstellung zum Thema Sexualität. Alte daoistische Klassiker schildern, wie man (Mann!) sich die Unsterblichkeit sichern kann, indem man nur häufig genug mit Jungfrauen schläft. Die dafür relevanten Techniken werden detailliert erläutert.

Sex galt als Rezept für ein gutes und langes Leben, als Ausgleich zwischen Yin (weiblich) und Yang (männlich). Das **Füßebinden** der Chinesinnen wird heute primär als Ausdruck erotischer Fantasien der Männer interpretiert; auch in der Literatur blühten entsprechende Werke (berühmt: Jin Ping Mei oder auch Rou Pu Tuan). Sexualität wurde nicht wie im Westen wissenschaftlich untersucht, sondern einfach als körperliches Bedürfnis der Menschen angenommen; ebenso gab es zunächst keine Diskriminierung von Homosexualität, wie es die christliche Kirche im Westen propagierte (und mit Gewalt durchsetzte). Aber spätestens mit dem Fall des Kaiserhauses 1911 und dann mit Ausrufung der VR China 1949 verschwand all dies; erotische Literatur wurde verboten, Prostitution ebenso; das grausame Füßebinden war schon vor längerer Zeit abgeschafft worden.

◁ Man ist nie zu alt für die neueste App!

Mit Mao und den Kommunisten hielt die **Prüderie** Einzug in China; in der Kulturrevolution fand dies seinen Höhepunkt in der fast unterschiedslosen Kleidung von Männern und Frauen, dem Verbot von Schminke etc. Selbst Liebe galt als bourgeois und als durchaus entbehrliche Ablenkung von der Revolution. Bordelle wurden geschlossen, Zuhälter hingerichtet. Forscher bezeichnen die **Mao-Zeit** als **asexuell.**

Mit der Reform- und Öffnungspolitik zu Beginn der 1980er-Jahre wurde China wieder freizügiger, zunächst zögerlich; in den 80er-Jahren war es äußerst selten, dass man Paare Hand in Hand auf der Straße sehen konnte. Sexueller Kontakt zu Ausländern war streng verboten und wurde geahndet.

Das heutige Straßenbild, mit seinen lasziv sich räkelnden Werbeikonen, kontrastiert deutlich mit der oben beschriebenen, oft noch sehr konservativen Einstellung vieler Chinesen. Reiche Geschäftsleute halten sich wieder **Konkubinen,** geradezu Zweitfrauen, die in einer bezahlten Wohnung leben und dem Mann zur Verfügung stehen. Daneben gibt es Geliebte, die eher dem Gesichtsgewinn dienen, die man auch zu Geschäftsessen mitnimmt und alle Arten der Prostitution in Massagesalons, Teehäusern und Karaokebars.

Die Kommunistische Partei versucht, all diesem entgegenzuwirken, wird aber dauerhaft keine Chance haben. „Das Gelbe", also Pornografie und Prostitution, soll „hinweggefegt" werden; und dennoch sind es ja gerade die Kader, die sich die Konkubinen leisten können. Angeblich sind es bis zu 95 % der korrupten Kader, die sich mindestens eine Geliebte halten, wenn nicht mehrere. Man kann durchaus von einer **neuerwachten Kurtisanenkultur in China** sprechen.

Ein großes Problem stellt nach wie vor die **mangelnde Aufklärung** dar. Viele junge Chinesen wissen überhaupt nicht, was sie da gerade tun und welche Konsequenzen es haben kann; von der technischen Seite der Fortpflanzung ganz zu schweigen. Immer wieder protestieren Eltern gegen Sexualkundeunterricht in den Schulen, erzählen ihren Kindern die abstrusesten Geschichten darüber, woher die Kinder kämen, nur um sie nicht aufklären zu müssen.

China ist heute eine Nation, die sexuell erst noch erwachen muss. Auch wenn alle alles aus den sozialen Medien erfahren können und vorehelicher Verkehr üblich geworden ist, so ist die Gesellschaft keineswegs reif und bereit für Offenheit gegenüber bisherigen Tabus wie Homosexualität und „unüblichen Praktiken" oder offene Diskussionen zum Thema.

Die **fehlende Privatsphäre** trägt zu dieser Problematik bei. Studenten wohnen oft in Zimmern zu acht und auch Arbeiter und Bauern leben in Verhältnissen, die so beengt sind, dass Zweisamkeit kaum möglich ist. Als

Folge der 30 Jahre lang propagierten Ein-Kind-Ehe fehlen heute etwa 20 Millionen Frauen (s. S. 148); an wen sollen die Männer sich mit ihren sexuellen Bedürfnissen wenden?

Und Liebe? – natürlich gibt es **Liebe** wie bei uns auch, aber als romantisches Konzept vor der Eheschließung wird sie heute meist nicht mehr gesehen. Immer mehr junge Chinesen beklagen, dass die Eheschließung bzw. die Partnersuche primär unter materialistischen Gesichtspunkten stattfinde. Hat der Mann genug Geld für eine Wohnung und ein Auto? Kann er mich standesgemäß ernähren? Umgekehrt finden erfolgreiche Geschäftsfrauen nur schwer einen Partner, der eben nicht an ihrem finanziellen Wohlstand interessiert ist. Die **Ehe** wird zu einer **rein materiellen Entscheidung;** dieser Umstand gipfelt in den allerorts sichtbaren Heiratsmärkten. Dort sitzen Heiratswillige oder deren Verwandte und preisen die zu vermittelnde Person wie eine Ware an. Sowohl Liebe als auch Sex sind in China Themen, die dringend der Befreiung von althergebrachten Mustern bedürfen.

Individualität gilt in China nicht als erstrebenswert

Menschenrechte

Die Menschenrechte sind keine chinesische Erfindung. Aber sie haben in China eine **Tradition,** die nahezu völlig in Vergessenheit geraten ist, vor allem auch bei den Kritikern des jetzigen Regimes, die sich nur auf demokratische Grundrechte beziehen, welche ja nur einen Teil der allgemeinen Menschenrechte ausmachen.

Gerade in China wurde jahrhundertelang ein weltweit einmaliges Amnestieprogramm für Verbrecher umgesetzt. In manchen Regierungsjahren der Tang- und der Song-Dynastie zwischen dem 7. und dem 13. Jahrhundert wurde die Todesstrafe völlig abgeschafft, in anderen Jahren wurde sie nur in seltenen Einzelfällen vollzogen. So konnten beispielsweise unter den Song (960–1279) Hinrichtungen nur dann ausgeführt werden, wenn ein Fall von vielen Instanzen überprüft worden war. Das letzte Wort hatte der Kaiser selbst. Ausgerechnet diese früher so fortschrittliche Kultur ist heute für die Mehrzahl aller auf der Welt vollstreckten Todesstrafen verantwortlich – genaue Zahlen liegen naturgemäß nicht vor. Amnesty International geht von einer hohen Dunkelziffer aus.

Auf den ersten Blick wird jeder sagen, dass von einem diktatorischen Regime naturgemäß nicht zu erwarten ist, dass die Menschenrechte so gewahrt würden, wie es unserem Anspruch entspricht. Und China ist eine Diktatur oder zumindest ein zentralistischer Staat unter der Führung der Kommunistischen Partei. Insofern verwundert es nicht, dass die **Pressefreiheit nicht gewährleistet** ist, die **Meinungsfreiheit eingeschränkt** ist, die **Überwachung** dagegen **perfektioniert** wurde. Andererseits ist die **Reisefreiheit recht groß;** prinzipiell kann jeder Chinese einen Pass beantragen und ins Ausland reisen, vorausgesetzt, er ist nicht politisch negativ aufgefallen und er besitzt die entsprechenden finanziellen Mittel. Ebenso bestehen im Gegensatz zu anderen Staaten mit ähnlichen Machtstrukturen durchaus recht gute Möglichkeiten, gegen Ungerechtigkeiten aufzubegehren. Es gibt Tausende von **Streiks,** von **Demonstrationen** gegen ungerechte Kader, die den Bauern ihr Land wegnehmen, gegen die Umweltverschmutzung, die Willkür vieler Bürokraten etc. und viele führen sogar zum Erfolg; der Staat hat schon Bauprojekte wieder zurückgenommen, als der Widerstand in der lokalen Bevölkerung zu groß wurde; Beamte werden wegen Umweltsünden bestraft und natürlich gibt es die große Kampagne gegen Korruption. Und wenn man die ständige Überwachung kritisiert, so steht doch die Sicherheit auf den nächtlichen Straßen dagegen. Und die Meinungsfreiheit? – man darf ja demonstrieren, gegen zu hohe Preise zum Beispiel. Nur gegen die Politik darf man nicht demonstrieren, natürlich nicht. Da endet dann die Freiheit, die die Regierung dem Einzelnen lässt.Aber wenn mir ein ranghoher chinesischer Politiker sagt, in China würden die Menschenrechte geachtet, denn eines davon sei doch sicher auch das Recht auf Nahrung und das, also die Nahrung, hätten doch so gut wie alle Chinesen, dann muss man das akzeptieren. In den USA herrscht möglicherweise genauso viel Armut wie in China; von Indien ganz zu schweigen. Es gibt in China keine Slums wie in Indien, keine verhungernden Kinder auf den Straßen. Die Diktatur hat es geschafft, die Menschen dorthin zu führen, während die indische Demokratie versagt. Es soll hier nicht darum gehen, die chinesische Regierung zu verteidigen, aber es muss zur Kenntnis genommen werden, dass China innerhalb von etwa 30 Jahren Hunderte von Millionen von Menschen aus der absoluten Armut befreit und zu einem teils relativen, teils erheblichen Wohlstand verholfen hat. Es hat also die Bevölkerung am allgemeinen Aufschwung teilhaben lassen.

Laut Amnesty International werden pro Jahr **Tausende Menschen hingerichtet;** wie viele davon Gewaltverbrecher sind und ob sich auch politische Dissidenten darunter befinden, weiß auch AI nicht. Und Chinesen, auf diese Zahlen angesprochen, erwidern, dass die Todesstrafe, wenn es sie denn gibt, dann auch vollzogen werden sollte; dies sei doch humaner als die Todeskandidaten jahrelang in der Todeszelle auf ihre Hinrichtung warten zu lassen, wie es die USA tun. Und es gibt auch viele Chinesen, die vor allem eines nicht möchten: *Luan* – Chaos, Unruhen, so könnte man das übersetzen. Die Chinesen möchten nach Jahren der Unruhen und des Chaos unter Mao Zedong vor allem eines, nämlich **Ruhe und Sicherheit** und die Möglichkeit, in eben dieser Ruhe reich zu werden. Und das gibt ihnen die Kommunistische Partei. Man verdankt ihr die Möglichkeit, sofern man sich politisch bedeckt hält, individuelle Freiheit aufzubauen, eine Familie zu gründen, Geld zu verdienen, mehr Geld, als die Eltern sich dies je hätten träumen lassen. Ist dies nicht auch ein Menschenrecht?

Unbestritten ist die Lage der Menschen in den Grenzgebieten Chinas, die stets als Gefahrenherd eingestuft wurden, absolut inakzeptabel (aus deutscher Sicht). In diesem Zusammenhang seien **Tibet** und **Xinjiang** genannt, die „Unruheprovinzen", in denen es ständig zum Widerstand gegen die Staatsgewalt kommt, zu Anschlägen auf Polizeistationen, auf Busse etc. Dies sind auch die Provinzen, in denen die Chinesen am rücksichtslosesten gegen die Bevölkerung vorgehen; in Tibet kann man in Anbetracht der letzten 50 Jahre sicher von einem **Genozid** sprechen. Wie viele Menschen dort verhaftet wurden, in Arbeitslager gesteckt oder gefoltert und umgekommen sind, weiß niemand. Menschenrechte in Tibet? – sicher nicht. „Aber gilt dies nicht auch für das unter amerikanischer Verwaltung stehende Guantánamo?", argumentieren dann die Chinesen.

Natur- und Umweltschutzdenken

Natur und Umwelt

„Die Welt rafft so viel Gewinn, wie sie nur raffen kann."
  Sima Qian, 145–86 v. Chr.

Kaum etwas hat das Bild von der chinesischen Kultur im Ausland so nachhaltig geprägt wie die „chinesische Naturverbundenheit":

Herbstabend über dem Fluss.
Der heimkehrende Vogel,
so müde schon,
nimmt er die sinkende Sonne auf seine Schwingen,
und flügelschlagend
wirft er sie auf den Fluss:
Die hellen Köpfe des Rieds
färbt ein flüchtiges Rot.
  (Liu Dabai, 1880–1932)

Die Tradition stimmungsvoller **Naturlyrik** reicht in China bis ins 3./4. Jahrhundert zurück. Etwas Vergleichbares gab es in Europa erst seit Petrarca (1304–1374). Auch die **Landschaftsmalerei** entstand schon früh, wahrscheinlich im 7. oder 8. Jahrhundert. Jene eindrucksvollen Panoramen von „Gebirgen und Wasser", in denen Menschen nur am Rande vorkommen, wie um an ihre eigene Vergänglichkeit zu erinnern, sind wohl überall auf der Welt untrennbar mit „dem Chinesischen" verknüpft. Auch nicht vergessen werden darf die Philosophie, Daoismus und Chan-Buddhismus, die beide den Gedanken vertraten, dass der Mensch in der Stille der Natur dem wahren Wesen der Dinge sehr nahe sei:

Schau hinauf in den hellen Mond,
den Widerschein meiner stillen Gedanken.
Schau hinunter, das fließende Wasser
wird dir meine Verse erzählen.
  (Li Jilan, daoistische Nonne, 8. Jahrhundert)

Unzählige chinesische Intellektuelle konnten sich in ihrer Verachtung gesellschaftlicher Konventionen auf den Philosophen und Dichter **Zhuangzi** berufen, der so unvergleichlich vor Augen geführt hatte, wie lächerlich alles menschliche Bemühen angesichts des ewigen und ehrwürdigen Kreislaufs der Natur sei: „Als Zhuangzi im Sterben lag, wollten ihn seine Jünger festlich beerdigen. Zhuangzi sprach: ‚Himmel und Erde sind mein Sarg, Sonne und Mond meine Totenlampen, die Sterne mein Grabschmuck, und die zehntausend Dinge mein Trauerzug. Ist nicht alles für meine Bestattung bestens vorbereitet? Was wollt ihr mehr?' Die Jünger sagten: ‚Wir fürchten, der Meister fiele Krähen und Weihen zum Fraß!' Zhuangzi antwortete: ‚Unbegraben bin ich Fraß für Krähen und Weihen, begraben für Würmer und Ameisen. Jenen es nehmen und diesen es überlassen: Ist das nicht einseitig?'"

Doch das innige Verhältnis zur Natur, das sich in so vielen chinesischen Versen und Anekdoten offenbart, war insgesamt **nicht typisch für die chinesische Gesellschaft.** Denn Menschen, die dichteten, malten und philosophierten, waren auch in China eine kleine Minderheit. Sie standen mit ihrer Liebe zur Natur nicht für einen gesellschaftlichen Trend, sondern ganz offensichtlich gegen ihn.

Man kann davon ausgehen, dass sich auch im alten China mit seiner hauptsächlich armen bäuerlichen Bevölkerung nur die wenigsten jenen vergeistigten Respekt vor der Natur leisten konnten, der Dichtung und Malerei der intellektuellen Elite beseelte.

Für die große Mehrheit der bäuerlichen Bevölkerung bedeutete die Natur vor allem eine **Herausforderung an ihre Überlebensfähigkeit:** Erdbeben, Insektenplagen und Dürrekatastrophen suchten das Land regelmäßig heim. Überschwemmungen waren häufig und hatten katastrophale Folgen. Allein der Gelbe Fluss, Wiege der chinesischen Kultur, wechselte in den letzten 2000 Jahren 26 Mal wegen Verschlammung das Flussbett und brachte Tod und Verwüstung über riesige, dicht besiedelte Landstriche.

Umgekehrt wirkte der Mensch für die ihn umgebende Natur nicht zum Segen. Kaum ein anderes Land hat eine so lange **kontinuierliche Geschichte zivilisatorischer Naturzerstörung** wie ausgerechnet China. Entsprechend früh, im

▷ Der Schutz jeglichen Lebens ist ein Kernstück buddhistischer Lehre

Vergleich zum Abendland erstaunlich früh, formierte sich in China **„grüner" Protest.** Der nachfolgende Text stammt wahrscheinlich aus dem ersten oder zweiten nachchristlichen Jahrhundert: „Ganze Wälder wurden für die Jagd abgebrannt und große Baumstümpfe verglühten und verkohlten. Blasebälge wurden hergestellt, um Luft durch die Rohre zu blasen und Bronze und Eisen zu schmelzen. Metalle wurden in verschwenderischer Weise ausgehoben, um zu härten und zu schmieden – die Arbeit wurde keinen Tag ausgesetzt. Keine hohen Bäume blieben auf den Bergen zurück, und die Seidenwurmeiche und der Linderabaum verschwanden von den Grabstätten. Unglaubliche Mengen von Holz wurden verbrannt, um Holzkohle zu produzieren, und riesige Mengen von Pflanzen verwandelten sich in weiße Asche, sodass Anis und Jasmin nie ausreifen konnten. Über uns verdeckte Rauch das Licht des Himmels, und unter uns wurden die Reichtümer der Erde vollständig erschöpft. All diese Zerstörung geschah wegen des verschwenderischen Einsatzes von Brennholz."

Namentlich für die Anhänger der **Daoisten** war die **Forderung nach Naturschutz** nicht allein eine ökonomische, sondern auch eine philosophische Notwendigkeit. Die unangetastete Natur war für sie ein paradiesischer Urzustand der Unschuld, den die Menschen verloren hatten. Dass man Zimtbäume entrinde und Lackbäume anzapfe, so ein Philosoph des 3./4. Jahrhunderts, sei nicht ursprünglich von diesen vorgesehen. Das Rupfen von Fasanen und Eisvögeln entspräche ebenfalls nicht dem Wunsch der Tiere, sondern sei Handeln wider die Natur. Wege und Pfade, Brücken und Boote seien von Menschenhand geschaffene Dinge, die Bergen und Gewässern zum Schaden des Menschen Gewalt antäten. Denn bevor es sie gab, war allein schon deshalb Frieden auf der Welt, weil niemand daran dachte, einen Fluss oder ein Tal zu überqueren, um ein anderes Land zu erobern.

Doch weder diese noch andere mahnende Stimmen konnten gegen den Zeitgeist etwas ausrichten. Jeder Zivilisationsschub in China war ein Schub erneuter Naturzerstörung. Der im 21. Jahrhundert so unübersehbar gewordene **Raubbau an der Natur** in China hat tatsächlich eine lange Tradition. Vollmundig verkündete 1972 der chinesische Vertreter auf der ersten Umweltkonferenz in Stockholm das Credo seiner Partei, das auch heute noch von vielen geteilt wird: „Wir werden nicht aus Angst vor dem Ersticken das Essen aufgeben, nicht aus Angst vor Verschmutzung der Umwelt darauf verzichten, unsere Industrie zu entwickeln."– Ist eine solche Aussage 2017 noch vertretbar?

> Chinesische Flüsse sind längst zu giftigen Kloaken verkommen

Umweltprobleme

Zu Chinas drängendsten Umweltproblemen gehört die **Wasserverschmutzung.** In den Städten sind 90 % des Oberflächenwassers und 50 % des Grundwassers stark verunreinigt. Ein Großteil aller chinesischen Städte verfügt über gar keine Kläranlagen und dort, wo Kläranlagen vorhanden sind, werden sie nur zu einem Drittel in Betrieb genommen, auch weil die Kosten dafür nicht gedeckt werden können. Eine noch größere **Wassernot** herrscht in den ländlichen Regionen. Dort findet praktisch gar keine Abwasseraufbereitung statt. Flüsse schillern in den seltsamsten Farben, führen Arsen, Fluor und andere industrielle Chemikalien mit sich. Dass auch das Abwasser aus den Haushalten ungeklärt hineingeleitet wird, riecht man von Weitem. In ländlichen Regionen, wo man seit eh und je Kleider, Gemüse, Geschirr etc. im Fluss wäscht, sind die hygienischen Verhältnisse teilweise katastrophal.

Gefürchtet ist die jeden Frühling drohende **Algenblüte in städtischen Trinkwasserreservoirs.** Sie tritt ein, wenn das biologische Gleichgewicht des Gewässers kippt, etwa weil zu viele Düngemittel aus der Landwirtschaft einen See belasten. Die blaugrünen Algen sondern Giftstoffe ab, die zu Erbrechen und Atemnot führen. Hiobsbotschaften kamen aus Anhui, wo der Chaohu zu ca. 40 Quadratkilometer mit den schnell wachsenden und übel riechenden Algen bedeckt war. Vertrackt ist an dieser Plage, dass sie sich kaum mehr bekämpfen lässt, wenn die Bedingungen zu ihrer Entstehung bereits vorhanden sind.

Verschärft wird die Wassersituation durch ein anderes Umweltproblem, das inzwischen auch bei uns in Deutschland allgemein bekannt ist: die chinesische **Luftverschmutzung.** China ist noch immer stark von fossilen Brennstoffen abhängig, vor allem von der **Kohle.** Der Ausstoß von Kohlendioxid in die Luft führt zu einer erhöhten Aerosolkonzentration. Diese wiederum bindet zwar Feuchtigkeit, doch bleiben die Tropfen zu winzig, um als Niederschlag zu Boden zu fallen. In Chinas Osten nahm die Regenmenge in den letzten fünfzig Jahren um ein Viertel ab. Dürren, Ernteausfälle und Trinkwassermangel sind die Folge.

Von den zwanzig am stärksten versmogten Städten der Welt liegen sechzehn in China. In Beijing kann man an smogreichen Tagen nicht die Gebäude auf der anderen Straßenseite sehen. Wolkenkratzer machen ihrem Namen alle Ehre – die oberen Etagen sind von einer Dunstschicht umhüllt. Nur wenn wichtige politische Ereignisse stattfinden, klart die Luft wundersam auf. Der Himmel ist blau, die Sonne scheint. Man muss dazu wissen, dass zu diesen Anlässen Fabriken im Umkreis der Stadt abgeschaltet, Kraftwerke stillgelegt, Fahrverbote für Kraftfahrzeuge verhängt werden.

Inzwischen wehrt sich die Bevölkerung. Es kommt zunehmend zu **Protesten gegen die unerträgliche Vergiftung der Luft;** weltweit flimmern Bilder von vermummten Chinesen mit Atemschutzmasken über die Bildschirme. Die Regierung verspricht immer wieder aufs Neue, radikale Maßnahmen zu ergreifen, steckt jedoch in dem Dilemma, die Wirtschaft weiterentwickeln zum müssen.

Todesfälle durch **Lungenkrebs** haben in China seit 1980 um über 46 % zugenommen. Leber-, Brust- und Blasenkrebs, allesamt auch durch Umweltfaktoren bedingt, nahmen ebenfalls zu – wenn auch nicht so deutlich. Neben der Luftverschmutzung macht man in China für die vielen Atemwegserkrankungen noch eine andere Ursache aus: das Rauchen.

Die **Verwüstung** großer Landstriche infolge von Abholzung und Bodenerosion ist ein weiteres Problem. 24.000 Dörfer mussten in der zweiten Hälfte des 20. Jahrhunderts aufgegeben werden, 20 % der Bodenfläche Chinas soll bereits verwüstet sein, Tendenz steigend. Die schweren Sandstürme, die gehäuft im Norden auftreten, stehen damit in direktem Zusammenhang.

Chemieunfälle ereignen sich in China etwa alle zwei bis drei Tage und ziehen Vegetation, Fauna und oft genug Tausende oder Zehntausende Menschen in Mitleidenschaft. 100 Tonnen des krebserregenden Benzols flossen 2005 in den Songhua-Fluss und bedrohten die Trinkwasserversorgung von Millionen Bürgern in Nordostchina und Sibirien. Über 2000 Kinder erkrankten in einem einzigen Sommer an den Folgen von **Bleivergif-**

Extrainfo 12 (s. S. 5): Bilder und Eindrücke: Chinas Luftverschmutzung hat längst gesundheitlich höchst bedenkliche Werte erreicht!

tungen in den beiden chinesischen Provinzen Hunan und Shaanxi. Das Institut für Umwelt und Gesundheit gab öffentlich bekannt, die Bevölkerung sei immer häufiger Bleiverunreinigungen ausgesetzt: „Chinesische Waren, Spielzeuge, Nahrungsmittel sind mögliche Quellen einer Bleivergiftung." Blei greift das Nervensystem an, verursacht Gehirnschäden und beeinträchtigt die Blutbildung. Diese Vorfälle, so berichtete die Hongkonger South China Morning Post, seien nur die Spitze eines Eisberges. In den benachbarten Dörfern beispielsweise seien erst kurz zuvor ein paar Hundert Menschen an den Folgen einer Kadmiumvergiftung erkrankt, was keine große Meldung ausgelöst habe. All dies geschehe unauffällig und sehr oft unter den Augen der örtlichen Kader, die mit skrupellosen Unternehmern auf Kosten der Bevölkerung ins Geschäft kämen. Man nehme untaugliche Schmelzöfen in Betrieb, profitiere gemeinsam vom Profit und arbeite so lange mit illegalen Methoden, bis die ersten Todesfälle bekannt würden.

Die Weltbank schätzt, dass die durch die Umweltbelastung entstehenden direkten und indirekten Kosten in etwa dem jährlichen Wirtschaftswachstum entsprechen. Das heißt, Chinas tatsächliches Wachstum läge bei Null.

Offiziell bemüht man sich sehr um eine **Wende in der Umweltpolitik.** Doch der Erfolg lässt auf sich warten. Es hapert an der Umsetzung der schönen Vorgaben aus Beijing vor Ort, in der Provinz. Verantwortlich dafür ist auch der einzelne Bürger mit seinem Umweltverhalten. Man wirft zwar nicht mehr jeden Styroporbehälter gewohnheitsmäßig aus fahrenden Zügen oder Schiffen, aber insgesamt ist die **Müllentsorgung** immer noch abenteuerlich. Auf dem Land stapelt sich Müll auf freien Flächen zwischen den Behausungen. In der Stadt benutzt man Mülleimer – allerdings nicht immer. Müll und Wärme bieten ein ideales Biotop für Bakterien, Kakerlaken, Ratten und streunende Hunde.

Shopping und Essen stehen deutlich höher im Kurs als die Landschaft oder etwa Rücksicht auf die Umwelt.

Alarmiert hat die Partei in den letzten Jahren eine **Serie von Lebensmittelskandalen,** die allzu sehr in das Bild passt, das Chinas Industrie und Politik mit ihren Pannen dem Ausland darbietet. 3742 Japaner kontaktierten im Jahr 2008 nach dem Genuss von aus China importierten Fleischtaschen ihre Behörden wegen gesundheitlicher Beschwerden. Man fand in den Tiefkühlprodukten Insektizide, die inzwischen selbst in China nicht mehr zulässig sind. China dementierte umgehend: Das Gift sei nachträglich in die vakuumverpackten Beutel eingebracht worden.

Im Zusammenhang mit dem großen **Melaminskandal** im Herbst 2008 verfuhr man umsichtiger. Weltkonzerne wie Nestlé waren von der Kontaminierung des aus China stammenden Milchpulvers betroffen, starteten

Rückrufaktionen etc. Im Oktober erließ die chinesische Regierung einen vorübergehenden Exportstop für heimische Lebensmittel in die ganze Welt. Melamin wird aus Harnstoff gewonnen und illegal in der Lebensmittelindustrie eingesetzt, um einen höheren Proteingehalt der Produkte vorzutäuschen. Im Übrigen dient es zur Herstellung von Kunstharz und findet im Flugzeugbau Verwendung. 294.000 chinesische **Babys und Kleinkinder erkrankten** nach offiziellen Angaben an dem monatelangen Konsum melaminhaltiger Milch, 51.900 mussten stationär behandelt werden, mindestens sechs von ihnen verstarben. Die besonders belasteten Milchprodukte der Marken Mengniu und Yili wurden zurückgerufen und in einer Sonderaktion in Supermärkten von Guangzhou billig an Studenten verkauft.

Essen – der Himmel des Volkes? Der chinesische Journalist Zhou Qing recherchierte zwei Jahre lang in der Lebensmittelbranche, interviewte Bauern, Fischfarmer und Fabrikmanager und förderte Erschreckendes zutage. Die Ergebnisse fasste er in seinem 2004 auf Englisch erschienenen Buch „What kind of God?" zusammen. Darin beschreibt er, wie in der chinesischen Lebensmittelbranche generell **alles, was die Produktionskosten senke** und den Profit erhöhe, verwendet werde: Hormonzusätze für schnelles Fischwachstum, DDT, ein Insektizid zur Konservierung von Eingelegtem, giftige Salze, krebserregende Stoffe und horrende Mengen von Antibiotika. Sein Buch wurde in China umgehend verboten. Die Situation hat sich in den seither vergangenen 13 Jahren definitiv verschlechtert.

Müllberge sind abseits der großen Metropolen nicht selten

Maßnahmen der Regierung

Der Direktor der staatlichen Lebens- und Arzneimittelaufsicht verkaufte persönlich Lizenzen für gefälschte Arzneimittel mit teilweise tödlichen Nebenwirkungen und wurde dafür hingerichtet. Auch die Hauptverantwortlichen im Melaminskandal wurden medienwirksam zum Tode verurteilt. Die **Regierung will Zeichen setzen,** um zu beweisen, dass sie sich sehr wohl um die Gesundheitsgefahren kümmert, die von Industrie und Landwirtschaft ausgehen. Zudem hat man durchaus erkannt, welche Gefahr die Umweltschäden darstellen: „Das Wirtschaftswunder", resümierte Pan Yue, der im Umweltministerium tätige Vizeminister, schon 2005, „ist bald zu Ende. Ein Viertel der Bürger hat keinen Zugang zu sauberem Trinkwasser. Ein Drittel der Städter muss stark verdreckte Luft einatmen. Weniger als zwanzig Prozent des städtischen Mülls werden umweltverträglich entsorgt."

Das waren offene Worte und sie signalisierten ein **Umdenken auf höchster Ebene.** Bis 2020 will man 15 Prozent der Energie aus erneuerbaren Quellen gewinnen und den Energieverbrauch pro Produktionseinheit um 20 Prozent senken. Solaranlagen sollen massiv subventioniert werden. 2030 könnte China ein wichtiger Lieferant für Atom-, Wind- und Wasserkrafttechnologie sein. Dem Wassermangel im Norden des Landes soll ein groß angelegtes Projekt abhelfen: Man plant, das **Wasser des Yangzi** und anderer Flüsse aus dem Süden nach Beijing und in andere nördliche Großstädte **umzuleiten.** Einer der **größtmöglichen Eingriffe in die Natur** hat begonnen.

Wald

Auf einem Gebiet hat man bereits große Erfolge erzielt: Vor zweitausend Jahren waren noch etwa zwei Drittel von Chinas Gesamtfläche mit Wald bedeckt. Ein Teil davon fiel der Brandrodung zum Opfer. Um Tusche herzustellen, brauchte man viel verkohltes Holz. Chinas hoch entwickelte Metallurgie führte ebenfalls zu einem hohen Brennstoffverbrauch. Und schließlich diente die Abholzung auch der Gewinnung von kostbarem Ackerland. Fatal erwies sich im 20. Jahrhundert dann insbesondere der „große Sprung nach vorn", als man Heizmaterial für die „Stahlgewinnung" in Hunderttausenden von kleinen Hinterhoföfen brauchte. Um 1950 machte der **Wald** gerade noch 8 bis 9 Prozent der Fläche des gesamten Landes aus. Gigantische Aufforstungsprojekte wurden eingeleitet. Seitdem hat sich Chinas **Baumbestand in der Tat verdoppelt,** inzwischen sind über 20 % des Landes wieder bewaldet. Die Forstindustrie soll weiter intensiviert und Wälder sollen ökologisch sinnvoll genutzt werden.

Wasser

Im Norden Chinas gibt es zu wenig Wasser, im Süden dagegen ausreichend, je nach Jahreszeit und Niederschlag sogar zu viel. Ca. 80 % der Wasservorräte befinden sich in Südchina, nur 20 % im Norden. Die „nördliche Hauptstadt", so die wörtliche Bedeutung von **Beijing,** liegt in den Ausläufern der Wüste und wird u. a. auch deshalb nicht ausreichend mit Wasser versorgt. Sie befindet sich viel zu weit nördlich für eine Hauptstadt, nicht nur weil eine zentrale Lage unter strategischen Gesichtspunkten besser wäre, sondern vor allem weil die **Wasserversorgung** nicht gewährleistet werden kann. Auch andere Provinzen, im Grunde halb China, leiden unter gravierendem Wassermangel. Um die Bedrohlichkeit der Situation zu verdeutlichen: Die pro Person zur Verfügung stehende Wassermenge in der Region Beijing entspricht in etwa der Wassermenge, die pro Person in Eritrea oder Niger zur Verfügung steht. Tausende von Flüssen, Hunderte von Seen sind bereits völlig verschwunden. Hunderte von Millionen von Chinesen sind vom Wassermangel bedroht.

Der **Wassermangel** hat verschiedene Ursachen: Zum einen sinkt der **Grundwasserspiegel** kontinuierlich. Das liegt an der wachsenden Einwohnerzahl der Städte und der Regionen, aber genauso auch am mangelnden Bewusstsein für den Wert des Wassers. Seine Preise sind so niedrig, dass Wasser in jeder Beziehung verschwendet wird. Sei es für Golfplätze für die Schönen und Reichen, für die Bewässerung von Pflanzen oder für den Privatgebrauch. Die Regierung müsste die Preise signifikant erhöhen, um die Menschen zur Sparsamkeit zu erziehen.

Ein weiteres großes Problem besteht darin, dass man im Norden **Nahrungsmittel** anbaut, die sehr **wasserintensiv** sind. Hierzu zählen u. a. Weizen und Mais. Mao Zedong hatte nach seiner Machtergreifung 1949 Angst, sich von Weizenimporten aus dem Ausland abhängig zu machen, und förderte daher den Anbau dieser Getreidesorten in einer hierfür völlig ungeeigneten Region Chinas. Und da jedes Jahr 500 Mio. t Getreide produziert werden müssen, um 1,3 Mrd. Menschen zu ernähren, ist China extrem wasserabhängig. Durch den zunehmenden Reichtum, den China in den letzten 30 Jahren erwirtschaftet hat, ist das Lebenshaltungsniveau von Hunderten von Millionen von Chinesen sehr stark gestiegen. So essen sie z. B. mehr **Fleisch** als früher. Um Rinder, Schweine und Geflügel zu züchten, ist aber ein **enormer Wassereinsatz** erforderlich. Für ein Kilo Rindfleisch benötigt man, alles eingerechnet, durchschnittlich 16.000 l Wasser.

Ein dritter Grund ist die **Industrialisierung** an sich; die Fabriken haben ebenfalls einen enormen Wasserverbrauch, der zukünftig weiter steigen wird. Viertens nimmt die **Verwüstung** Chinas kontinuierlich zu; die Gobi drängt immer mehr nach Süden; schon jetzt besteht etwa ein Drittel der Fläche Chinas aus Wüste!

All dies führt dazu, dass der Grundwasserspiegel seit Jahrzehnten rapide sinkt, in den letzten Jahren mehr denn je zuvor.

Vor über 200 Jahren, als aus Amerika neue Nahrungsmittel nach China kamen, Kartoffeln und Mais zum Beispiel, verbesserte sich die Versorgung der Bevölkerung zunächst deutlich. Der Anbau amerikanischer Pflanzen wie Mais oder Süßkartoffeln, Erdnüssen, Ananas etc. war auch in den Bergen möglich; bis dahin hatte es nur den Anbau von Reis im Tiefland gegeben, für die neuen Nahrungsmittel begann man nun auch die **Rodung der Wälder** an den Berghängen. Infolge der daraus resultierenden **Erosion** wurden Sedimente weggeschwemmt und die Reisfelder im Tal standen unter Wasser. Die Bauern zogen also entlang des Chang Jiang und des Huanghe, der beiden großen Flüsse Chinas, in die Berge hinauf. Sie wanderten weiter und rodeten weiter. Gewaltige Umweltschäden waren die Folge. Dies führte zu Unruhen, da vielen Reisbauern die Lebensgrundlage entzogen wurde, und somit zur Destabilisierung der Regierung – zum Vorteil Europas übrigens.

Mit der besseren Ernährung explodierte geradezu die Bevölkerungszahl, von 100 Millionen auf 300 Millionen in nur 100 Jahren. Im Grunde saß man in der Falle, wie Malthus das nannte: Besseres Essen bedeutete mehr Menschen, also keine bessere Versorgung insgesamt. Und: Die zunehmende Bevölkerung führte zu schlimmeren Umweltschäden als vorher.

Nun kann China aber nicht seine Fabriken abschalten. Und auch wenn die Unternehmer jetzt endlich gezwungen werden, Filter einzubauen, um die Umweltverschmutzung einzudämmen – der Wasserbedarf bleibt bestehen.

Genauso kann China auch nicht das Essen einstellen oder die gesamte Nahrungsmittelproduktion in den Süden verlagern. China kann nicht das Trinkwasser rationieren oder den Menschen verbieten, Fleisch zu essen. Den einmal erreichten Luxus gibt man nicht mehr ab. Es käme zu verheerenden Aufständen in China, wenn die Regierung beginnen würde, den Menschen ihr mühsam erarbeitetes persönliches Lebenshaltungsniveau wieder zu nehmen. Es muss also **Wasser von Süden nach Norden** gebracht werden, es gibt keine Alternative, sagt die Regierung. Und die Idee ist keineswegs neu.

Nahe Shanghai beginnt der Kaiserkanal und führt nach Norden bis kurz vor Beijing. Schon vor etwa 1400 Jahren wurde er gebaut, allerdings damals als Wasserstraße und nicht, um das Wasser selbst nach Norden zu bringen. Man transportierte über Jahrhunderte hinweg Reis, Weizen und andere Nahrungsmittel auf diesem Kanal. Unter Mao Zedong entstand

Extrainfo 13 (s. S. 5): Artikel der Süddeutschen Zeitung zum Thema Wasser aus Tibet, das für die Versorgung Chinas wichtig ist und möglicher Kriegsgrund mit Indien sein könnte.

dann in den 1950er-Jahren die Idee, die Flüsse des Südens mit denen des Nordens zu verbinden, um so die Wasserversorgung des Nordens zu gewährleisten: Ob es wohl möglich wäre, den **Chang Jiang** mit dem **Huanghe,** also dem **Gelben Fluss** zu **verbinden?** Der Gelbe Fluss vertrocknet ohnehin; in manchen Jahren führt er so wenig Wasser, dass er praktisch ausgetrocknet ist. Was am Vordringen der Gobi-Wüste, an der Wasserentnahme am Oberlauf, an Staudämmen etc. liegt – Mao hatte das alles bereits durchdacht, musste aber aus technischen wie finanziellen Gründen das Projekt verwerfen.

Alle großen Flüsse Chinas entspringen in Tibet. Der Gelbe Fluss und der Chang Jiang sind die größten, aber es gibt auch sehr viele kleinere. Der Gelbe Fluss fließt nach Norden durch die Wüste Gobi, mitten durch die Innere Mongolei, und mündet dann an der Ostküste südlich von Beijing in das Gelbe Meer. Da alle Flüsse aus dem tibetischen Hochland ins chinesische Tiefland fließen, bieten sich Wasserkraftwerke und Staudämme an. Li Peng, der Mitte der 1980er-Jahre Generalsekretär der Kommunistischen Partei war, ist ein in Moskau ausgebildeter Hydroingenieur. Er setzte sich besonders für den **Drei-Schluchten-Staudamm** ein, der daraufhin in sehr kurzer Bauzeit am Chang Jiang errichtet wurde und seither Millionen von Menschen mit Strom versorgt.

In Wirklichkeit gibt es gewaltige Probleme an diesem Staudamm. Der künstlich dahinter entstandene Stausee ist ca. 600 km lang; das entspricht der Entfernung von den Niederlanden bis nach Polen.

Der Chang Jiang führt sehr viele Sedimente mit sich, diese füllen inzwischen den Stausee auf. Unterhalb des Staudamms hat sich die Wassergeschwindigkeit derart verlangsamt, dass die natürliche Reinigung des Flusses nicht mehr funktioniert, dass Tiere nicht mehr darin leben und dass Nebenflüsse nicht mehr ausreichend mit Wasser versorgt werden können. Selbst solche Mega-Projekte wie der Drei-Schluchten-Staudamm, derzeit das größte Projekt dieser Art auf der ganzen Welt, reichen nicht aus, das Dilemma des Wassermangels in Nordchina zu lösen. China muss eine halbe Milliarde Menschen versorgen. Also wurden, neben Tausenden von Talsperren, die ausgebessert, aber auch völlig neu errichtet wurden, die Pläne für eine Süd-Nord-Verbindung neu diskutiert. Schließlich entstand das gewaltige **South-North Water Transfer Project.** Drei verschiedene Süd-Nord-Verbindungen sollen dafür sorgen, dass nach Abschluss aller Arbeiten ausreichend Wasser nach Nordchina geleitet werden kann, über eine Verbindung im Osten, eine in der Mitte, eine im Westen. Man begann im Osten.

Im **Osten** hat man sich am alten Kaiserkanal orientiert und die Wasserstraße erweitert und neu ausgebaut; diese Route wurde schon 2013 eröffnet. Wasser wird vom Yangzi über ein Pumpwerk in den bestehenden Kanal eingeleitet und dann in einem neuen, bereits fertiggestellten Kanal unter dem Gelben Fluss hindurch in ein riesiges Reservoir geführt. Der Gelbe Fluss wurde untertunnelt, um einen weiteren, künstlichen Fluss unter ihm hindurch zu leiten. Hier werden etwa 15 Milliarden Kubikmeter Wasser umgeleitet. Die Regierung spricht von Kosten in Höhe von ca. 20 Mrd. USD; andere Quellen vermuten ein Vielfaches. Aber dieses Wasser ist bereits signifikant verschmutzt und muss gereinigt werden. **70 % aller Flüsse Chinas sind so verschmutzt,** dass das **Wasser nicht für die landwirtschaftliche Nutzung,** sondern nur für die industrielle Verwertung zugelassen ist. Und 30 % aller Flüsse sind nicht einmal für die industrielle Verwertung zugelassen! Im Jahr 2013 galten **60 Prozent des Grundwassers** als **nicht trinkbar.** Über 3 Millionen Hektar Landfläche sind derart stark mit Chemikalien verseucht, dass die Regierung diese Areale abgesperrt hat.

◁ So unbeschwert werden sie nie wieder im zunehmend verschmutzten Wasser planschen können!

Die Provinz **Shandong** im Nordosten leidet besonders unter dem Wassermangel und hat daher auch zuerst von der neuen Wasserumleitung profitiert. Aber auch wenn jetzt gewaltige Wassermassen nach Norden strömen, gibt es neue Probleme. Zum einen ist der Transport mit gewaltigen Kosten verbunden, was den Wasserpreis derart in die Höhe treibt, dass die Unternehmen lieber das billigere, lokale Wasser verwenden, sei es legal oder illegal. Zum anderen ist das Wasser, wenn es im Norden ankommt, so verschmutzt, dass es kaum zu gebrauchen ist. Die Fabriken entlang der Route leiten ja nach wie vor ihre Abwässer in die Flüsse, meist ungeklärt.

Zu den Bau- und Transportkosten kommen die **immensen Energiekosten für Pumpwerke und Staudämme.**

Die **mittlere Strecke,** also eine weiter westlich gelegene Verbindung, soll weitere 13 Mrd. Kubikmeter Wasser umleiten, diesmal vom Han-Fluss nach Beijing und Tianjin. Hier wurde ein ca. 1200 km langer neuer Kanal gebaut, der fast 400 Flüsse miteinander verbindet; die Kosten sollen angeblich bei 30 Mrd. USD gelegen haben. Das Projekt wurde bereits 2014 fertiggestellt.

Die **westliche Verbindung** ist die längste, aufwendigste und schwierigste. Sie stellt alles in den Schatten, was ingenieurtechnisch bisher geleistet wurde. Es gilt, über mehrere Flüsse hinweg eine neue Wasserstraße zu schaffen, die den Süden mit dem Norden verbindet. Das Besondere hierbei ist natürlich die geografische und topografische Situation, mit der man es zu tun hat. Diese Route wurde auch schon unter Mao erdacht, aber nie umgesetzt. Erst in diesem Jahrtausend hat man sich wieder eingehend damit beschäftigt. Geplant war und ist es wohl noch, Wasser vom Yangzi wieder in den Gelben Fluss zu leiten, indem man Hunderte von Tunneln und Staubecken errichtet. Offenbar glaubt man, mit diesem einen Projekt das ganze Wasserproblem lösen zu können. **Sechs Flüsse sollen miteinander verbunden** und ein 240 km langer Tunnel gebaut **werden,** um letztlich den Gelben Fluss zu erreichen. Die Zahlen widersprechen sich, manchmal ist von 200 Mrd. Kubikmetern Wasser die Rede, die umgeleitet werden sollen, das entspräche der vierfachen Wassermenge des Gelben Flusses. Ganze Ökosysteme würden verschwinden oder beeinträchtigt; wie soll man unter diesen Umständen die Auswirkungen auf Flora und Fauna vorausberechnen? Ein so gravierender Eingriff in das Ökosystem führt zu **globalen Einflüssen, unkalkulierbaren Risiken.** Was in China passiert, betrifft die Welt.

Die westliche Route beginnt in **Tibet.** Da alle großen Flüsse dort entspringen, müssen sie auch dort schon umgeleitet werden bzw. muss man auch dort schon die Staudämme bauen, um das Gefälle auszunutzen.

Lhasa, die tibetische Hauptstadt, liegt bereits auf 3600 m Höhe, das Plateau reicht bis auf ca. 5000 m hinauf. Darüber lebt niemand mehr, aber dort befinden sich die Gletscher, die die Flüsse speisen. Das Problem beginnt genau hier. Die Flüsse, die gestaut werden sollen, damit aus der Wasserkraft Strom gewonnen werden kann, sind nicht nur der Yangzi und der Gelbe Fluss, sondern auch die Flüsse Mekong, Irawadi, Brahmaputra.

Diese **Flüsse** entspringen alle in Tibet, also in China. Sie **versorgen aber auch Indien, Bangladesch, Myanmar, Laos, Kambodscha und Vietnam.** Und nun baut China Staudämme am Oberlauf. Schon im Jahr 2010 stand in chinesischen Zeitungen zu lesen, China beginne mit dem Bau eines Staudamms am Oberlauf des Yarlong Tsangpo (der tibetische Name des dann in Indien Brahmaputra genannten Flusses). Die geplante Gesamtkapazität des Zangmu-Staudamms, der 325 Kilometer südöstlich von Lhasa auf einer Höhe von etwa 3000 m gebaut werden solle, betrage 510 Megawatt.

China hat zugesagt, dass es sich um ein sogenanntes Laufwasserkraftwerk handelt, aus dem kein Wasser entnommen würde. Das bedeutet, dass die Anlage das Wasser aus dem Fluss weder speichern noch ableiten wird. Der Staudamm liegt aber nur 200 km von der indischen Grenze entfernt. Was passiert, wenn der Brahmaputra nicht mehr genug Wasser führt, weil am Oberlauf Staudämme gebaut wurden? Wenn die Fließgeschwindigkeit sinkt? Dann hätten Indien und die anderen Länder Südostasiens nicht mehr genug Wasser. Dann bestünde die **Gefahr einer Hungersnot in Südostasien.**

Ausblick

China plant, 50 % der Feuchtgebiete unter Schutz stellen, ebenso wie 90 % der wichtigsten Wildpflanzen und -tiere – eine dringliche Aufgabe, denn in den letzten 40 Jahren verschwand die Hälfte der Feuchtgebiete an den Küsten, 13 % aller Seen sind nicht mehr vorhanden, Heilongjiangs Sumpfgebiete im Nordosten Chinas schrumpften um fast 80 %.

Der **Naturschutzgedanke** ist definitiv **in der chinesischen Regierung angekommen,** und diese unternimmt viel, um das Schlimmste abzuwenden. Alle Maßnahmen gegen Luft-, Wasser- und andere Verschmutzung greifen aber zu kurz, wenn der Einzelne die Relevanz des Themas nicht erkannt hat. Und das tut er in China sicherlich noch nicht. Aber steht uns Kritik zu? Auch Deutschland hat Jahrzehnte benötigt, um sich vom Glauben an die „rauchenden Schornsteine" als Symbol einer florierenden Wirtschaft zu befreien.

Rundfunk, TV und Presse

Die drei genannten Medien sind selbstverständlich fest in staatlicher Hand. Seit der Machtübernahme Xi Jinpings im Jahr 2013 haben sich die **Arbeitsbedingungen für Journalisten signifikant verschlechtert.** Eine freie Presse gab es auch zuvor nicht, aber die Einschränkungen und persönlichen Ermahnungen des Parteichefs, sich auf der Parteilinie zu bewegen, erinnern an vergangen geglaubte Zeiten. Seit 20 Jahren waren die Medien nicht mehr so fest unter der Kontrolle der Partei wie Ende des 2. Jahrzehnts des 21. Jahrhunderts.

Sitzt man als Ausländer in seinem Hotelzimmer und zappt durch die überregionalen oder auch die lokalen **Kanäle,** mag die **Vielfalt** erstaunen; natürlich werden lokale Kanäle auch in der jeweiligen Sprache ausgestrahlt. Von politischen Diskussionen über Aufführungen der allgegenwärtigen Pekingoper bis hin zu Liveübertragungen der deutschen Fußball-Bundesliga und koreanischen Soaps findet sich alles. Auch BBC, CNN etc. können in den Hotels frei empfangen werden; aber spannend wird es, wenn (aus Sicht der Partei) unliebsame Themen zur Sprache kommen. Wird z. B. ein Live-Interview mit dem Dalai Lama übertragen, so kann es passieren, dass der Bildschirm plötzlich schwarz wird; nach Ende des Beitrags schaltet sich der Fernseher wieder an. Die **Kontrolle** ist **allgegenwärtig.**

Die **Zeitungen** kann man als Ausländer nicht verstehen und falls doch, fällt sehr schnell die **Einseitigkeit der Berichterstattung** ins Auge. Über Ereignisse aus aller Welt wird zwar berichtet, doch erscheinen die Perspektive und die Auswahl der Berichte zweifelhaft. Dies gilt für alle Medien. Die westlichen Social Media wie Facebook, Twitter, Youtube etc. sind nicht zugänglich (jedenfalls nicht legal); China hat in diesem Bereich seine eigenen Medien etabliert (s. S. 212).

Sicherheit

China ist **eines der sichersten Länder der Welt.** Ob dies nun der politischen Situation und den drakonischen Strafen geschuldet ist oder einer Kultur, die weniger aggressiv daherkommt als andere, sei dahingestellt.

Fakt ist, dass der Ausländer und auch die Ausländerin in aller Ruhe allein durch Chinas Straßen gehen können, auch nachts. Es gibt in jeder Stadt Gegenden, in denen man sich besser zu bestimmten Tageszeiten nicht aufhält; das gilt für alle Städte der Welt. Aber dennoch, und gerade in Anbetracht der riesigen Menschenmassen, ist es kein Problem, sich nachts in Shanghai auf die Straße zu stellen und auf ein Taxi zu warten oder mit der U-Bahn zu fahren. Auch ein Verdauungsspaziergang rund um das Hotel ist für einen Ausländer vollkommen unbedenklich. Auch in anderer Hinsicht muss man sich als Gast (im Gegensatz zum Chinesen) keine Sorgen machen: Natürlich kommt es in den Städten immer wieder zu **Überfällen** und anderen **Gewalttaten.** Und natürlich stehen auf entsprechende Verbrechen zahlreiche Strafen bis hin zur Todesstrafe. Aber man muss keine Sorge haben, aus Unkenntnis ein Gesetz zu brechen und dafür belangt zu werden. Verhält man sich nach deutschen Maßstäben **gesetzeskonform,** wird man damit auch als Ausländer in China keine Probleme bekommen.

Sprache und Schrift

„Und Sie sprechen wirklich ganze Sätze?" – Noch immer scheint es für viele Deutsche an ein Wunder zu grenzen, wenn man sagt, dass man diese Sprache spricht. Oder sogar schreiben kann. Und selbst wenn man gerade eine Rede gedolmetscht hat oder erzählt, dass man seit vielen Jahren Sprachlehrer sei – ganze Sätze? Ein gewisses Mysterium umgibt die chinesische Sprache und lässt sie unerlernbar bzw. undurchschaubar erscheinen.

Zunächst – so schwierig ist die Sprache nicht. Im Gegenteil, die **Grammatik** ist sicher eine der einfachsten der Welt, und wenn man als Student auf das zugegebenermaßen mühsame Erlernen der **Schriftzeichen** verzichtet, kommt man relativ schnell erstaunlich weit. Über 40.000 Zeichen gibt es, aber selbst hochgebildete Chinesen kommen über einige Tausend nicht hinaus. Etwa 3000 benötigt man für die wichtigste Kommunikation und zum Lesen von 90 % eines Zeitungstextes und da jedes Zeichen ein

◁ Presse: ja, Freiheit: nein

Wort darstellen kann, entspricht dies etwa dem deutschen Wortschatz. Es sind also keine Buchstaben zu erlernen, sondern jeweils ganze Wörter, die nach den Regeln einer recht simplen Grammatik kombiniert werden. Die allseits bekannten Probleme mit Konjugation, Deklination, Zeitenfolge, Aktiv/Passiv, Indikativ/Konjunktiv etc. entfallen. Ein Zeichen kann ein Verb sein oder auch ein Substantiv oder Adjektiv, nur Satzstellungsregeln bzw. Kontext lassen die Bedeutung klar werden. Verändern kann man es nicht; Endungen, Prä- oder Suffixe gibt es nicht.

Die moderne chinesische Umgangssprache

„Ich fürchte nicht den Himmel und nicht die Erde.
Ich fürchte nur Ausländer, die Chinesisch sprechen."
Geflügeltes Wort

Bei den meisten Chinesischlernenden verhält es sich übrigens genau umgekehrt. Sie fürchten am meisten Chinesen, die Chinesisch sprechen.

Das obige Zitat stammt angeblich von einem Kaiser der Qing-Dynastie (1644–1912). Es bezog sich auf europäische Jesuiten, brillante Männer, deren Kenntnisse und Fähigkeiten in Verbindung mit ihrer Beherrschung der chinesischen Sprache den Kaiserhof verunsicherten. Aber heutzutage wird dieses Zeugnis wahrer Bewunderung nur zu oft schamlos aus dem Zusammenhang gerissen und radebrechenden Ausländern vorgehalten. Man tut geradezu so, als würden wir die chinesische Sprache nie lernen. Natürlich meistern wir sie nie. Kein Ausländer, der nicht schon nach wenigen Sätzen am Telefon als solcher identifiziert würde. Meistens hapert es an den **vier Tönen.** Jede Silbe der chinesischen Sprache hat einen bestimmten Ton. Eben das macht die Sprache für Ausländer so schwierig.

Mandarin

Dabei ist die moderne chinesische Hochsprache, das sogenannte **Mandarin** *(pǔtōnghuà),* noch einer der simpelsten Dialekte der chinesischen Sprache. Genau genommen ist es noch nicht einmal ein richtiger Dialekt, sondern eine Kunstsprache, die 1955 zur Amtssprache erhoben wurde. Sie basiert auf dem Chinesisch, das im Raum Beijing gesprochen wird, dem **Beijing-Dialekt.** Dass überhaupt ein lebender chinesischer Dialekt zur Standardsprache werden konnte, ist keine Selbstverständlichkeit. Jahrhundertelang hatte sich die Elite im Schriftverkehr mithilfe des klassischen Chinesisch verständigt, das wie das Latein im Mittelalter von den einfachen Leuten nicht beherrscht wurde. Die Forderung nach seiner Ab-

schaffung, die in der Vierter-Mai-Revolution 1919 laut wurde, stellte einen ungeheuren Angriff auf die alte feudale Gesellschaftsordnung dar.

„Mandarine" wurden die hohen Beamten und Würdenträger am Kaiserhof genannt, wahrscheinlich abgeleitet vom portugiesischen „mandar" – befehlen; oder aus dem Sanskrit: „Mantrin" – der Ratgeber. Und die Sprache der „Mandarine" wurde von den Ausländern entsprechend Mandarin genannt.

Heutzutage wird Mandarin an den Schulen in ganz China und Taiwan unterrichtet. Es mag seltsam anmuten, dass die „Muttersprache" im Unterricht wie eine Fremdsprache gelernt werden muss, aber tatsächlich hat das dem Beijinger Dialekt entlehnte Mandarin kaum mehr Ähnlichkeit mit den Dialekten der südlichen Provinzen als Schwedisch mit Portugiesisch. Dies ist der Grund dafür, warum chinesische Filme im gesamten chinesischen Kulturkreis mit Untertiteln gesendet werden. Es ist die **Schrift,** der China seine kulturelle Einheit verdankt, und nicht die Sprache. Die verschiedenen chinesischen Sprachen haben dagegen zur Ausbildung eines starken regionalen Bewusstseins beigetragen: Kantonesen zum Beispiel sind dafür berüchtigt, dass sie mit Vorliebe Touristen aus Beijing auflaufen lassen, indem sie vorgeben, nur Kantonesisch zu sprechen. Der Beijinger versteht davon kein einziges Wort.

Insgesamt unterscheidet man **acht Dialektfamilien:** Nordchinesisch (Beijing-Dialekt), Jiangsu-Zhejiang-Dialekt, Nord-Fujian- und Süd-Fujian-Dialekt (Nord- und Südtaiwanesisch), Jiangxi-Dialekt, Hunan-Dialekt,

Halter für Tuschepinsel

Kantonesisch und Hakka. Übrigens ist **geschriebenes Chinesisch** nie ein Dialekt. Es ist noch nicht einmal Mandarin. Es ist eine **Bildersprache,** die man aussprechen kann wie man will und die dennoch Chinesisch bleibt.

Mai im dritten Ton bedeutet kaufen, im vierten bedeutet es verkaufen. *Wen* heißt fragen oder auch küssen, je nach Ton (Vorsicht bei der Wendung „Darf ich Sie fragen ..."

Ausländer, die anfangen, Hochchinesisch zu lernen, beginnen mit der Einübung der **vier Töne:** *mā, má, mǎ* und *mà*. *Mā* (Mutter) im ersten Ton wird relativ hoch und schwebend ausgesprochen. *Má* (Hanf) im zweiten Ton hat einen fragenden Tonfall, etwa wie das deutsche Wort „wahr" in „Nicht wahr?". *Mǎ* (Pferd) im dritten Ton hat eine zunächst fallende und dann wieder steigende Tonhöhe. *Mà* (schimpfen) im vierten Ton klingt wie ein Befehl. Ein energisches Nein! kommt dem vierten Ton recht nah. Die vier verschiedenen *ma* werden mit vier verschiedenen Schriftzeichen geschrieben und sind vier verschiedene Wörter. Es erfordert etwas Hör- und Sprechtraining, um die vier Töne herauszuhören, zu beherrschen und vor allem sie beim Sprechen nicht zu verschleifen. Viele Studenten, die außerhalb Chinas Chinesisch lernen, begnügen sich mit zwei Tönen: steigend und fallend im Zweiertakt den ganzen Text entlang. Natürlich kann dieses Kauderwelsch kein Chinese verstehen.

Wie sind die Töne der chinesischen Sprache entstanden? Hat es sie schon immer gegeben? Haben sie sich langsam entwickelt? Im vierten Jahrhundert nach Christus wurden sie von einem chinesischen Sprachforscher erstmals nachweislich erwähnt. Genaueres wissen wir bis heute nicht, doch gibt es eine Theorie, die versucht, ihre Entstehung zu erklären. So geht man davon aus, dass Sprachen dazu tendieren, im Lauf der Zeit immer lautärmer zu werden: Sie schleifen sich ab. Gotisch ist z. B. eine weitaus vokal- und konsonantenreichere Sprache gewesen als Mittelhochdeutsch, dieses wiederum war lautreicher als das moderne Deutsch. Mit dem Chinesischen verhält es sich ebenso: Aus den vor rund tausend Jahren unterschiedlich ausgesprochenen Wörtern *li, lie* und *liei* zum Beispiel wurden die heutigen Wörter *lī, lí* und *lì*. Gäbe es nun nicht die vier Töne, so wären die vielen gleichklingenden Wörter nicht mehr voneinander zu unterscheiden. Demnach wären die vier Töne also notwendig gewesen, um die alten Auslaute zu ersetzen bzw. eine Differenzierung zwischen Wörtern von verschiedener Bedeutung, aber gleicher Aussprache zu ermöglichen. Ob diese Theorie stimmt oder nicht, heutzutage ist die chinesische Sprache ohne die Töne nicht mehr denkbar. Der Vorschlag geplagter Ausländer, sie per Dekret abzuschaffen, ist daher nicht akzeptabel.

So mancher Fremder, der im Glauben war, Suppe *(tāng)* bestellt zu haben, bekam schon Zucker *(táng)* gebracht. Missverständnisse lauern überall. *Wǒ kànshū* heißt „ich lese". Jemand, der den Ton der letzten Silbe verkehrt ausspricht, behauptet dagegen, Bäume zu fällen. Becher heißt *bēizi*. *Bèizi* ist die Bettdecke. *Shuǐjiǎo* bedeutet Ravioli, *shuìjiào* aber heißt schlafen. *Yào* heißt wollen, *yǎo* im dritten Ton dagegen beißen: „Ist das nicht merkwürdig?", kicherte eine Chinesin: „Die Ausländer sagen alle, dass sie beißen!"

Gewiss, wir sorgen für viel Heiterkeit. Ein Ausländer, der Chinesisch sprechend im Fernsehen auftritt, ist, egal was er sagt, schon ein Sketch an sich. Das ist nicht fair. Andererseits kann es nett sein, sich im Umgang mit den vier Tönen eine gewisse Unabhängigkeit zu bewahren. Eine geringfügige Betonungsverschiebung lässt z. B. aus dem Wort für „Heirat" die „verbundene Umnachtung" werden. Man kann wunderbar mit den Tönen herumspielen.

Die Wortkombinationen

Insgesamt hat **Mandarin nur etwas über 400 verschiedene Laute.** Das ist äußerst wenig. Zum Vergleich: Englisch hat etwa 8000. Jeder Laut bildet eine Silbe für sich z. B. *lái, shū, hǎo, qiàn* usw. Jede dieser Silben kann theoretisch auf vier verschiedene Weisen, also im ersten, zweiten, dritten oder vierten Ton, ausgesprochen werden. Insgesamt kommen wir so auf 1644 verschiedene Silben, tatsächlich sind es nur 1338. Ursprünglich stellt jede einzelne Silbe ein ganzes Wort dar und einem Wort wiederum entspricht ein Schriftzeichen.

Das hier abgebildete Schriftzeichen beispielsweise wird *guǒ* ausgesprochen und bedeutet „Frucht". Man kann sich nun vorstellen, dass eine Sprache, die mit nur vierzehnhundert verschiedenen Silben bzw. verschieden ausgesprochenen Wörtern operiert, entweder kaum verständlich ist oder nur einen sehr geringen Wortschatz, nämlich von vierzehnhundert Wörtern, haben kann. Beides trifft auf Chinesisch nicht zu. Mit seinen **fast fünfzigtausend Schriftzeichen** bzw. Wörtern ist es eine der wortgewaltigsten Sprachen der Welt. Um jedoch bei den vielen gleichklingenden Wörtern Missverständnisse zu vermeiden, bedient sich das Chinesische verschiedener **Wortkombinationen.**

So heißt „Frucht" nicht einfach nur *guǒ* im dritten Ton, was zugleich auch „Wespe", „einwickeln", „Sarg" und „Affe" heißen könnte, sondern bildet zusammen mit „Wasser", *shuǐ,* die „Wasserfrucht", *shuǐguǒ.* In der modernen chinesischen Hochsprache bilden solche Zusammensetzungen inzwischen den Großteil der Wörter. Kombinationen sind nicht nur zwischen zwei Substantiven möglich, sondern auch zwischen Verb und

Verb, Verb und Substantiv usw. Darüber hinaus gibt es eine Reihe von sogenannten **Zähleinheitswörtern,** z. B. ein Blatt Papier, ein Glas Wein usw. Aus der früher einsilbigen chinesischen Sprache hat sich in den letzten Jahrhunderten also eine überwiegend mehrsilbige Sprache entwickelt.

Neue Wörter, wie sie wegen des technischen Fortschrittes in jeder lebendigen Sprache gebildet werden müssen, sind im Chinesischen oft ganz besonders originell. Eine rein lautliche Nachbildung von Fremdwörtern kommt kaum in Frage. Chinesische Laute eignen sich schlecht zur Nachahmung indogermanischer Silben: „Frankfurt" ist mit Fǎlánkèfú noch wiederzuerkennen, aber wer kommt schon darauf, dass Érmùnídé Shīmìtè einen früheren Bundeskanzler bezeichnet? So behilft man sich besonders bei technischen Ausdrücken mit Beschreibungen, die ohnehin viel plastischer und leichter zu merken sind. Ein Computer ist ein elektrisches Gehirn, Chromosomen sind Einfärbekörper, der Wecker heißt Krach-Uhr, der Bahnhof Feuerwagenhalt, ein Bagger seltsame Hand usw.

Zur Grammatik

Die **Grammatik** des Chinesischen ist **bestechend einfach.** Die Wörter haben kein Geschlecht wie im Französischen, Russischen oder Deutschen, sie kennen keine Pluralendungen, keine Deklinationen, keine Konjugationen und mithin auch keine unregelmäßigen Verben.

Den Satz „Ich habe ihm gestern einen Brief geschrieben", für den der Deutschlernende etwa ein Jahr Grammatik pauken muss (Dativ, Akkusativ, unbestimmte Fürworter, 1. Pers. Singular, stark flektierende Verben/Perfekt, Satzstellung mit Hilfsverben), diesen Satz kann ein Chinesischschüler theoretisch schon am ersten Tag sagen: „Ich gestern geben er/sie/es schreiben Brief." Zeit, Adressat (männlich oder weiblich) und Anzahl der Briefe ergeben sich aus dem Zusammenhang.

„Ich liebe dich" heißt „wo ai ni" (gleiche Satzstellung wie im Deutschen); ob es sich hier um Gegenwart oder Vergangenheit handelt, ist zwar gerade bei diesem Beispiel durchaus von Interesse, muss aber nicht (verbal) ausgedrückt werden.

Einige wenige Hilfsverben oder Nachsilben können bei Bedarf die Zeit präzisieren. Plural oder Singular können durch eine Mengenangabe näher bezeichnet werden. Chinesische Kinder lernen schneller richtig sprechen als englische Kinder und erst recht sind sie deutschen Gleichaltrigen voraus, die sich noch im sechsten Lebensjahr mit unregelmäßigen Verben plagen: „Ich habe gegeht." Dieser Tatsache verdankt Chinesisch auch seinen Ruf, eine einfache Sprache zu sein. Von optimistischen Laien hört man gelegentlich, es sei ein reines Vokabelproblem, die Sprache zu lernen. „Wenn man die grammatischen Strukturen beherrscht, und das geht wirklich schnell, was bleibt dann noch übrig?"

Die Redewendungen

Die Antwort auf diese Frage lautet: fast nichts, außer den Tönen der Wörter, ein paar Tausend Schriftzeichen und einem **unübersehbaren Heer von Redewendungen,** Idiomen und bildhaften Ausdrücken, die der Kontinuität einer über zweitausendjährigen schriftlichen Überlieferung alle Ehre machen. Eine besonders häufige Art von Redewendungen stellen die sogenannten *chéngyŭ* dar: Das sind aus je vier Wörtern bestehende idiomatische Wendungen, die zumeist Zitate aus der klassischen Literatur darstellen und eine komplexe Situation umreißen. Viele sind nur dann verständlich, wenn man die dazugehörige Geschichte kennt. So etwa heißt „Pferd Pferd Tiger Tiger" eigentlich „flüchtig, oberflächlich". Das bezieht sich auf eine Geschichte, in der jemand gefragt wird, was für ein Tier er denn gerade gesehen habe. „Hab nicht so aufgepasst", antwortet er, „war vielleicht ein Pferd, war vielleicht ein Tiger." Diese *chéngyŭ* – es gibt Tausende – sind das Folterwerkzeug der Gebildeten. Ein Feuilletonjournalist, der seine Belesenheit zeigen möchte, spickt jede Zeile damit. Weniger gebildete Chinesen verstehen dann nichts mehr. Ihnen bleibt genau wie den Ausländern nur noch der Griff zum Lexikon.

Die größte **Schwierigkeit beim Chinesischlernen** ist für den Westler vielleicht die Tatsache, dass er keine, wirklich gar keine ihm vertrauten Strukturen in der Sprache zu erkennen vermag. Flexionen fehlen. Viele Nebensatzformen, wie der Relativsatz, sind nicht nachvollziehbar. Die vier Töne sind ungewohnt und eine Reihe von Zischlauten klingt für unsereins am Anfang sehr ähnlich. Hinzu kommt der beträchtliche Kulturschock, den Westler erleiden, wenn sie feststellen, dass sie trotz guter Sprachkenntnisse ganz erhebliche Verständigungsschwierigkeiten haben, weil sie den Inhalt dessen, was verschwiegen wird, nicht deuten können. Wer Chinesisch verstehen will, muss sehr viel mehr lernen als nur die Sprache.

Die klassische Schriftsprache

Was ist die klassische Schriftsprache überhaupt und wie unterscheidet sie sich von der heutigen Umgangssprache?

Die klassische Schriftsprache hat sich **aus dem vormodernen Chinesisch entwickelt.** „Vormodernes Chinesisch" bezeichnet die Sprache, die von den Anfängen bis zum Beginn des 20. Jahrhunderts gesprochen wurde. Sie hat sich im Lauf der Zeit natürlich sehr verändert. Während das ganz frühe Chinesisch wohl eine lautlich sehr differenzierte Sprache war, hat es sich in späteren Jahrhunderten mehr und mehr verschliffen. Die Schriftzeichen sind stets die gleichen geblieben, aber ihre Aussprache wandelte sich. Man unterscheidet vier Entwicklungsstadien.

Das **Protochinesische** (bis 500 v. Chr.) war wohl dem Tibetischen ähnlich, mit dem es gemeinsame Wurzeln hat. Daraus entstand das **Archaische Chinesisch** (bis 600 n. Chr.), das man mithilfe des Sanskrits zu rekonstruieren versucht. Denn um die Zeitenwende herum kam der Buddhismus von Indien nach China und es wurden viele religiöse Begriffe lautmalerisch ins Chinesische übertragen. Das **Altchinesische** (bis zum 13. Jahrhundert) soll acht Töne gehabt haben und ist einigen heutigen chinesischen Sprachen wie z. B. Kantonesisch sehr ähnlich.

Gedichte aus dieser Zeit reimen sich heute auf Kantonesisch noch immer. Das **Neuchinesische** (seit dem 13. Jh.) ist dem modernen Mandarin am ähnlichsten.

Nicht nur in der Aussprache unterscheiden sich modernes und vormodernes Chinesisch. Auch die Sprachstruktur ist anders geworden. Selbst der Laie erkennt es auf Anhieb. Ein Satz aus dem dritten Jahrhundert unserer Zeit, „Unser Leben ist begrenzt, das Wissen ist unbegrenzt. Mit etwas Begrenztem dem Unbegrenzten nachzugehen, führt zum Scheitern." (Zhuangzi, Buch 3), schreibt sich in der klassischen Schriftsprache folgendermaßen:

吾生也有涯，而知也无涯，以有涯隨无涯，殆已。

Seine moderne Entsprechung liest sich so:

我們的生命是有限度的而知識是沒有限度的。以有限度的生命去追求沒有限度的知識就會弄得很疲困。

Die moderne Version ist fast dreimal so lang. Das liegt daran, dass das moderne gesprochene Chinesisch wegen seiner Lautarmut darauf angewiesen ist, die meisten Wörter aus je zwei Begriffen zusammenzusetzen. Im klassischen Schriftchinesisch dagegen entspricht ein Schriftzeichen auch einem vollständigen Wort. Dabei spielt es keine Rolle, ob dieses Wort als gesprochenes mit einem Dutzend anderer verwechselt werden könnte: Geschrieben ist es auf jeden Fall unverwechselbar. Dass die klassische Schriftsprache „Schrift"-Sprache genannt wird, ist also kein Zufall. Es bedurfte bei der zunehmenden Lautverarmung der chinesischen Sprache mehr und mehr der schriftlichen Form, damit sie überhaupt verständlich bleiben konnte. Eine Sprache, die nur noch schriftlich verstanden werden kann, muss nun zwangsläufig irgendwann den Anschluss an die lebendige Sprachentwicklung verlieren. Sie erstarrt. Wann genau dieser Prozess einsetzte, ist unklar, doch dürfte schon im 10. Jahrhundert die Diskrepanz zwischen der gesprochenen und der geschriebenen Sprache recht groß gewesen sein. Die **klassische Schriftsprache** ist also **eine tote Sprache** ähnlich wie das Latein im Mittelalter. Es wurde nur noch von den Gebildeten benutzt und verstanden.

Eine weitere Besonderheit der alten Schriftsprache liegt in der **Vieldeutigkeit der einzelnen Schriftzeichen.** Zwar werden dieselben Zeichen auch heute noch benutzt, doch ihre Bedeutung ist in der modernen Sprache relativ festgelegt. Nehmen wir als Beispiel das Wort *shū*. Heutzutage hat es die Bedeutung „Buch". Wir kennen es in den Zusammensetzungen *shūběn* („Buchband"), *shūjià* („Bücherregal"), *shūbāo* („Büchertasche") usw. In der klassischen Schriftsprache bedeutet *shū* jedoch mehr. Es ist nicht nur das Buch, sondern das Geschriebene überhaupt: die Schrift, die Kalligrafie, das Schreiben, der Brief, die Darlegung, die Throneingabe, das Dokument, der Klassiker ... *Shū* repräsentiert nicht ein einzelnes Wort, sondern ein ganzes **Wortfeld.** Je nach Zusammenhang muss sich der Übersetzer für den passenden Ausdruck entscheiden.

Nicht alle Wörter bzw. Wortfelder der klassischen Schriftsprache sind nun so relativ eingrenzbar wie *shū* – „das Geschriebene". Wir finden Begriffe, die sowohl das eine als auch das genaue Gegenteil davon bedeuten, samt den dazwischen liegenden Nuancen. Auch im so exakten, konkreten Deutschen gibt es dafür Beispiele, nur wird es uns selten bewusst. Das Wort „aufheben" zum Beispiel kann sowohl „bewahren" (ein Erinnerungsstück aufheben) wie auch „beseitigen" (ein Gesetz aufheben) heißen – ihren Ursprung haben beide Bedeutungen wohl in dem ursprünglichen „Etwas-vom-Boden-aufheben", womit man ein Ding sowohl entfernen als auch in Sicherheit bringen kann.

Das klassische Schriftchinesisch ist reich an solchen Wörtern. Das Wort *sū* steht für folgenden Bedeutungskomplex: getrennt, entfernt, fremd, entfremdet, roh, grob, schlaff, nachlässig, auseinandersetzen, darlegen, verstehen, regeln, ordnen. Unter dem Wort für weiß, *bái*, finden wir im Lexikon: weiß, leer, rein, hell, klar, erklären, bekanntmachen, offensichtlich, leicht verständlich, einfach, gewöhnlich, einfältig, nichtig, vergeblich, umsonst, kostenlos.

Es bedarf einer ganz besonderen Feinfühligkeit des Übersetzers, die jeweils treffendste Entsprechung zu finden. Oft sind mehrere **Übersetzungen** gleichzeitig möglich. Besonders kurze und mystische Texte sind vielfältig deutbar. Kein Zufall also, dass der alte daoistische Klassiker „Daode jing" („Tao te king") von Laozi (Lao-tse) in mehr als hundert westlichen Übersetzungen vorliegt. Wie verschieden sie ausfallen können, zeigt das folgende Beispiel, Kapitel 17 in den Übersetzungen der Sinologen Schwarz (a) und Debon (b):

(a) (b)

„Zuerst wussten die Niedrigen
kaum von den Herrschern,

„Von den Allerhöchsten
wissen die Niederen nur:
Es gibt sie.

später drängten sie sich um sie
und rühmten sie,

Die Nächsthohen liebt man
und preist man.

sie zu fürchten lernten sie später,
dann zu verachten.

Die Nächsten fürchtet man.
Die Nächsten verweist man.

Wo das Vertrauen fehlt,
spricht der Verdacht."

Wer nicht genug vertraut,
dem ist man nicht treu."

Die Schrift

„Kannst du mir das erklären?",
fragte ein Taxifahrer:
„Chinesisch hat Tausende von Zeichen.
Ich habe gehört, Englisch hat nur 26.
Ist das wahr?"
Ich bestätigte.
„Ich kann mir einfach nicht vorstellen", fuhr er fort,
„wie 26 Zeichen ausreichen,
um sich verständlich zu machen!"

Die chinesische Schrift ist **die älteste heute noch gebräuchliche Schrift der Welt** – Bildzeichen auf Bronzegefäßen und Orakelknochen datieren bis auf das zweite Jahrtausend vor Christus zurück. Damals schon war das Schriftsystem relativ entwickelt, begegnen uns etwa dreitausend Schriftzeichen, von denen einige leicht abgewandelt heute noch verwendet werden und andere (etwa die Hälfte) noch nicht entziffert sind.

Manche chinesische Wissenschaftler vertreten die Ansicht, dass jene frühen Schriftzeichen sich aus **Felsmalereien** entwickelt haben, die zum Zweck der Kommunikation entstanden seien. Damit beziehen sie sich auf die 8532 Felsbilder, die im Jahr 1988 bei Damaidi im Autonomen Gebiet von Ningxia in einem Umkreis von 15 km² gefunden wurden. Ihr Alter wird von den einen auf 8000, von den anderen auf über 20.000 Jahre geschätzt – die Meinungen in der Fachwelt sind sehr unterschiedlich. Die Ritzungen handeln von Tieren, Gestirnen, Menschen, Jagdszenen, Opferritualen, Krieg und allen möglichen anderen Aktivitäten – als ob mit den Darstellungen kleine Geschichten erzählt werden sollten. Manche Bilder weisen in der Tat eine verblüffende Ähnlichkeit mit den späteren Schriftzeichen auf.

Ursprünglich war die Zeichenschrift ohnehin eine **Bilderschrift.** Wir sehen das an den alten Zeichen für Mensch, Sonne, Mond, Vogel, Pferd oder Baum:

	Orakelknochenschrift	heutige Langform	Kurzform
Mensch		人	人
Sonne		日	日
Mond		月	月
Vogel		鳥	鸟
Pferd		馬	马
Baum		木	木

Manche Zeichen fungierten als **Symbole.** Das Wort für Osten z. B. zeigt eine Sonne, die gerade am Horizont hinter einem Baum aufgeht.

Das Zeichen für Westen stellt einen Vogel auf seinem Nest dar. Abends, wenn die Sonne im Westen steht, kehren die Vögel in ihre Nester zurück.

Ferner gibt es die **aus zwei Bildern zusammengesetzten Zeichen:**

zwei Bäume bilden einen Wald: drei Bäume einen Urwald:

Die Frau: - unter dem Dach ist der Friede:

Das Schwein: - unter dem Dach das Zuhause:

Die Sonne: - und der Mond sind hell:

Selten sind Spiegelbild-Zeichen wie bei Leiter und Kaiserin:

Auch die sogenannten **Entlehnungen** sind rar, das sind Zeichen, die eigentlich etwas ganz anderes bedeuten, aber ersatzweise benutzt werden, weil sie zufällig die gleiche Aussprache haben.

Die überwiegende Mehrheit der Zeichen, nämlich 90 %, wird **aus einem grafischen und einem lautlichen Element** gebildet. Das grafische Element gibt dabei an, welchem Themenbereich ein Wort in etwa zuzurechnen ist. So gehören die Wörter „Kiefer", „Granatapfel" und das Adjektiv „verdorrt" zum Themenbereich Holz/Baum. Sie werden daher mit dem Zeichenelement für Baum geschrieben:

Kiefer: Granatapfel: verdorrt:

松   榴   枯

Der jeweils zweite Teil der Zeichen gibt einen ungefähren Hinweis auf die Aussprache: Im Zeichen „Kiefer" wird der rechte Teil alleine *gōng* ausgesprochen. Die Kiefer ist also ein Baum, der so ähnlich wie *gōng*, nämlich *sōng* ausgesprochen wird:

公

Der rechte Teil des Zeichens Granatapfel wird *liú* ausgesprochen:

留

Der Granatapfel ist ein Baum, der *liú* genannt wird.

枯

Im Fall von „verdorrt" ist der phonetische Teil übrigens gleichzeitig auch von inhaltlicher Bedeutung. Der phonetische Teil heißt für sich genommen „alt" und wird *gŭ* ausgesprochen. Der Baum, der zu alt ist, ist verdorrt.

Zeichen, in denen sich das lautliche Element auch inhaltlich mit dem grafischen Element gut ergänzt, gibt es sehr viele. Es scheint, als sei man bei der Zusammensetzung der beiden Bestandteile bemüht gewesen, möglichst sinnige Kombinationen zu schaffen: So wird das Zeichen für Geschäftigkeit (links) aus dem grafischen Element für Herz/Gefühl (Mitte) und dem phonetischem Element für *wáng*, verlieren (rechts), gebildet.

忙   忄   亡

> **Extrainfo 14** (s. S. 5): Chinesisch ist erlernbar! Amüsante Darstellung der Süddeutschen Zeitung, deren Redakteurin einen „Crashkurs Chinesisch in 2 Tagen" besucht hat.

Geschäftigkeit, *máng* ausgesprochen, ist jener Zustand, bei dem man sein Herz verlieren kann.

| Die Ameise | ist ein Insekt | das *yî* ausgesprochen wird. |

Yî bedeutet Pflichtgefühl: das pflichteifrige Insekt.

Das grafische Element, das den Themenbereich eines Zeichens angibt, nennt man in der Fachsprache **Radikal.** Insgesamt gibt es 214 Radikale. Das ist nicht viel, wenn man bedenkt, dass ihnen insgesamt fünfzigtausend Schriftzeichen zugeordnet sind. Häufige Radikale sind Herz, Wasser, Baum, gehen, Mensch, Frau oder Krankheit. Seltene Radikale sind z. B. Nase, Trommel, Flöte oder Dreifuß.

Für den Anfänger empfiehlt es sich, die häufigsten Radikale möglichst bald auswendig zu lernen. Das ist nicht nur eine immense Hilfe beim Lernen der einzelnen Zeichen, wenn man weiß, für welchen Themenbereich welches Radikal steht, die Radikale sind auch gleichzeitig unerlässlich **zum Nachschlagen eines Schriftzeichens.** So ähnlich wie wir ein fremdes Wort nach dem ABC suchen, schlagen die Chinesen ein unbekanntes Zeichen auf der Grundlage der 214 Radikalen nach. Wenn hier stets von 214 Radikalen die Rede ist, so bezieht sich das übrigens auf die klassische seit nahezu zwei Jahrtausenden übliche Einteilung. Moderne Lexika halten sich nicht immer daran, sondern nutzen teilweise ein paar Radikale mehr – die Abweichungen von der traditionellen Version sind jedoch im Grunde genommen nur gering. Weiß man erst, welches Radikal in einem fremden Schriftzeichen steckt, ist das Nachschlagen beinah ein Kinderspiel. Gezählt werden dann nur noch die restlichen Striche des Zeichens.

Im Fall des Schriftzeichens
jiāng, „Steinbrücke", ist Stein das Radikal/ drei restliche Striche.

Nun sucht man unter der Abteilung „Stein/drei Striche" in einer Liste unter all den Worten, die mit Radikal Stein und drei zusätzlichen Strichen geschrieben werden, nach dem gewünschten Zeichen:

Es ist das zweitunterste. Die Nummer verweist auf die Stelle im Lexikon, an der wir es finden. **Nachschlagen** ist also nicht schwer, aber es ist **Übungs- und Erfahrungssache.** Anfänger fluchen heftig dabei: Manche Zeichen haben ganz vertrackte Radikale, bei den Strichen kann man sich verzählen oder man übersieht das Zeichen in der Liste einfach. Leute, die geübt sind, schlagen chinesische Zeichen ähnlich schnell nach wie englische Wörter.

Konfusion stiftet bei Anfängern oft die Tatsache, dass es zwei verschiedene Versionen von Schriftzeichen gibt, nämlich **Langzeichen und Kurzzeichen.** Langzeichen sind die eigentlichen überlieferten chinesischen Schriftzeichen. Schon sehr früh in der Schriftgeschichte bürgerten sich für einzelne besonders häufig gebrauchte Langzeichen Abkürzungen ein, die in der handgeschriebenen Schrift gern verwendet wurden. Sie waren einfacher und zeitsparend. Als sich die KPCh nach 1949 daran machte, das Analphabetentum zu beseitigen (80 % im Jahre 1952), entsann man sich der vereinfachten Schriftzeichen. Neue Vereinfachungen wurden hinzuerfunden und ersetzten im Verlauf mehrerer Schriftreformen nach und nach einen Teil der umständlicheren herkömmlichen Schreibweisen. Heute sind in der **Volksrepublik sowohl Kurzzeichen als auch** nicht von der Schriftreform betroffene **Langzeichen** in Gebrauch. In **Hongkong, Singapur, Macao** und **Taiwan** benutzt man nach wie vor **durchweg** die **Langzeichen.**

Seit dem Jahr 2008 gilt die Verwendung ausschließlich der **volksrepublikanischen Kurzzeichen** im gesamten **internationalen Schriftverkehr** als **verbindlich.** Damit ist der KPCh ein weiterer wichtiger Schritt zur **politischen Isolierung Taiwans** und in Richtung Wiedervereinigung gelungen. Die in der Volksrepublik per Dekret beschlossene Verwendung der Steno-Version der chinesischen Schrift hat nicht nur Beifall gefunden. Kritiker weisen darauf hin, dass heute in der VR lebende Chinesen Inschrifttafeln von vor 1950 kaum noch lesen können. Sämtliche eingravierten Texte an historischen Stätten bedürfen nun der „Übersetzung". Ferner sind die

Kurzzeichen nicht unbedingt besser zu lernen. Viele haben ihre Bildhaftigkeit verloren, was man unschwer an folgendem Beispiel sieht.

Wagen mit Rädern, Draufsicht:

 Langzeichen   Kurzzeichen

Zum Politikum wurde die Verwendung von Lang- bzw. Kurzzeichen für alle Chinesen sichtbar bei der **Studentendemonstration von 1989,** als auf Transparenten längst außer Gebrauch geratene **Langzeichen** auftauchten: eine indirekte, aber deutliche Kritik an der Regierung, die sie dereinst abgeschafft hatte.

Als Kunst wird die **Schreibkunst (Kalligrafie)** in China von alters her fast noch höher geschätzt als die Malerei. Wer es auf diesem Gebiet zu bescheidenen Resultaten bringen will, übt mindestens zehn Jahre lang täglich mehrere Stunden. Allein bis der Anfänger einen Punkt so setzen kann, dass sein Lehrer ehrlich zufrieden ist, vergehen Wochen, wenn nicht Monate. In der Volksrepublik China wenig gefördert, ist der Nachwuchs an Kalligrafen rar geworden.

Die heutzutage gebräuchlichste **lateinische Umschrift** für chinesische Schriftzeichen ist das auch in diesem Buch verwendete *hanyu pinyin,* das von der Regierung Mao Zedong eingeführt wurde. Doch längst nicht alle China-Bücher benutzen hanyu pinyin und auch in **Hongkong und Taiwan** verwendet man andere Umschriften. So wird Herr Li in einem taiwanesischen Pass zum Herrn Lee, obwohl die Aussprache dieselbe ist. Am verwirrendsten sind die verschiedenen Umschriften für den Benutzer verschiedener Lexika des klassischen Chinesisch, deren Verfasser ausländische Sinologen sind. Bislang existieren kaum zwei Lexika, die mit der gleichen Umschrift arbeiten, da jeder Autor sein eigenes System benutzt. Auch das Wiederfinden von chinesischen Namen in Geschichtswerken kann für den Laien sehr schwierig sein. Woher soll der Leser wissen, dass ein Name wie z. B. Zhuangzi mit Chuang-tzu oder gar Dschuang Dsi identisch ist?

Im Normalfall sind für jedes Wort die Aussprache, der Ton, das Schriftzeichen und die Bedeutung auswendig zu lernen. Gebildet ist demnach in China, wer die Sprache beherrscht; wer also auswendig lernt und nachahmt. Das **Nachahmen** ist kulturell nicht so negativ belegt wie bei uns, sondern wird **von Kindheit an trainiert. Selbstdenken** ist dagegen **weniger erwünscht.**

Sprache als Statussymbol

Darüber hinaus erfüllt Sprache in China wie in ganz Ostasien die Funktion, Harmonie und **Gesicht zu geben bzw. auch zu nehmen.** So wird im Chinesischen das Wort **„ja"** meist nicht mit einem eigenen Wort ausgedrückt, sondern mit der bejahenden Beantwortung der Frage. „Hast du gegessen?" – „Ich habe (gegessen)." **„Nein"** zu sagen ist unhöflich und wird vermieden; trotzdem ist für einen Chinesen jederzeit deutlich, wie die Antwort gemeint ist. Nur Ausländer werden ungeduldig, wenn der chinesische Geschäftspartner „ausweichend" antwortet, „nicht zur Sache kommt" und „um den Brei herum redet". Es geht hier auch um sprachliche Gewohnheiten, nicht nur um „Eigenheiten" der Chinesen. Sagt der Deutsche nein, dolmetscht man dies vielleicht mit „ich werde darüber nachdenken"; die Gegenseite versteht die Botschaft, ohne Sie für unhöflich zu halten. Die scheinbar so ausweichenden Chinesen treffen durchaus eine deutliche Aussage, man muss sie nur kulturentsprechend übertragen. Für unsere Kultur heißt dies: zur Sache kommen, deutlich nein sagen, eben: deutsch reden.

Auswahl von Pinseln und Hilfsmitteln zur Kalligrafie

Sprache als Hierarchiesymbol bedeutet auch, dass chinesische Manager sich auch dann **dolmetschen** lassen, wenn sie selbst der ausländischen Sprache mächtig sind. Grund dafür ist der damit verbundene **Statusgewinn.** Westliche Gesprächspartner missverstehen dies als Arroganz oder sie glauben, der Verhandlungspartner spreche beispielsweise kein Deutsch und reden dann in seiner Gegenwart offen über Interna. Wenn der deutsche Gesprächspartner die chinesische Sprache beherrscht, sollte er sich ebenfalls dennoch eines Dolmetschers bedienen. Er gewinnt Gesicht und auch Zeit, denn er kann seine Antwort bereits vorbereiten, während der Dolmetscher noch spricht.

Sprache ist in China ein wichtiger Bestandteil des Umgangs miteinander. Harmonie in Gesprächen ist wichtig und so werden schwierige Themen oft ausgeklammert, um die Atmosphäre nicht zu verderben, oder negative Aussagen werden durch das Einfügen von „vielleicht", „ungefähr" etc. relativiert. Beliebt in internationalen Verhandlungen ist auch das minutenlange **Schweigen,** das möglicherweise auf einen sensiblen Themenbereich, der für eine Diskussion noch nicht reif ist, hinweist, oder einfach nur eine Denkpause darstellt. Die „Langnasen" werden schnell nervös und vermuten geheimnisvollen Informationsaustausch auf der Gegenseite, was dann zu der schlechtesten aller Entscheidungen führt: die Stille schnell zu unterbrechen, oft mit eher banalen Aussagen, nur um überhaupt etwas zu sagen. Schweigen Sie doch auch einmal!

Zur Übertragung von Personen- und Firmennamen

Eine besondere Problematik liegt in der **Übertragung von Fachtermini** ins Chinesische. Die Gestaltung von Firmenunterlagen wird noch an anderer Stelle behandelt, aber auf grundlegende Fehlermöglichkeiten soll hier hingewiesen werden. Gerade bei technischen Fachtexten gibt es im Chinesischen viele Termini, die wir verwenden, nicht. Bei der Übersetzung ist daher große Sorgfalt nötig, neue Wörter müssen kreiert werden. Für einen Profi ist das möglich, aber ein (kostengünstiger!) Laie kann durch eine mangelhafte Übersetzung großen Schaden anrichten. Sparen Sie nicht an der Übersetzung Ihrer Unterlagen, man wird Sie daran messen.

Im Deutschen übernehmen wir ein Fremdwort („Marketing", „E-Mail") und verwenden es weiterhin in seiner Originalschreibweise. Im Chinesischen muss für jedes Wort eine Zeichenkombination gefunden werden. Neue Zeichen werden nicht erfunden; man kombiniert die vorhandenen in einer neuen, bisher nicht bekannten Weise.

Prinzipiell können Termini **sinngemäß** (Volkswagen: „Massenfahrzeug"; Flugzeug: „fliegende Maschine") oder auch **lautmalerisch** übertragen werden. Dies gilt auch für Firmennamen: So heißt die BASF auf Chinesisch „ba si fu". Hier werden die Anlaute des Originals aufgegriffen. Aber hinter jeder Silbe steht auch ein Zeichen und so hat man die Wahl zwischen den bekannten ca. 40000 Schriftzeichen. „Ba si fu" ist eine rein lautmalerische Übertragung. Auch Bayer oder früher Hoechst haben sich für eine Übersetzung entschieden, bei der die chinesische Version sich zwar ähnlich der deutschen ausspricht, die Zeichen jedoch keinen besonderen Sinn tragen.

Ein positives Beispiel dagegen bietet das Automobilunternehmen BMW (bao ma), dessen sprachliche Übertragung ebenfalls die Anlaute des Originals wiedergibt und so viel wie „edles Ross" bedeutet. Auch Siemens, Porsche und andere haben hervorragende chinesische Namen gefunden. Zahlreiche Negativbeispiele zeugen aber auch von der Schwierigkeit, westliche Namen ins Chinesische zu übertragen.

Die ideale Lösung liegt in einer **Zeichenwahl,** die sowohl dem **deutschen Original ähnelt** als auch eine **neutrale, möglichst positive Bedeutung** impliziert. Da jedes Zeichen neben der Aussprache auch eine Bedeutung hat, kann schon der Name ein wichtiges Marketinginstrument sein. Diese Aufgabe ist unbedingt einem Profi zu übertragen, der mit einem Team erfahrener Deutscher und Chinesen diese Aufgabe lösen kann. Nicht jeder Chinese ist dazu berufen, nur weil er die Sprache spricht.

Bei der **Übertragung von Personennamen** wird üblicherweise eine lautmalerische Übertragung gewählt, um den chinesischen Namen dem deutschen anzunähern. Der Name besteht dann aus zwei oder drei Zeichen, neuerdings auch aus vier Zeichen – eine Modeerscheinung.

Als Fremder in China

Zwischen Ressentiments und Gastfreundlichkeit:
China und die Ausländer | 258
Chinesisch-deutsche Partnerschaften | 263
Fremdeln | 266
Das Bild von Touristen | 272
Deutsche in China: von Qingdao bis heute | 273
China und Deutschland heute | 276
Geschenke | 278
Begrüßung und Verabschiedung | 281
Gastfreundschaft | 282

◁ Die Zahl ausländischer Studenten in China steigt kontinuierlich an (124ch-ia)

Zwischen Ressentiments und Gastfreundlichkeit: China und die Ausländer

„Möchtest du in ein fremdes Land fahren?"
„Ja. Nach Indien. Da gibt es Tiger."
„Wohin noch?"
„Nach China. Da ist eine riesige Mauer."
„Du möchtest wohl gern hinüberklettern?"
„Die ist viel zu dick und zu groß.
Da kann keiner hinüber.
Darum hat man sie gebaut."
  Elias Canetti, Die Blendung

Der chinesische Blickwinkel

So wie der westliche **Rassismus** nährt sich auch der chinesische aus der Überzeugung, nur Angehörige des eigenen Volkes seien richtige, ernst zu nehmende Menschen. Er lebt von denselben primitiven Vorurteilen bezüglich der perversen Sexualität und der Geschlechts- oder Erbkrankheiten, die dem Fremden angedichtet werden. Er kennt dieselbe Spezies von Witzen, die körperliche Merkmale oder die angeblich mangelnde Hygiene von Ausländern betreffen. Er ist bei dem gleichen Menschentypus verbreitet, bei dem sich ein enger geistiger Horizont mit wenig Herzensbildung verbindet.

Chinesische Chauvinisten zeichnen sich dadurch aus, dass sie selbst die einfachsten Gebote von Taktgefühl, Anstand und Menschlichkeit für ein spezifisch chinesisches Kulturgut halten, das allen Nicht-Chinesen unbekannt ist. Also gelten im **Umgang mit Ausländern** auch andere Normen als beim Verhalten Chinesen gegenüber. Vor Ausländern kann man nicht das Gesicht verlieren. Man kann sich daneben benehmen, aufdringlich werden und dem Fremden Dinge sagen, die man sich keinem Chinesen gegenüber zu sagen traute ... Es ist ja nur ein Ausländer.

Die volle Breitseite des Rassendünkels trifft wie fast überall auf der Welt **Menschen mit schwarzer Hautfarbe** am schlimmsten. Die chinesische Verachtung gegenüber Afrikanern und Afro-Amerikanern ist völlig ungeniert. In dieser Ungeniertheit unterscheidet sich chinesischer Chauvinismus vom europäischen.

Die Reaktionen auf die **weißen „Überseeteufel"** *(yangguizi)*, wie Ausländer früher genannt wurden, hingegen sind vielschichtiger. Sie reichen von offener oder versteckter Ausländerfeindlichkeit bis zu mitleidiger

Extrainfo 15 (s. S. 5): Wie sieht China die Welt und was bedeutet das für uns?

Nachsicht, herzlicher Hilfsbereitschaft oder auch großer Gastfreundschaft. Abwehr und Feindseligkeit, die der europäische Besucher in der VR China sehr selten zu spüren bekommt, sind unter anderem das Ergebnis politischer Indoktrination und beziehen sich primär auf Japaner, Koreaner und andere Asiaten, fast nie auf Weiße. Bis Ende der 1980er-Jahre wurden Ausländer mit Privilegien überschüttet. Da waren zum Beispiel die sogenannten „Freundschaftsläden" *(youyi shangdian),* in denen es alles zu kaufen gab, was das Herz begehrte – nur nicht für Chinesen. In solchen Läden wurde mit einem besonderen Devisengeld gezahlt, dem sogenannten *waihuiqian.* Das war die **chinesische Touristenwährung.** Die Währung der Einheimischen, *renminbi,* wurde nicht akzeptiert. Viele Touristen tauschten ihr Devisengeld zu guten Schwarzmarktkursen gegen *renminbi,* mit dem in Chinesenläden bezahlt werden konnte. Der Schwarzmarkt wurde übrigens vor allem von Chinas uighurischer Minderheit beherrscht: Es ging das Gerücht, dass die Uighuren von dem eingetauschten Devisengeld Fernseher u. ä. in den Freundschaftsläden kauften, um die Geräte gegen Rauschgift über die Grenze nach Afghanistan zu schmuggeln. Diese Zeiten sind lange vorbei. 1994 wurde das *waihuiqian* abgeschafft.

△ China ist groß … Erschöpfte Touristen

Die **Trennung zwischen Ausländer- und Chinesenhotels** war besonders prekär. In den prachtvollen Hotels für Westler wurden früher Führungen zur Besichtigung für das chinesische Volk durchgeführt. Die Teilnahme an einer Führung kostete einen halben Tageslohn. Dafür durfte der kleine Mann von der Straße dann einen Luxus bestaunen, den er sich kaum je würde leisten können. Eine Tasse Tee trinken durfte er dort natürlich nicht. Selbst in scheinbar normalen Chinesenläden gab es oft genug eine Sonderabteilung für Ausländer, die mit den besseren Dingen bestückt war. Die Blicke, die denjenigen folgten, die in so einem Laden die Treppe hinauf in eine Sonderabteilung gingen, wird niemand je vergessen, der das miterlebt hat.

Und schließlich gab es zweierlei Fahrkartenschalter oder zumindest **zweierlei Maß beim Fahrkartenkauf:** Fahrkarten waren Mangelware in China. Chinesen mussten oft Stunden über Stunden anstehen. Ausländer konnten dagegen an all den Wartenden vorbei nach vorne zum Schalter marschieren und mit Devisen prompt ein (allerdings um ein Mehrfaches teureres) Ticket erstehen.

Freundlichkeit und Hilfsbereitschaft gegenüber dem „tolpatschigen Ausländer"

Ist Ausländerfeindlichkeit in Festlandchina durchaus anzutreffen, so begegnet dem Fremden doch ebenso oft **Freundlichkeit gegenüber Ausländern.** Vor allem die gebildeteren Städter behandeln Westler durchaus mit freundlichem Wohlwollen. Die spezifisch chinesische Form von Freundlichkeit gegenüber Ausländern wird weniger von dem Gefühl getragen, dass alle Menschen Brüder und Schwestern seien. Sie lebt auch nicht von der Überzeugung, die hierzulande viele Autoaufkleber ziert: „Alle Menschen sind Ausländer – fast überall." Ein Chinese ist nirgendwo Ausländer. Er ist Chinese. Selbst solche, die sich seit Jahren in der Fremde aufhalten, kommen nicht auf die Idee, sich selbst als Ausländer zu bezeichnen. Ein chinesischer Student, der seit zehn Jahren in einem deutschen Studentenwohnheim wohnte, antwortete auf die Frage, wer noch da wohne, mit der sehr typischen Feststellung: „Außer mir nur Ausländer." Chinesische Freundlichkeit zu Ausländern hat dagegen sehr viel mit Stolz zu tun, dem **Stolz darauf, chinesisch zu sein.** Chinesen haben ihre guten Gründe,

Chinesen nutzen jede Gelegenheit, an Ausländern ihr Englisch zu üben

stolz zu sein. Worauf? – Dazu einige Aussagen von Studenten: „Wir haben die großartigste Kultur der Menschheit", „Wir haben die längste Geschichte", „Wir sind das intelligenteste Volk der Welt", kurz: Wir sind die Besten.

Chinesisches **Nationalgefühl** ist also **ausgeprägt.** Blind ist es deshalb noch lange nicht. Denn so sehr Chinesen auch kollektiv stolz darauf sind, dem klügsten Volk der Erde anzugehören, so heftig misstrauen sie einander genau deshalb im persönlichen bzw. geschäftlichen Umgang. Schließlich gibt es in der chinesischen Gesellschaft keine verbindlichen Rechtsnormen, die den einen vor den Machenschaften des anderen schützen. Noch nie habe ich Angehörige irgendeines anderen Volkes getroffen, die ihren **eigenen Landsleuten pauschal so viel Schlechtigkeit zutrauten,** wie ausgerechnet die auf ihr Chinesentum so stolzen Chinesen.

Das starke Bewusstsein der eigenen Exklusivität prägt also den **Umgang mit den Fremden.** Doch es äußert sich von Mensch zu Mensch unterschiedlich. Bei manchen ist die Begeisterung für die eigene Kultur meilenweit entfernt von Dünkel oder Arroganz. Für sie ist einfach alles Chinesische erhaben und schön und außerdem viel chinesischer als irgendetwas aus dem Westen: Es macht ihnen eine ehrliche Freude, die Schönheiten ihres Landes mit ausländischen Freunden zu teilen. Sie geben uns das tröstliche Gefühl, dass wir zwar Fremde sind, aber im Großen und Ganzen nichts dafür können. Andere entwickeln regelrechte **Beschützerinstinkte für den oder die Fremden,** die da ein wenig hilflos in der chinesischen Welt herumstehen und nicht wissen, was los ist. Sie helfen uns aus Mitleid weiter. Schließlich sind wir ja keine Chinesen, sondern nur die viel harmloseren Ausländer. Wieder andere geben gern Erklärungshilfen, die zwar gut gemeint sind, aber letztlich doch darauf hinauslaufen, dass die Ausländer unbedarft und die Chinesen ihnen haushoch überlegen sind. Der junge Mann, der die folgende Äußerung machte, sprach Millionen seiner Landsleute aus der Seele: „Englisch ist simpel, Chinesisch aber kompliziert. Die westliche Kultur versteht doch jeder, aber uns Chinesen versteht ihr nicht. Wir finden uns im Westen zurecht, aber ihr Euch nicht bei uns."

Doch ob sehr herzlich oder leise herablassend – oft zeigen Chinesen Fremden gegenüber viel mehr **Hilfsbereitschaft** als untereinander. Kaum einer Chinesin würde es passieren, dass sie im Regen steht und jemand plötzlich einen Schirm über sie hält; Ausländer können dies durchaus erleben. Viele von uns profitieren von dieser freundlichen Haltung zu Ausländern, sogar ohne es zu bemerken.

Das ist das Gegenteil von der verbreiteten europäischen Überheblichkeit, die davon ausgeht, dass der Ausländer, „der noch nicht mal richtig Deutsch (in England: Englisch, in Frankreich: Französisch usw.) kann", ein nicht ganz ernst zu nehmender Mensch ist. Auch gebildete Chinesen in der Volksrepublik China nehmen es durchaus nicht als Selbstverständlichkeit, dass Ausländer fließend Chinesisch sprechen oder eine chinesische Zeitung lesen. Sie finden es bemerkenswert, wenn wir mit ihren Busfahrplänen und Straßenkarten zurechtkommen oder selbst eine Adresse finden. Sie enthalten sich selten eines lobenden Kommentars, wenn Ausländer mit Stäbchen essen, obwohl es tatsächlich viel einfacher ist, das Essen mit Stäbchen zu erlernen, als die verschiedenen Bewegungsabläufe beim Hantieren mit Messer und Gabel elegant zu bewältigen.

Sie setzen bei uns also weder Kenntnis der chinesischen Sprache noch der chinesischen Sitten als selbstverständlich voraus – und das ist einerseits gut und andererseits schlecht. Es ist gut, weil es Ausländern, die sich nur kurz im Land aufhalten, oder denen, die nicht integriert werden möchten, eine Menge Luft zum Leben lässt. Es wohnt sich angenehm unter Menschen, die so **geringe Ansprüche an die Lernfähigkeit von Fremden** stellen. Westler, die das genießen, gibt es genug. Sie leben seit Jahrzehnten unter Chinesen und verstehen immer noch nicht einigermaßen gut Chinesisch. Manche sprechen nicht mehr als „Danke" und „Guten Tag", und auch das nur mit einem scheußlichen Akzent. Sie machen nicht den geringsten Versuch, sich chinesischen Sitten anzupassen oder sich in chinesische Denkweisen einzufühlen. Sie essen tatsächlich nicht mit Stäbchen. Sie kugeln sich vor Lachen, wenn Chinesen im Englischen Fehler machen wie „She marries with him" und wissen nicht einmal, dass das dem chinesischen Ausdruck entspricht. Dennoch sind sie oft sehr beliebt. Ihre Ignoranz wird ihnen ohne Weiteres verziehen, vermutlich weil sie dem **Klischee vom tolpatschigen Ausländer** („Ist er nicht süß?!") genau entsprechen.

Schlecht ist diese Form von Toleranz, weil sie leicht dazu führt, dass **Ausländer von der chinesischen Wirklichkeit abgeschirmt** werden. Die Geduld mit der vermeintlichen und tatsächlichen Unfähigkeit von Ausländern, sich im chinesischen Kulturkreis zurechtzufinden, die Kultivierung zweier ziemlich unterschiedlicher Maßstäbe für ausländisches und chinesisches Verhalten ist letzten Endes die Fortführung einer **Splendid-Isolation-Politik,** eines Sich-Abgrenzens und Ausländer nicht wirklich Hereinlassens mit touristenfreundlichen Mitteln.

Verstärkt wird diese Tendenz durch das chinesische Bedürfnis, vor Ausländern so etwas wie **ein kollektives Gesicht zu wahren.** Dieses Bedürfnis wurde und wird von vielen Ausländern stark unterschätzt. Schnell kommen sie dahin, die Ausnahmen, die für sie gemacht werden, mit dem chinesischen Alltag zu verwechseln.

Ob es sich nun um die Errichtung Potemkinscher Dörfer für Ausländer handelt oder um die Vorzugsbehandlungen der Fremden im Alltag – beides hat zur Folge, dass die **Integration von Ausländern** in das ganz normale chinesische Leben erheblich erschwert wird. Ein Ausländer im chinesischen Kulturkreis bleibt für immer ein Ausländer. Seine besten Freunde mögen ihn selbst das vergessen lassen, sie dagegen vergessen es garantiert nicht, von all den anderen ganz zu schweigen.

Am deutlichsten wird das denen bewusst, die **mit chinesischen Partnern liiert** sind. Spätestens dann zeigt sich an der Reaktion von Verwandten, Freunden oder auch Unbekannten auf der Straße, die sich abfälliger Kommentare nicht enthalten können, dass chinesische Gastfreundschaft und Aufgeschlossenheit für Fremde zwei völlig verschiedene Dinge sind.

Chinesisch-deutsche Partnerschaften

„Sehr nah, sehr fern sind sich Osten und Westen ...
Sehr nah, sehr fern sind sich Mann und Frau."
Aus einem Gedicht der Nonne Li Jilan, 8. Jahrhundert

Wer beruflich oder im Studium mit China zu tun hat, dem bieten sich viele Gelegenheiten, westlich-chinesische Paare zu erleben. Die Erfolgsbilanz der Partnerschaften dürfte insgesamt ernüchternd ausfallen. Dass solche Beziehungen stabil genug sind, um die kleinen und großen Krisen, die sich mit den Jahren einstellen, zu überdauern, ist eher die Ausnahme denn die Regel.

Zum einen ist da zweifellos **der kulturelle Faktor:** Wenn keiner der beiden Partner Land und Sprache des anderen hinreichend kennt, ist die Wahrscheinlichkeit groß, dass beide sehr schnell ihr blaues Wunder erleben. Ein gewisses Grundwissen in Sachen multikultureller Liebe kann deshalb für den Anfänger durchaus nützlich sein: So ist beispielsweise in China die Zeit vor der Ehe nicht vorrangig eine Zeit des Austestens, ob man auch wirklich zueinander passt. Für viele ist es eine Zeit des Werbens, in der sich die zukünftigen Brautleute von ihrer besten Seite zeigen. Was nach der Hochzeit kommt, steht dann eventuell auf einem ganz anderen Blatt.

Ferner sind **materielle Erwägungen** nicht ganz unwichtig. Eine Ehe wird in China nicht im siebten Himmel geschlossen. Bestimmte Erwartungen, vor allem an den Mann, werden durchaus mitgebracht, wenn auch vielleicht nicht explizit geäußert. Außerdem müssen sich die beiden Kandidaten auf handfeste Besorgnisse und **Vorurteile der jeweiligen Eltern** gefasst machen. Chinesische Eltern sind selten begeistert, wenn der Nachwuchs mit westlichem „Gespons" anrückt. Die Vorstellung etwa, dass die westliche Schwiegertochter Mischlinge zur Welt bringen wird – bemitleidenswerte Mischlinge, weil sie nämlich keine Chinesen sind –, ist den wenigsten Großeltern in spe angenehm. Umgekehrt wird die Tochter auch nicht gern in eine Ehe mit einem Westler entlassen, obwohl ihre Nachkommenschaft nicht mehr zur Familie zählt.

Das Besondere an der chinesischen Art der Abgrenzung gegenüber Fremden ist, dass sie nicht mit Feindseligkeit oder Brutalität einhergehen muss. **Chinesischer Rassismus** besteht im Glauben an die Unterschiedlichkeit und Unvereinbarkeit von Menschenrassen. Der Volksmund weiß z. B. zu berichten, dass vor vielen, vielen Jahrhunderten chinesische Seefahrer auf eine ferne Insel stießen und sich dort leider mit den einheimischen Barbaren vermischten. Und was hatte man davon? – die Japaner! Unbeliebt, spätestens seit sie in der Ming-Dynastie als Piraten (die „Seezwerge") Chinas Küsten heimsuchten, von der Besetzung Chinas und dem Massaker von Nanking 1937 ganz zu schweigen.

△ Deutschlandfan

Ganz oben auf der Liste der unbeliebten Heiratskandidaten stehen allerdings Schwarzafrikaner und Afroamerikaner. **Weiße** Westler werden mit viel mehr Zuvorkommenheit behandelt als **Schwarze,** obwohl sie bei den betreffenden Eltern auch nicht gerade hoch im Kurs stehen.

Umgekehrt sind die ausländische Provinz, die fremde Verwandtschaft und Nachbarschaft auch für den chinesischen Partner kein einfaches Pflaster, woran viele mit gutem Willen begonnene Zweisamkeiten zerbrechen.

Das ist allerdings nur ein Anfangsszenario. Solide Kulturkenntnisse, Aufgeschlossenheit und Reflektionsbereitschaft auf beiden Seiten beseitigen viele Hürden. Kulturelle Kompetenz ist immer auch **soziale Kompetenz.** Wer den Partner aus einer anderen Kultur wählt, weil er schon zu Hause nicht zurechtkommt, hat weniger Chancen auf eine erfolgreiche Beziehung als jemand, der mit einer Fülle geglückter sozialer Kontakte in die multikulturelle Partnerschaft geht.

Wichtiger als die Landeskultur ist für eine multikulturelle Ehe wahrscheinlich die **familiäre Kultur,** die einen Menschen ja auch als Erstes prägt – und familiäre Kulturen können bekanntlich sogar innerhalb eines Dorfes höchst unterschiedlich sein. Ebenso können in zwei grundverschiedenen Ländern sehr ähnliche Familienstrukturen existieren.

Doch auch bei besten Voraussetzungen scheitern gemischte Ehen nach kürzerer oder längerer Zeit überdurchschnittlich häufig. Und hier sind m. E. konkrete kulturelle Unterschiede nur ein Grund unter vielen. Auf gemischten Partnerschaften liegt eine ganz besondere Bürde, die mit der Zeit eher schwerer als leichter wird, eine *conditio humana*. Ob sich das deutsch-chinesische Paar nun entscheidet, in China oder in Deutschland zu leben, eines bleibt gleich: Einer der beiden Partner ist **tendenziell vom gesellschaftlichen Leben ausgeschlossen** – entweder tatsächlich oder gefühlsmäßig –, während der einheimische Partner immer „dazugehört". Allein daraus können sich diverse verhängnisvolle Möglichkeiten für jede gemischte Partnerschaft ergeben. Es besteht die Gefahr, dass er/sie allen Frust über die Wahlheimat auf dem Partner ablädt, der ja der augenscheinlichste, immer gegenwärtige Repräsentant des Gastlandes ist …

In dieser Rolle wird der einheimische Partner ebenfalls sehr strapaziert, auch und gerade dann, wenn ihm der Frust des anderen verständlich ist. Wohlfeile Ratschläge der Verwandtschaft, die von Anfang an gewusst hat, dass die Sache schiefgehen muss, verstärken den Druck. Der ausländische Partner fühlt sich erst recht missverstanden und nicht anerkannt. Ein Teufelskreis kommt in Gang. „So manche Ehen zwischen ‚Expat' und Einheimischem/Einheimischer dürften in dieser Phase bitter zugrunde gehen. Wenn nicht, dann sollte man sich bei allen Göttern bedanken …"

Nicht zu unterschätzen ist ferner die andauernde Erfahrung, dass die multikulturelle Partnerschaft sowohl in China/Taiwan als auch in Deutschland **nicht der Normalfall** ist und dementsprechend beachtet wird. Noch fünf Jahre später erinnert sich der Mann an der Hotelrezeption an das seltsame Paar, das ihn längst vergessen hat – das ist ein nettes und harmloses Beispiel. Weniger harmlos wird es, wenn der einheimische Freundeskreis eventuell ganz anders reagiert als erwartet. Auch bei großem Wohlwollen können Kommunikationsbarrieren bleiben – und die wiegen umso schwerer, da der ausländische Partner in aller Regel eben auf keinen eigenen großen Freundes- und Verwandtenkreis vor Ort zurückgreifen kann.

Ein weiterer Faktor ist die Zeit. Nach vielen Jahren kann es anstrengend werden, Ausländer zu sein. **Heimweh** stellt sich vielleicht ein, selbst bei denen, die wissen, dass es keinen wirklichen Weg zurück gibt, weil viele außerhalb der eigenen Kultur verbrachte Jahre entwurzelnd wirken. Langjährige „Expats" sind eigentlich immer sehr interessante Menschen, die einen hohen Preis für ihre Art von Leben bezahlt haben. In Krisenzeiten wird ihnen das Fragile ihrer Existenz besonders bewusst. Auch dies belastet Partnerschaften.

In ein **Drittland** zu gehen, in dem beide Partner fremd sind, ist ebenfalls ein Wagnis. Zwei Menschen, die sich eingewöhnen müssen, sind der Harmonie einer Ehe nicht unbedingt zuträglicher als einer. Die vielen Partnerschaften, die während eines längeren Auslandsaufenthaltes zerbrechen, sind dafür symptomatisch.

Fazit: Einen Königsweg gibt es nicht. Diejenigen, die sich in eine chinesisch-deutsche Partnerschaft begeben, brauchen alles, was jeder andere für die Ehe ebenfalls benötigt: Wissen, Freundschaft, Achtsamkeit und Glück – aber sie brauchen etwas mehr davon.

Fremdeln

Kind: „Ma, ist das ein Mann oder eine Frau?"
Mutter: „Das ist kein Mann und keine Frau. Das ist ein Ausländer."

„Verstehen Sie die Chinesen?", fragte ein älterer Österreicher und fügte hinzu: „Ich lebe jetzt schon seit 20 Jahren unter ihnen und verstehe sie immer noch nicht." Sein zufriedener Ton verriet, dass es sich hierbei um die Erfahrung eines wahren Chinakenners handeln musste. Sprüche wie diese beeindrucken natürlich jeden Chinaneuling. Obendrein entsprechen sie auch genau der chinesischen Selbstdarstellung: „Ihr werdet uns nie verstehen, weil ihr Ausländer seid."

Niemand wird leugnen wollen, dass es „chinesische" Verhaltensweisen gibt, die sich von westlichen unterscheiden. Wie jede Kultur hat auch die chinesische ihre unverwechselbaren kulturellen Eigenheiten. Doch es gibt **kulturelle Besonderheiten** von ganz verschiedener Art: primäre, sekundäre und eingebildete.

Zu den **primären Besonderheiten** zählen die, die vielleicht so ausschlaggebend, so prägend für das Kind oder den Heranwachsenden sind, dass ein kulturfremder Erwachsener sie nie in dem Maße verinnerlichen wird wie einer, der in dieser Kultur groß geworden ist. Dabei geht es allerdings nur um ein Mehr oder Weniger an kulturellen Erfahrungen. So wird ein chinesisches Kind, das in einer Kommunikationskultur des Hinfühlens aufwächst, eher jene besonderen Antennen für die Stimmungen und unausgesprochenen Gedanken seines Gegenübers entwickeln als zum Beispiel ein deutsches, das sich am Hinhören des tatsächlich Gesagten zu orientieren lernt. Das heißt nicht, dass ein deutsches Kind mit einer Andeutung überhaupt nichts anzufangen wüsste oder ein chinesisches Kind nie etwas wörtlich versteht, doch ist die Tendenz zu dieser oder jener Verständigungsart unterschiedlich ausgeprägt.

Neben solchen wohl grundlegenden kulturellen Eigenschaften gibt es eine Vielzahl von **sekundären Besonderheiten,** die den Signalreiz des „Fremden" auslösen. Das sind gemeinhin diejenigen Dinge, die uns fast sofort einfallen, wie: „Chinesen essen mit Stäbchen", „Asiaten lächeln die ganze Zeit" und Ähnliches. Sie machen das spektakuläre, das exotische Flair des „Anderen" aus, obwohl sie tatsächlich nur Gewohnheiten oder Konventionen sind. Essen mit Stäbchen ist ebenso erlernbar wie gewisse Formen der chinesischen Höflichkeit, zu denen das Lächeln gehört. Übrigens pflegen sowohl Chinesen als auch Westler gerade um diese Konventionen besonders viel Aufhebens zu machen: Westler gelten als unhöflich, weil sie ihren anreisenden Besuch erst zu Hause und nicht schon auf dem Bahnhof empfangen (s. S. 109). Chinesen sagt man Unaufrichtigkeit nach, weil sie einem nicht in die Augen sehen können (s. S. 208) usw.

Dann gibt es noch eine dritte Art von kulturellen Besonderheiten, nämlich **die eingebildeten Unterschiede.** Dies sind die weitaus hinderlichsten, denn da sie sowieso nicht in der Wirklichkeit existieren, lassen sie sich nur schwer widerlegen oder beseitigen. Sie resultieren aus einem diffusen Gefühl des Andersseins. Das Anderssein muss nicht näher bestimmt sein – im Gegenteil. Je unbestimmter das Gefühl, desto irrationaler die Reaktion. Sie führt immer dazu, den Fremden abzuweisen, ihm klarzumachen: Du bist keiner von uns. Bei Kleinkindern ist ein solches Verhalten als „Fremdeln" bekannt. Es existiert aber bei Erwachsenen genauso und wird manchmal sogar von dem gleichen charakteristisch verstörten Gesichtsausdruck begleitet.

Die seltsamen „Langnasen"

Es gibt ganz verschiedene Arten von Fremdeln. **Fremdelnde Europäer** neigen dazu, den Fremden, wo sie können, zu ignorieren. In einer Unterhaltung zwischen zwei Deutschen und einem fremdländisch aussehenden Ausländer wird innerhalb kürzester Zeit die Kommunikation über den Kopf des Letzteren hinweg geführt werden. Ausländer in deutscher Begleitung beobachten nicht selten, dass eine Frage, die sie einem Dritten gestellt haben, von diesem mit ausschließlichem Blickkontakt zu dem Deutschen beantwortet wird.

Chinesen fremdeln auf umgekehrte Weise, indem sie Ausländern deutlich erhöhte Aufmerksamkeit schenken. Je nach Temperament werden sie dabei förmlich oder besonders mitteilsam, abweisend oder überfreundlich, ängstlich oder aufdringlich.

Das Fremdeln der einfachen Bevölkerung erschöpft sich in stillem Gaffen. Besonders in ländlichen Gebieten Festlandchinas begegnet uns immer wieder **jener in Befremden erstarrte Gesichtsausdruck,** der nichts mit freundlicher Neugier gemein hat. Er wirkt auch nicht bedrohlich – er erinnert überhaupt nicht an eine Reaktion auf den Anblick eines normalen menschlichen Wesens. So ähnlich fassungslos und konsterniert würden wir vielleicht einen schwangeren Mann anschauen. Für Touristen spielt das kaum eine Rolle. Die Gebiete, in die sie reisen, sind im Allgemeinen bei allen anderen Touristen ebenso beliebt und somit wundert sich niemand über diese Ausländer: Erst wenn man in abgelegene Regionen vordringt, in denen Ausländer selten sind, erntet man noch erstaunte Blicke oder oben erwähntes Gaffen. Das war früher anders; Anfang der 1980er-Jahre wurde man auch in Shanghai sofort von Chinesen umringt, wenn man sich nur den Schuh zuband. Ein Ausländer geht in dieses Geschäft und kauft Schuhe? Das muss ich sehen! Und hören! So ähnlich müssen viele Chinesen wohl gedacht haben, wenn sie gleich nach dem Ausländer, der froh gewesen war, ein leeres Geschäft zu finden, den Laden betraten und sich tatsächlich dicht an ihn drängten, ihn berührten, um ja nichts von den seltsamen Dingen zu verpassen, die Ausländer angeblich so taten.

Ausländer waren nach Jahrzehnten der Abschottung eben ein seltener Anblick geworden. Als Dauerzustand war das Begafftwerden schwer zu ertragen. Was, so fragte man sich nach einer Weile gequält, ist so anders an mir?

Die Chinesin Jung Chang beschrieb ihren **Eindruck von den „fremden Teufeln":** „Ausländer waren in meiner Vorstellung schreckliche Wesen. Da alle Chinesen schwarze Haare und braune Augen haben, erscheinen Menschen mit andersfarbigen Haaren und Augen fremdartig. Mein Ausländerbild entsprach mehr oder weniger dem offiziellen Stereotyp: wirre rote Haare, stechende Augen in einer unheimlichen Farbe und eine unvorstellbar lange Nase. Ausländer torkelten betrunken durch die Straßen und schütteten ab und zu Coca-Cola in sich hinein, wobei sie die Beine höchst unschön von sich spreizten. Ausländer waren Amerikaner, die in seltsamem Tonfall ‚Hallo' sagten. Ich wußte nicht einmal, was ‚Hallo' bedeutete, und nahm an, es sei ein Schimpfwort. Wenn wir ‚Guerillakrieg' spielten, unsere Version von ‚Cowboy und Indianer', bekam die gegnerische Seite lange Nasen angepappt und brüllte ständig ‚Hallo'".

Doch wie immer sich das Fremdeln auch äußerte, ob im geflissentlichen „Übersehen" wie im Westen oder im erschrockenen genauen Hinschauen wie in China, es hat fast immer den gleichen Effekt: Am Ende benimmt sich keiner der Beteiligten mehr normal. A empfindet B als fremdartig und verhält sich dementsprechend unnatürlich. B registriert die Unnatürlichkeit von A und reagiert darauf mit Befangenheit oder Ablehnung. A nimmt dies wiederum als Zeichen der Andersartigkeit von B und wird nun erst recht unsicher ... In der Praxis sieht das zum Beispiel so aus: Chinesische Freunde treffen sich in geselliger Runde. Man will zusammen kochen und essen und fängt gemeinsam an, alles vorzubereiten. Die Stimmung ist bestens. Es wird geflachst und gelacht, bis der Ausländer, den einer von ihnen dazugeladen hat, zur Gruppe stößt. Sofort verkrampft sich die Atmosphäre. Man will ja nicht unhöflich sein, aber was soll man bloß mit dem Fremden reden? Hin und wieder fällt ein verstohlener Blick auf ihn. Dem Armen fällt in diesem Moment natürlich auch nichts ein, um die Stimmung zu entspannen. Also stehen sie allesamt einträchtig verlegen da und benehmen sich unnatürlich. Auf diese Weise bestätigen sich **Vorurteile von der Fremdartigkeit des Fremden** allein durch ihre bloße Existenz. Aber nochmal: Dies gilt heute nicht mehr für die Großstädte, für Treffen zwischen chinesischen und ausländischen Studenten, für Meetings im Geschäftsleben etc. Aber die wenigsten Ausländer, auch die, die schon seit Jahren in China leben, begeben sich wirklich „nach China", in die Häuser der einfachen Chinesen, verbringen ihre Abende mit ihnen, lernen sie kennen. Wenn doch, entstehen solche Situationen wie hier geschildert.

Chinesen, die sich abfällig über Westler äußern, oder Westler, die wenig schmeichelhaft über Chinesen reden, sprechen oft aus einer solcherart verzerrten Erfahrung: Chinesen sind steif und unzugänglich, Westler sind kalt und arrogant. Fremdeln verfremdet.

Fremdeln hat in China eine lange Tradition. Bis heute sind fast alle Chinesen, die nie im westlichen Ausland waren, der sehr schwer zu erschütternden Überzeugung, Ausländer seien Wesen von einem anderen Stern. **Ausländer, das sind Westler,** also Europäer oder Amerikaner. Asiaten oder Afrikaner sind keine Ausländer, sondern je nachdem Japaner, Philippinos, Malaien oder Schwarze.

Die jahrhundertelange **Abschottung Chinas** gegen die umliegende Welt ist sicherlich mit dafür verantwortlich, dass das Phänomen des Fremdelns immer noch so verbreitet und so ausgeprägt ist. Die Ströme wohlhabender Touristen, die in den letzten Jahrzehnten auf sorgfältig gewählten Routen durch China geschleust wurden, waren nicht unbedingt dazu geeignet, Fremdenscheu zu überwinden. Die Ausländer traten pulkartig auf und wirkten mit ihrer Kleidung, ihrem vielen Geld und ihrer lauten fremden Sprache auf die Einheimischen grell.

Doch auch Erziehung und **Propaganda** haben dem Fremdeln sicherlich Vorschub geleistet. Praktisch jede Kampagne gegen politische „Feinde" im Inneren war von einer Verteufelung des Auslands begleitet. Auch loser Kontakt mit Ausländern konnte gefährlich werden. Noch in den 1980er-Jahren liefen manche Leute davon, wenn Ausländer sie nur nach der Uhrzeit fragten. 1983 gab es eine Kampagne gegen „geistige Verschmutzung", mit welcher primär ausländischer Einfluss gemeint war.

Anders sind immer die anderen

Nicht zuletzt ist das Fremdeln auch Bestandteil chinesischen Selbstverständnisses. Nicht so zu sein wie die vermeintlich ganz andersartigen Westler, heißt normal bzw. chinesisch zu sein. Mit anderen Worten: Was chinesisch ist, kann per se niemals westlich sein und umgekehrt. „Sind bei euch Westlern Katzenbabys genauso süß wie bei uns Chinesen?", fragte ein chinesischer Bekannter. Es widerspricht dem chinesischen **Sinn für die eigene Exklusivität,** dass irgendetwas in beiden Kulturen ganz einfach gleich sein könnte. Aus dieser Vorstellung resultiert der rührende Drang vieler Chinesen, einem Westler gegenüber permanent zu erklären, was sie für eine Eigenart ihres Volkes halten. Solche Kurzvorträge beginnen mit der Formel „Wir Chinesen sind ..." und werden von vielen Westlern gefürchtet. „Wir Chinesen sind ..." impliziert in der Regel „Ihr seid wahrscheinlich nicht ...", denn sonst müsste man es ja nicht groß erklären.

„Wir Chinesen sind so, dass bei uns Eltern ihre Kinder lieben", sagte eine Freundin, die immerhin schon mehrere Jahre Umgang mit Westlern hatte. Ich erwiderte, das sei im Westen genauso. Sie war ehrlich erstaunt. Der Gedanke war ihr noch nie gekommen. Der Glaube, westlichen Eltern sei das **Wohlergehen der eigenen Kinder** egal, ist seltsamerweise weitverbreitet. Vermutlich sind hier amerikanische Filme missverstanden worden. Bezeichnend ist der folgende Brief, in dem ein chinesischer Familienvater seinen westlichen Bekannten das Wesen der chinesischen Liebe zum Kind erklärte: „Da unsere Kulturen verschieden sind, gibt es auch unterschiedliche Wertvorstellungen (...) Einer der Vorzüge der Chinesen ist die Selbstlosigkeit (...) Selbstlosigkeit für das eigene Kind ist im Herzen der Chinesen tief verwurzelt." Auch die eheliche **Treue von westlichen Frauen** wird beargwöhnt. Ein chinesischer Bekannter in Deutschland berichtete eines Tages von einer deutschen Ehefrau, die ihren Mann nicht verlassen hatte, obwohl er durch einen Unfall im Koma gelegen hatte und danach wie ein Kleinkind alles neu erlernen musste: „Ich hätte nie gedacht, dass deutsche Frauen das tun. Ich dachte, sie lassen alle ihren Mann im Stich, wenn so etwas passiert. So liest man es ja auch in der Zeitung. Eine Chinesin würde natürlich unter allen Umständen bei ihrem Mann bleiben!"

Auch auf sexuellem Gebiet existieren die abenteuerlichsten Vorstellungen. Dass zum Beispiel die **westliche Freizügigkeit** im Umgang mit dem anderen Geschlecht eine Folge der sexuellen Revolution und keine angeborene Charaktereigenschaft ist, ist vielen Chinesen schwer zu vermitteln. Westler sind treulos und sexuell unersättlich, weil sie Westler sind. „Sie sind eben anders als wir Chinesen."

Zum „Anderssein" gehört, dass Ausländer außerstande sind, die Chinesen zu begreifen. „Viele Chinesen", so ein Tourist, „sagen mir immer und immer wieder, dass wir sie nie verstehen werden." Zu einem gewissen Teil ist das ein Erfahrungswert. Chinesen, die sich im Umgang mit Westlern genauso indirekt ausdrücken wie gegenüber ihren eigenen Landsleuten, machen tatsächlich ständig die Erfahrung, nicht verstanden zu werden. Doch davon abgesehen, kann man oft beobachten, dass sich **die Niemand-versteht-uns-Haltung** auf eine bizarre Weise verselbstständigt. „Verstehen" kann man dabei fast schon wörtlich nehmen: Vor allem in Festlandchina fremdeln viele Menschen so stark, dass es mehrerer Anläufe bedarf, bis sie wahrgenommen haben, dass ein Westler mit ihnen Chinesisch spricht. „Wie geht es zum Bahnhof?", fragt da zum Beispiel ein Ausländer im schönsten Mandarin seinen Nebenmann im Bus. Der schaut ihn verständnislos an und zuckt mit den Achseln. Wenig später hört unser Ausländer den Mann zu seiner Frau sagen: „Das Englisch da eben klang genauso wie auf Chinesisch: Wie geht es zum Bahnhof?"

Eine Reaktion auf Chinesisch sprechende Ausländer wie die folgende ist nicht untypisch: „Es ist so verblüffend für mich. Ich habe noch nie in meinem Leben mit einem Westler Chinesisch gesprochen. Jetzt rede ich mit dir wie mit einem Chinesen. Das kommt mir total komisch vor."

Weniger nachdenkliche Geister ziehen es vor, die Tatsache, dass ein Westler mit ihnen Chinesisch spricht, schlichtweg zu übergehen, auch wenn sie genau wissen, dass ihr Gegenüber die Sprache beherrscht. Es ist, als beleidige die Tatsache, dass ihre Muttersprache ein in Grenzen erlernbares Medium der Kommunikation sei, die Authentizität des Chinesentums: „Ich glaube nicht, dass Ausländer das so schwere Chinesisch jemals lernen können!", stellte eine resolute Dame fest, die ausgezeichnet Deutsch sprach. Punktum. Nun ist Chinesisch zwar nicht einfach, aber es ist bestimmt nicht schwieriger, als es für Chinesen ist, Deutsch zu lernen, dessen Deklinationen und Konjugationen von Nicht-Muttersprachlern ja auch schwer zu erlernen sind.

Offenere Gemüter können hin und wieder aber nicht umhin, festzustellen, dass die Unterschiede zwischen den Menschen gar nicht so groß sind. Sie formulieren es meistens so: „Dieser Westler (oder diese Westlerin) ist ja richtig chinesisch!" Es kommt nicht selten vor, dass Chinesen, die einen Westler kennenlernen, diesen nach längerer Zeit geradezu „unglaublich chinesisch" oder „chinesischer als die Chinesen" finden, einfach deshalb, weil sie an ihm Vertrautes, nämlich Menschliches, entdecken. Darüber hinaus gibt es eine Skala von ganz bestimmten äußeren Verhaltensweisen, die Chinesen als typisch „chinesisch" wiedererkennen. Westler, die wissen, worauf sie zu achten haben, können damit viel Eindruck machen.

Das Bild von Touristen

China braucht ausländische Touristen, aber in Relation zu den chinesischen Touristen, die gerade zu bestimmten Festen (Frühlingsfest) zu Hunderten von Millionen kreuz und quer durch das Land reisen, sind die Zahlen noch immer verschwindend gering. Die meisten bewegen sich ausschließlich auf den **üblichen Routen** von Beijing inklusive Großer Mauer

über die Terrakottasoldaten in Xi'an nach Shanghai und schließlich Hongkong. Individualreisen sind in allen Provinzen außer Tibet möglich, aber viele Ausländer halten sich in Anbetracht der **Verständigungsprobleme** doch lieber an organisierte Reisen. **Chinesen freuen sich über Touristen,** die die chinesische Kultur bestaunen; Reiseführer stellen die angeblich bis zu 5000-jährige chinesische Geschichte in den leuchtendsten Farben heraus. Die kritische Betrachtung historischer Ereignisse wird dabei vermieden, die jüngere Geschichte, also alles, was unter Mao Zedong geschah, nicht kommentiert.

Chinesen unterscheiden im Tourismusbereich nicht wirklich zwischen den Nationen; nach wie vor mögen westliche Touristen (USA, Westeuropa) beliebter sein als östliche (Japan, Korea), aber pauschalieren lässt sich das nicht. Da chinesische Touristen innerhalb wie außerhalb Chinas für ihre schlechten Manieren bekannt sind, was im chinesischen Internet auch entsprechend kritisiert wird, gelten ausländische Touristen durchaus als Vorbild.

Deutsche in China: von Qingdao bis heute

Zunächst darf gesagt werden, dass die **Deutschen** in China einen **außergewöhnlich guten Ruf** genießen. Dies ist zum Teil historisch bedingt und hat sich in der Zeit nach dem Zweiten Weltkrieg unter dem Eindruck der damals wieder erstarkenden Wirtschaftskraft („Wirtschaftswunder") und der qualitativ stets hochwertigen Waren gefestigt.

Wie im historischen Teil beschrieben, hatten sich die ausnahmslos verhassten und gleichzeitig kulturell verachteten wie für ihre militärische Stärke bewunderten Ausländer im 19. Jahrhundert ihre Einflusssphären in China gesichert. Die **Briten** hatten sich Hongkong einverleibt, die **Russen** und Japaner waren im Nordosten (Region Dalian) aktiv, die **Franzosen** in Zentralchina. Seit dem für China verheerenden Opiumkrieg ab 1840 war es immer wieder zu zahlreichen Auseinandersetzungen gekommen, sei es zwischen China und England, China und Japan, China und Rußland etc. Die **Deutschen** waren daran nicht beteiligt, weil sie noch nicht mit einer Kolonie in China vertreten waren, aber auch, weil es kein geeintes, starkes deutsches Reich entsprechend dem britischen Empire oder dem französischen Herrschaftsanspruch gab. Die Zerstörung beispielsweise des Sommerpalastes nördlich von Beijing durch die Engländer und Fran-

◁ Reisen in China ist spannend

zosen 1860, die diesen bis heute nicht verziehen wird, geschah ohne deutsche Beteiligung. Aber eben nicht, weil die Deutschen die besseren Menschen waren, sondern weil ihr mangelnder Einfluss die Beteiligung ausschloss.

Aber nach der Schaffung eines Deutsches Reiches unter Otto von Bismarck (1870) verlangten die Deutschen, allen voran Kaiser Wilhelm II., auch ein Stück des chinesischen Kuchens. In erster Linie waren es die Industrie, die neue Exportmärkte für deutsche Produkte suchte, und das Militär, das ebenfalls einen handelspolitischen wie auch militärisch nutzbaren Stützpunkt im Fernen Osten anstrebte. Die **Bucht von Kiautschou** in der nordöstlichen Provinz Shandong – südlich von Beijing – wurde von Experten als strategisch günstig bewertet und nun fehlte nur noch ein Vorwand, diese zu besetzen. Und so nahm man die Ermordung zweier deutscher Steyler Missionare 1897 zum Anlass, deutsche Marinesoldaten in einer Strafexpedition nach China zu entsenden. Am 14. November landeten sie in der Bucht von Kiautschou. China musste die Bucht und ein Gebiet von etwa 500 km² für 99 Jahre an das Deutsche Reich verpachten, die Mörder der Missionare bestrafen, zwei Kirchen wiederaufbauen und Konzessionen für den Bau einer Bahnlinie nach der Provinzhauptstadt Jinan an deutsche Unternehmen erteilen. Da man vereinbart hatte, dass die entlang der Bahnlinie liegenden Silberminen ebenfalls von den Deutschen ausgebeutet werden konnten, wurde die Bahnlinie in einer seltsam gewundenen Linie erbaut, die möglichst viele Minen tangieren sollte.

Die chinesische Regierung war durchaus kompromissbereit (was blieb ihr auch übrig), die Bevölkerung jedoch stand in scharfem Kontrast hierzu den ausländischen Eindringlingen sehr feindlich gegenüber.

◸ Typisch deutsches Café!

Die Deutschen begannen, die Stadt **Tsingtau,** wie sie das chinesische „Qingdao" (wörtlich: „grüne Insel") nannten, zu einem Stützpunkt ihrer Flotte auszubauen. Daneben gründeten sie die berühmte **Germania-Brauerei,** die (fast) nach deutschem Reinheitsgebot und mit chinesischem Quellwasser das beliebte **Tsingtau-Bier** braute (und braut). Die Stadt wurde zu einer deutschen Kleinstadt ausgebaut, die noch heute in ihren Grundzügen besteht und eine Reise wert ist. Deutsche Kirchturmuhren, deutsche Kanaldeckel (im lokalen Dialekt nennt man Kanaldeckel bis heute „Gulli"!), deutsche Kneipen, Oktoberfest.

Bei der Niederschlagung des sogenannten **„Boxeraufstandes"** im Jahre 1900 (s. S. 33) fiel der später berühmte Satz „The Germans to the front". Eigentlich nur ein Befehl auf dem Rückzug der ausländischen Truppen, ihrer Flucht vor den Boxeraufständischen, wurde er zum Symbol für die Tapferkeit deutscher Soldaten uminterpretiert.

Als der deutsche Gesandte Klemens Freiherr von Ketteler im Juni 1900 von den Boxern ermordet wurde, forderte dies den Zorn des deutschen Kaisers heraus. Sogleich befahl er ein „ostasiatisches Expeditionskorps" auf drei Schiffen nach China. Die 2000 Soldaten traten am 27. Juli in Bremerhaven an, um die Abschiedsrede des Kaisers zu hören. Diese ging als die **„Hunnenrede"** in die Geschichte ein. Voller Zorn über die Frechheit der Chinesen, einen Deutschen ermordet zu haben, rief Wilhelm II. den Soldaten zu:

„Kommt Ihr vor den Feind, so wird er geschlagen, Pardon wird nicht gegeben; Gefangene nicht gemacht. Wer Euch in die Hände fällt, sei in Eurer Hand. Wie vor tausend Jahren die Hunnen unter ihrem König Etzel sich einen Namen gemacht, der sie noch jetzt in der Überlieferung gewaltig erscheinen lässt, so möge der Name Deutschland in China in einer solchen Weise bekannt werden, dass niemals wieder ein Chinese es wagt, etwa einen Deutschen auch nur scheel anzusehen."

Auch wenn die entsetzten Minister, allen voran der Staatssekretär des Auswärtigen Amtes Bernhard Ernst von Bülow, den Journalisten einschärften, diese Rede nur in einer bereinigten, offiziell freigegebenen Fassung zu drucken, erschien doch in einer kleinen Zeitung die Originalrede des Kaisers. Die deutschen Soldaten, die in China Rache nahmen, kamen zwar zu spät zur Rettung der Eingeschlossenen etwa 1000 Europäer, Japaner und Amerikaner, führten unter Leitung des „Weltmarschalls" Alfred von Waldersee aber zahlreiche Strafexpeditionen durch. Sie konnten sich bei den Greueltaten und Massakern an der Zivilbevölkerung stets auf die Rede Wilhelms II. berufen.

Dieses negative Kapitel in den deutsch-chinesischen Beziehungen prägte das Deutschlandbild der Chinesen jedoch nicht nachhaltig. **Mit den**

Extrainfo 16 (s. S. 5): Bilder, Eindrücke und eine kurze Zusammenfassung dessen, was in der deutschen Kolonie Tsingtau geschah

Deutschen verband und verbindet man die **Brauerei,** die Stadt **Tsingtau** (heute: Qingdao), die **Eisenbahnlinie** in die Provinzhauptstadt Jinan, die Beschäftigung chinesischer Lehrlinge auf einer **deutschen Werft** (erstmals keine ausschließliche Ausbeutung der Chinesen!) und die **Gründung einer Universität,** der berühmten Tongji-Universität in Shanghai, deren medizinische Fakultät später nach Wuhan wechselte, wo noch heute intensive Kontakte zu deutschen Medizinern gepflegt werden. Die **Tongji-Universität** ihrerseits ist nicht nur eine der renommiertesten Hochschulen Chinas, sondern bildet darüber hinaus auch zahlreiche Chinesen in deutscher Sprache und Kultur aus und beherbergte früher auf ihrem Gelände auch das German Centre, eine Beratungseinrichtung für deutsche Unternehmen in China (heute in Pudong ansässig, nahe der Transrapidstation).

Aber der deutsche Einfluss in China war nur von kurzer Dauer. Schon mit dem Ersten Weltkrieg übernahmen die Japaner Tsingtau, und mit dem Vertrag von Versailles (1919) musste Deutschland endgültig auf alle Ansprüche in China verzichten.

China und Deutschland heute

Die Zeit des **Nationalsozialismus** und **Adolf Hitler** werden in China, soweit überhaupt bekannt, keineswegs immer negativ bewertet. Die Verfügbarkeit einer umfangreichen Literatur zum Thema und reich bebilderte Biografien Hitlers („Xitele") belegen dies ebenso wie eine gewisse

Bewunderung für seine Taten, auf die man häufig trifft. Dies betrifft nicht die Gräueltaten und den Holocaust, sondern eher die typisch deutschen „Tugenden" wie deutsche Disziplin etc. In chinesischen Schulen wird der Holocaust mit dem japanischen Massaker an chinesischen Zivilisten in den 1930er-Jahren verglichen und somit relativiert, um nicht zu sagen verharmlost. All dies führt zu einer gewissen Achtung vor dem, was Hitler immerhin erreicht habe. Untermauert wird diese Haltung dabei durchaus mit Faktenwissen. Sie sollten als Deutsche oder Deutscher daher nicht erstaunt sein, mit dieser Thematik und dieser **positiven Einstellung dem Dritten Reich gegenüber** konfrontiert zu werden. Und unabhängig von Ihrem „Gesicht": Sie sollten auf keinen Fall aus Höflichkeit zustimmen oder auch nur schweigen!

⌃ Deutscher Biergarten am Huangpu-Fluss in Shanghai

⌃ Auf Chinas Flohmärkten macht man sich über die Hintergründe des Nationalsozialismus keine Gedanken

Insofern tat dem insgesamt positiven Deutschlandbild der Chinesen auch der Zweite Weltkrieg keinen Abbruch. Der anschließende Aufstieg Deutschlands zu einer **wirtschaftlichen Weltmacht** rief gleichermaßen **Bewunderung** hervor. Heute gilt „Made in Germany" als Qualitätssymbol schlechthin. Jeder Taxifahrer wird sofort voll Anerkennung die bekannten deutschen Automarken aufzählen, den deutschen Fußball loben und sogar den Namen der Kanzlerin nennen können.

Wenn auch die hohen Preise deutscher Produkte stets kritisiert werden, so ist doch die hervorragende Qualität unbestritten, auch wenn dieser Zusammenhang in einer Verhandlung natürlich anders bewertet wird.

Mit der Nationalität „Deguo" (Deutschland) verfügt man also über einen deutlichen Wettbewerbsvorteil verglichen mit anderen europäischen Ländern. Nutzen Sie ihn, aber bewahren Sie ihn auch. Viele haben ihren Vorteil schon durch falsches, meist überhebliches Auftreten verspielt. Dazu gibt es keinen Anlass. Deutschland steht bei vielen Chinesen für **Bier, Fußball** und vielleicht auch **Formel 1** und es liegt an uns, den Chinesen weitere, durchaus bedeutsamere Errungenschaften vorzustellen.

Wie begehrt **deutsche Produkte** nach wie vor sind, ist auch an den zunehmenden chinesischen Investitionen in deutsche Unternehmen abzulesen; das betrifft nicht nur große Namen wie KUKA, Putzmeister oder Linde, sondern auch zahlreiche kleine Unternehmen in Nischenmärkten. Sogar der Flughafen Hahn im Hunsrück geht nun an chinesische Investoren.

Geschenke

Geschenke sind ein **wichtiger, ritueller Bestandteil des Geschäftslebens** in China. „Kleine Geschenke erhalten die Freundschaft!" ist nicht nur eine Floskel, sondern gelebte Realität. Nur Ausländer tun sich schwer mit der Gratwanderung zwischen der Akzeptanz von Aufmerksamkeiten und der Angst vor Korruption. Beim Nachweis von Korruption können schwere Strafen (bis hin zur Todesstrafe) verhängt werden.

Geschenke hatten (und haben) in China immer auch die **Bedeutung eines Tributs,** den man um der Harmonie willen Fremden zollte. Sie waren schon immer wichtig für den Frieden und signalisierten, dass man in Ruhe gelassen und toleriert werden wollte. Auch standen sie symbolisch für die Bitte, man möge dem Fremden Fehler, die er aufgrund seiner Unkenntnis der jeweiligen Sitten und Gebräuche beging, nachsehen und ihm helfen, sie zu vermeiden. Der mächtige chinesische Kaiser erwiderte diese Tributgeschenke durch noch wertvollere Gaben und zeigte so seine Anerkennung den unterlegenen Völkern gegenüber. Aus dem chinesischen

Extrainfo 17 (s. S. 5): Der Korrespondent der Süddeutschen Zeitung, Kai Strittmatter, selbst Sinologe, beschreibt aus eigener Erfahrung die Veränderungen, die China durchläuft.

Selbstverständnis heraus, dass der Kaiser von China nicht nur über China herrschte, sondern über alles, was „unter dem Himmel" liegt *(tian xia)*, betrachtete er die Gastgeschenke ausländischer Gesandtschaften im 18. und 19. Jahrhundert stets automatisch als Tributgeschenke.

Geschenke werden nicht nur wie bei uns üblich privat vergeben, sondern zumeist mit einem konkreten Ansinnen verbunden. Wer schenkt, erwartet eine **Gegengabe,** dies sollte stets bedacht werden, wenn unverhofft ein Mitarbeiter, ein Freund oder ein Geschäftskollege mit einer kleinen Gabe auftaucht. Macht man bei uns Geschenke üblicherweise nur zu besonderen Anlässen und dann aus Freundschaft (oder Höflichkeit), so werden in China Geschenke auch ohne direkt erkennbaren Grund übergeben. Der Grund folgt dann mit der irgendwann vorgebrachten **Bitte um eine Gefälligkeit,** die der Ausländer dann möglicherweise ablehnt, nicht ahnend, dass er mit der Annahme des Geschenkes ein Schuldverhältnis eingegangen ist.

Auch erwarten Chinesen nach Abgabe eines Präsents, dass dadurch für die Zukunft eine persönliche Beziehung (vgl. Guanxi ab S. 101) zwischen den Parteien entstanden ist. Wird beispielsweise der schenkende Chinese auch weiterhin von dem beschenkten Deutschen nur formell behandelt, ohne Anzeichen besonderen Entgegenkommens, so wird er enttäuscht und verwundert sein über das seltsame Verhalten des Ausländers. Dieser wiederum ist von der unerwarteten Gabe völlig verunsichert, da er nicht

Beliebtes Mitbringsel – Kalligrafien aus China

weiß, ob es sich um einen Bestechungsversuch handelt oder um einen verwechselten Geburtstagsgruß.

Im Umkehrschluss bedeutet dies, dass auch wir Geschenke machen sollten. Aber wann und welche? – **Bei jedem Chinabesuch sollte man Geschenke mitbringen** oder bereits vorher deponierte überreichen. Jedoch muss es sich hierbei nicht um kostspielige und aufwendig verpackte Dinge handeln. Auch Kleinigkeiten, so sie aufmerksam ausgesucht sind, können etwas bewirken. Manchmal viel. Um aufmerksam aussuchen zu können, muss man sich mit seinem Geschäfts- oder Verhandlungspartner vertraut machen, sein Vertrauen erwerben.

Nutzen Sie die zahlreichen Gelegenheiten zum Plaudern, um persönliche Informationen zu sammeln. Hat er/sie Kinder? Wie alt sind sie? Welche Interessen haben sie? Was hat ihm/ihr bei seinem/ihrem letzten Deutschlandaufenthalt besonders gefallen?

Die meisten Chinesen verbinden mit Deutschland Sport (Fußball, Formel 1), Bier, luxuriöse Autos, eine erfolgreiche Wirtschaftsmacht, schöne Musik und herrliche Landschaften. Also kann man aus diesen Bereichen Geschenke auswählen. Für Kinder etwas aus dem Bereich **Sport**, wie Anhänger, T-Shirts, Fußbälle etc. zu finden, ist nicht schwierig. Und wenn man den Kindern etwas schenkt, erobert man schnell auch die Herzen der Großen. **Alkohol** in verschiedenen Ausführungen (Wein, Obstler), be-

sonders wenn er aus der Heimatregion des Schenkenden stammt, ist für männliche Geschäftspartner oder Freunde immer geeignet.

Messer haben den Ruf, als Geschenk ungeeignet zu sein, aber dies gilt nicht für Schweizer Offiziersmesser. **Bildbände über Deutschland** sind ebenfalls beliebt, sie müssen nicht auf Chinesisch verfasst sein. Es bietet sich an, bei Gelegenheit im Modernen Antiquariat einen Posten zu erstehen und diesen auf Vorrat in der Repräsentanz in China zu deponieren. Prinzipiell sollte gelten, dass Geschenke sich strikt an der Hierarchie der zu beschenkenden Person auszurichten haben. Materieller und ideeller Wert sind entsprechend auszuwählen. Gilt es, das Wohlwollen einer hochgestellten Persönlichkeit zu erringen, darf an Geld nicht gespart werden. Aber ein zu teures Geschenk kann als Bestechung ausgelegt werden, was wiederum nicht nur gefährlich ist, sondern auch das Image des deutschen Partners sehr negativ beeinflussen wird.

Das in China sehr **ausgeprägte Bewusstsein für bestimmte Marken** verpflichtet den Schenkenden zu sorgfältiger Auswahl. Über den Dolmetscher oder Berater kann man sich vorher erkundigen, welche Zigarettenmarke bevorzugt wird, welcher Alkohol etc. So ist es besser, keinen Cognac als den falschen zu schenken. **Geschenke** werden **in rotes oder goldenes Papier eingepackt,** das als Glück verheißend gilt. Für Deutsche verwirrend oder auch enttäuschend ist die Tatsache, dass man in China Geschenke nicht in Anwesenheit des Schenkenden auspackt. Das Präsent wird dankend entgegengenommen und beiseitegelegt. Dies dient beiden Seiten zur Gesichtswahrung, so können weder der Beschenkte noch der Schenkende durch den Wert oder die Auswahl der Gabe ihr Gesicht verlieren.

Geschenke sind ein wichtiger Bestandteil des sozialen Lebens und dürfen in ihrer diesbezüglichen Funktion nicht unterschätzt werden.

Begrüßung und Verabschiedung

Hier gibt es **keine relevanten Unterschiede** zu den Gebräuchen, die wir aus Deutschland kennen. **Man gibt sich die Hand,** ob Mann oder Frau, schaut sich an und begrüßt sich – zum Beispiel indem man „Nihao" sagt, das geht immer, zu jeder Tages- und Nachtzeit. Üblicherweise begrüßt man den Ranghöchsten zuerst; wenn der nicht eindeutig auszumachen

◁ Nicht nur Deutsche, auch Chinesen trinken viel Bier

ist, den Ältesten, unabhängig vom Geschlecht. Dies gilt ebenso für den Abschied: immer hierarchisch vorzugehen, ist am einfachsten.

In China ist unter Geschäftsleuten ein **Händedruck** zur Begrüßung durchaus üblich. Allerdings ist dieser seitens der Chinesen meist wesentlich **weicher,** als wir das gewohnt sind. Daraus auf einen ebenso weichen Charakter zu schließen, wie dies unwillkürlich häufig geschieht, wäre falsch und leichtsinnig. Eventuell wird die Hand des Gegenübers sehr weich, aber dafür sehr lang geschüttelt. Bei der Begrüßung ist unbedingt der **Titel des/der Angesprochenen** zu nennen: Herr Direktor Lu, Frau Ingenieurin Qiao etc. Der Familienname kann wegfallen, der Titel nie. Es ist daher genauso auch auf die korrekte Wiedergabe des eigenen Titels auf der eigenen, chinesischsprachigen Visitenkarte zu achten. Ohne Titel gilt man nichts.

Und man sollte China nicht mit Japan verwechseln: **In China verbeugt man sich nicht!** Eine kurze Andeutung wie bei uns reicht völlig aus. Zu vermeiden ist auch ein ausgedehnter **Blickkontakt.** Dies wirkt bei gleichgeschlechtlichen Menschen bedrohlich, beim anderen Geschlecht unter Umständen anzüglich.

Es ist durchaus akzeptabel, den Gesprächspartner nach der korrekten **Aussprache seines Namens** zu fragen. Dies ist höflich und signalisiert Interesse. Deutsche, die nach zahlreichen Chinareisen noch immer nicht die richtige Aussprache des Namens eines langjährigen Geschäftsfreundes kennen, wirken nicht sehr kompetent.

Gastfreundschaft

Prinzipiell sind die Chinesen ein **außerordentlich gastfreundliches Volk.** Dies beinhaltet jedoch zumeist keine Einladungen privater Natur zu dem Betreffenden nach Hause, sondern stets die **Einladung in ein entsprechendes Restaurant.** Viele Chinesen, auch höherrangige Gesprächspartner, wohnen nicht sehr komfortabel oder sind zumindest der Meinung, dass ihr Zuhause dem des Gastes, so wie er es sich vorstellt, unterlegen sei. Eine Einladung in eine kleine Wohnung, womöglich laut gelegen, nicht sehr luxuriös, würde einen Gesichtsverlust bedeuten; in einem teuren Restaurant kann man dagegen viel Gesicht gewinnen.

Diese Einladungen sind ein wichtiger Bestandteil von Geschäftsverhandlungen oder auch des **Aufbaus von Beziehungen** (siehe auch das Kapitel Guanxi ab S. 101), daher sollte man sie auf keinen Fall ablehnen. Essen muss man ohnehin, also warum nicht in netter Gesellschaft? (Zu dem problematischen Teil des Essens, dem Alkoholkonsum, siehe S. 174) Also

geht man als ausländischer Besucher essen, genießt die hervorragende Küche und fragt bei seltsamen Speisen nicht, was es war! Das sichert einen größeren Genuss, als es bei genauer Kenntnis der Provenienz der jeweiligen Speise möglicherweise der Fall sein könnte.

Selbstverständlich ist diese Gastfreundschaft auch zu erwidern. Wenn möglich, noch in China; wurde man heute eingeladen, lädt man selbst eben morgen den anderen ein. Die Auswahl des Restaurants und der Speisen sollte allerdings den Einheimischen überlassen werden. Lässt sich aus Zeitgründen keine **Gegeneinladung** aussprechen, so sichert man diese entweder für das nächste Treffen in Deutschland zu oder vermerkt, dass man bei seinem nächsten Chinabesuch den Gefallen erwidern wird. Dabei ganz wichtig: Chinesen merken sich so etwas, also bitte nicht vergessen!

Auch **Geschenke** dürfen zu diesem Anlass nicht vergessen werden (s. S. 278).

Als Deutscher wiederum kann man, wenn die chinesische Delegation in Deutschland ist, ohne Bedenken **zu sich nach Hause einladen;** für die Gäste wird es einer der unbestrittenen Höhepunkte ihrer Deutschlandreise sein, wenn sie deutsche Wohnungen, Haustiere und deutsche „Gemütlichkeit" erleben dürfen.

Gemeinsames Essen gehört zu jeder Freundschaft!

Anhang

Literaturtipps | 286

Informatives aus dem Internet | 287

Register | 291

Karte: Volksrepublik China, Provinzen | 298

Der Autor | 300

◁ Darsteller/-in aus der Peking-Oper (135ch-ia)

Literaturtipps

Sachbücher

- Eberhard, Wolfram: **Lexikon chinesischer Symbole.** Eugen Diederichs Verlag, 1983. Die wichtigsten chinesischen Symbole (darunter auch Tiersymbole) kurz und verständlich erklärt.
- Fairbank, John K.: **Geschichte des modernen China 1800–1985.** dtv 4497. Standardwerk! Kurz und präzise werden die wichtigsten Daten und Fakten zu dieser Epoche genannt.
- Gernet, Jacques: **Die chinesische Welt.** Suhrkamp TB. Unglaublich detailliertes Geschichtswerk. Keine Frage zu den letzten 3000 Jahren bleibt offen.
- Li, Zhisui: **Ich war Maos Leibarzt.** Gustav Lübbe Verlag, 1994. Extrem spannend zu lesen, wie Maos Leibarzt aus persönlicher Anschauung der innersten Machtzirkel die Zeit der maoistischen Schreckensherrschaft beschreibt.
- Menzies, Gavin: **1421. The year China discovered the world.** Bantam press, 2003. Spannende These dazu, wie eine chinesische Flotte im 15. Jahrhundert die Welt bereiste; wissenschaftlich umstritten.
- Vermeer, Manuel: **China.de. Erfolgreich verhandeln mit chinesischen Geschäftspartnern.** Gabler Verlag, 2015. Management-Handbuch mit kulturellen Hinweisen und praktischen Verhandlungstipps.
- Zhang, Xiang: **Erfolgreich verhandeln in China. Risiken minimieren, Verträge optimieren.** Aus dem Chinesischen von Manuel Vermeer. Gabler Verlag, 1997. Die chinesische Sicht auf den Umgang mit Ausländern!
- Weitere Publikationen finden sich auf der Website des Autors unter **www.vermeer-consult.com.**

Romane

- Chang, Jung: **Wilde Schwäne.** Knaur, 2015. Sehr interessantes und lehrreiches Buch über eine Familiengeschichte im 20. Jahrhundert.
- Clavell, James: **Tai-Pan, Noble House Hongkong.** Romane, fast schon Krimis, mit viel Lokalkolorit. Betreffen das China des 19. Jh.
- May, Peter: Zahlreiche **China-Krimis.** Sehr spannende Krimis, die im modernen China spielen und nebenher viel Wissen vermitteln.
- Pattison, Eliot: Zahlreiche **Tibet-Krimis.** Wunderschöne, sehr spannende Krimis, die in Tibet spielen. Viele Informationen über die tibetische Kultur und Spiritualität.

- Vermeer, Manuel: **Mit dem Wasser kommt der Tod.** KBV, 2016. Wasser als wichtigste Ressource der Menschheit; Tibet, das Dach der Welt, als möglicher Schauplatz eines Krieges um Wasser zwischen Indien und China. Spannend, sehr lehrreich, keine Fiction.
- Vermeer, Manuel: **Das Jahr des Hahns.** BoD, 2017. Chinesen kaufen deutsche Unternehmen, deutsches Know-how. Warum und wie? Was bedeutet dies für uns? Ein Thriller über Globalisierung, der zweite um die deutsche Heldin Dr. Cora Remy.

Informatives aus dem Internet

Da alle chinesischen Quellen mit großer Vorsicht zu genießen sind, empfehlen wir die üblichen, weltweit anerkannten Quellen:
- **Economist** (www.economist.com): sehr zuverlässige und zitierfähige Institution
- **Neue Zürcher Zeitung** (www.nzz.ch): Schweizer Tageszeitung mit sehr seriösen Informationen, auch zu China
- **South China Morning Post** (www.scmp.com): in Hongkong erscheinende Tageszeitung. Trotz der Zugehörigkeit zu Jack Mas Alibaba-Imperium noch immer lesenswert

Es gibt Tausende von Websites mit Informationen zu China, viele davon sind jedoch unseriös oder zumindest nicht zitierfähig. Empfehlenswert sind:
- **Chinaforum Bayern** (www.chinaforumbayern.de): fördert als Institution mit Klubcharakter die deutsch-chinesischen, insbesondere die bayerisch-chinesischen Beziehungen mit Schwerpunkt in den Bereichen Wirtschaft und Politik.
- **China-Telegramm der Dt.-Chin. Wirtschaftsvereinigung,** Köln (www.dcw-ev.de): viele seriöse Informationen, zudem Stellenanzeigen
- **China-Contact** (http://media.owc.de/verlagsprogramm/wirtschafts magazine/chinacontact): bezeichnet sich selbst als das „führende deutsche Chinamagazin" und wird vom OWC Verlag für Außenwirtschaft (Berlin) herausgegeben. Sehr informativ!
- **asia-bridge.de:** deutschsprachiges Asien-Wirtschaftsportal mit interessanten Artikeln
- **China Daily** (chinadaily.com.cn) ist die größte auf Englisch erscheinende Tageszeitung Chinas; sehr interessant, um die chinesische Sicht (und nur diese!) auf die Welt zu erfahren.

Das komplette Programm zum Reisen und Entdecken von REISE KNOW-HOW

- **Reiseführer –** alle praktischen Reisetipps von kompetenten Landeskennern
- **CityTrip –** kompakte Informationen für Städtekurztrips
- **CityTrip^{PLUS} –** umfangreiche Informationen für ausgedehnte Städtetouren
- **InselTrip –** kompakte Informationen für den Kurztrip auf beliebte Urlaubsinseln
- **Wohnmobil-Tourguides –** alle praktischen Reisetipps für Wohnmobil-Reisende
- **Wanderführer –** exakte Tourenbeschreibungen mit Karten und Anforderungsprofilen
- **KulturSchock –** Orientierungshilfe im Reisealltag
- **Die Fremdenversteher –** kulturelle Unterschiede humorvoll auf den Punkt gebracht
- **Kauderwelsch Sprachführer –** vermitteln schnell und einfach die Landessprache
- **Kauderwelsch plus –** Sprachführer mit umfangreichem Wörterbuch
- **world mapping project™ –** aktuelle Landkarten, wasserfest und unzerreißbar
- **Edition REISE KNOW-HOW –** Geschichten, Reportagen und Abenteuerberichte

Reisen? We know how!

Zu Hause und unterwegs – intuitiv und informativ
▶ **www.reise-know-how.de**

- **Immer und überall** bequem in unserem Shop einkaufen
- Mit **Smartphone, Tablet** und **Computer** die passenden Reisebücher und Landkarten finden
- **Downloads** von Büchern, Landkarten und Audioprodukten
- Alle **Verlagsprodukte** und **Erscheinungstermine** auf einen Klick
- **Online** vorab in den Büchern **blättern**
- Kostenlos **Informationen, Updates** und **Downloads** zu weltweiten Reisezielen abrufen
- **Newsletter** anschauen und abonnieren
- Ausführliche **Länderinformationen** zu fast allen Reisezielen

Reisen? We know how!

Neu bei REISE KNOW-HOW:
So sind sie, die ...

Die Fremdenversteher

Die Reihe, die kulturellen Unterschieden unterhaltsam auf den Grund geht.

Amüsant und sachkundig. Locker und heiter. Ironisch und feinsinnig. Über die Lebensumstände, die Psyche, die Stärken und Schwächen unserer europäischen Nachbarn, der Amerikaner und Japaner.

So sind sie eben, die Fremden!

Die Fremdenversteher: Deutsche Ausgabe der englischen Xenophobe's® Guides.

108 Seiten | 8,90 Euro [D]

www.reise-know-how.de   Reisen? We know how!

Register

1. Mai 194
10.000-Yuan-Haushalte 58

A
Abendessen 179
Abschottung 270
Abtreibung 157
Affenhirn 178
Ahnen 81
Ahnenkult 12
Algenblüte 225
Alibaba 214
Alipay 214
Alkohol 12, 174, 182, 186
Allergien 12
Alltag 173
Amnestie 62
Analphabetenrate 100
Anarchisten 35
Andeutungen 203
Anklageversammlungen 44
Anrede 12
Ansehen 13
Antiquitäten 189
Aomen 29, 125
Arbeitsbedingungen 60
Arbeitslosenquote 60, 100, 155
Arbeitslosigkeit 121
Armee 53
Armut 38
Arroganz 28
Arzt 13, 209
Astronomie 87
Aufklärung 218
Augenkontakt 208
Ausbildung 95
Ausländer 28, 204, 210, 13
Autor 300

B
Bahn 210
Baidu 216
Bauern 38
Bauernkalender 92
Beamte 95, 175
Beerdigungen 83
Begrüßung 13, 281
Behörden 175
Beijing-Dialekt 238
Berechnung 110
Besatzung, japanische 41
Bescheidenheit 207
Bestattung 83
Bestechung 13, 101
Bestrafungen 97
Beziehungen 263
Beziehungspflege 106
Bilderschrift 247
Bildung 95
Bildungssystem 98
Bild von Touristen 272
Bitten 204
Blicke 208
Blickkontakt 282
Bodenreform 45
Bodhisattwa 78
Boxeraufstand 33, 275
Bräuche 190
Brautpreis 191
Briten 32, 273
Buddhismus 77
Bürgerkrieg 34

C
Chang Jiang 232
Chauvinismus 258
Chemieunfälle 226
Chiang Kaishek 37, 127
Chinarestaurants 182
Chinesen 258
Chinesisch 237
chunjie 193

D
Daodejing 74
Daoismus 74
Demokratie 120
Demokratisierung 34, 66, 128
Demonstrationen 107, 220
Deng Xiaoping 57, 65
Designerdrogen 175
Deutsche 273
Dialekte 239
Diktatur 120

Discos 197
Doppelmoral 217
Drachenbootfest 94
Drogen 33, 174
Dynastien,
   chinesische 27, 30

E

Ehe 158, 163, 219
Ehereform 45
Ehrgefühl 71
Eier,
   tausendjährige 179
Einkaufen 13, 189
Ein-Kind-Politik 168
Einkommen 154
Einladungen 202, 282
Eltern 170
Energiekosten 234
Engländer 123
Englisch 98
Entenstopfen 99
Entkollektivierung
   der Landwirtschaft 57
Entschuldigungen 206
Erdbeben
   im Mai 2008 66
Erfindungen 86
Erwartungen 204
Essensbuden 59
Esskultur 176
Esssitten 13
Europäer 28, 268
Extrainfos 5

F

Fahrer 14
Falung
   gong 65
Familie 153, 167
Familiengeist 167
Fast Food 181
Feiertage 193
Feilschen 15, 189
Feng
   Shui 87, 189
Fernsehen 197, 236
Fest der
   Verliebten 94
Feste 92, 93, 190
Firmennamen 254
Fleischsorten 177
Flughäfen 211
Formosa 126
Fotografieren 14
Franzosen 32, 273
Frau 14, 154
Frauenrollen 154, 161
Fräulein 163
Freiheit
   im Internet 212
Freizeit 195
Freizeitparks 196
Fremde 208, 257
Fremdeln 266
Fremdenfeindlichkeit 15
Freunde 208
Freundlichkeit 260
Frühlingsfest 93, 193
Frühstück 179
Fu 80

Fünf-Anti-Bewegung 45
Fünf Grundbeziehungen 72
Fürsorge,
   familiäre 167
Fußball 198
Füßebinden 160, 217

G

Ganbei 186
Garküchen 181
Gastfreundschaft 258, 282
Gebet 82
Gedankenreform 45
Geduld 117
Gefängnissystem 62
Gegengeschenke 279
Geister 81, 83, 189
Geisterumzüge 83
Gelassenheit 79
Gelber Fluss 232
Geld 15
Geldspenden 192
Generationenkonflikt 169
Genozid 221
Gerichtshof 105
Geschäftsreisen 194
Geschäftsverhandlungen 185
Geschenke 15, 110, 278
Geschichte 25

Geschlechter 153
Geschlechts-
 verkehr 217
Gesetze 73, 102, 237
Gesicht
 wahren 13
Gesprächs-
 themen 15
Gesprächs-
 verhalten 201
Gestik 15
Gesundheits-
 wesen 209
Gewalt 52, 237
Gewerkschaften 60
Gleich-
 berechtigung 155
Glücksspiel 198
GMD 34
Golden
 Week 194
Grabreinigungs-
 fest 94
Grammatik 237, 242
Grillenzucht 197
Großer Sprung
 nach vorn 47
Großgrund-
 besitzer 38
Gruppengeist 113
Guanxi 101
Guomindang 34

H

Händedruck 282
Handeln 15, 189
Hao hao
 xuexi 95
Haustiere 16, 197
Hautfarbe 258
Heimweh 266
Heiratsalter 191
Hierarchien 16, 70
Hilfsbereitschaft 260
Hinrichtungen 221
Hochzeiten 190
Hochzeits-
 bankett 192
Höflichkeit 16,
 175, 201
Höhergestellte 16
Homo-
 sexualität 17, 217
Hongkong 123
Huanghe 232
Hu Jintao 66
Hunde 177
Hundert-Blumen-
 Bewegung 46
Hunger-
 katastrophen 47
Hunnen-
 rede 275
Hygiene 17

I

Industrie 58
Infrastruktur 210
Integration 263
Intellektuelle 56
Internet 17, 212
Internet-
 tipps 287
Intranet 212
Isolation 29

J

Japan 39
Japaner 32
Jiang Jingguo 128
Jiangxi 39
Jiang Zemin 65
Journalisten 236
Jungen 156

K

Kaiserhaus 33
Kalender 84, 87, 92
Kalligrafie 252
Kampagne gegen
 die geistige
 Verschmutzung 65
Karaoke 18
Karaoke-
 bars 196
Karte 298
Kartenspiele 200
Käse 184
Kiautschou 274
Kinder 156, 168, 170
Kinder-
 gärten 98
Kliniken 209
Kohle 226
Kolonialisierung 32
Kommunikations-
 kultur 203
Kommunismus 120
Kommunisten 42
Kommunistische
 Partei Chinas
 34, 61, 120
Kompass 29
Konflikt-
 begrenzung 112
Konflikte 120
Konflikt-
 vermeidung 115,
 169
Konfuzianismus 70
Kong Zi 70
Konkurrenz-
 druck 99

Konsens 112
Konsumgüter 59
Kontrolle 236
Korea 45
Körpersprache 207
Korruption 13, 61, 66, 101
KPCh 34
Krankenhäuser 209
Krankenversicherung 210
Kreditkarte 189
Kriminalität 18
Kriminalitätsrate 61
Kritik 97
Küchengott 94
Küchen, regionale 178
Kult 81
Kultur 69
Kulturrevolution 50, 55
Kurtisanenkultur 218

L

Lagersystem 62
Lamaismus 78
Landbevölkerung 60
Landschaftsmalerei 222
Langer Marsch 39
Langnasen 268
Lao-tse 74
Laozi 74
Laternenfest 94
Lebensmittelskandale 227
Liberalisierung 61
Liebe 217, 219
Lin Biao 53
Literaturszene 64
Literaturtipps 286
Liu Shaoqi 50, 53
Lokalgeister 83
lu 80
Luftverschmutzung 226

M

Macao 29, 125
Machterhalt 61
Mädchen 156
Mädchenhandel 155
Mafia 200
Magie 81, 84, 85
Mahjong 195, 199
Mahlzeiten 179
Majiang 195, 199
Mandarin 238
Mandschuko 38
Mandschurei 38
Mann 14
Mao Tsetung 40, 46, 54
Mao Zedong 40, 46, 54
Marco Polo 28
Märkte 13
Marxisten 35
Massaker von Nanjing 41
Medien 66, 236
Meinungsfreiheit 220
Meinungsvielfalt 46
Meister Kong 70
Melaminskandal 227
Menschenrechte 220
Menschenrechtsbewegung 63
Milchprodukte 184
Militärdiktatur 126
Mimik 15
Ming-Dynastie 27
Mitbringsel 280
Mittagessen 179
Mittherbstfest 95
Modernisierungsmaßnahmen 57
Monarchie 33
Mondfest 95
Mondkalender 92
Morallehren 70
Müllentsorgung 227
Mutter 158, 160

N

Nachtessen 180
Nachtmärkte 59
Nachwuchs 156
Namen 12, 254
Nanjing, Massaker von 41
Naseschnäuzen 18
Nationalchina 126
Nationale Volkspartei 34
Nationalfeiertag 194
Nationalgefühl 261

Nationalismus 34
National-
   sozialismus 276
Natur 222
Naturlyrik 222
Natur-
   zerstörung 223
Netzwerke 108
Neugeborenen-
   tötungen 157
Neujahr 93
Notdurft 22

O
Öffnungs-
   politik 57
Onlinemedien 212
Opiumkriege 32
Opposition 128

P
Pädagogik 100
Papier 88
Parks 196
Partei 44
Partei,
   kommunistische
   61, 120
Partnerschaften 263
Patriotismus 18, 260
Personen-
   namen 254
Pflicht-
   bewusstsein 71
Platz zum Tor des
   Himmlischen
   Friedens 65
Politik 19, 61, 119
Polizei 175
Pornografie 217
Portugal 28

Portugiesen 126
Porzellan 90
Pragmatismus 79
Presse 236
Privatsphäre 218
Propaganda 270
Prostitution 19,
   155, 217
Proteste,
   gewalttätige 107
Provinzen 121
Prüderie 218
Pünktlichkeit 20

Q
Qin-Dynastie 26
Qingdao 273
Qing-Dynastie 27
QQ 214

R
Rassismus 258, 264
Rauchen 20, 166, 174
Rechnungen 184
Rechts-
   unsicherheit 105
Rede-
   wendungen 243
Reformpolitik 57
Regenschirm-
   Bewegung 124
Regenschirme 91
Regierung 121
Reich der Mitte 29
Reichtum 38
Reisefreiheit 220
Religion 70
Renao 195
Republik 33
Republik
   China 126

Ressentiments 258
Restaurant 180, 183
Rote
   Garden 51
Rundfunk 236
Russen 32, 273

S
Sahne 184
Sajiao 164
SAR 124
Säuberungen 45
Schach 198
Scheidung 159, 168
Schenken 110
Schießpulver 86
Schiff-
   bautechnik 29
Schmier-
   gelder 13
Schnäuzen 183
Schönheits-
   chirurgie 166
Schrift 96, 237, 239,
   246
Schriftsprache 243
Schriftzeichen 237
Schulen 97
Schulpflicht 98
Schul-
   system 98
Schwieger-
   mutter 161, 162
Schwieger-
   tochter 158
Schwimmen 199
Selbstschutz 207
Seniorität 170
Separatismus 120
Sex 217
Shandong 234

Shopping 197
shou 80
Sicherheit 20, 221, 237
Sina Weibo 216
Singvögel 197
Sitzordnung 185
Smog 226
Social Media 66
Sonderverwaltungsgebiet 124
Sonnenschirme 91
Souvenirs 20
Soziale Gerechtigkeit 34
Soziale Netzwerke 213
Soziale Wärme 108
Sozialismus 120
Spanien 28
Spiel 195
Spielschulden 200
Spielsucht 200
Sport 195
Sprache 20, 237
Sprichwörter 243
Spucken 20
Staat 119
Staatslehre 73
Stäbchen 182
Stadtbevölkerung 60
Statussymbole 21
Stolz 260
Straßennetz 211
Streiks 220
Streit 116
Streitkultur 116
Stromnetz 173
Studentendemonstration 65
Studium 98
Sturm auf Shanghai 37
Sun Yatsen 34
Symbole 248

T

Tabus 21, 84
Tag der Arbeit 194
Taiwan 121, 126
Taiwanfrage 122
Tang-Dynastie 27
Taobao 214
Taxis 21, 103
Tee 21, 187
Telefonieren 22
Temperament 116
Tencent 214
Terrakottaarmee 26
Terror 52
Textilverarbeitung 90
Tian'anmen-Massaker 65
Tibet 78, 221, 234
Tiere 177
Tierkreiszeichen 92
Tischtennis 198
Todesstrafe 221
Toilette 22
Toilettenpapier 88
Töne 240
Totengeld 82
Touristen , 257, 13
Touristenwährung 259
Traditionen 190

Trinkgeld 22
Trinkkultur 176
Trinksitten 13
Trinkspiele 188
Trinkwasser 233
Tsingtao 273
TV 236

U

U-Bahnnetz 211
Überfälle 237
Überwachung 220
Umschrift 252
Umweltprobleme 225
Umweltschutz 222
Universitäten 98
USA 45
Utopisten 35

V

Vasco da Gama 28
Verabschiedung 13, 281
Verbeugungen 282
Verhaftungswellen 47
Verhalten bei Tisch 182
Verhalten im Restaurant 183
Verhaltenstipps 11
Verhandlungen 112
Verkehrsmittel 23
Verkehrswesen 210
Verpflichtungen 110
Verständigungsprobleme 273
Verweigerungen 205

Verwüstung 226
Vetternwirtschaft 101
Vierte-Mai-
Bewegung 35
Vögel 197
Volksarmee 39
Volksglauben 75
Volkskultur 76
Volksrepublik
China 44
Vorurteile 23
VPN-
Zugänge 212
VR China 44

W

Wachstum 60
Waffen 86
Wahrsager 84
Wälder 229
Wander-
arbeiter 61
Warlords 34
Wasser 230
Wasser-
mangel 230
Wasser-
verschmutzung
225
WeChat 189, 214
Wei Jingsheng 64
Wein 174
Weinkultur 187
Wen Jinbao 66
Wertewandel 169
Wiedereingliederung
Hongkongs
und Macaos 122
Wieder-
vereinigung 37
Wirtschaft 67, 119

Wohlstands-
gefälle 60
Wort-
kombinationen
241
Wunden-und-
Narben-
Literatur 64

X

Xietiao 112
Xi Jinping 67
Xinjiang 61, 221

Y

Yan'an 39
Yin-Yang-
Frisur 51
Yin-Yang-
Philosophie 76
Youku 214, 216

Z

Zeittafel der
chinesischen
Dynastien 30
Zeitverständnis 23
Zensur 66, 212, 236
Zheng He 29
Zhou Enlai 53
Zhuangzi 75
Zhu Rongji 66
Zug 210
Zuprosten 186
Zurückhaltung 16

Der Autor

Dr. Manuel Vermeer, Gründer und Inhaber der Dr. Vermeer Consult, studierte moderne und klassische Sinologie sowie spanische Romanistik in Heidelberg (1979–1985) und Shanghai (1982–1983) und promovierte zur chinesischen Wirtschaftspolitik. Seit 1988 ist er an dem von ihm mitgegründeten Ostasieninstitut der Hochschule für Wirtschaft in Ludwigshafen Dozent für Marketing Ostasien, chinesische Sprache (Fachsprache Wirtschaft), Kultur und Wirtschaft. Zahlreiche Lehraufträge in Europa (Schweiz, Dänemark, Spanien, Österreich) und Asien (China und Indien).

144ch©Gülay keskin, Atelier für Kunst Fotografie, www.keskin-arts.com

Er berät Unternehmen strategisch im China- und Indiengeschäft, arbeitet als Trainer und Seminarleiter für Interkulturelles Management und gibt Sprachkurse Chinesisch für Manager. Vermeer ist gefragter Key-Note-Speaker für die Wirtschaft und Interviewpartner zahlreicher Medien. Er berät deutsche Unternehmen, die von asiatischen Unternehmen übernommen wurden, bzw. begleitet den M&A-Prozess.

Er ist Verfasser des Langenscheidt Sprachführers Chinesisch, eines Managementbuches zum Umgang mit chinesischen Geschäftspartnern (China.de) sowie Co-Autor eines Praxishandbuches Indien. Zahlreiche Publikationen zur Sprache und Kultur Chinas und Indiens. 2015 erschien sein erster Asienthriller („Mit dem Wasser kommt der Tod"), 2017 der zweite („Das Jahr des Hahns").

Interviews und zitiert u. a. in Financial Times Deutschland, DIE ZEIT, Wirtschaftswoche, Focus, Handelsblatt, Bloomberg, BBC London, SWR 1 BW, SWR Fernsehen etc.

Ein China-Interview (30 Min., SWR1 Leute) kann auf Youtube angesehen werden.

Für Spiegel TV begleitete ein Fernsehteam ihn einen Tag lang; Ausstrahlung im März 2007 auf Vox und im Sommer 2007 weltweit auf Deutsche Welle.

Weitere Informationen unter www.vermeer-consult.com.